上帝的错觉

［英］理查德·道金斯 著

陈蓉霞 译　　阎勇 校订

海南出版社
·海口·

The God Delusion
by Richard Dawkins
Copyright © 2006 by Richard Dawkins
Simplified Chinese Edition Copyright © 2023 Hainan Publishing House
All Rights Reserved
中文简体字版权 © 2023 海南出版社

版权合同登记号：图字：30-2022-106 号

图书在版编目（CIP）数据

上帝的错觉 /（英）理查德·道金斯
(Richard Dawkins) 著；陈蓉霞译 . —— 海口：海南出
版社，2023.2
　　书名原文：The God Delusion
　　ISBN 978-7-5730-1019-3

　　Ⅰ.①上… Ⅱ.①理… ②陈… Ⅲ.①宗教 – 研究
Ⅳ.① B91

　　中国版本图书馆 CIP 数据核字 (2023) 第 013065 号

上帝的错觉
SHANGDI DE CUOJUE

作　　者：［英］理查德·道金斯
译　　者：陈蓉霞
校　　订：阎　勇
出 品 人：王景霞
策划编辑：李继勇
责任编辑：张　雪
责任印制：杨　程
印刷装订：三河市祥达印刷包装有限公司
读者服务：唐雪飞
出版发行：海南出版社
总社地址：海口市金盘开发区建设三横路 2 号　　邮编：570216
北京地址：北京市朝阳区黄厂路 3 号院 7 号楼 101 室
电　　话：0898-66812392　010-87336670
电子邮箱：hnbook@263.net
经　　销：全国新华书店经销
版　　次：2023 年 2 月第 1 版
印　　次：2023 年 2 月第 1 次印刷
开　　本：787 mm×1 092 mm　　1/16
印　　张：23.75
字　　数：336 千字
书　　号：ISBN 978-7-5730-1019-3
定　　价：68.00 元

纪念道格拉斯·亚当斯

（Douglas Adams, 1952—2001）

看到一座花园非常美丽，

便已足够，

难道还非得再额外地去相信那里面住着仙女吗？

——《银河系漫游指南》（*The Hitchhiker's Guide to the Galaxy*）

校订手记　顶漏容易盖瓦难

身为校订者而非译者，说来本无资格或理由对一本译著赘言的。但本书作为原译本出版大约七年后的修订版，确实存在一些特殊情况，有必要做一下说明让读者知晓，此外也想简要说说本书中文版的现实意义、校订工作的一点体会，并顺致感谢。

本书的译者陈蓉霞老师已于三年前不幸辞世，出版社在另寻校订人员时，看到了我在豆瓣网读书栏目中对原译本的评论，于是便找到了我。虽然我也曾发表过学术方面的译文，但我却未有直接翻译大部头著作的经验。出于对理查德·道金斯先生这部畅销作品的喜爱，也因确实觉得原译本存在一些翻译上的问题，渴望它们能够得到修正，我就怀着荣幸而又忐忑的心情，外加一点"You can you up."的勇气，斗胆接下了校订工作。

巧合的是，译者陈蓉霞老师多年前还在华东师范大学任教时，我曾有幸听过她讲课。陈老师是生物学史和生物学哲学领域的专家、达尔文专家，无论是作为学者还是教师，都十分令人尊敬。陈老师虽已驾鹤西去，作为校订者，我仍须向她此前为这部作品的付出表示最高的敬意（文字也可以看作是译者生命的一种延续吧）。此外，也感谢对原译本作出过贡献的其他前辈。为了在新版中尽量减少原译文中存在的错误，我在校订之初就搜索了原译本的读者们在网上对译本提出的一些意见，对其中确实存在的问题、我能够修正的问题，均作了修正，在此也向这些热心读者、批评者表示衷心感谢。

我已毕业工作多年，在校期间学的是西方哲学，对科学哲学、科学史（作为广义的人类思想史的一部分）以及自然科学本身一直保持着极大的兴趣。这部"当代最著名的无神论者""挑战上帝"的名作中讨论的许多问题，与我的知识背景以及平日里思考的一些问题还是颇有些交集的。说到这儿，尽管我做的只是本书的校订工作，仍想借此机会感谢我的导师童世骏教授，他曾经的教导对我的所学所思一直有着非常巨大的影响。

本书恰如道金斯早年的名作《自私的基因》一样，刚一问世便可谓一石激起千层浪，在西方读者中反响强烈，这样的反应当然与他所批判的主要标靶在西方社会文化中的根基和影响力有直接的关系。中国有着比较悠久的世俗文化传统，加之新中国成立以来的官方教育，明确的宗教信仰似乎只是少部分人拥有或关心的东西。中国的"无神论者"也大多不会像书中所写到的案例那样，需要为"出柜"引起的巨大社会压力而感到担心。这本书在中国当然不可能像它在欧美世界那样引起巨大的冲击，但这并不意味着对于不信宗教、自认为是彻底的无神论者的许多人而言，这本书就缺乏价值，不值得阅读。关于理由，译者陈蓉霞老师在原译本的《译后记》中做过相当好的阐述。在这里想要补充的是，既然对许多人来说，不信某种宗教也只是"自然而然"、环境使然，那么也就意味着他们的"不信"，与别人的"信"一样，也都并非是个人严谨反思的结论或选择。历史和社会现实一直明示，迷信和似是而非的伪科学实际上从未远离过我们，对于什么是宗教信仰，什么是科学、非科学、伪科学、迷信，一般公众其实仍是缺乏真正明晰的理解的。作为一位出身于一种传统，后来摆脱了这一传统，并且还能以严谨的逻辑和生动的文字来反思这一传统的人，道金斯在本书中的论说，无论是其观点本身还是其论证过程，都非常值得有心"于不疑处有疑"的中国读者学习借鉴，而书中体现出的理性客观的科学思维方式与不妥协的科学精神无疑也是我们时下社会不可缺少的。

正如本书编辑李继勇老师所言，"顶漏容易盖瓦难"，真正投入本书的翻译校对工作之后我才逐渐意识到，完整校订一部译作所需付出的精力绝非零星挑出几个翻译问题能比，于此我也才真正体会到了书籍翻译工作的不易。无论是精读原文还是斟酌修改译文，有快乐也有艰辛，现在回想起来，作为一个做事比较慢的人，更多的时候其实觉得自己像是在愚公移山。本书作者道金斯先生兼具清晰的理论头脑与弘道的热忱，既是科学家，又有着"令人惊叹的文学才华"，其作品总是引经据典文采飞扬，翻译他的著作绝非易事。作为校订者而非译者，我在工作中还是以尽量保持原译为原则，在译事三难"信、达、雅"上偏重考虑对"信"的保障。即便如此，毕竟自己学浅才疏，校订工作一定仍有疏漏之处，所做的订正也难免存在不妥甚至错误，还盼读者继续提出宝贵意见。

阎　勇
2017 年 10 月于上海

目　录
contents

前言　我不知道我可以说出来

我妻子小时候不喜欢她的学校，总希望能够离开。多年以后，她二十多岁的时候，她向父母倾诉了这一肚子苦水。她母亲听后惊呆了，问道："但是，亲爱的，为什么你那时不来告诉我们呢？"我妻子的回答就是我现在的话题："可是我不知道我可以说出来。"

我不知道我可以说出来。

我猜想——好吧，我确信——许多在某种宗教环境中成长的人，其实并不快乐，他们不信教，还要担心以宗教的名义所酿成的罪恶；他们朦胧地向往离开父母所信奉的宗教，却并没有意识到离开其实也是一种选择。如果你是他们中的一员，那么，这本书就是为你而写。本书的目的是提升自觉意识，也即形成这样的意识——成为无神论者是一种现实的志向，并且是一种勇敢和值得高度赞赏的志向。你能够成为一名幸福、安宁、有道德、充满理智的无神论者。这是我所说的自觉意识提升的第一点。我还想用其他三种方式来提升自觉意识，接下来会谈到这些。

也许，你会觉得不可知论是一种合理的立场，而无神论却与宗教信仰一样独断。如果是这样，那么我希望第2章将改变你的想法，我将告诉你"上帝假说"是一种关于宇宙的科学假说，既然是科学假说，就应当像其他假说一样从怀疑论的角度进行分析。也许已经有人教导你，哲学家和神学家已经提出了信仰上帝的恰当理由。如果你是这样想的，那么你也许愿意阅读第3章"上帝存在的论据"——结果证明这些论据极其薄弱。也许，你认为上帝显然是存在的，否则这个世界怎么得以形成呢？舍此又怎么可能有丰富多彩、形态各异的生命，而且每个物种看起来神秘得就好像曾被"设计"出来那样呢？如果你这样想，那么，我希望你从第 4 章"为什么几乎肯定不存在上帝"中获得启迪。非但不指向一个设计者，而且，生物世界中设计的幻想完全可以用达尔文的自然选择理论极其简洁和完美地进行解释。虽然自然选择理论本身仅限于解释生物世界，但是，它却让我们自觉地意识到，相似的解释性的"杠杆或起重机"也许有助于我们理解宇宙本身的可能性。像自然选择这样的杠杆的威力是我的四个自觉意识提升点中的第二个。

也许，因为人类学家和历史学家都说，在所有的人类文化中，宗教徒都占大多数，所以，你觉得神或诸神一定存在。如果你发现这令人心悦诚服，那么，就请参阅第 5 章"宗教的起源"，它解释了信仰为什么如此普遍存在。或者，你觉得，为了拥有公认的道德，就必须依靠宗教信仰，为了行善，我们不也需要上帝吗？请阅读第 6 章和第 7 章，以便弄明白为什么不是这么回事。又或者，虽然你自己已经失去了对信仰的忠诚，但你还是隐约觉得宗教对这个世界来说是一件好事。第 8 章将邀请你思考一下，宗教对这个世界来说并不是这样一件好事的几个方面。

如果你感到深陷于伴随自己长大的宗教而不能自拔，那么就值得问问自己这是怎样发生的。答案通常是小时候某种类型的教化。如果你是一个宗教徒的话，那么，极有可能你所信奉的宗教就是你父母的宗教。如果你出生在美国的阿肯色州，你就会认同基督教而不认同伊斯兰教，并且你也完全知道，如果你出生在阿富汗，那么就会有正好相反的想法，这就表明，你正是儿时教化的牺牲品。

宗教和儿童时期的全部实质性问题正是第 9 章的主题，这个主题也包括我的第三个自觉意识提升点。正如当女权主义者听到"他"而不是"他或她"，或听到"男人"（man）而不是"人类"（human）的时候，就会警觉并感到不适一样，我要我们每一个人每当听到诸如"天主教孩子"这样的词时，也一样有所警觉和不适。如果你喜欢，可以说一个"天主教父母的孩子"；但是，如果你听到任何人谈及一个"天主教孩子"，就应制止他们这样说，然后礼貌地指出孩子太小了，他们不知道对这些问题的看法。正如孩子太小，还不知道他们的经济学或政治学立场一样。正是因为我的目的就是提升自觉意识，所以，我不会因在前言及第 9 章里提及这点而道歉。你不能频频这样说。我再说一次，孩子们太小了，不知道自己是否是一个基督徒，不存在一个"基督教孩子"这回事。

本书自始至终用各种不同的方式阐明，如何才能在对真实世界的崇高之美进行恰当理解的同时，又决不使它演变成一种宗教，而宗教在历史上恰恰是不适当地篡夺了这样一个富有灵感的角色。

我的第四个自觉意识提升点就是作为无神论者的骄傲。成为一名无神论者根本无须感到愧疚。相反，这还是值得骄傲的，站得高则看得远，因为无神论几乎总是标志着心灵具有一种健全的独立性，实际上，就是一种健全的心灵。许多人虽然发自内心地知道自己是无神论者，但是，他们却不敢向家人承认这点，或者甚至都没有勇气自我承认。部分原因是"无神论者"这个词已经经年累月地被塑造成了一个可怕而令人恐惧的标签。第 9 章述说了喜剧演员朱莉娅·斯威尼（Julia Sweeney）那悲喜交加的经历，她的父母通过一份报纸，发现她居然已经变成一个无神论者。不信仰上帝也就算了，可是，成为一名无神论者！"无神论者？"母亲的尖叫声回荡在耳边。

鉴于当代美国人的宗教热情有些不同寻常，我尤其需要针对美国读者说一些话。当律师温迪·卡米内（Wendy Kaminer）指出，在宗教问题上开玩笑与在美国退伍军人协会大厅里焚烧国旗一样危险，她只是稍微有些夸张而已 ①。无神论者在今天美国社会中的地位相当于 50 年前同性恋者的地位。在经历了同性恋自豪（Gay Pride）运动以后，虽然还不是非常容易，但是，一个同性恋者如今已有可能被选举担任公职。1999 年所做的一项盖洛普民意测验（Gallup Poll），要求美国人回答，他们是否愿意投票选举一位各方面都很优秀的候选人，而这个人是一位女士（95％的被调查者

---

① 温迪·卡米内：《最后的禁忌：为什么美国需要无神论》《新共和》，1996 年 10 月 14 日；
http://www.positiveatheism.org/writ/kaminer.htm。

回答愿意）、一位罗马天主教徒（94％的人愿意）、一位犹太人（92％的人愿意）、一位黑人（92％的人愿意）、一位摩门教徒（79％的人愿意）、一位同性恋者（79％的人愿意）或一位无神论者（49％的人愿意）。显然，无神论者还有很长的路要走。但是，与许多人所意识到的相比，无神论者的人数其实要更多些，特别是在受过良好教育的精英阶层。19世纪的约翰·斯图尔特·密尔①能够这样表述在当时实在是一件很平常的事："如果知道，有如此之多耀眼的精英人物，他们的智慧和德行甚至在公众眼里都是如此著名，但这些人在宗教方面却是彻底的怀疑论者，这个世界定会大吃一惊。"

这在今天一定更加真实，事实上，我在第3章里提出了证据。许多人没有注意到无神论者的原因是，我们中的许多人不愿意"出柜"（come out，公开宣布）。我的梦想是这本书也许有助于人们这样去做。正如同性恋自豪运动一样，越是有更多的人公开宣布，其他人也就更加容易加入到先行者的队伍中来。为了启动一个连锁反应，可能存在一个临界的聚集人数。

美国的民意测验表明，无神论者和不可知论者的人数远比犹太教徒人数多，并且甚至超过大多数其他特定宗教团体的人数。但是，不同于犹太人，他们在美国是众人皆知的最有效的政治游说团体之一，也不同于能够有效运作更大政治权力的福音派基督徒，无神论者和不可知论者没有被组织起来，因而几乎不能施加任何影响。事实上，因为无神论者习惯于独立思考和不服从权威，所以，将他们组织起来就像使猫成群结队那样不可能。但是，一个好的开端也许是，那些愿意"出柜"的人聚集在一起形成一个临界人数，从而鼓励其他人也这样做。即使猫难以成为一个群体，但是，足够数量的猫也可以发出许多声响，这样，它们就无法被忽视。

本书书名中的delusion②一词已经让某些精神科医生感到不安，他

---

① 约翰·斯图尔特·密尔，John Stuart Mill, 1806—1873, 英国逻辑学家、经济学家——译者注

② 英语中有两个名词即delusion和illusion，它们的一般含义是错觉或误解。但是，delusion通常用于表示"荒谬的见解"或被别人所"迷惑"，有时包含着"精神错乱"，或者"没有区别真假的能力"；illusion很少表示精神紊乱，也不表示没有区别真假的能力，而表示"由于视觉、感觉的歪曲所造成的错觉"，也可能是"感情的因素所致的错觉"——译者注

们把这个词当作一个专业用语，认为不宜随意使用。其中有三位精神科医生写信给我，建议新造一个特殊的专业词"relusion"，用于指宗教上的错觉。[①]也许，这个词日后会流行。但是，就目前而言，我坚持用"delusion"一词，并且，我现在需要论证使用这个词的合理性。企鹅版《英语词典》将 delusion 定义为"一种错误的信念或印象"。出乎意料的是，这本词典所给出的例证性引用来自菲利普·E. 约翰逊（Phillip E. Johnson）："进化论就是人类从 delusion 中解放出来的故事，这个delusion 就是人类的命运受某种高于其自身的力量的控制。"他就是那个在美国发起神创论、攻击进化论的菲利普·E. 约翰逊吗？正是他，并且正如我们所猜想的那样，这段引语是断章取义的结果。我希望我如实叙述的这个事实将受到重视，因为神创论者在引用我的著作时，故意断章取义地造成误解，但却还未造成同样的效果。不管约翰逊自己原本的意思是什么，他的那句话我倒是很乐意赞同。微软的 *Word* 中提供的词典把 delusion 定义为"当面临有力的反驳证据时，顽强坚持其错误信念，尤其是作为一种精神病学中精神错乱的症状"。该定义的第一部分完全抓住了宗教信仰的实质。至于它是否是一种精神病学中精神错乱的症状，我倾向于赞同罗伯特·M. 波西格（Robert M. Pirsig）的观点。他是《禅与摩托车维修艺术》（*Zen and the Art of Motorcycle Maintenance*）一书的作者，他说："当一个人遭受 delusion 的痛苦时，这被称为精神错乱。当许多人遭受 delusion 的痛苦时，这被称为宗教。"

如果本书如我所愿那样有效的话，那么，打开这本书时还是宗教徒的读者，在放下书时将成为无神论者。太乐观了吧！当然，顽固的宗教信仰者对论据会嗤之以鼻，他们的对抗力来自小时候的多年被灌输，灌输方法也是花了几个世纪才发展成熟（不管是通过进化还是设计）。其中一种更加有效的免疫方法就是发出可怕的警告：不要打开类似本书这样的著作，这种著作肯定是撒旦的作品。但是，我相信一定有许多思想开明的人，这些人在儿童时期受到的教化还不足以使其上当，或者因为其

---

①   Dr. Zoe Hawkins，Dr. Beata Adams 和 Dr. Paul St. John Smith，个人通信。

他原因没有"经受诱惑",或者他们天生的聪明才智已经足以克服儿时的不良教化。这样的自由灵魂应该只需要稍稍激励就可以摆脱宗教的不良影响。至少,我希望读完本书的人不会再说:"我不知道我可以说出来。"

对于在写作本书时所获得的帮助,我要感谢许多朋友和同事。虽然我不可能在此一一道谢,但是,他们包括我的著作代理人 John Brockman 和编辑 Sally Gaminara(Transworld 出版社)以及 Eamon Dolan(Houghton Mifflin 出版社),他俩都细心周到地阅读了本书,并且既做了有益的批评,也提供了很好的建议。他们对本书的全心全意和热情的信任给予我极大的鼓舞。Gillian Somerscales 早已是模范的打印编辑,她的意见很有建设性,在校对时又极其细心。我还要感谢其他曾经对各种草稿提出批评性意见的人,他们是:Jerry Coyne、J. Anderson Thomson、R. Elisabeth Cornwell、Ursula Goodenough、Latha Menon,特别是出色的评论家 Karen Owens,她对本书每篇草稿修改的熟悉程度已经几乎与我本人一样。

本书的某些内容源于(反之也是)2006 年 1 月在英国电视台(第四频道)播放的我制作的两集电视纪录片《万恶之源?》。我感谢所有曾经参与制作此片的人,他们包括 Deborah Kidd、Russell Barnes、Tim Cragg、Adam Prescod、Alan Clements 和 Hamish Mykura。对于被允许使用这部纪录片中的内容,我要感谢 IWC Media 和第四频道。《万恶之源?》在英国取得了极高的收视率,澳大利亚广播公司也已经购买了这部纪录片。现在,我们还需要看看是否有哪一家美国电视频道敢播放这部纪录片。①

多年来,我一直在酝酿写作本书。在这段时间里,某些想法不可避免地渗入到我的演讲稿中,例如,我在哈佛大学的坦纳(Tanner)讲座稿,以及在报纸和杂志上的一些文章等。特别是我发表在《自由调查》(*Free Inquiry*)定期专栏上的文章的读者可能会发现某些段落似曾相识。

---

① 目前,盗版纪录片可以从许多美国网站上下载。合法 DVD 的销售协议正在谈判中。这些谈判目前还没有结束——最新消息将张贴在 www.richarddawkins.net 上。

我要感谢这本令人钦佩的杂志的编辑 Tom Flynn，当他邀请我成为一名定期专栏作者时，是他给了我勇气。在写作本书时，我曾暂时中断给这个专栏投稿，现在我希望能恢复我的专栏，毫无疑问，我将利用这个专栏答复针对本书的批评和责难。

基于多种理由，我还要感谢 Dan Dennett、Marc Hauser、Michael Stirrat、Sam Harris、Helen Fisher、Margaret Downey、Ibn Warraq、Hermione Lee、Julia Sweeney、Dan Barker、Josephine Welsh、Ian Baird、George Scales。现在，像这样一本书的最终完成，必须体现在进入某个人气旺盛的网站核心，一个不断有补充材料、回应、讨论、问题和回答的论坛——谁知道将来还会有什么？我希望理查德·道金斯关于理性与科学基金会的网站，即 www. richarddawkins.net，担负起这个任务，并且，我也非常赞赏 Josh Timonen 对这个网站所奉献的艺术才能、职业精神和极其艰苦的工作。

最重要的是，我要感谢妻子拉拉·沃德（Lalla Ward），每当我面临犹豫不决和缺乏自信的关口，她总是给以耐心的劝说，还有，不只是精神鼓励和提出明智的修改意见，而且还在写作过程中的两个不同阶段，大声对我朗读整本书的内容。由此，我才能非常直接地体会到书中内容给读者而非我本人带来的感受。我愿把这种方法推荐给其他作者，但是必须提醒的是，为了取得最好的效果，这位朗诵者最好是一名专业演员，嗓音和耳朵都能够敏锐地捕捉到语言的美妙旋律。

第1章　一个充满宗教情感的非信徒

> 我不会设法去想象一个人格化的神，在这个世界允许我们以我们有限的感观去欣赏它的范围内，对这个世界的构造肃然起敬便已足够。
>
> ——爱因斯坦（Albert Einstein）

应得的尊重

男孩俯卧在草地上，手撑着下巴，沉思于这纵横交错的根茎，微缩的丛林、蚂蚁、甲虫的世界，甚至亿万土壤细菌的领地，虽然他当时还不可能详尽地了解，这些细菌无声无形地支撑起了整个微观世界体系。突然，他发现自己不知所措。这片草皮上的微缩丛林似乎也突然渐渐放大，以至与宇宙融为一体，与男孩的痴迷心灵合二为一。男孩凝视着这片草地，他以宗教的言辞诠释这种体验，而最终成为神职人员。他被任命为英国圣公会牧师，并成为我所在中学的牧师，一位我喜爱的老师。正是由于有像他这样正直开明的牧师，我才未曾受到宗教的强行灌输。①

---

① 我们上课时的游戏就是让他撂下经文，转而讲一些激动人心的传奇故事，如"Fighter Command and the Few"。他曾在英国皇家空军服役，当我以后读到约翰·贝奇曼（John Betjeman）的这首诗时，就有一种亲近感，以及对英国国教依旧留存的某种感情：
我们的牧师是一位老飞行员，
而现在已经不再上天，
但 Rect'ry 花园里的旗杆，
却还指向更高的事物……

换一个时间和地点，那个孩子本应是我，他曾站在繁星下，对猎户星座、仙后座和大熊星座心醉神迷；为银河那静寂中的天籁之音而感动落泪；为某个非洲花园里夜间的鸡蛋花、喇叭花的阵阵幽香而陶醉。为什么同样的情感却把我的牧师和我引向两个截然相反的方向，这是一个不易回答的问题。对自然和宇宙的某种类似神秘主义的反应是科学家和理性主义者所共有的。这与超自然的信仰无关。我的牧师至少小时候大概还不知道（我小时候也不知道）《物种起源》最后几行的内容——著名的"树木交错的河岸"那一段，"群鸟鸣于灌木，昆虫飞舞上下，蠕虫爬过湿地"。如果当时读到这些内容，他肯定会有共鸣，也许他就不会成为牧师，而是转而信服达尔文的观点，即所有生物都是"由在我们周围发生作用的法则产生出来的"：

因此，从自然界的冲突中，从饥馑和死亡中，我们能够想象得到的最远大的目的，即高等动物的产生，直接随之而来。最初仅被注入少数或一种形式；随后在这个星球上，按照既定的引力规律周而复始地展开，从一个如此简单的开端出发，无穷无尽最美丽、最奇妙的生物形式已经并且还在源源不断地进化出来，生命作如是观，壮丽恢宏。

卡尔·萨根[①] 在他的《暗淡蓝点》（*Pale Blue Dot*）中写道：

为什么几乎不会有主流宗教审视科学后得出结论说："这要比我们所想的更好！宇宙要比我们的先知所说的更大、更宏伟、更精致、更优美"？相反，他们会说："不，不，不！我的神是一个小神，我就要他以这种方式行事。"一种宗教，无论新旧，只要它重视由现代科学所揭示的宇宙的壮观，就能够博得通常的信念几乎无法获取的尊严和敬畏。

---

① 卡尔·萨根（Carl Sagan，1934—1996），美国天文学家、科普作家，研究地球生命起源、行星大气、行星表面等，尤以探索地球外生命现象闻名。著有《宇宙间的智能生物》《伊甸园之龙》《魔鬼出没的世界》等——译者注

萨根所有的著作都触及以往被宗教所独占的那种不可思议的奇迹的深处。我自己的著作也有这样的宏愿。因此，我听说自己常被描述成一个具有深刻宗教情感的人。一个美国学生写信给我，说她曾问她的教授对我有何看法。教授说："毫无疑问，虽然他那种绝对的科学观与宗教无法调和，但是，他洋溢着的正是对自然和宇宙的心醉神迷。依我看，那就是宗教！"但"宗教"是一个恰当的词汇吗？我不这样认为。诺贝尔奖获得者、美国物理学家（和无神论者）史蒂文·温伯格（Steven Weinberg）在《终极理论之梦》①中也表明了这种看法：

有些人关于神的看法过于宽泛多变，因此，他们不可避免地会在任何地方找到神。据说，"神是终极实在"或"神是我们更好的本性"或"神是宇宙"。当然，就像任何其他词汇一样，"神"这一词汇可以被赋予我们所喜欢的任何含义。如果你想说"神是能量"，那么，你就能在一堆煤里找到神。

温伯格显然是对的，如果"神"这一单词不想变得毫无用处，那么，它应该以人们通常所理解的方式来使用：表示一个"适合于我们崇拜的"超自然的造物主。

因为无法区分那种可以被称作爱因斯坦的宗教和超自然的宗教，所以引起了更多令人遗憾的混淆。爱因斯坦有时借用神的名义（并且他不是这样做的唯一的无神论科学家），这就招来了本来就急于想误解他的超自然主义者的误解，他们声称这样一位杰出的思想家也和他们一样信神。斯蒂芬·霍金（Stephen Hawking）的《时间简史》（*A Brief Hislory of Time*）具有戏剧性（或者是恶作剧？）的结尾——"因为那时我们应该知道了上帝的心智"，受到广泛曲解。这让人们错误地相信，霍金是一个信奉宗教的人。细胞生物学家厄休拉·古迪纳夫（Ursula Goodenough）在《自然的神圣深处》（*The Scared Depths of Nature*）一书中，看起来似乎比霍

---

① 该书有中译本，由湖南科学技术出版社出版——译者注

金或爱因斯坦更加信奉宗教。她热爱教堂、清真寺和寺庙，并且她的书中的许多段落招来显然是断章取义的解读，这就为超自然的宗教提供了"口实"。她走得太远了，以至称自己是一个"具有宗教情结的自然主义者"。然而，仔细读完她的书后你就会恍然大悟，原来她是一个和我一样坚定的无神论者。

"自然主义者"（naturalist）是一个含糊不清的词汇。对我来说，它让我想起小时候的英雄，休·洛夫廷（Hugh Lofting）小说里的兽医杜立德（Dolittle）（顺便提及，他比贝格尔号舰上的那位博物学家更具"哲学家"的气质）。在18世纪和19世纪，自然主义者的含义与今天我们大多数人所想的一样：自然界的研究者。这种意义上的自然主义者始于吉尔伯特·怀特（Gilbert White），他们通常是神职人员。达尔文本人年轻时曾经打算进教会做神职人员，他的美好愿望是做一名乡村教区牧师，有闲暇从事对甲虫的研究工作。但是，哲学家在另一种十分不同的意义上使用"自然主义者"，把它当成超自然主义者的反义词。朱利安·巴吉尼（Julian Baggini）在《无神论：一个简明导论》（*Atheism: A Very Short Introduction*）中解释道，一个无神论者献身于自然主义就意味着："大多数无神论者真正相信的恰是，虽然宇宙中只有一种原始材料，并且它是物质的，但是，从这种原始材料中所产生的却是心灵、美、情感、道德价值——简而言之，就是赋予人类生活以丰富内容的全部现象。"

人类的思想和情感源于头脑里物质实体之间极其复杂的互相联系。这种哲学意义上的自然主义无神论者，相信自然界和物质世界之外不存在任何东西，可观察的宇宙后面没有隐藏任何超自然的智能造物主，肉体消亡后不存在灵魂、不存在奇迹——除非针对我们尚未理解的自然现象。如果某些现象因为我们现在尚未完全理解而似乎游离于自然界之外的话，那么，我们希望最终能够理解它并将它纳入自然界之内。我们解析彩虹，但丝毫无损于它的魅力。

经过更加深入的考察你就会发现，在我们这个时代看起来像是具有宗教情感的伟大科学家，他们的信仰却跟你所想象的并不一样。这肯定适合于爱因斯坦和霍金。皇家天文学家、皇家学会会长马丁·里斯（Martin

Rees）告诉我，他去教堂是作为一名"不信宗教的英国国教徒……只是出于对部族的忠诚"。虽然他没有任何有神论的信仰，但是，他却能分享宇宙在科学家心中所激发的诗意的自然主义。在最近一次电视访谈节目中，我质疑我的朋友、产科医师罗伯特·温斯顿（Robert Winston），他是一名在英国犹太人社区受到尊敬的重要人物，我试图使他承认，他的犹太教信仰也具有这种特性，实际上他并不相信任何超自然的事物。虽然他几乎已经承认，但在最后关头却还是退缩了（公正地说，他本来是受命采访我，而不是相反）[①]。当我向他施加压力时，他说他认为犹太教提供了一套很好的教规，可以帮助他规划人生和过上好生活。也许犹太教确实能起到这样的作用，但是，那与犹太教的任一超自然命题的真值却没有丝毫关系。有许多知识分子阶层的无神论者，他们也许不但出于对某种古老传统或被迫害亲戚的忠诚，骄傲地宣称自己是犹太教徒并且遵守犹太人的习俗，而且也因为某种糊涂的和让人困惑的意愿，将其称作泛神论的"宗教"，其中一位闻名遐迩的代表性人物就是阿尔伯特·爱因斯坦（Albert Einstein）。他们也许没有信仰，但是，借用丹尼尔·丹尼特（Daniel Dennett）的话来说，他们"相信信仰"。[②]

爱因斯坦的这一名言常被引用，"没有宗教的科学是跛子，没有科学的宗教就是瞎子"。但是，爱因斯坦也说过：

"当然，你们所读到的关于我的宗教信念的言论都是谎话，而且，这一谎言还在不断地重复着。我不相信一个人格化的神，我从不否认这一点，而且已经明确无误地表达了它。如果说，我的身上有某种可以被叫作宗教情感的东西的话，那么，这就是迄今为止对科学所能够揭示的这个世界结构的无限赞美。"

这是否意味着爱因斯坦是个自相矛盾的人？他的话可以被选择性地

---

① 包含这次访谈节目的电视纪录片还配有一本书（*Winston* 2005）。
② 丹尼特（2006）。

引用以支持自己一方的观点吗？不。爱因斯坦心目中的"宗教"完全不同于通常的含义。我会继续澄清超自然的宗教与爱因斯坦的宗教之间的区别，在这一过程中，请牢记我始终只把超自然的神叫作错觉。

下面是一些爱因斯坦曾经说过的话，供大家品味爱因斯坦式宗教的含义。

我是一个充满宗教情感的非信徒。这大概是一种崭新类型的宗教吧。

我从未赋予自然以一种目的、目标或者任何可以被理解成神人同构论的东西。我在自然中所见的只是一种宏伟壮观的结构，我们只能非常有限地领会这种结构，并且，这种结构一定会让一个富有思想的人充满谦卑的感觉。这是一种真诚的宗教情感，它与神秘主义毫无关系。

一种人格化神的想法与我毫不相干，这种想法甚至显得十分天真。

自从爱因斯坦逝世以后，大量宗教辩护者理所当然地试图宣称爱因斯坦是他们中的一员。但与爱因斯坦同时代的宗教徒却不这样看。1940年，爱因斯坦写了一篇著名论文，为他的这一命题进行辩护，即《我不信仰一个人格化的神》。这个以及其他类似的声明招来暴风雨般愤怒的来信，它们都来自正统保守的宗教人士，许多人还含沙射影地提到爱因斯坦的犹太人血统。以下的引文摘自马克斯·雅默（Max Jammer）的一本书《爱因斯坦与宗教》（该书也是我引用爱因斯坦本人关于宗教问题看法的主要来源）。美国堪萨斯城的罗马天主教主教说："令人悲哀的是，一个来自《旧约》及其教义所提到的那个种族的人，却否认那个种族的伟大传统。"其他天主教神职人员也纷纷附和："除了一个人格化的神，绝不存在其他任何神……爱因斯坦不知道自己正在谈论什么。他全错了。有些人觉得，因为自己在某个领域已经达到很高的学术成就，所以，就有资格在所有的领域表达看法了。"所谓在宗教这一领域内，有人自诩为专家，这件事本身就值得商榷。那个教士大概不会就仙女翅膀的精确形状和颜色等问题去听从一位所谓"仙女学专家"（fairyologist）的意见。他和那个主教都认为没有受过神学训练的爱因斯坦误解了上帝的本性。但恰恰相反，爱因斯坦准确地理解他所否认的东西。

一个服务于全球基督教联盟的美国罗马天主教律师写信给爱因斯坦：

我们对你所做的声明深感遗憾……你在声明中嘲笑了一个人格化神的想法。在过去的 10 年间，没有什么东西比你的声明更蓄意地使人们相信，希特勒将犹太人驱逐出德国是有某种理由的。即使承认你拥有言论自由的权利，但是，我仍然想说，你的声明已使你成为在美国制造不和谐之音的最大根源之一。

一个纽约的拉比 ① 说："爱因斯坦毫无疑问是一个伟大的科学家，但是，他的宗教观与犹太教背道而驰。"

"但是"？"但是"？为什么不是"并且"呢？

美国新泽西州的一个历史学会的会长写了一封信，这封信值得读上两遍，因为它一针见血地暴露了宗教徒心灵的弱点：

爱因斯坦博士，我们敬重你的学术成就，但是，有一件事你似乎还没有学会：上帝是一种精神，不能用望远镜或显微镜来寻找，这就像人的思想或情感不能用大脑分析的方法来发现一样。众所周知，宗教是基于信念，而不是知识。也许，每一个富有思想的人不时都会受到宗教疑惑的困扰。我自己的信仰就曾有过多次波动。但是，基于以下两条理由，我从不把自己精神上的偏差告诉任何人：①我担心，或许仅是暗示，就有可能扰乱和损害某个同伴的生活和希望；②因为我同意这位作者的话，"任何想要摧毁另一个人的信仰的人都有一种卑鄙的癖性"……我希望，爱因斯坦博士，你的话是被人错误地引用了，并且希望你还会说一些让许多对你表示尊重的美国人民感到高兴的话。

---

① 有资格解释犹太律法的犹太学者——译者注

一封多有启迪作用的信啊！每句话都透露出理智和道德上的怯懦。

另一封并不那么无助但却更令人震惊的信，来自美国俄克拉何马州的髑髅地[1]神龛协会的创始人：

> 爱因斯坦教授，我相信美国的每个基督徒都将这样来回答你："我们决不会放弃对我们的上帝和他的儿子耶稣基督的信仰，但是，如果你不信仰这个国家的人民所信奉的上帝的话，那么，我们请求你，哪儿来，回哪儿去。"我已经竭尽全力向以色列表示祝福，然后你出现了，还带来一份有辱神明的声明，你对以色列人的犹太复国事业的伤害，超过了热爱以色列的基督徒们为清除国内的反犹主义所能作出的全部努力。爱因斯坦教授，美国的每个基督徒都将立即回答你，"要么带上你那疯狂的、错误百出的进化论[2]回到你所来自的德国，要么不再破坏一个国家的人民的信仰。当你被迫逃离自己的祖国时，这个国家的人民曾张开双臂欢迎你的到来"。

他的所有有神论批评者弄对了一件事：爱因斯坦不是他们中的一员。当有人暗示他是一个有神论者时，爱因斯坦总是义愤难当。那么，他是一个像伏尔泰和狄德罗那样的自然神论者？或者，像斯宾诺莎那样是一个泛神论者？爱因斯坦赞赏斯宾诺莎的哲学："我信仰斯宾诺莎的上帝，它在事物有秩序的和谐中显示自身，而不信仰那个同人类的命运和行为有瓜葛的上帝。"

让我们回顾一下术语。有神论者信仰一种超自然的智能存在，他，除了完成其主要工作，即最初创造这个宇宙以外，还监视和影响其创造物的后续命运。在许多有神论的信仰体系中，神与世事密切相关。他回应祷告者；赦免或惩罚罪过；用制造奇迹的方式干预这个世界；操心善恶，并且知道我们什么时候行善或作恶（或者哪怕只是想想而已）。虽然

---

① 古耶路撒冷附近的一髑髅形小山，耶稣背负十字架被钉死于此处，见基督教《圣经·路加福音》——译者注

② 但爱因斯坦提出的却是相对论，可见写信者的知识有多混乱——译者注

一个自然神论者也信仰一种超自然的智能存在，但是，他的行为仅限于设定支配这个宇宙的至高规律。自然神论者的上帝绝不干涉后续事件，当然对人间的事情也没有任何特殊的兴趣。泛神论者则根本就不信仰一个超自然的上帝，而是把上帝这个词用作自然界或宇宙，或是支配其运行的法则的一种非超自然力的同义词。自然神论者不同于有神论者的地方在于，他们的上帝不回应祷告，对罪过或忏悔毫无兴趣，不读取我们的思想，也不卷入反复无常的奇迹中。自然神论者不同于泛神论者的地方在于，他们的上帝是宇宙间某种智能性的存在，而不是泛神论者用来指代宇宙法则的比喻或诗意性的同义词。泛神论是富有激情的无神论，自然神论是稀释过的有神论。

毋庸置疑，爱因斯坦的著名言论，如"上帝虽然难以捉摸，但却不怀恶意""上帝不掷骰子"或"上帝在创造宇宙时有选择吗？"等，都是泛神论的，而不是自然神论的，更不是有神论的。"上帝不掷骰子"应该翻译成"所有事物本质上不存在随机性"。"上帝在创造宇宙时有选择吗？"的意思是"宇宙可曾能够以其他方式开始吗？"。爱因斯坦是在一种纯粹比喻、诗意的意义上使用"上帝"一词。斯蒂芬·霍金以及大多数偶尔无意中使用宗教隐喻的物理学家也是如此。保罗·戴维斯（Paul Davies）的《上帝的心智》（*The Mind of God*）似乎在爱因斯坦式的泛神论与某种模糊的自然神论之间把握不定，他因这本书而获得了邓普顿奖（Templeton Prize）（每年由邓普顿基金会颁发的一笔数额巨大的奖金，通常授予一位准备对宗教说些好话的科学家）。

让我用一段引自爱因斯坦本人的话来归纳一下爱因斯坦的宗教："在任何可经验的事物背后有某种我们的头脑无法把握，而其优美与崇高仅仅间接地作为一种微弱的投射抵达我们的东西。想要认识这样的东西，可以说是宗教性的，在这个意义上，我是宗教徒。"从这种意义上讲，我也是宗教徒，不同的是，我认为"无法把握"并不一定意味着"永远不能把握"。但是，我宁愿不把自己称作宗教徒，因为这会引起误解。对于绝大多数的人来说，"宗教"就意味着"超自然"，所以这会招来致命的误解。卡尔·萨根说得好："……如果人们所谓的'上帝'，指的是一套支配宇宙的物理规律的话，那么，显然存在这样一个上帝。但这个上帝不会满足人们的情感需要……向万有引力做祷告总有点讲不通。"

有趣的是，牧师、美国天主教大学的教授富尔顿·J. 希恩（Fulton J. Sheen）博士，在猛烈抨击爱因斯坦于 1940 年发表的否认人格化神的文章中，倒是点出了萨根的上述观点。希恩挖苦式地质问，是否有人准备为银河系献出自己的生命。他似乎认为自己是在抨击而不是支持爱因斯坦，因为他又补充道："爱因斯坦的宇宙宗教只有一个小差错：他在'宇宙论的（cosmical）'这个单词中间多加了一个字母's'。"其实，爱因斯坦的信仰一点都不"好笑（comical）"。不过，我希望物理学家们能够避免在特定的比喻意义上使用"上帝"一词。物理学家那个比喻性的或泛神论的上帝，与《圣经》里、牧师、拉比和日常语言中的那个干涉主义的、施加奇迹的、有读心术的、惩罚罪过的、回应祷告的上帝相比，差距何止十万八千里。依我看来，故意混淆这两种上帝，是对理智的高度背叛。

不应得的尊重

本书书名与爱因斯坦和上节中提及的具有启蒙精神的科学家的"上帝"无关。这就是为什么我需要首先列出爱因斯坦的宗教：事实证明，它常常引起混乱。在本书的其余部分，我只讨论超自然的神，在这些神中，我的大多数读者最熟悉的是耶和华，即《旧约》中的上帝。我马上就会讨论它。但是，在结束预备性的第一章前，为了不至于糟蹋整本书，我必须再指出一点，这次事关礼节。我必须说的话有可能会冒犯信奉宗教的读者，他们将发现这几页的内容不够尊重他们那独特的信仰（但不一定是其他人珍视的信仰）。如果这种冒犯使得他们不愿往下读的话，我会感到非常遗憾。因此，我要在一开始就澄清这一点。

在我们这个社会中，几乎每个人都接受这一普遍的假定——包括那些不信仰宗教的人——宗教信仰特别容易受到冒犯，于是应该用一堵异常厚重的墙来加以保护，这堵墙就是尊重，但这种尊重的级别却不同于通常的人与人之间的尊重。道格拉斯·亚当斯逝世前在剑桥所做的即席发言说得非常好，[①] 我向来乐于引用他的话：

宗教……在其核心处就是我们称之为神圣、至善之类的内容。它的意思就是："这里存在某种思想或观念，不许你们对此说任何坏话；就是不许。为什么？——因为不许你们说！"如果有人投票赞成一个你反对的党，你尽可对此发表高论；人人都可畅所欲言，而且没有任何人会感到在此过程中受到委屈或是侵犯。如果有人认为税收应该增加或减少，你尽可自由表态。但另一方面，如果有人说"我不可在星期六移动一个电灯开关"，你就得说，"我尊重这点"。

为什么支持工党或保守党、支持共和党或民主党、支持这种或那种经济模式、支持苹果公司的 Macintosh 操作系统而不是微软的 Windows 操作系统，这样的争执都是完全合理合法的——但是，对宇宙是如何起源、谁创造了这个宇宙……就不能各抒己见，因为那是神圣的？……我们习惯于不挑战宗教观念，因而当理查德这样做时，他激起了极大的狂怒！每个人闻言后都暴跳如雷，因为不许你对此说三道四。但是，当你理性地看待这件事时，就会觉得，其实我们没有任何理由说，关于这些事就不应该像其他任何事情一样进行公开辩论，除非我们之间对此已经达成某种莫名其妙的共识。

这里就有一个特殊的例子可以说明我们的社会对宗教的过分尊重，这是一个意味深长的例子。战时若要获得具有良知的反战者身份，最容易的途径是宗教。你可能是一个才华横溢的伦理学家，写了一篇揭示战争罪恶的、有可能获奖的博士论文，但仍颇费周折，因为得由征兵局来审定你的主张，从而认定你是一个具有良知的反战者。但是，如果你说你的父母或其中之一是贵格会教徒，那么，不管你关于和平主义理论或

---

① 全文以《存在一个人造的上帝？》的题目收录在亚当斯的书中（2003）。

者甚至就贵格会本身的阐述有多么含糊不清甚至错误百出，你都能轻而易举地顺利通过。

在与和平主义相反的另一个极端，我们小心翼翼地尽量回避使用交战各方的宗教名称。在北爱尔兰，我们把天主教徒和新教徒委婉地叫作"民族主义者"和"保皇派"（Loyalist）。"宗教"这一敏感单词被改成"社会共同体"，如"社会共同体间的战争"。

我曾经提请人们注意在媒体和政府关于伦理问题的公开讨论中宗教所享受的特殊待遇。[1] 只要在性或生殖道德问题上出现争议，你管保能够打赌，必定会有几个来自不同宗教团体的领导人高调出现在有影响的委员会或电台、电视台的专题小组讨论节目中。我并不是提议，我们应该挺身而出审查这些人的观点。但是，为什么我们这个社会争先恐后地邀请这些宗教领导人，好像他们的专业知识可与伦理学家、家庭事务律师或医生这些人相媲美。

这里还有另一个宗教享受特殊待遇的不可思议的例子。2006 年 2 月 21 日，美国最高法院裁决，新墨西哥州的一座教堂可不执行禁服迷幻药的法律，那本该是人人都须遵守的法律[2]。植物联盟（Centro Espirita Beneficiente Uniao do Vegetal）[3] 的成员相信，他们只有喝通灵藤茶（hoasca tea）才能理解上帝，而这种茶却含有非法的迷幻药成分二甲基色胺。请注意，光凭他们"相信"这种迷幻药有益于"理解上帝"就足够了，他们不必出示证据。相反，有大量证据表明，大麻可缓减癌症患者化疗期间的恶心和不适等副作用。可是，最高法院却在 2005 年裁决，以治疗为目的使用大麻的所有病人都极有可能受到联邦法院的起诉（甚至包括少数该种治疗已合法化的州）。宗教永远是一张王牌。试想一下，若有某个艺术欣赏协会成员在法庭上辩称，他"相信"为了提高对印象主义或超现实主义美术作品的理解，需要服用迷幻药会发生什么。然而，

---

[1] 《多利和宗教游说集团》（*Dolly and the cloth-heads*），载道金斯（2003）。

[2] http://scotus.ap.org/scotus/04-1084p.zo.pdf。

[3] 植物联盟是个新兴教派，使用植物迷幻剂——编注

当一个教堂提出同样的要求时，却获得了这个国家最高法院的支持。这就是宗教作为一种法宝的威力。

17 年前，为了声援著名作家萨尔曼·拉什迪（Salman Rushdie），[①] 他当时因为写了一部小说而生活在死刑判决的阴影下，《新政治家》（*New Statesman*）杂志委托 36 位作家和艺术家发表声援书，我是其中的一位。基督教领导人，甚至还有某些非宗教的发言者的言论让我感到非常愤怒，因此，我以牙还牙，发表了下列观点：

如果拥护南非种族隔离政策的人在捍卫自己的观点时足够明智，他们本该这样宣布——我知道这招会有效——允许不同种族混居违反他们的宗教教义。许多反对者闻之可能就会偃旗息鼓。如果有人声称，这种对比不公平，因为种族隔离政策缺乏正当理由，但那无济于事。宗教信仰的全部要义、它的力量和主要荣耀就在于，它不依赖于正当理由的辩护。我们这些非宗教徒都可以被认为是在捍卫自己的偏见。但是，若要求一个宗教徒为其宗教作出理性辩护，那你就侵犯了"宗教自由"。

我不知道类似的事情是否还会在 21 世纪发生。《洛杉矶时报》（*Los Angeles Times*）（2006 年 4 月 10 日）报道，全美校园内的许多基督教团体正在起诉它们所在的大学，理由是这些学校强制执行反歧视规定，包括禁止骚扰或辱骂同性恋者的规定。一个典型的例子是，2004 年，美国俄亥俄州一个名叫詹姆斯·尼克松（James Nixon）的年仅 12 岁的男孩，在法庭上赢得了穿着一件 T 恤衫上学的权利，这件 T 恤衫上印有这样的话："同性恋是一种罪，×××教是一种谎言，堕胎是一种谋杀。有些事情就是黑白分明！"[②] 学校告诉这个男孩不要穿这件 T 恤衫上学——于是，男孩的父母就起诉了学校。如果男孩的父母提出控告的理由是基于美国宪法第一修正案，即保护言论自由的话，那么倒还说得过去。但是，

① R. 道金斯《宗教信仰的不理智行为》，载《新政治家》（伦敦），1989 年 3 月 31 日。
② 《哥伦布快报》（*Columbus Dispatch*），2005 年 8 月 19 日。

他们没有以这样的名义起诉：实际上他们也不能，因为言论自由被认为不包括"仇恨性言论"。但是，仇恨只需证明其宗教性，那么，就不再被看作是仇恨了。因此，尼克松一家的律师不是请求行使宪法赋予的言论自由权利，而是要求行使宪法赋予的宗教信仰自由的权利。美国亚利桑那州的联合保卫基金会（Alliance Defense Fund）出资支持了这场最终获胜的诉讼案，该基金会的业务就是"伸张宗教自由的合法权利"。

里克·斯卡伯勒（Rick Scarborough）牧师支持这轮类似的基督徒诉讼浪潮，这些诉讼的目的是要使宗教成为歧视同性恋者和其他人群的正当理由。斯卡伯勒先生把这轮诉讼浪潮称为21世纪的民权斗争："基督徒们必须坚决捍卫当一名基督徒的权利。"[1] 如果这些人站出来捍卫言论自由权的话，那么，就难有人对此表示同情。但这并非问题所在。赞成歧视同性恋者的诉讼案例正在成为对所谓的宗教歧视的一种反诉！法律似乎也尊重这点。你不可能以"如果你想阻止我侮辱同性恋者，这就侵犯了我拥有偏见的自由"作为借口来轻松地逃避责任。但是，你却可以这样说，"这侵犯了我的宗教自由"，由此则可轻松地逃避责任。仔细想想，这有什么区别？可是你又不得不承认，宗教的威力胜过一切。

我不赞成刻意冒犯或伤害任何人。但是，对我们这个世俗社会中宗教所拥有的那种过分的特权地位，我却感到困惑不解。所有的政治家都必须习惯自己的面孔出现在无礼的政治性漫画中，绝没有人用激烈的方式反击。宗教有何特殊性，以至我们要给予它这样独一无二的特别尊重呢？正如 H. L. 门肯（H. L. Mencken）所说："我们必须尊重其他人的宗教，不过仅仅在与尊重他关于他妻子很漂亮、孩子也很聪明的看法相同的意义和程度上。"

正是鉴于宗教已享受了一种过分的尊重，我要为本书作出免责声明。我既不会惹是生非地去冒犯，但也不会对宗教格外温和。

---

[1] 《洛杉矶时报》，2006 年 4 月 10 日。

第 2 章　上帝假说

....

有理由认为，《旧约》中的上帝是所有虚构作品中最让人讨厌的人物：猜疑成性、妄自尊大；一个卑鄙、偏心眼、毫无宽恕之心的控制狂；一个报复成性、杀气腾腾的种族清洗者；一个厌恶女人、憎恶同性恋的种族主义者；一个滥杀婴儿、实施大屠杀、滥杀子女、制造瘟疫的极端自大狂，一个施虐受虐狂，还无端欺凌弱者。但那些从小就在圣经文化中成长的人，显然对此类恐惧已变得麻木。倒是有幸未受玷污的赤子才会具有一种更为明智的见解。出于某种原因，温斯顿·丘吉尔（Winston Churchill）的儿子伦道夫（Randolph）对《圣经》一无所知，战争期间，他恰好与伊夫林·沃（Evelyn Waugh）及一位军中同僚共同执勤，为了让丘吉尔保持安静，这两位同伴就打赌说，他不可能在两星期内读完整本《圣经》："不幸的是，结果却出乎我们的意料。因他以前从未看过《圣经》，所以就兴致勃勃地唠叨不休。他还不时大声朗读

---

① 拉尔夫·沃尔多·爱默生（Ralph Waldo Emerson, 1803—1882），美国思想家、散文作家、诗人，是美国超验主义运动的主要代表，强调人的价值，提倡个性绝对自由和社会改革，著有《论自然》《诗集》和《五月节及其他诗》等——译者注。

其中的句子并声称：'我敢打赌你不知道《圣经》里有这样的内容……'或者只是摇头晃脑并高声大笑道：'上帝，上帝是狗屁！'"[1]。托马斯·杰斐逊（Thomas Jefferson）——他当然曾读过《圣经》——也有类似的看法："基督教的上帝具有令人恐怖的性格——残暴、报复心强、反复无常和不公正。"

抨击《圣经》中这样一个显而易见的靶子也许有失公道。上帝假说，无论是成立还是遭废黜，都不应该基于耶和华这一最为令人讨厌的例子上，也不应该基于他那乏味的截然相反的形象——基督身上，所谓"和蔼的耶稣谦恭而温和"[公正地说，这个懦弱的角色与其说属于耶稣本人，还不如说应属于耶稣的维多利亚时代的追随者。C. F. 亚历山大夫人（Mrs C. F. Alexander）说："基督教的子民们难道不该都像耶稣那样温和、顺从、善良？"还有比这更加令人厌恶、作呕的话吗]。在这里，我不是要抨击这些神的特殊属性，如耶和华、耶稣或者其他特定的神，诸如巴力[2]、宙斯或奥丁。我只是以更为雄辩的方式来定义上帝假说：有一个超人、一个超自然的智能存在，他精心设计并创造了这个宇宙以及其中的万物，包括我们自身。而本书将倡导的则是另外一种观点：任何创造性的智能存在，因其足够复杂而得以设计万物，它之所以存在只能是一个逐步进化过程的终端产物。作为进化而来的创造性智能必定在后期的宇宙中才能出现，因此，它们不可能参与宇宙的设计。就此定义而言，上帝，就是一种错觉；并且正如后面章节所阐述的那样，它是一种有害的错觉。

毫不奇怪，既然上帝假说是基于个人启示这样的民族传统而不是证据之上，于是，此类假说就会各有所异。宗教史学者认识到，从原始部落的万物有灵论，到诸如古希腊人、古罗马人和古斯堪的纳维亚人所信奉的多神教，再到犹太教及其派生的基督教那样的一神教，是一种阶段式的演进。

---

[1] 米特福德（Mitford）和沃（Waugh）（2001）。

[2] 巴力（Baal），古代迦南人和腓尼基人所信奉的地方神——译者注

多神教

不清楚为什么说从多神教到一神教的转变应该被认为是一种不证自明的进步。但正是这种被广泛承认的假设激发了沃拉克（Warraq）机智地猜想，按其发展轨迹，一神论注定会一个神都不要，然后变成无神论。《天主教百科全书》以同样冷漠的风格排斥多神论和无神论："具教条形式的无神论是自相矛盾的，事实上它从未赢得过相当数量的人们的理性认同。而多神论无论多么容易占据大众的想象力，也从来都无法满足一个哲人的心智。"[①]

就在最近的英格兰和苏格兰的慈善法律中，一神教依然享受优厚待遇。正是这种偏爱，使得信奉多神教的宗教团体在获得免税待遇方面受到歧视，同时，却允许那些目标是促进一神教的慈善团体继续容易地享受免税政策，还免除其应该经受的严格审查，而按常规的话，与宗教无关的慈善团体则须经过这些审查。我曾打算说服英国一名颇受尊敬的印度教徒站出来，提交一项民事诉讼，以抗议这种针对多神教的势利歧视。

当然，最好的办法就是彻底放弃把对宗教的促进作为慈善团体得以成立的理由。这种做法会使社会受益无穷，尤其在美国，那里的教会吞没了大笔的免税资金，这些资金让本已相当富有的电视传道者更加不可一世，称其令人极端厌恶一点也不为过。与其名字十分相称的奥罗尔·罗伯茨（Oral Roberts，oral 的意思是"口头的"）就这样告诉他的电视观众，除非他们出 800 万美元，否则上帝就可能杀了他。几乎让人难以置信的是，观众们真的给了他这么多钱，还是免税的！罗伯茨本人风头正健，甚至有了俄克拉何马州塔尔萨（Tulsa）的"奥罗尔罗伯茨大学"。它那 2.5 亿美元的教学大楼，正是由上帝亲自直接委托建造的。上帝是这样说的："让你的学生听见我的声音，到我的光环暗淡的

---

① 参见 http://www.newadvent.org/cathen/06608b.htm。

地方去，到我的声音听起来微弱的地方去，到我的力量还不为人知的地方去，甚至去地球上最边缘的地方。他们的工作将超过你，对此我会非常高兴。"

经过深思熟虑，我那想象中的印度教起诉者极有可能打出这张牌，即"如果你不能打败他们，就加入他们"。他会说，他的多神教实际上不是多神教，而是伪装后的一神教。只有一个神，至于创造之神梵天、守护之神毗湿努、破坏之神湿婆、女神 Saraswati、Laxmi 和 Parvati（她们分别是梵天、毗湿努和湿婆的妻子）、大象之神 Ganesh 和数百种其他的神，它们都只不过是一个神的不同表现形式或化身而已。

基督徒应该会同情这样的诡辩。中世纪的墨水，多得可以汇流成河，更别提还有血流成河，就被耗费在关于"三位一体"①神秘性的论争，以及镇压像阿里乌斯派（Arianism）这样的异端上。生活在公元 4 世纪的亚历山大港的阿里乌斯，否认耶稣与上帝同体（也即，与上帝具有同样的物质构成或本质）。你大概会问：那到底是什么意思？物质？什么"物质"？你所说的"本质"准确地说是什么意思呢？唯一合理的回答看起来就是"非常小"。然而，这场口水战却使基督教世界分裂达一个世纪，康斯坦丁大帝下令焚毁阿里乌斯的全部著作。通过"钻牛角尖"的方式来分裂基督教世界，这就是神学特有的方式。

我们拥有的那个上帝，是表现为三个部分呢，还是其中有三个上帝？《天主教百科全书》用严谨的神学推理为我们澄清了疑惑：

> 在神性的统一体中有三个位格，圣父、圣子和圣灵，这三个位格确实互不相同。因此，用亚大纳西②信经上的话来说就是："圣父是上帝，圣子是上帝，圣灵是上帝，但是，只有一个上帝，而不是三个上帝。"

似乎这还不够清晰，《天主教百科全书》又引用了 3 世纪神学家、圣

---

① 三位一体，指圣父、圣子、圣灵合而为一——译者注
② 亚大纳西，古代基督教亚历山大大主教——译者注

迹发现者（Miracle Worker）圣格里高利的话：

> 因此，在"三位一体"中没有创造任何东西，也没有任何东西互相制约：没有增加任何仿佛先前不存在、随后又进入的东西。因此，没有圣子，就绝不会有圣父，没有圣灵，也不会有圣子。这同一个"三位一体"是永恒和不可更改的。

无论是什么圣迹曾为圣格里高利赢得圣迹发现者的名声，它们应该都不是关于诚实清晰的圣迹。圣格里高利的话表达了神学所特有的反启蒙主义风格，不同于科学或大部分其他人类学问，神学在 18 世纪没有什么长进。托马斯·杰斐逊的话总是一针见血："用来反驳难以理解的命题的唯一武器就是嘲笑。在理性起作用以前，概念必须清晰；但还没有任何人对'三位一体'有过一个清楚的概念。它不过是那些自称为耶稣教士的江湖骗子的胡言乱语而已。"

我忍不住要谈到的另一件事，就是宗教徒竟能以自负般的自信断言一些琐碎的细节，而关于这些细节他们没有、也不可能有哪怕是一丁点的证据。也许，正是没有任何证据支持神学信念这一事实，有助于催生对那些信念稍有不同的人的憎恨，这尤其表现在"三位一体"论这一领域。

杰斐逊在批评加尔文教派时，极尽嘲讽"存在三个上帝"这样的学说。但正是罗马天主教，基督教的一个分支，在与多神教的反复较量中使得这种学说愈发离谱。"三位一体"中还有圣母马利亚①、"天堂的女王"，一个有名字的女神，她无疑是祈祷者的祷告对象，是紧随上帝之后的第二人选。万神殿中还充斥了一支圣徒大军，其代人祈祷的权力使得他们即使不是半神半人，也值得充任某方面的专家。天主教共同体论坛（The Catholic Community Forum）列出了 5 120 个圣徒②以及他们最擅长的领域，这些领域包括腹痛、虐待受害者、厌食症、武器商、铁匠、骨

---

① 圣母马利亚，《新约》所记耶稣之母，是许多天主教堂的主要圣人，宗教改革后的新教则不崇拜马利亚，认为她也只不过是一个凡人而已，这是天主教与新教的区别之一——译者注

② 参见 http://www.catholic.forum.com/saints/indexsnt.htm?NF=1。

折、炸弹技师和肠紊乱，应该说这些领域已足够包罗万象。我们也一定
别忘了众天使分成九大等级：炽天使（最高位天使）、智天使、座天使、
主天使、力天使、能天使、权天使、天使长（众天使的首领）和普通天
使，其中包括我们最亲近的朋友、始终为我们站岗放哨的守护天使。天
主教神话给我留下的部分印象就是某些乏味的庸俗艺术，但更多的印象
却是，这些人以不切实际的冷漠从事捏造细节的活动。天主教神话就是
这样不知羞耻地被虚构出来的。

教皇约翰·保罗二世册封的圣徒比之前几个世纪其前任们所册封的
总和都要多，并且他还与圣母马利亚有某种特殊的密切关系。1981 年，
他在罗马遭遇暗杀，他把自己的幸存归因于法蒂玛圣母[①]的干预："一
只母亲般的手移动了这颗子弹。"他那多神教的渴望由此得到戏剧性的
证明。人们不禁感到奇怪：为什么她不让这颗子弹彻底射歪呢？有人或
许还会这样想，为教皇做了 6 个小时手术的医疗小组成员至少也应该获
得某种荣誉吧？但是，外科医生的手或许也受到母亲般的指导呢。关键
在于按照教皇的看法，移动子弹的不仅仅是圣母，而是圣母法蒂玛。大
概卢尔德圣母[②]、瓜达卢佩圣母[③]、默主歌耶（Medjugorje）圣母[④]、秋田
（Akita）圣母[⑤]、石潭（Zeitoun）圣母[⑥]、加拉班德（Garabandal）圣母[⑦]和
诺克（Knock）圣母[⑧]当时都正忙于其他事情。[⑨]

[①] Our Lady of Fátima，圣母马利亚据说于 1917 年连续 6 个月的 13 日显灵，地点是在葡萄牙的
法蒂玛，故称之为法蒂玛圣母，又因圣母向 3 名牧童自称为玫瑰马利亚，因此这两个名字并
用——译者注
[②] 曾于法国西南部比利尼山脚下的卢尔德小镇显灵的圣母，可为朝圣者治愈多种疾病——译者注
[③] 据说是 1531 年 12 月 9—12 日于墨西哥中部的塔柏尔山显灵的圣母，自称是踏碎毒蛇头颅的
圣母马利亚，瓜达卢佩圣母名字即由此而来，原意即为踏碎毒蛇头颅者——译者注
[④] 于东欧波斯尼亚境内的一个小乡村显灵的圣母，时间是 1981 年 6 月 24 日——译者注
[⑤] 1994 年，在一次基督教徒的聚会中，一尊圣母像流泪，据说天使告诉日本秋田的一位女信徒，
圣母流泪，因为她希望有许多的人可以悔改。这是一种征兆，见证圣母与教会同在，与世界
同在——译者注
[⑥] 1970 年，据说圣母在埃及石潭一所以她名字命名的东正教教堂的圆顶上显灵，犹如一道强光，
并带来治病奇迹——译者注
[⑦] 据说 1961—1965 年间以加尔默尔山圣母形象在西班牙加拉班德地区显灵的圣母——译者注
[⑧] 爱尔兰诺克村是圣地之一，据说圣母曾于此显灵——译者注
[⑨] 上述这些圣母都是圣母马利亚的化身——译者注

希腊人、罗马人和维京人是怎样应对多神教这一难题的呢？罗马神话中的维纳斯不过是希腊神话中的阿芙洛狄忒（爱与美的女神）的另一个名字，还是她们是两个截然不同的爱之女神？手举锤子的托尔（Thor）[①]是天神奥丁（Odin）的某种显灵，还是一个独立的神？谁在乎呢？生命太短暂，不用自寻烦恼地去区分想象中的臆造物之间的差异。为免于被人指责为忽略了多神教，我已经表明了对它的看法，对此我以后不再多加说明。为简洁起见，我将把所有的神，不管涉及多神论还是一神论，都只称为"上帝（God）"。我也明白亚伯拉罕[②]诸教的神是（温和地说）咄咄逼人的男性，在使用代名词时，我也接受这样的惯例。更为成熟明智的神学家则宣称上帝是无性别的，而某些女权主义的神学家则试图通过指明上帝的女性特征来纠正历史上的不公正。但是，一个不存在的男人与一个不存在的女人之间究竟又有什么样的区别呢？我猜想，在神学与女权主义之间不值一提的虚幻的交接处，存在相比于性别，可能确实是一种更加不值一提的特征。

我知道宗教的批评者可能会受到抨击，因为他们不承认被称作为宗教的传统和世界观具有丰富多样性。人类学史上的名著，从詹姆斯·弗雷泽爵士（Sir James Frazer）的《金枝》（*Golden Bough*）到帕斯卡·博耶（Pascal Boyer）的《被解释的宗教》（*Religion Explained*），或是斯科特·阿特兰（Scott Atran）的《我们信仰的上帝》（*In Gods We Trust*），都极富感染力地记录了迷信和宗教仪式中那些稀奇古怪的现象。读过这些书后，你就会对人类的易于上当受骗感到震惊。

但那不是本书的方式。我公开谴责所有的超自然信仰，这样做的最有效的方法就是集中抨击一种我的读者们可能最为熟悉的超自然信仰——一种正在侵害我们社会的超自然信仰。我的大部分读者都在当今三种"主要的"一神论宗教（如果算上摩门教的话就是四种）中的一种或另一种环境里长大，这些宗教都可以追溯到神话中的亚伯拉罕族长，在阅读

---

① 托尔，北欧神话中的雷神——译者注
② 亚伯拉罕：在《旧约》中，相传是希伯来人的始祖和第一个族长——译者注

本书时牢记这个传统的家族将会比较方便。

本书不可避免会招来反驳意见，因此我要抓紧时机先说上几句。在某些评论中总能找到诸如此类的话，正如昼夜交替一样常见："道金斯不相信的上帝恰恰也是我不信仰的上帝。我不相信天空中那个白胡子老人。"那个老人只是不相干地打岔而已，他那胡子的乏味赶得上胡子的长度。事实上，这种打岔本身比离题更糟，其愚蠢之处便是说这类话的人算计着转移人们在这一事实上的注意力。这个事实就是白胡子老人并不比说话人真正信仰的那个东西更愚蠢。我知道你不相信一个坐在云端的满脸胡子的老人，所以，我们就不要在那个问题上浪费时间了。我正在抨击的不是任何特定版本的上帝或众神。我正在抨击的是上帝、所有的神、任何和每一个超自然的东西，无论它们曾经身处何地和何时或将会在何地何时被虚构出来。

一神论

三个亚伯拉罕宗教中最古老、显然也是另外两个宗教祖先的是犹太教：最初它只是一种部落崇拜，表现为信奉一个残暴而令人厌恶的上帝，这个上帝病态地迷恋于各种性约束、烤肉的气味、高出于其他神的那种优越感以及他所选定的沙漠部落的唯一性。在罗马人占领巴勒斯坦期间，出生于塔尔苏斯（Tarsus）①的圣保罗创立了基督教，作为犹太教的一个不那么冷酷与排外的派别，将眼光投向了犹太人以外的世界。基督教也用剑来传播，自从君士坦丁大帝将原先不被认可的基督教提升为官方钦定的宗教以后，罗马人首先亲手挥剑为基督教的传播开道，然后是十字军战士，之后又是负有传教使命的西班牙征服者、其他的欧洲侵略者和殖民者。亚伯拉罕诸教可被看作是大同小异的。除非另有说明，我将主要论述基督教，但那只是因为我正好最熟

---

① 塔尔苏斯，土耳其南部城市——译者注

悉基督教。在我看来，差异比相似更无关紧要。我将完全撇开其他某些宗教，如佛教或儒教。确实，有理由认为它们根本就不是宗教，而只是伦理体系或生活哲学而已。

说到我一开始那个上帝假说的简单定义，如果它要包容亚伯拉罕的上帝的话，那么，这个定义还不得不有所扩充和丰富：他不仅创造了宇宙，他还是一个人格化的神，寓居于宇宙内或宇宙外（无论那是什么意思），拥有我已经暗示的那些令人厌恶的人类品质。

人格化的属性，无论是令人愉快还是令人不快，在伏尔泰和托马斯·潘恩（Thomas Paine）那种自然神论的神中都不包含这一部分。与《旧约》中那个精神错乱的失控者相比，18 世纪启蒙运动时期自然神论者的上帝是一种宏大的存在：因创造宇宙而获得敬仰、高高在上而不干预世事、超然远离我们的个人思想和希望、毫不在意我们肮脏的罪过或喃喃自语的悔罪。自然神论者的上帝是一位终结一切物理学的物理学家、数学家的总和，设计师的典范，一个超级工程师，他设定了宇宙的规律和常数，且用完美无缺的精度和先见之明优化调整这些规律和常数，触发了我们现在所说的宇宙大爆炸，做完这些事情后就悄然引退。

在宗教更为强势的时代，自然神论者受到了与无神论者无差别的辱骂。在《自由思想家：美国世俗主义史》中，苏珊·雅各比（Susan Jacoby）列出了一个曾经被扔到托马斯·潘恩头上的绰号列表："犹大、爬虫、肥猪、疯狗、酒鬼、寄生虫、狡猾的兽类、畜生、说谎者，当然还有异教徒。"潘恩在极度贫困中逝世，遭到先前政治盟友的无情抛弃（唯一可敬的例外是杰斐逊），他们都因潘恩的反基督教观点而尴尬不安。但现在情况已经逆转，人们倒是更有可能将自然神论者与无神论者进行对比，且与有神论者混为一谈。毕竟他们的确相信一个至上的智慧存在创造了宇宙。

世俗主义、制宪元勋和美国的宗教

通常认为，美利坚合众国的制宪元勋①都是自然神论者。虽然已有论点指出，他们中的最伟大者也许是无神论者，但是，他们中的许多人毫无疑问是自然神论者。的确，他们在那个时代所撰写的关于宗教的著作令我确凿无疑地相信，他们中的大多数若是生于我们这个时代可能就是无神论者。但是，无论他们在当时持有什么样的个人宗教观，有一样东西却是共同拥有的，那就是他们都是世俗主义者，这是我在本节要转而论述的主题，开始时——也许你会惊讶——我要引用参议员巴里·戈德华特（Barry Goldwater）在1981年讲的一段话，这段话清楚地显示了这位总统候选人和美国保守派的杰出人物是怎样坚定地高举美国立国之本的世俗主义传统的：

人们对宗教信仰的坚定不移无可匹敌。在争论中，他能够宣称的最强有力的支持者就是耶稣基督、上帝、安拉（真主），或者其他任何可以称之为这种最高存在的神。但是，像任何强大的武器一样，为一己之利而挪用上帝的名义应该有所收敛。在美国各地不断发展壮大的宗教派别正在不够明智地利用宗教的影响力。他们试图迫使政府领导人完全追随他们的立场。如果你在某个特定的道德问题上不同意这些宗教团体的主张，那么，他们就会抱怨，甚至威胁你，说你将失去资金或选票，或是两者。坦率地说，我厌恶和厌倦这个国家到处都有的政治布道者，他们告诉我作为一个公民，如果我想要做一个有道德的人的话，那么，我就必须相信A、B、C和D。他们以为自己是什么人物？他们从哪儿来的权威居然声称有权向我口授他们自己的道德信仰？更让我愤怒的是，作为一名立法者，我还必须忍受每个宗教团体的威胁，这些团体居然认为它们拥有某种上帝赐予的权力，可以控制我在参议院每次点名表决时的投

---

① 制宪元勋，指参加1787年美国制宪会议的那些开国元老——译者注

票。我今天要警告它们：如果它们试图以保守派的名义将自己的道德信念灌输给所有美国人的话，那么，我将寸步不让地与它们战斗到底。①

当代美国的右翼鼓吹者对制宪元勋的宗教观怀有极大的兴趣，他们急于强行推出自己版本的历史。但与他们的观点相反，美国不是作为一个基督教国家而被创建这一事实，早在与的黎波里（Tripoli）签订的一个条约之中就已交代明白，该条约于 1796 年经乔治·华盛顿起草，并于 1797 年由约翰·亚当斯签署生效：

鉴于美国政府在任何意义上都不是建立在基督教之上，鉴于它对穆斯林的法律、宗教或安宁从不抱有任何敌意，以及鉴于美国从未有过针对任何伊斯兰国家的战争状态或敌意行动，因此，签约双方宣布，两国间业已存在的融洽关系将不应以任何宗教主张为借口而中断。

这段引文开头的第一句话就可能在如今的华盛顿当局引起非议之声。然而，埃德·巴克纳（Ed Buckner）已经令人信服地证明，它们在当时的政治家或公众那里却没有引发任何异议②。

人们已经注意到这一矛盾，立足于世俗主义的美国，现在却是基督教世界里最笃信宗教的国家；而英格兰，虽然拥有一个君主立宪制的国教，却属于最不笃信宗教的国家之一。不断有人问我为什么是这样，我也不知道。我猜想，一种可能是英格兰在经历了一段不同宗教信仰者之间骇人听闻的暴力冲突以后，即新教徒和天主教徒交替地占上风和有组织地谋杀对方的许多人，英格兰人已经厌倦了宗教。另一种可能源于这一现象，即美国是一个移民国家。有同事向我指出，由于与欧洲大家族的稳定性和可靠性彻底隔绝，因此，移民更有可能把教会当作在异乡他壤的血缘关系的替代品来接受。这是一个有趣的想法，值得作进一步的

---

① 《国会记录》，1981 年 9 月 16 日。

② 参见 http://www.stephenjaygould.org/ctrl/buckner_tripoli.html。

研究。毫无疑问，许多美国人把当地的教会看作是某种身份，这确实具有大家族的某些属性。

然而，还有一种假说认为，美国的宗教虔诚性不可思议地起源于其宪法的世俗主义。正因为美国在法律上是世俗的，所以，宗教已经变成了自由企业。相互竞争的教堂竞相争取会众——尤其看重他们所带来的丰厚的什一税①——竞争时还用上了市场中所有大胆的强行推销方法。适用于皂片（soap flakes）的也适用于上帝，结果就导致了当今低教育阶层中的宗教狂热现象。相比之下，在英格兰，受国教庇护的宗教充其量不过是一种令人愉快的社会娱乐，几乎难有宗教的气息。贾尔斯·弗雷泽（Giles Fraser），英国国教的教区牧师，兼任牛津大学哲学辅导教师，他在《卫报》（*Guardian*）上发表的有关文章就很好地表达了这种英国传统。弗雷泽文章的副标题是"英国国教的确立把上帝逐出了宗教，但这样一种生气勃勃的信仰观却存在着危险"：

曾经有一段时间，乡村教区牧师成了英国戏剧人物的主要来源。这种脚穿锃亮皮鞋、举止和蔼可亲、一杯香茗在手且行为古怪的人物，体现的就是某种类型的宗教，它不会令非宗教徒感到不自在。他不会突然转向存在的焦虑或把你逼到墙角处来问你是否获得拯救，他也很少在布道时煽动宗教战争或以某种更高力量的名义来埋下路边的炸弹②（贝奇曼的"我们的随军牧师"的幽灵，我在第一章开头时引用过）。

弗雷泽继续说道："和蔼的乡村教区牧师实质上是在向众多的英国人灌输反基督教的情绪。"他在文章结尾处悲叹最近英国国教又出现严肃对待宗教的趋势，他的最后一句话警告说："令人忧心忡忡的就是我们也许从已经休眠了数个世纪的国教魔盒中释放了英国宗教狂热主义的妖魔鬼怪。"

---

① 什一税，自愿交付或作为税收应当交付的个人年收入的十分之一，特别用于供养教士或教会——译者注

② 贾尔斯·弗雷泽，《复活的宗教毁灭了乡村教区牧师》，《卫报》，2006年4月13日。

宗教狂热主义的妖魔鬼怪在当前的美国十分猖獗，对此制宪元勋们也许会大惊失色。无论这样做是否正确，也即接受这种矛盾并谴责他们所制定的世俗宪法，但这些制宪元勋的确是世俗主义者，他们相信宗教与政治必须保持分离，毫无疑问他们坚定地站在这一立场上，比方说，反对在政府所辖的公共场所醒目地展示十诫。但是，让人忍不住想推测的是，至少有些制宪元勋可能已经超越了自然神论。他们也许是不可知论者或者甚至是彻头彻尾的无神论者。杰斐逊的下列声明与我们现在所说的不可知论毫无差别：

谈论非物质存在就是在谈论不存在的东西。说人的灵魂、天使、神是非物质性的存在，就等于说它们是不存在的东西，要么就是说不存在任何神、天使、灵魂。除非陷于梦和幻觉的万丈深渊中，否则，我就没有理由谈论这些……那些存在的东西已经令我满意足够令我追求了，我不想让那些或许真的存在但我毫无证据的东西来折磨或困扰我。

克里斯托弗·希钦斯（Christopher Hitchens）在他写的传记《托马斯·杰斐逊：美国的创造者》中认为情况很有可能是这样，即便在他所处的那个更加苛刻的时代，他仍然是一名无神论者：

至于他是否是一名无神论者，如果仅因为他在政治生涯中不得不遵守审慎的作风，那么，我们必须保留意见。但是，正如他早在 1787 年写给侄子彼得·卡尔（Peter Carr）的信中所说，人们不必担心由这种质疑而带来的结果。"如果最终的结果是不相信存在上帝，那么，在这一过程中所感受到的安慰和愉悦以及他人之爱，将唤起你的刚毅气概。"

还是在杰斐逊给彼得·卡尔的信中，我再次发现下列忠告令人感动：

摆脱所有奴性偏见的恐惧，在这种恐惧之下，软弱的心灵会顺从地卑躬屈膝。使理性牢牢立于其宝座上，请她来评判每个事实、每种看法。

甚至关于上帝的存在也要大胆质疑。因为，如果真有这样一位上帝，他也必定认可对理智的敬意，而非因害怕带来的盲目顺从。

杰斐逊的诸如"基督教是曾经笼罩人类的最反常的体制"之类的评论，既与自然神论也与无神论一致。詹姆斯·麦迪逊（James Madison）那种直率激烈的反教权主义 ① 也是如此："在差不多 15 个世纪里，基督教的合法地位始终处于考验之中。基督教结出的是什么样的果实？或多或少，在所有的地方，是神职人员的傲慢和懒散，普通教众的无知和奴性，以及两者都有的迷信、偏执和迫害。"表达同样意思的还有本杰明·富兰克林（Benjamin Franklin）的《灯塔比教堂更有用》和约翰·亚当斯（John Adams）的《没有宗教的世界也许是所有可能世界中最好的世界》。亚当斯还发表了专门抨击基督教的精彩长篇演说词："我所理解的基督教，过去和现在，都是一种启示。但是，无数神话、传说和传奇与犹太教和基督教的启示混合在一起，使得它们成为所有已知宗教中最具血腥味的宗教，这又是如何发生的呢？"在另一封给杰斐逊的信中，他写道："每当念及十字架——作为对人类历史保存下来的对哀恸的滥用的最可怕例子的象征，我就几乎浑身战栗。想想吧，这一哀恸的工具已经制造了多少灾难！"

无论杰斐逊及其同事是有神论者，还是自然神论者、不可知论者或是无神论者，他们都是富有热情的世俗主义者。他们相信，一个总统无论有什么样的宗教观，甚至缺乏宗教观，那都是他的个人事务。所有的制宪元勋，无论他们个人的宗教信仰是什么，若是读到记者罗伯特·谢尔曼（Robert Sherman）采访老布什的报道，也许都会感到惊骇万分。当时，谢尔曼问老布什，他是否承认美国的无神论者也拥有同等的公民身份和爱国精神，老布什的回答是："不，我认为无神论者不应该被看作是公民，他们也不应该被认为是爱国者。这是一个尊奉上帝的国家。" ②

---

① 反教权主义，反对教会或教士在政治事务中的影响——译者注
② 罗伯特·I. 谢尔曼，载《自由调查》（Free Inquiry）第八卷，1988 年秋季，第 16 页。

假定谢尔曼的记述是准确的（不幸的是，他没有用录音机，当时也没有其他报纸刊登这个报道），我们做个试验，把"无神论者"替换为"犹太教徒"或"黑人"，由此便可以衡量美国的无神论者在当代所经受的偏见和歧视。刊登在《纽约时报》（*New York Times*）上的《一个孤独的无神论者的自白》的作者纳塔利·安吉尔（Natalie Angier），作为生活在当代美国的一个无神论者，对她的孤立无助感有一种悲哀和感人的描述。[①]但是，美国无神论者的孤立无援其实是一种偏见刻意制造的错觉，因为美国的无神论者要比人们意识到的更多。正如我在前言中所指出的，美国的无神论者远比犹太教徒要多，然而，众所周知，犹太人的游说组织是华盛顿最有影响力的集团之一。如果美国的无神论者也适当组织起来的话，他们又能获得什么样的成果呢？[②]

戴维·米尔斯（David Mills）在他杰出的著作《无神论者的世界》（*Atheist Universe*）中讲述了一个故事，如果它是虚构的话，那么，你就权且把它当作是一个不切实际、用来讽刺顽固偏执的警察的漫画作品好了。一个实施信仰疗法的基督徒每年都要到米尔斯的家乡搞一次"圣迹宣传活动"（Miracle Crusade）。此外，他还鼓励糖尿病患者扔掉胰岛素，癌症患者放弃化疗，取而代之的是靠祈祷让奇迹出现。于是，米尔斯决定组织一次相当克制的和平示威游行以便警告人们。但是，他犯了个错误。他去警察局禀报自己的意图，还要求得到警察的保护，以便防范信仰疗法支持者有可能发起的攻击。他找到的第一个警官问道："你是抗议还是支持？"（意思是支持还是反对信仰疗法）当米尔斯回答"反对"时，这个警官说他本人就想参加集会，还要在游行途经米尔斯的示威现场时亲自朝米尔斯的脸上吐唾沫。

米尔斯决定找第二个警官试试运气。这个警官说，如果有任一信仰

---

① 纳塔利·安吉尔，《一个孤独的无神论者的自白》，《纽约时报》，2001 年 1 月 14 日：http://www.geocities.com/mindstuff/Angier.html。

② 汤姆·弗林（Tom Flynn），《自由调查》的编辑，有力地论证了这点（《世俗主义的突破性时刻》，《自由调查》第 26 卷：2006 年 3 月，第 16～17 页）："如果无神论者是孤独的和遭到践踏的，我们只能谴责自己。从数量上说，我们是强大的。让我们开始发威吧。"

疗法支持者激烈反对米尔斯的话,那么,他将逮捕米尔斯,因为米尔斯正在"试图妨碍上帝的工作"。米尔斯回家后又试着打电话到警察局,希望在资深警察那儿能找到更多的同情。最后,他接通了一个警官,这个警官说:"该死的,兄弟。没有哪一个警察愿意保护一个受诅咒的无神论者。我真希望有人打得你鲜血直流(bloodies you)才好。"看起来这个警察局副词紧缺,仁慈之心和责任感也很紧缺。米尔斯说,他那天找了七八个警察说了自己的想法。没有一个警察愿意提供帮助,其中多数警察还直接用暴力威胁米尔斯。

上述奇闻层出不穷,可见针对无神论者的偏见无处不在,大费城地区自由思想协会的玛格丽特·唐尼(Margaret Downey, of the Freethought Society of Greater Philadelphia)系统地记录了这类事件。[1]她的资料库按照社团、学校、工作场所、媒体、家庭和政府等栏目进行分类,包括受到骚扰、丢掉工作受到家庭排挤,甚至谋杀等实例。[2]从这些无神论者遭到的憎恨和误解的证据中,我们很容易相信,在美国,一个诚实的无神论者实际上不可能在公共选举中胜出。美国有 435 名众议员和 100 名参议员。假定这 535 个人中的大多数是美国人口中受过教育的样本,那么,从统计学上几乎可以预见的是,535 名议员中一定有相当数量的人是无神论者。他们为了赢得选举一定是撒谎或隐瞒了自己真实的感觉。如果是为了拉选票,谁又能谴责这些议员呢?对于任何总统候选人来说,公认的事实是,承认自己是无神论者是一种不折不扣的政治自杀。

如果杰斐逊、华盛顿、麦迪逊、亚当斯和他们的朋友看到当代美国的政治气候以及其中的意味,他们定会极端厌恶。不管他们是无神论者、不可知论者、自然神论者还是基督徒,对于 21 世纪初期华盛顿的神权统治,他们都会吓得倒吸一口冷气。相反,他们会被印度后殖民时期以世

---

[1] http://www.fsgp.org/adsn.html。

[2] 大费城地区自由思想协会的 2006 年 3 月 /4 月《时事通讯》详细叙述了一个特别奇怪的案例,某人就因为是无神论者而遭到谋杀。请上网查阅 http://www.fsgp.org/newsletters/newsletter_ 2006_0304.pdf,下拉至《拉里·胡珀的谋杀》(The murder of Larry Hooper)。

俗主义为信念的立国之父所吸引，尤其是宗教徒甘地 [1] （"我是印度教教徒，我是穆斯林，我是犹太教徒，我是基督徒，我是佛教徒！"）和无神论者尼赫鲁：

在印度和其他地方，被称之为宗教的东西或至少是有组织的宗教，已经让我极端厌恶，我经常谴责它并且希望彻底清除它。它几乎总是代表盲目的信仰和行动、教条和偏见、迷信、剥削，以及对特权阶层既得利益的维护。

尼赫鲁对于甘地梦想中一个世俗化印度的定义（如果这一梦想实现，那么，就不会有因不同宗教信仰者之间的大屠杀而产生的国家分裂）几乎就是萦绕在杰斐逊本人头脑中挥之不去的幻影：

我们谈到一个世俗化的印度……有些人认为它意味着某种反宗教信仰的东西。那显然是不正确的。它意味着，在这样一个国家中，所有的信念都享有尊严并有平等的机会；印度有着长期的宗教宽容史……在一个像印度这样有许多信念和宗教的国家里，除了在世俗主义的基础上，否则，就不可能产生任何真正的民族独立运动。[2]

相对于圣经中的那个妖怪，自然神论者的上帝确实已是一种改进。不幸的是，他存在或曾经存在的概率不会更多。任何一种形式的上帝假说都是多余的。[3] 上帝假说也几乎被概率定理所排除。在第 3 章讨论完上帝存在的所谓证据之后，我将在第 4 章论述此点。现在我要转向不可知论，以及这一错误观念：上帝的是否存在是一个遥不可及的问题，它永远超出了科学的领域之外。

---

① 甘地，1869—1948，印度政府、社会和宗教领袖——译者注
② 参见 http://www.hinduonnet.com/thehindu/mag/2001/11/18/stories/2001111800070400.htm。
③ 当拿破仑迷惑不解地想知道著名数学家拉普拉斯怎样设法在不提及上帝的情况下撰写著作时，拉普拉斯这样回答道，"陛下，我根本不需要那个假设"。

不可知论的贫乏

一位精力充沛、体格强壮的基督教徒站在我那所古老学校小礼拜堂的讲道台上，在他那慷慨激昂的布道中偶尔也会流露出对无神论者的尊重，因为这些无神论者至少还有勇气误入歧途。而这个布道者所无法容忍的却是不可知论者：矫揉感伤、含糊幼稚、乏味混乱、左右摇摆的墙头草。他的推论部分正确，但整体上的理由却是错误的。根据昆廷·德·拉·贝多伊勒（Quentin de la Bédoyère）的说法，天主教历史学家休·罗斯·威廉森（Hugh Ross Williamson）同样"尊重忠于宗教信仰的信徒，也尊重忠实的无神论者。他蔑视那些软弱乏味、毫无骨气的庸人，他们只会左右逢源"。[1]

在缺乏证据的情况下，做一名不可知论者毫无过错。这是通情达理的立场。当有人问卡尔·萨根宇宙中其他地方是否存在生命时，他毫无羞愧地说自己是不可知论者。当他不肯表态时，他的对话者却逼他说出"内心深处的感觉"，于是他这样回答："我努力不用内心感受来思考。说真的，在没有证据之前不做判断最好。"[2] 地球外是否存在生命是个没有定论的问题。争论双方都可以同样利用不错的论据，但却缺乏证据，以至难定胜负。某种类型的不可知论，是对许多科学问题的一种恰当态度，例如，什么引起了二叠纪末期的物种大灭绝，这是化石史上最大规模的物种灭绝。它可能是一次陨星撞击的结果，类似于后来从现在的证据来看极有可能造成恐龙灭绝的那样的陨星撞击。但是，也有可能是其他各种不同的原因或它们的合力所造成。对这两次灭绝事件的原因持不可知论的态度就是合乎情理的。那么，又该如何来看待关于上帝的问题呢？我们也该对上帝抱不可知论的态度吗？许多人已经明确回答"是的"，他们说这话时经常带着深信不疑的口吻，几乎类似于在抗议。他们正确吗？

---

[1] 昆廷·德·拉·贝多伊勒，《天主先驱报》（*Catholic Herald*），2006 年 2 月 3 日。
[2] 卡尔·萨根，《怀疑论的负担》，《怀疑的探索者》（*Skeptical Inquirer*）第 12 卷，1987，秋季。

我将从区分两种类型的不可知论开始。TAP，即实践上暂时的不可知论（Temporary Agnosticism in Practice），是一种合理的中立，他们深信存在一个明确的答案，只是迄今尚未有证据来接近这一答案（或者对证据尚无法理解，或对证据的解读尚需时日，等等）。对待二叠纪的灭绝事件，TAP 将是一种合理的态度。存在一个事实真相，某一天我们希望知道这个真相，尽管现在还不知道。

但是，另有一种不可避免的骑墙派，我称之为 PAP（原则上永久的不可知论，Permanent Agnosticism in Principle）。只取首字母竟拼出一个缩写词，它恰巧也被那位古老学校的布道者所用，这（几乎）是一个巧合。PAP 型的不可知论适合于不管我们搜集多少证据都无法回答的问题，原因是证据概念不适用于它。所说的问题也许存在于另一个层面上，或者在另一个维度上，超越了证据所能适用的区域。一个例子也许就是那个哲学上的陈词滥调，即你看见的红色是否就是我看见的红色。也许，你的红色恰是我的绿色，或者是某种与我的想象完全不同的颜色。哲学家引用这个问题，把它当作是永不可能回答的类型，无论哪天有什么新的证据可以应用也不行。某些科学家和其他的知识分子确信——依我看来是过于急切——上帝存在的问题就属于永远无法企及的 PAP 范畴。由此出发，正如我们将看到的那样，他们经常做出不合逻辑的推论，即上帝存在的假说与上帝不存在的假说具有完全同等正确的可能性。我将捍卫的观点与之大相径庭：关于上帝存在的不可知论断然属于暂时或 TAP 的范畴。上帝要么存在，要么就是不存在。这是一个科学问题；我们有朝一日可能会知道答案，在此之前，我们就此可能性可以给出某种相当有说服力的回答。

在思想史中有许多这样的问题，一开始它被断定永远超出科学能够达到的领域，但后来却有了答案。1835 年，著名的法国哲学家奥古斯特·孔德（Auguste Comte）就天上的星星写道："无论用何种方法，我们都绝不可能研究星球的化学成分或矿物学的构造。"然而，甚至在孔德写下这些话之前，弗朗霍夫（Fraunhofer）就已经开始用分光镜来分析太阳的化学成分。现在，光谱学家每天都在使孔德的不可知论陷于难堪，他们用长距离的分析手段研究甚至更遥远恒星的精确的化学成分。[1] 无论孔德在天文学上的不可知论的准确地位怎样，这个具有警示意义的故事至少说明，在过于响亮地宣布不可知论的永恒真理之前，我们应当有所迟疑。不过，当事情关乎上帝的时候，许多哲学家和科学家却都乐于这样做，其始作俑者就是发明不可知论这个词汇的托马斯·亨利·赫胥黎（Thomas Henry Huxley）。[2]

当这一新名词招来一场人身攻击时，赫胥黎解释了他的新名词的由来。伦敦国王学院院长、牧师韦斯博士（the Reverend Dr Wace）大肆嘲弄赫胥黎那"怯懦的不可知论"：

他也许更愿意称自己为不可知论者，但是，他的真实名字更加古老——他是一个离经叛道者，也就是说，一个无信仰者。离经叛道者这个词或许带有令人不愉快的含义。也许，它本该就是这样。对一个坦率承认不信仰耶稣基督的人来说，离经叛道者这个词就是，并且应当是，某种使人不愉快的东西。

赫胥黎可不是那种会轻松放过这种挑衅行为的人，他在 1889 年所作出的回应正如我们所料想的那样严厉尖刻与不留情面（尽管不失周到和礼貌：作为达尔文的斗犬，他的犀利的笔锋源于维多利亚时代那种优雅的讽刺文风）。最终，在给予韦斯博士有力反驳并打扫完残局之后，赫胥黎又回到了"不可知论者"本身，并且解释了他最初是怎么会想到这个词汇的。

相当确信，他们已经获得了某种可靠的"灵知"[3]（gnosis）——已经或多或少成功地解决了关于存在的问题；而我却确信自己并未做到这一

---

[1] 我在道金斯（1998）中讨论过这个案例。

[2] 托马斯·亨利·赫胥黎《不可知论》（1889），再版于赫胥黎（1931）。《不可知论》的完整版本也可以从网上下载，网址为：http://www.infidels.org/library/historical/thomas_huxley/huxley_wace/part_02.html。

[3] 灵知（gnosis），诺斯替教派用语，指诺斯替教派所说的只有通过信仰才能获得的知识，现在一般指对于宗教真理的直觉认识——译者注

点，并且我有一种强烈的确信，这个问题不能解决。有休谟和康德站在我的一边，我不认为自己的固执是一种专横……我由此获得了灵感，发明了我认为是合适的名称，即"不可知论者"。

在随后的讲话中，赫胥黎继续解释道，不可知论者没有任何信条，甚至没有一种否定的信条。

实际上，不可知论不是一种信条，而是一种方法，这种方法的本质在于一个单一原则的严格应用……就积极面来看，这个原则可以表述为：就智力而论，始终让理性来引导你，心无旁骛。就消极面来看，它可表述为：就智力而论，不要伪称未被证实或不可证实的结论是确定的。如果一个人保持思路连贯和清晰，那么，不管未来将会发生什么，他都将以此姿态理直气壮地面对宇宙，我认为这就是不可知论者的信念。

对一个科学家来说，这些都是高尚的词汇，没有人会轻率地批评托马斯·亨利·赫胥黎。但是，当赫胥黎专注于证明或反驳上帝存在的绝对不可能性时，他似乎忽视了可能性的细微差别。我们既不能证明，也不能反驳某种事情的存在，但这一事实绝不意味着存在和不存在就处于势均力敌的状态。我不认为赫胥黎会反对，我甚至猜想，他这样做只是为了通过让步来确保另一个观点的成立。有时我们都会这样做。

与赫胥黎相反，我认为上帝的存在是一个科学假说，就像其他的科学假说一样。即便难以得到实践的检验，但它仍然与二叠纪和白垩纪物种灭绝事件的争议一样，属于 TAP 或暂时不可知论的范畴。上帝的存在或不存在是一个关于宇宙的科学事实，原则上可被发现，即便实际上难以做到。如果上帝存在，并且选择现身的话，那么，他本人就可以按其所愿，对这场争论一锤定音。即便上帝的存在从未明确地以某种方式被证实或推翻，但可用的证据和推理也足以对其可能性作出远非是"半斤对八两"的估量。

现在，让我们郑重地采用这样一种概念：各种可能性组成一个连续的频谱，把人类关于上帝存在问题的各种判断按序排列在这条频谱带上，频谱带的两端是两个截然相反的判断。虽然这条频谱带是连续的，但是，它可以由下列七个递进的标志点来表示。

1. 坚定的有神论者。上帝100%存在。用 C. G. 荣格（C. G. Jung）的话来说就是："我不是相信，而是'知道'。"

2. 上帝存在的可能性非常高，但没有达到100%。实际上的有神论者。"虽然我不能确切知道，但是，我坚决信仰上帝并且在生活中假设上帝就在那里。"

3. 相信上帝存在的可能性高于50%，但不是非常高。技术上的不可知论者，但倾向于有神论。"虽然我非常不确定，但是，我倾向于信仰上帝。"

4. 两种可能性各自恰好50%。完全不偏不倚的不可知论者。"上帝的存在和不存在是精确的等概率事件。"

5. 上帝存在的可能性小于50%，但可能性不是非常低。技术上的不可知论者，但倾向于无神论。"我不知道上帝是否存在，但是，我倾向于持怀疑论的立场。"

6. 上帝存在的可能性非常低，但还没有到零。事实上的无神论者。"虽然我无法肯定地知道，但我认为上帝极不可能存在，我在生活中就假设上帝不在那里。"

7. 坚定的无神论者。"我知道根本不存在任何上帝，与荣格深信他'知道'有一个上帝一样。"

令我吃惊的是，我遇见许多属于范畴7的人，出于对称起见，我把范畴7与范畴1归为一类，后者人数众多。正是基于信念的本能，人们，比方说荣格，才能坚持一种信仰而无须恰当的理由（荣格也相信书架上某些特定的书会自发爆炸）。无神论者没有信仰；并且单凭理智还不足以令人彻底相信任何事情绝对不存在。因此，范畴7实际上要比对应的范畴1更加空洞，许多虔诚的人属于范畴1。我把自己归在范畴6里面，

但倾向于范畴 7——我仅在此意义上是不可知论者，即对花园底下是否
有精灵持不可知论的立场。

这条由各种可能性组成的频谱带很适合于 TAP（实践上暂时的不可
知论）。从表面上看，把 PAP（原则上永久的不可知论）放在这条频谱带
的正中间很诱人，即上帝存在的可能性是 50%，但这是不正确的。属于
PAP 的不可知论者断言，我们不能就上帝是否存在这一问题有任何断言。
对他们来说，这个问题原则上是无法回答的，这些人会严厉地拒绝出现
在频谱带的任何位置上。我无法知道你的红色是否与我的绿色相同，这
个事实不构成 50% 的可能性。上述命题毫无意义，根本不值得用可能性
来衡量。不过，这却是一个常见的错误，我们还会再次遇到，也即，从
上帝的存在问题原则上无法回答这一前提，跳跃到上帝的存在和不存在
可能性相等这一结论。

另一种表达那种错误的方式就是举证责任，伯特兰·罗素（Bertrand
Russell）关于天上茶壶的寓言就有趣地论证了这种方式。[①]

在许多正统的人们看来，怀疑论者有责任反驳已被接受的教条，而
不是独断论者有责任证明这些教条。这当然是一个错误。如果我提出，
在地球与火星之间有一个以椭圆形轨道围绕太阳旋转的瓷茶壶，倘若我
又谨慎地补充说，茶壶太小，即使用最先进的望远镜也无法看到，那么，
就没有任何人能够反驳我的断言。但是，如果我继续说，既然我的断言
不能被反驳，人类的理智要怀疑它就是无法容忍的放肆行为，那么，公
正地说，我应该被认为正在胡言乱语。可是，如果这样一个茶壶在古代
文献中获得肯定，并作为神圣的真理在每个星期天被宣讲，且逐渐被灌
输至学童心灵的话，那么，若是对它的存在持犹豫不决的心态，也许就
会被视之为古怪。在一个已启蒙的时代，这样的怀疑者会受到精神病学
家的注意，而在中世纪则会受到宗教裁判所的关注。

---

① 罗素《存在一个上帝吗？》（1952），再版于罗素（1997b）。

　　因为就我所知还没有任何人崇拜茶壶，所以，我们不用再浪费时间说下去；① 但如果必须说的话，我们会毫不犹豫地宣布我们的坚定信念，即肯定不存在任何沿轨道运行的茶壶。但严格地说来，我们都应该是茶壶不可知论者：我们不能确切地证明，天上不存在任何茶壶。实际上，我们从茶壶不可知论走向了无－茶壶论（a-teapotism）。

　　我的一个朋友，成长于犹太教家族，并且现在依然出于对传统的忠诚而遵守安息日和其他犹太人的风俗，他把自己描述成"牙仙（tooth fairy）不可知论者"。他认为上帝存在的可能性并不高于牙仙这样的大众文化中的精灵。你无法证伪这两个假设，它们都是同等地不可能。他是一个无神论者，也正是在完全相同的程度上，他也是一个无精灵论者。对两者都持同等程度的不可知论。

　　当然，罗素的茶壶代表了无限多这样的事物，它们的存在可以想象且难以证伪。那位伟大的美国律师克拉伦斯·达罗（Clarence Darrow）说："我不相信上帝，正如我不相信鹅妈妈（Mother Goose）。"记者安德鲁·穆勒（Andrew Mueller）的看法是，发誓加入任何特定的宗教"与下述想法同样怪异，也即相信世界是菱形的，它诞生于两只叫埃斯美拉尔达（Esmerelda）和基思（Keith）的巨大的绿色龙虾的钳子之间的宇宙之中"。② 哲学上喜好引用的例子是一种无形的、感觉不到的、听不见的独角兽，参加探索夏令营（Camp Quest）的孩子们每年都试图找到这种独角兽不存在的证据。③ 目前互联网上一个流行的神——就像耶和华

---

① 也许，我说得太快了点。2005 年 6 月 5 日的《星期天独立报》登载了一条消息："马来西亚的政府官员说，一个建造了相当于房子大小的神圣茶壶的宗教派别，已经触犯了设计规范。"也请参阅网上的 BBC 新闻，网址为：http://news.bbc.co.uk/2/hi/asia-pacific/4692039.stm。

② 安德鲁·穆勒《与 Iqbal 爵士的一场辩论》，《星期日独立报》，2006 年 4 月 2 日。星期日评论版，12—16。

③ 探索夏令营让美国的夏令营制度朝着一个完全值得赞美的方向发展。与其他追求宗教目的或童子军活动的夏令营不同，由肯塔基州的埃德温（Edwin）和海伦·卡金（Helen Kagin）所创立的探索夏令营，由非宗教的人文主义者管理，他们鼓励孩子们独立地用怀疑论的眼光进行思考，同时，孩子们又通过参加所有日常的户外活动度过一段十分美好的时光（www.camp-quest.org）。具有某种类似社会基本价值的其他探索夏令营目前已经在田纳西州、明尼苏达州、密歇根州、俄亥俄州和加拿大蓬勃兴起。

或其他任何神一样不可反驳——是所谓飞天面条神（the Flying Spaghetti Monster），许多人声称这个怪物已经用面条式的附肢触摸过他们。[①] 我高兴地看到《飞面神经》（*Gospel of the Flying Spaghetti Monster*）现在已经作为一本书出版，[②] 太好了。虽然我本人还没有读过这本书，但是，既然已经'知道'它是真的，谁还需要去读这样一本福音书呢？顺便提及，这也是必然会发生的——一场伟大的教派分裂（Great Schism）已经出现，结果就是出现飞天面条神的新教廷。[③]

所有这些新奇的例子的重点在于，它们是不可反驳的，但是，没有人会认为这两种假说——它们的存在与它们的不存在——势均力敌。罗素的观点是，举证的责任在于相信者，而不在于不信者。我的观点大致相当，即茶壶（面条怪物／埃斯美拉尔达与基思／独角兽等）爱好者的优势与其反方的并不相等。

一个明智人士不会认为，茶壶和牙仙的不可反驳的事实有助于解决任何有趣的争论。我们没有人会感到有义务去反驳无数种由丰富或幽默的想象力虚构出来的牵强的事物。当被问及是否是无神论者时，我已经发现一种有趣的回答策略，那就是，当面对宙斯、阿波罗、亚蒙神（Amon）、太阳神（Ra）、蜜特拉神（Mithras）、巴力、托尔、天神（奥丁）、金牛犊（Golden Calf）和飞天面条神时，我会指出提问者本人也是无神论者。而我只是再增加了一个（同样不必当真的）神而已。

我们所有人都觉得有资格表达极端的怀疑主义，直至彻底不信——除了独角兽、牙仙和希腊、罗马、埃及以及斯堪的纳维亚的神，因为没必要当回事。但是，亚伯拉罕的上帝却需要当回事，因为与我们共享这个地球的人中有相当比例的人确实坚信上帝的存在。罗素的茶壶证明，与相信天上的茶壶相比，对上帝的普遍信仰并不会在逻辑上改变举证责任，尽管它已转而成为一个实际的政治问题。如果仅就我们不可能绝对证明任何事物的非存在而言，你不能证明上帝的不存在就是可以接受的，但

---

① 《纽约时报》，2005 年 8 月 29 日。也请参阅亨德森（Henderson）（2006）。

② 亨德森（2006）。

③ http://www.lulu.com/content/267888。

也谈不上有什么意义。关键不在于上帝是否可以被证伪（他不可被证伪），而在于他的存在是否可能。那是另一回事。显然可以判定的是，某些不可被证伪的事情要比其他这样的事情更加缺乏可能性。没有理由认为，在可能性的频谱上，上帝就是一种例外。也肯定没有理由假设，因为上帝既不能被证明，也不能被证伪，它存在的可能性就该是 50%。正如我们将看到的那样，事情正好相反。

NOMA（不相重叠的权威）

正如托马斯·赫胥黎退后一步在口头上承认自己完全持中立的不可知论立场一样（其位置刚好落在频谱带的中间），有神论者基于同样的理由，在相反的方向上做着同样的事情。神学家阿利斯特·麦格拉思（Alister McGrath）在其著作《道金斯的上帝：基因、文化基因和生命的起源》（*Dawkins' God: Genes, Memes and the Origin of Life*）中主要阐述的就是这一观点。当他十分公正地概述了我的科学著作以后，所提出的唯一反驳论点似乎就是：无可否认但又可耻的弱点是，你不能证伪上帝的存在。当我逐页阅读麦格拉思的著作时，我发现自己不时在书页的空白处注上"茶壶"。麦格拉思再次援引 T. H. 赫胥黎的话来支持自己的观点，他说，"由于极其厌倦有神论者和无神论者基于不充分的经验证据作出毫无意义的教条式论断，赫胥黎宣告上帝的存在问题不可能在科学方法的基础上获得解决"。

麦格拉思继续以相似的手法引用斯蒂芬·杰伊·古尔德（Stephen Jay Gould）的话："我要对我所有的同事，并且是无数次（从大学的自由讨论到学术论文）地重申：科学就是不能（用其合理的方法）裁定上帝是否可能对自然界有所干预。我们既不能肯定，也不能否定这个问题；作为科学家，我们只能对此保持沉默。"暂且不论古尔德的声明中带有那种自信、近乎专横的语气，实际上，他的声明有何正当理由呢？作为科学家，为什么我们不应该对上帝发表意见？为什么罗素的茶壶或飞天面条神，就不能同样免受科学怀疑论的质疑？正如我马上要指出的，一个受到主动干预的宇宙与一个不存在干预的宇宙大相径庭。为什么那不是一个科学问题呢？

在他那本较少获得好评的著作《万古磐石》(*Rocks of Ages*) 中，古尔德的让步艺术可谓发挥得淋漓尽致。他杜撰了一个只取首字母的缩写词 NOMA，用于表示短语"不相重叠的权威"(non-overlapping magisteria)：

科学的网络或权威覆盖了经验王国：宇宙由什么组成（事实）及它为什么以这种方式运转（理论）。宗教的权威则延伸到终极意义和道德价值的问题。这两个权威既不重叠，也不穷尽所有的探究（例如，考虑一下艺术和美的意义）。引用这句古老的谚语：科学要弄明白石头的年代，而宗教则直指万古磐石；科学研究天空怎样运行，宗教则琢磨怎样上天堂。

这听起来令人恐怖——思考片刻你就会感受到这一点。这些终极问题到底是什么？以至一旦面对它，宗教就成为一位受人尊敬的嘉宾，而科学则必须谦恭地悄然退出。

我曾经提到过剑桥著名的天文学家马丁·里斯，他在《我们的宇宙栖息地》(*Our Cosmic Habitat*) 一书的开头提出了两个有待回答的终极问题，并给出了一个 NOMA 式的友好回答："最著名的谜团是为什么有存在。是什么把生命注入方程式中，并且在一个真实的宇宙中实现它们？这样的问题超出了科学的范围，然而，它们却是哲学家和神学家的研究领域。"我宁可说，如果这些问题确实超出了科学的范围，那么，它们当然也超出了神学家的研究范围（我怀疑哲学家是否会感谢马丁·里斯把他们与神学家归成一类的做法）。我忍不住走得更远，想知道在什么可能的意义上，我们能说神学家拥有一个领域。当我想起牛津大学一位前学监的话时，不由暗自好笑。一位年轻的神学家申请一个低等研究生奖学金，他那关于基督教神学的博士论文激怒了这位学监，他说，"我高度怀疑基督教神学是否是一门学科"。

神学家能够为深奥的宇宙问题带来什么科学家所不能提供的专门知

识呢？我在另一本书中详细叙述了一位牛津大学天文学家的话，当我问他那些深奥的问题时，他说："啊，现在我们走出了科学的王国。我必须把这个领域让给我们的好朋友——牧师。"我当时没能作出机敏的回答，后来我写道："但是，为什么是牧师而不是园丁或厨师呢？"在神学家肯定不会比科学家自己更有资格回答的那些问题上，科学家为什么要如此卑微地尊重神学家的野心呢？

说科学关注"怎样"的问题，但只有神学才配回答"为什么"的问题，是个令人生厌的陈词滥调（并且与许多陈词滥调不同的是，它甚至还是错误的）。究竟什么才是一个"为什么"的问题？并不是每个以"为什么"开头的英文句子都是一个合理的问题。为什么独角兽是不存在的？有些问题就是不值得回答。抽象的颜色是什么？希望的气味是什么？一个问题可以用语法正确的英语句子来表达，但并不意味着它就有意义，或者有资格成为我们认真关注的对象。即使这是一个真实的问题，科学不能回答它，但这并不意味着宗教就能回答。

也许有某些真正深刻和意义深远的问题，它们永远超出了科学所能达到的疆界。或许，量子理论已在敲击不能理解之门。但是，如果科学不能回答某些终极问题，又有什么理由认为宗教就能够回答呢？我猜想，剑桥或牛津的天文学家都不会真正相信神学家拥有的专门知识使得他们能够回答对科学来说过于深奥而无法回答的问题。我猜想，这两所大学的天文学家都不过是退后一步以示礼貌：神学家对任何其他的东西都说不出有意义的话，就让我们扔一片面包给他们吧，让他们操心那些没有人能够回答并且可能永远无法回答的问题吧。与我的天文学家朋友不同的是，我认为我们甚至不应该扔一片面包给他们。我还没有看到任何恰当的理由可以用来假设神学（与圣经史、文学等截然不同）竟然是一门学科。

类似的，至少我们都同意，科学是否有资格就道德价值问题向我们提出忠告，这值得怀疑。但是，古尔德真的要把告诉我们是非的权利让与宗教吗？事实上，没有理由赋予宗教以无上的特权来告诉我们做什么，宗教的这一告诫无益于人类智慧。嗯，是哪种宗教？我们恰好成长于其中的那种宗教？那么，我们应该翻到《圣经》的哪一篇、哪一章？——因为它们不太一致，其中的某些内容按照任何理性标准来看甚至还是令人讨厌的。有多少读者，在逐字逐句读了《圣经》后知道，通奸、在安息日收集树枝和顶撞父母者都要被判处死刑？如果我们拒绝《申命记》和《利未记》（正如所有文明的现代人所做的那样），那么，我们该用什么标准来决定接受哪种宗教的道德价值观呢？或者，我们应该在全世界的宗教里进行挑选，直到发现一个其道德训教适合我们的为止吗？若是如此，我们不得不再次问道，用什么标准来选择呢？如果我们在各种宗教道德之间进行选择时有独立标准的话，那么，为什么不干脆就撇开中间人，在没有宗教的情况下直接作出道德抉择呢？我将在第 7 章中回答这些问题。

我简直不相信古尔德通过《万古磐石》一书确切表达了他的意思。正如我所说的，我们对于自己曾向一个毫无价值但却威力强大的对手作出让步而感到内疚，我只能认为这就是古尔德正在做的事情。可以想象，他真正想要表达的是这一毫不含糊的坚定声明，就上帝存在问题而言科学没有任何可说的："我们既不能肯定，也不能否定这个问题；作为科学家，我们只能对此表示沉默。"这听起来像是那种永久无可挽回的不可知论，即彻头彻尾的 PAP。它意味着科学甚至不能就此问题发表关于可能性的意见。这显然是一个普遍存在的谬论——许多人像念咒语似的重复这个谬论，但我怀疑，他们中究竟有多少人曾经思考过这个谬论——这恰恰体现了我所谓的"不可知论的贫乏"。顺便提一句，古尔德不是一个中立的不可知论者，而是强烈地倾向于事实上的无神论。如果就上帝是否存在问题而言只能保持沉默，那么，他又是基于什么作出这一判断的呢？

上帝假说指出，我们所居住的世界还包含一个超自然的力量，他设计了这个宇宙，并且——至少在该假说的许多版本中——维持甚至用各种奇迹来干预这个宇宙，这些奇迹暂时违反了他自己所制定的不可改变的宏大规律。理查德·斯温伯恩（Richard Swinburne）是英国主流神学家之一，他在其论著《上帝是否存在？》[①] 中令人吃惊地澄清了此事。

---

① *Is There a God*, 中译本见北京大学出版社，2005 年——译者注

　　有神论者关于上帝的看法就是，他确实拥有创造、保存或毁灭任何大小事物的能力。上帝还能使物体移动，或者做其他任何事情……他能使行星按照开普勒所发现的方式运行，或者使得火药在点燃时爆炸；或者他能使行星以完全不同的方式运行，化学物质在另一些完全不同的条件下爆炸或不爆炸，这些条件与现在支配它们行为的条件完全不同。上帝不受自然规律的约束；他制定自然规律，只要他想做，他就能改变或暂时中止自然规律。

　　这难道不是在信口开河？！无论如何，它都与 NOMA 相差十万八千里。不管他们还想说什么，那些赞成应有"各自独立的权威"这种想法的科学家不得不承认，一个具有超自然智能创造者的宇宙与一个没有超自然智能创造者的宇宙，根本就是两码事。其间的差异即便实际上难以检验，原则上也具天壤之别。而且它削弱了科学必须就宗教的中心问题——存在问题彻底保持沉默这一自鸣得意的动听格言。一个具有创造力的超自然智能的存在与否，是一个明确的科学问题，即便在实践上它不是，或还不是，但它依然是一个有确定答案的问题。每个圣迹故事的真假也是科学问题，而宗教正是依靠它们来影响成千上万的信徒。

　　耶稣有一个人间的父亲，或者耶稣的母亲在他出生时是一个处女吗？无论对此是否留存有足够的证据，这也仍是一个严格意义上的科学问题，原则上能够有一个明确的答案：是或否。耶稣曾经让拉撒路死而复生了吗？耶稣本人在被钉上十字架的三天后又复活了吗？不管我们实际上是否能够找到答案，每个这样的问题也都会有一个答案，并且是一个严格意义上的科学的回答。在这类太不可能的事件中，有关的证据要能派上用场，就得用纯粹和地道的科学方法才能解决此类争端。为了生动地表现这一点，设想一个不同寻常的场景，考古学家发掘出 DNA 证据，表明耶稣确实没有生物学上的父亲。你能想象护教论者会耸耸肩，冷漠地说出类似于下述的话吗？"谁在乎呢？科学证据与神学问题毫无关系。错误的权威！我们只关心终极问题和道德价值。DNA 或者其他任何科学证据都与此无关。"

这种想法是个笑话。你可以很有把握地打赌，如果真能找到任何科学证据，它们将被护教论者抓住不放，并且被捧上天。只是因为没有任何证据支持上帝假说，NOMA 才广受欢迎。但只要有哪怕一丁点支持宗教信仰的证据，护教论者就会立即将 NOMA 扔出窗外。明智的神学家除外（不过甚至连他们都乐于向头脑简单的听众兜售圣迹故事，目的是扩大信徒的数量），我猜想所谓的圣迹为众多信徒的信仰提供了最强大的理由；并且，就圣迹的定义而言，就是要违反科学原理。

一方面，罗马天主教会有时似乎看好 NOMA，但是另一方面，它又主张圣迹的展现是确立圣徒地位的一项基本条件。由于对堕胎问题持有的立场，比利时已故国王成为圣徒候选人。现在，正规严肃的调研活动正在进行，以便发现任何奇迹般的治愈效果是否可以被归因于自国王逝世后对他所做的祷告。我不是在开玩笑。情况就是这样，并且，这就是圣徒故事的典型特征。我想象，整个活动会让教会内部更为明智的宗教人士感到尴尬。为什么那些明智的宗教人士依然还留在教会内部，这是一个谜，它至少与神学家所欣赏的那种神秘同样深奥。

当面对圣迹故事时，古尔德也许会以下述思路进行反驳。NOMA 的全部意义在于它是一个双向的协议。一旦宗教进入科学的领地并开始用奇迹干预真实世界时，它就不再是古尔德要为之辩护的宗教了，双方的友好协议随即破裂。但是请注意，坐在教堂的长凳或祷告垫子上的宗教徒，大多不会认可古尔德为之辩护的没有圣迹故事的宗教。因为这会令他们失望之极。改写一下爱丽丝（Alice）在坠入仙境之前对其妹妹的书的评论，一个不显示圣迹、不回应祷告的上帝有什么用呢？回忆一下安布罗斯·比尔斯（Ambrose Bierce）对动词"祷告"的诙谐定义："要求为个别祷告者而废除这个宇宙的规律，显然不值得。"有些运动员相信上帝帮助他们赢得了比赛，但仅从表面来看，他们的对手似乎同样值得受到上帝的关照。有些驾驶员相信，上帝为他们预留了一个停车的空间，若是这样，也许就剥夺了其他人的停车空间。这种类型的有神论，尽管处境尴尬，但适合大众口味，像 NOMA 那样（表面上）合理的东西看起来可不会让它满意。

不过，让我们跟随古尔德的思路，把宗教修整到某种最低限度的不干涉主义：没有任何奇迹，没有上帝与我们之间的任何个人交流，没有任何与物理学规律捣蛋的事情，没有任何侵入科学芳草地的行为。至多是将一丁点自然神论的内容输入到宇宙的初始条件中，以便在时机成熟时，恒星、元素、化合物和行星得以逐步形成，生命开始演化。那确是一种令人满意的分离吗？ NOMA 确能挽救这种更加适度与谦逊的宗教吗？

嗯，也许你会这样想。但是我认为，相比于亚伯拉罕的上帝，一个不干涉主义的 NOMA 上帝，尽管少了些残暴和不得体的行为，当你不偏不倚地去看待时，它也依然是一种科学假说。我又回到原先的观点：一个只有我们居住的宇宙，除了还有其他缓慢进化的智能存在，截然不同于另外一个宇宙——它有一个初始指导者，正是它的智能设计成为该宇宙存在的原因。我承认，要区分这两种宇宙实际上也许不那么容易。然而，终极设计假说的宇宙会表现出某种极其特殊的现象，而唯一已知的另外一种假说的宇宙也同样会表现出某种特殊的现象：广义上的逐步进化。两种宇宙之间存在不可调和的差异。唯有进化才真正为实体的存在提供了一种解释，否则的话，从实用的角度上看，这些实体就不可能存在。与此论点有关的结论，我将在第 4 章中呈现，它将对上帝假说带来几乎致命的一击。

伟大的祷告实验

关于圣迹，一个有趣或者不如说是可悲的案例研究就是伟大的祷告实验：为病人做祷告能帮助他们痊愈吗？祷告一般为病人提供，既有私下也有在正式宗教场合做的。达尔文的表弟弗朗西斯·高尔顿（Francis Galton）率先以科学方法分析祷告是否灵验。他注意到，每个星期天在遍布英国的教堂里，全部会众都公开为王室家族的健康祈祷。与我们这些只有至爱亲朋才会为我们祈祷的人相比，王室家族成员难道不应该异乎寻常地健康吗？^① 高尔顿调查了这件事，发现两者没有任何统计学上的差异。不管怎么说，他的用意也许带有讥讽性，正如当他在随机选择的小块土地上祈祷，以便看看这些土地上的植物是否会长得更快些时（它们没有长得更快），也是抱着讽刺的想法。

最近，物理学家拉塞尔·斯坦纳德（Russell Stannard）（正如我们将看到的，他是英国三位著名的信奉宗教的科学家之一）已经支持一项动议，该动议受到——当然是——邓普顿基金会的资助，目的是用实验方法检验为病人做祷告会改善他们的健康状况的命题。^②

这样的实验如果正常做的话，必须以双盲的方式进行，并且这条标准必须被严格遵守。病人以高度随机的方式安排到一个实验组（接受祷告）或一个对照组（不接受任何祷告）。无论病人、他们的医生或护士，还是实验者，都不允许知道哪些病人接受祷告，哪些病人属于对照组。那些做祷告的人必须知道他们正在为其祷告的病人的名字——否则，祷告对象弄错，岂非出现张冠李戴的结果？但是，还须注意只告诉他们病人的名字和姓的开头字母。似乎这就足以让上帝能精确指向正确的病床了。

这一实验设想当然会招来某种嘲讽，而不出所料确有这样的嘲讽。就我所知，鲍勃·纽哈特（Bob Newhart）尚未来得及写出一个讽刺短剧，但是我可以清楚地听到他的声音：

上帝，你说什么？因为我被安排在对照组，你就不能治愈我了吗？……哦，我看见了，我姑妈的祷告还不够。但是，上帝啊，隔壁病床上的埃文斯先生……上帝，那是什么？……埃文斯先生每天收到1000次的祷告？但是，上帝，埃文斯先生不认识1000个人呀……哦，他们是把他当作了约翰·E。但是，上帝，你怎么知道他们不是为约

①　当我所在的牛津学院选举出我前面引用过的那位学监时，发生了这样的事，学院的同事们连续三个晚上公开为新院长的健康喝酒庆祝。在第三个庆祝晚餐上，新院长和蔼地发表了答谢词："我已经感觉更健康了。"

②　H. Benson et al.《在心脏导管搭桥病人中为病人祈祷的治疗效果研究》，《美国心脏杂志》151：2006年第四期，934～942。

翰·埃尔斯沃思祷告呢？……哦，对了，你利用无所不知的能力找到了他们所祷告的是哪一个约翰·E。但是，上帝啊……

　　研究小组勇敢地把所有嘲讽撇在一边，在赫伯特·本森（Herbert Benson）博士的领导下，他们坚持不懈地做自己的研究，花费了邓普顿基金会240万美元的研究经费。本森博士是波士顿附近心身医学研究所的心脏病专家。一份邓普顿基金会的出版物此前曾经引用过本森博士的话："相信在医疗设施中，代人祷告取得效果的证据正在增加。"因此可以确信，这项研究会被安排得井井有条，不易受到种种质疑思潮的扰乱。本森博士和他的研究小组在6家医院监测了1802个病人，他们全部都做了冠状动脉搭桥手术。这些病人被分成三组：第一组接受祷告，且不知道别人在为他们做祷告。第二组（对照组）不接受任何祷告，且不知道没有人为他们做祷告。第三组接受祷告，且知道别人在为他们做祷告。第一组与第二组之间的对照是要测试祷告的功效。第三组是要测试，知道有人为自己祷告后有可能带来的心理暗示。

　　祷告由三个教堂的会众来做，一个教堂在明尼苏达州，一个在马萨诸塞州，最后一个在密苏里州，这些州都远离这三家医院。我们在前面已经说明，做祷告的人只知道他们正在为其祷告的每个病人的名字以及姓的第一个字母。这是一流实验的惯例，目的是尽可能达到标准化。此外，祷告者都被告知要在祷告中包含这样一段话："为一个成功的手术而祷告，快速、健康地痊愈且没有并发症。"

　　2006年4月的《美国心脏杂志》所报道的研究结果清晰明了：接受祷告的病人与没有接受祷告的病人之间不存在任何差异。真是让人大吃一惊！而那些知道自己正在接受祷告的病人与那些不知道的病人之间存在某种差异，但是却指向了错误的方向。那些知道自己是祷告受益者的病人比不知道的病人，明显患上了更多的并发症。难道说，上帝为了显示他不赞成这项愚蠢透顶的研究，就以此作为惩罚？情况更可能是这样，那些知道自己正在接受祷告的病人因此却遭受额外的心理压力：实验者称之为"功效焦虑"。查尔斯·贝西亚（Charles Bethea）博士是研究小组成员之一，他说："这也许会让病人疑神疑鬼，不由得想，难道我病得如此之重，以至医生不得不动用祈祷大队？"在当今诉讼成风的社会，希望那些遭受心脏术后并发症折磨的病人，就并发症原因与知道自己正在接受实验性祷告有关而对邓普顿基金会提起集体诉讼。这种想法并不过分吧？

不出所料，神学家们反对这项研究，他们担心这项研究会使得宗教遭到嘲弄。牛津的神学家理查德·斯温伯恩在这项研究失败后写道，他反对这项研究，原因是上帝对祷告的回应只在祷告是出于恰当的理由时。① 只是因为在一个双盲实验的设计中被随机挑中的结果，就为某个人，而不是另一个人祷告，这不是一个恰当理由。上帝也许会识破这一点。确实，那正是我仿照鲍勃·纽哈特风格写的讽刺段落的要点，斯温伯恩也准确地指出了这点。但是，斯温伯恩文章的其余部分则超越了讽刺的范围。已经不是第一次了，他试图为在一个由上帝控制的世界里所发生的苦难进行辩护：

> 我所遭受的苦难为我提供了显示勇气和忍耐力的机会。它为你提供了显示同情心和帮助我减轻苦难的机会。它为社会提供了机会去选择是否要投入大量的金钱，以便为种种病痛开发治疗药物……虽然一个慈善的上帝对我们的苦难深感遗憾，但是，他最为在意的肯定是，我们每个人都将显示出忍耐力、同情心和慷慨大方，从而形成一种神圣的品质。有些人因其自身缘故而不幸地需要生病，有些人不幸地需要生病以便为其他人提供重要的选择机会。只有通过这种方式才能激励某些人做出严肃的选择，使得自己成为某种人。对其他人而言，生病则不是那么有价值。

这种古怪的论证方式正是非常典型的神学思维，它是如此可怕，让我想起了一次电视圆桌讨论节目，我、斯温伯恩，还有我的牛津同事彼

---

① 理查德·斯温伯恩，载《科学与神学新闻》，2006 年 4 月 7 日，http://www.stnews.org/Commentary-2772.htm。

得·阿特金斯（Peter Atkins）教授参加了那次节目。斯温伯恩在节目中试图证明大屠杀不该受谴责，理由是大屠杀给了犹太人一次极好的机会，证明犹太民族是勇敢和高尚的。彼得·阿特金斯闻之大发雷霆："你该下地狱。"①

在斯温伯恩的文章里，还出现另一种典型的神学论证方式。他正确地提出，如果上帝想要证明自身的存在，他也许会有更好的方法，而不是在心脏病人的实验组与对照组的治愈统计数据中有所偏心。如果上帝存在，并且要让我们确信这点，他可以"让这个世界充满不可思议的圣迹"。但是，斯温伯恩却脱口说出了这一箴言："已有相当之多上帝存在的证据，太多了可能对我们没有什么益处。"太多了可能对我们没有什么益处！再读一遍。太多的证据可能对我们没有什么益处。理查德·斯温伯恩是刚从英国声望最高的神学教授职位之一退休的学者，是英国国家学术院的成员。如果这就是你想要的神学家，那么，就不会有更加出色的人物了。也许，你因此再也不想要一名神学家了。

斯温伯恩不是在这项研究失败后唯一否认它的神学家。《纽约时报》向雷蒙德·J. 劳伦斯牧师（The Reverend Raymond J. Lawrence）提供一大块专栏版面，让他解释为什么有责任感的宗教领袖，在听说没有任何证据可以表明为别人做祷告会有丝毫效果时，"将发出一声如释重负般的叹息"。② 如果本森的研究成功地证明了祷告的威力，那么，他会唱出另一种调子吗？也许不会，但是，你可确信的是，大量的其他牧师和神学家会这样做的。劳伦斯牧师的专栏文章主要因为下列启示而令人难忘："最近，有个同事告诉我，一位虔诚的受过良好教育的妇女指责一个医生在治疗她丈夫的病时玩忽职守。她控诉说，在丈夫临终前的几天里，这位医生没有为他做祷告。"

---

① 这次交锋在最后播出的版本中被删掉了。斯温伯恩的话反映了他的神学观的典型特征，这在他的《上帝的存在》（*The Existence of God*, 2004）中关于广岛遭受原子弹袭击的相似评论中也有所显示，在该书的第 264 页中："假定广岛原子弹爆炸少死了一个人。那么，就可能少了一次显示勇气和同情心的机会……"

② 《纽约时报》，2006 年 4 月 11 日。

其他的神学家加入了受 NOMA 激发的怀疑论者队伍中，他们声称，因为超自然的影响就其定义而言超出了科学的领域，所以，用这种方式研究祷告是浪费金钱。但是，正如邓普顿基金会在资助这项研究时所正确认识到的那样，所谓代人祷告的威力至少原则上落在科学的领域内。一项双盲实验能被做且已经做了。它可能会产生一个肯定结果。如果是这样，你能想象护教论者会依据科学研究与宗教问题毫无关系的理由，而拒绝接受这个肯定的结果吗？当然不会。

不必说，实验的否定结果也并不会动摇信徒的信仰。鲍勃·巴思（Bob Barth）是密苏里州祷告部门的灵性导师，这个部门提供了实验中的某些祷告，他说："虽然一个有信仰的人会说这项研究令人感兴趣，但是，我们已经祷告了很长时间，我们已经看到过祷告有效，我们知道它起作用，而关于祷告和灵性的研究则只是刚刚起步。"是的，准确地说：我们从我们的信念中知道，祷告起作用了，如果证据不能显示这一点，那么，我们将不屈不挠地坚持下去，直至最后得到我们想要的结果。

内维尔·张伯伦式的进化论学派

对于那些坚持 NOMA——科学不受上帝假说之影响——的科学家而言，一个可能的秘而不宣的动机是，美国特有政治气候之下的策略，以应付广为流行的神创论①之威胁。在美国的部分地区，科学身处组织严密、政治上有影响力，特别是经费充裕的反对势力的攻击之下，进化论的教学尤处于风口浪尖之上。因为大多数的研究经费最终来自政府，而且，当选的议员除了回应博学的选民之外，也必须回应某些无知、怀有偏见的选民，科学家因感受到威胁而只能这样做，是可以原谅的。

为了回应这类威胁，已经出现了一个为进化论辩护的议院外游说组织，其中最著名的是尤金尼娅·斯科特（Eugenie Scott）领导下的国家科

---

① 神创论认为《圣经》篇首给出的创造宇宙的叙述是真实无误的学说——译者注

学教育中心〔the National Center for Science Education（NCSE）〕。斯科特是站在科学一方的执着的活动者，她最近出版了一本书，书名是《进化论对神创论》（*Evolution vs. Creationism*）。国家科学教育中心的主要政治目标之一是赢得和动员"明智"的宗教舆论的支持：主流宗教界的部分人士，他们对进化论没有异议，也许认为进化论与其宗教信念无涉（或者以某种奇怪的方式认为进化论支持他们的宗教信仰）。为进化论辩护的院外游说组织努力要争取的正是这些主流的神职人员、神学家和非基要主义[①]的信仰者，神创论让宗教的声誉蒙受损失，因而他们感到窘迫不安。为此，一种妥协的方式就是向这些宗教界人士作出让步，赞成NOMA——同意科学完全不构成威胁，因为科学与宗教的主张毫不相干。

另外一个可被称之为内维尔·张伯伦[②]式进化论学派的出色人物是哲学家迈克尔·鲁斯（Michael Ruse）。鲁斯是一位反神创论的积极斗士，他既用文字战斗，也出现于法庭上。[③]虽然他宣称自己是无神论者，但是，他发表在《花花公子》（*Playboy*）上的文章却提出了如下观点：

热爱科学的我们必须认识到，我们的敌人的敌人是我们的朋友。进化论者过多把时间耗在了侮辱潜在的盟友上。世俗的进化论者尤其如此。无神论者更多把时间用于诋毁富有同情心的基督徒，而不是反驳神创论者。当约翰·保罗二世（John Paul Ⅱ）写信承认达尔文学说以后，理查德·道金斯的回答却是，教皇是个伪君子，他不可能真诚地对待科学，而道金斯本人更愿意偏爱一个诚实的基要主义者。

---

① 基要主义或基要派，是19世纪末20世纪初在基督教新教内兴起的一个运动，主张"圣经绝对无误"。英语中是fundamentalism一词。后来泛指所有宗教中试图回归其原始信仰的运动，在汉语中则译为"原教旨主义"。本书中将根据其实际所指对象进行翻译——译者注

② 内维尔·张伯伦（Neville Chamberlain），1937—1940年间的英国首相，1938年曾签订了纵容德、意侵略的《慕尼黑协定》，故他的名字成为"二战"前夕对希特勒德国实行"绥靖政策"的同义词。因苏联当时既是英国又是德国的敌人，故而对英国来说，有敌人（苏联）的敌人（德国）是盟友这样的说法——译者注

③ 法庭案例和著作可以参阅鲁斯发表在2006年4月《花花公子》上的文章。

就纯粹的策略而言，我能够明白鲁斯在这番比较后面的表面意愿："温斯顿·丘吉尔和富兰克林·罗斯福都不喜欢斯大林和共产主义。但是，在与希特勒的战斗中认识到，他们必须与苏联并肩作战。所有类型的进化论者都必须同样地团结起来以反驳神创论。"但是最后，我还是不由自主地站在我的同事、芝加哥遗传学家杰里·科因（Jerry Coyne）一边，他写道：

鲁斯没有抓住这场斗争的真正实质。它不仅仅是关于进化论与神创论之间的斗争。对于像道金斯和威尔逊（E. O. 威尔逊，哈佛大学著名的生物学家）这样的科学家来说，真正的战争发生在理性主义与迷信之间。科学只是理性主义的一种形式，而宗教则是迷信的最常见形式。神创论不过是他们视之为更大敌人——宗教的一种表现形式。没有神创论，宗教照样能够存在；但是如果没有宗教的话，神创论就无法存在。[①]

我确实在这一方面与神创论者相同。他们与我一样，但和"张伯伦式学派"不同，他们不打算与 NOMA 及其各自为政的权威发生关系。神创论者不但不尊重科学领域的独立性，而且，他们最喜欢做的就是肆意践踏它。神创论者的斗争方式也肮脏下流。他们聘请的律师在美国偏僻地区的法庭诉讼案例中，竭力搜寻公开的无神论的进化论者。我知道——让我苦恼的是——我的名字就以这种方式被使用。它是一种有效的策略，因为随机挑选出来的陪审团中很可能就包括这样的人，他们受成长环境的影响，相信无神论者就是魔鬼的化身，相当于恋童癖或"恐怖分子"（也就相当于当代的塞勒姆[②]镇的巫婆和麦卡锡的共产分子）。任何让我站在

---

① 杰里·科因对鲁斯的答复刊登在 2006 年 8 月的《花花公子》上。

② 塞勒姆案的由来：1691 年，该镇有一名牧师的女儿突然得了一种怪病，行走踉跄，浑身疼痛，还会突然发作痉挛，神情恐怖。随后，平日里常和她一起玩的 7 个十几岁少女相继出现了同样的症状。当地的医生试用了各种方法均告无效，只得说，这种病症可能是某种超自然的力量造成的。这就暗示有人使用了巫术，接下来的日子，镇上一大批女人，她们被诬为女巫从而受到审判并被定罪，甚至还有不少人被当时的法庭处以死罪。一年后，在正直人士的干预之下，这场离奇残酷的迫害事件才告终结。这一事件遂成为美国历史上的经典案例——译者注

证人席上作证的神创论一方的律师，都有可能立即把陪审团争取过来，律师只需要问我："你的进化论知识对你成为一名无神论者有影响吗？"我肯定回答，是的。这就够了，我马上会失去陪审团的支持。相反，在世俗主义者看来恰当的回答应是："我有宗教信仰，或者没有宗教信仰，是一件私事，既与这个法庭上正在辩论的事情无关，也与我的科学毫无关系。"我不能诚实地这样说，我将在第 4 章中解释其中的原因。

《卫报》记者马德琳·邦廷（Madeleine Bunting）写过一篇文章，题目叫《为什么智能设计游说组织要感谢上帝送来了理查德·道金斯》。① 没有任何迹象表明她与任何人商议过，除了迈克尔·鲁斯，这篇文章的幕后策划者也可能就是鲁斯。② 丹尼尔·丹内特在答复时巧妙地引用了瑞摩斯大叔（Uncle Remus）的话：

我发现这很有趣，两个英国人——马德琳·邦廷和迈克尔·鲁斯——已经上当啦，其情形就如同美国民间传说中最著名的一个诡计中的角色那样（《为什么智能设计游说组织要感谢上帝送来了理查德·道金斯》，3 月 27 日的文章）。当兔子兄弟被狐狸抓住的时候，它恳求道："哦，狐狸兄弟，求求你了，不管你要做什么都行，就是别把我扔进那块可怕的荆棘地里！"——当狐狸真的那样做，兔子最终就安全逃脱了。当美国宣传员威廉·戴姆伯斯基（William Dembski）嘲弄地写信给理查德·道金斯，告诉他要继续站在智能设计论一边做好工作的时候，邦廷和鲁斯上当了！"哦，天哪！狐狸兄弟，你那直率的声明——进化生物学驳斥了一个创造者上帝的想法——危及科学课上的生物学教学，因为教那种东西违反政教分离的原则！"对。你也应该低调处理生理学，因为它断言处女生子是不可能的……③

---

① 马德琳·邦廷，《卫报》，2006 年 3 月 27 日。
② 同样的情况可能也出现在题目叫《各种宇宙论何时冲突》的文章中，这篇文章由资深记者（通常有更好的摘要概述）朱迪思·舒勒维兹（Judith Shulevitz）发表在 2006 年 1 月 22 日的《纽约时报》上。蒙哥马利将军的第一条战争规则就是"不要向莫斯科进军"。也许，应该有一条科学新闻记者的首要规则："除了迈克尔·鲁斯以外，还须至少再采访一个人。"
③ 丹尼尔·丹内特的答复刊登在 2006 年 4 月 4 日的《卫报》上。

生物学家 P. Z. 迈尔斯（P. Z. Myers）对此有精湛论述，包括兔子兄弟在荆棘地里的自我祈祷，他的 Pharyngula 博客能够为独到机智的理解提供可靠的参考。①

我不是说，我那些息事宁人的院外游说组织中的同事必定是不诚实的。他们也许真诚地相信 NOMA，但是，我还是想知道，他们有没有彻底地想通这些事，并且又是怎样调和心灵深处的冲突的。尽管眼下没必要再来说这件事情，但是任何人，如果他想要理解科学家对宗教问题所公开发表的声明，那就最好不要忽略政治背景：如今超现实的文化战争正在撕裂美国。NOMA 式的妥协将再次出现在稍后的章节里。在此，我要回到不可知论，削减我们的无知的可能性，并且一定程度地减少在上帝存在或不存在这一问题上的不确定性。

小绿人

假定伯特兰·罗素的比喻不是关于太空中的茶壶的，而是关于外太空的生命，令人印象深刻的是，那正是萨根拒绝以内心的感觉思考的主题。再次强调，我们无法证伪它，唯一严格理性的态度就是不可知论。但是，这个假说却显得不再轻率。我们不会立即感觉到那种极端的不可能性。我们可以有一个基于不完全证据之上的有趣讨论，并且可以记下那些有助于减少不确定性的证据。如果政府投资建造昂贵的望远镜，用于搜寻绕轨道运行的茶壶，我们将感到极其愤怒。但是，我们却可以赞赏把钱用于 SETI（the Search for Extraterrestrial Intelligence，搜寻地外文明计划），使用射电望远镜扫描星空，希望探测到来自外星智慧生命的信号。

我赞赏卡尔·萨根拒绝用直觉感受判断外星生命的态度。但是，人

---

① http://scienceblogs.com/pharyngula/2006/03/the_dawkinsdennett_boogeyman.php; http://scienceblogs.com/pharyngula/2006/02/our_double_standard.php; http://scienceblogs.com/pharyngula/2006/02/the_rusedennett_feud.php。

们却能够（萨根就是这么做的）就我们为了衡量其可能性需要知道些什么，作一个清醒的评估。第一步就是列出一系列我们对其所知甚少的数据，用保罗·戴维斯的习惯用语来说，就是用著名的德雷克公式（Drake Equation）来收集各种可能数值。根据该公式，为了测算宇宙中独立进化的文明的数量，必须一连乘上 7 项。这 7 项包括：恒星的数量、每个恒星系统中与地球相似的行星的数量以及这种概率，其余的项我不再一一罗列，因为我唯一想阐明的就是它们全都是未知的，或者估算时误差非常大。当这么多完全未知或几乎完全未知的项相乘时，乘积，也就是外星文明的估算值，其误差范围是如此巨大，难怪不可知论即使不是唯一可信的，似乎也是非常合理的看法。

德雷克公式中的某些项与他在 1961 年首次写下这个公式时相比，未知程度已有所减少。那时候，我们的太阳系，也即由围绕一个恒星运行的行星组成，是唯一已知的恒星—行星系统，与太阳系相似的系统是太阳系内的木星和土星卫星系统。我们在各种理论模型的基础上，同时再辅之以较不正式的"平庸原理（principle of mediocrity）"，估算出宇宙中绕轨道运行系统的最佳数。所谓平庸原理是说，（从哥白尼、哈勃等人的令人不安的历史教训中）我们感觉到，我们碰巧生于其间的地方应该没有任何特别之处。但不幸的是，"人存"原理现在已经击败了平庸原理（参阅第 4 章）：如果我们的太阳系真的是宇宙中唯一的事件的话，那么，这恰恰就是我们，作为思考这些事情的生命，必然生活于其间的地方。就凭我们已存在这一事实，可能就决定了我们生活在一个极其不寻常的地方。

但是，我们今天不再在平庸原理的基础上估算普遍存在的类太阳系系统的数量，而是已有直接的证据支持这一点。分光镜，这一孔德实证主义的致命对手再次强势出场。我们的望远镜还未强大到足以直接看见绕其他恒星运行的行星。但是，一个恒星的位置会因其行星公转时的引力牵引而发生摄动，这时分光镜就能捕捉到恒星光谱中的多普勒频移，至少在引起摄动的行星较大时是如此。就在我写这本书的时候，主要利用这种方法，我们已经知道绕 147 颗恒星运行的 170 颗太阳系外的行星。^①但是，在你阅读本书时，这个数字肯定已经增加了。迄今为止，这些已经发现的行星都是像"木星"那样巨大的行星，因为只有像"木星"那样大的行星才足以把恒星摄动到目前的分光镜能够探测到的范围。

我们至少已经在量上改进了德雷克公式中一个曾经的未明项的估算值。这一重要的，也许仍是适度的改进，令我们的不可知论程度有所降低，因为公式的终值更精确了。对其他星球上的生命存在，我们必定还是不可知的——但程度稍有减轻，因为我们稍微少了点无知。科学能够用赫胥黎退后一步拒绝上帝是特例的方式来击碎不可知论。我要指出的是，尽管赫胥黎、古尔德和许多其他人持温和的节制立场，但上帝问题原则上并且永远不属于科学领域之外的事情。在恒星的属性问题上，科学击败了孔德，而在围绕恒星运行的行星上存在生命的可能性的问题上，科学至少可以通过概率估算侵入不可知论的地盘。

我对上帝假说的定义包括"超人"和"超自然"这样的词汇。为了澄清这一差异，设想一台 SETI 射电望远镜实际上检测到了一个来自太空的信号，它毫不含糊地显示我们不是独一无二的存在。顺便提及，什么样的信号能使我们确信它源于智慧生命，这是一个极其重要的问题。最好转换一下这个问题。为了将我们的存在告知地球外的收听者，明智的我们应该怎样做呢？有节奏的脉冲波不行。乔斯林·贝尔·伯内尔（Jocelyn Bell Burnell），一位射电天文学家，于 1967 年首次发现脉冲星，受它精确的 1.33 秒的周期启发，半开玩笑地将它命名为 LGM（Little Green Men，小绿人）信号。后来她又在天空的其他地方发现了第二颗脉冲星，它有着不同的周期，这就排除了小绿人假说。许多非智慧现象都能产生有节奏的行为，从摇曳的枝条到滴落的水滴，从自动调节反馈环中的时间延滞到自转和公转的天体。在我们的星系中现在已经发现1000 多颗脉冲星，天文学家普遍认为，每一颗脉冲星都是一个旋转着的中子星，它辐射出的射电能量就像一束灯塔发出的光线那样横扫周围。想到一颗恒星以秒为时间单位（想象一下，如果我们的一天是 1.33 秒而

---

① http://vo.obspm.fr/exoplanetes/encyclo/encycl.html。

不是 24 小时）旋转，这实在令人称奇，但我们就中子星所知道的一切都充满了这种不可思议性。关键在于，现在脉冲星现象被理解为简单物理规律的产物，而不是智能设计。

看来不能仅借助节奏现象来告知这个宇宙有我们这样智慧生物的存在。于是，经常被提及的选择方案就是质数，因为难以想象一个纯粹的物理过程能够产生质数。无论是通过检测到质数，或是其他的方式，想象 SETI 捕捉到了外星智慧存在的无可辩驳的证据，接着也许是大量的知识和智慧的传输，就像弗雷德·霍伊尔（Fred Hoyle）的科幻作品《仙女座》（*A for Andromeda*）或卡尔·萨根的《接触》（*Contact*）里描写的那样。那么，我们应当如何反应？一种可以谅解的反应也许就是激发某种类似于崇拜的行为，因为一个能够如此远距离发射信号的文明，极有可能是远远优于我们的文明。即使那个文明在发射信号的当时不见得超过我们，但我们之间遥远的距离使我们得以算出，在信号到达我们的这段时间内，他们必定也已超越我们千年（除非他们已经自我毁灭了，那并不是不可能）。

无论我们是否能够了解他们，外星文明极有可能是超人，是类似于上帝那样的存在，超越了神学家所能想象的任何东西。他们的技术成就对我们来说看上去就像是超自然的，正如我们当今的技术成就对于一个被传递到 21 世纪的中世纪黑暗时代的农民而言。想象一下他对于笔记本电脑、手机、氢弹或是喷气式飞机的反应。正如阿瑟·C. 克拉克（Arthur C. Clarke）在其第三定律[①]中指出的那样："任何足够先进的技术都与魔法无异。"对于古代人来说，由我们的技术所制造的奇迹的惊人程度绝不亚于摩西分海的故事[②]，或是耶稣在水上行走。我们的 SETI 探测到的外星生物对我们来说，

---

① 克拉克三定律是指：第一，如果一个年高德劭的科学家说某件事情是可能的，那他可能是正确的；但如果他说，某件事情是不可能的，那他也许是非常错误的；第二，要发现某件事情是否可能的界限，唯一的途径是跨越这个界限，从不可能到可能中去；第三，任何非常先进的技术，初看都与魔法无异——译者注

② 圣经中的故事。传说摩西率领以色列人逃离埃及的途中，经过红海，在耶和华的神佑之下，摩西向海伸杖，使海水一夜退去，水便分开成了陆地，以色列人得以通过。当埃及追兵赶来时，海水已然复原——译者注

也许就像上帝，其情形正像处于石器时代的人与传教士相遇时，这些人就把传教士当作是神一样，因为后者带来了枪炮、望远镜、火柴和能将月食、日食的时间精确预测到秒的历书。

那么，在什么意义上，最为先进的外星生物才不是上帝呢？在什么意义上他们是超人而不是超自然的存在呢？在一种非常重要的意义上，而那正指向本书的核心。上帝与上帝般的外星智慧生物之间的关键区别不在于他们的特性而在于他们的由来。复杂到足够成为智慧存在的实体是一种进化过程的产物。当我们与他们相遇时，不管他们看上去多么像上帝，他们都并非从一开始就是那样。科幻作者，如丹尼尔·F. 盖洛伊（Daniel F. Galouye）在《伪造的世界》（*Counterfeit World*）中曾经指出（我想不出如何去反驳它），我们生活在一个被极先进的文明所创立的计算机模拟的世界中。但是，模拟者自己也得要有一个出处。概率定律不允许这样的事情：他们可以在没有更简单祖先的情况下自发地出现。他们的存在或许归功于某种（也许是我们不熟悉的）达尔文式的进化：用丹尼尔·丹内特的话来说，是某种积累、渐变的"起重机"似的建设，而不是"空投"。① 空投，包括所有的上帝，都是魔术符咒。它们不作任何真诚的解释，它们需要被解释的地方远比它们提供的解释多。起重机才是一种有效的解释机制。自然选择就是一流的起重机。它把生命从原始的简单性提升至复杂到令人眩晕的高度，外表的美丽也令我们眼花缭乱。这将是第 4 章的主题，"为什么几乎肯定不存在上帝"。但是在阐述关于主动地怀疑上帝存在的主要理由之前，我有责任先处理历史上的那些支持信仰上帝的主张。

---

① 丹内特，1995。

第3章 上帝存在的论据

在我们的学校中不应有神学教授的位置。

——托马斯·杰斐逊

数个世纪以来，神学家们一直在整理关于上帝存在的论据，其他人则在补充这些论据，其中还包括误把它当作"常识"的传播者。

托马斯·阿奎那的"证据"

托马斯·阿奎那在13世纪宣称的五大"证据"并不能证明任何事情，等于什么都没说，尽管我这样说时有些踌躇，因为他声名显赫。前面三大证据只不过是以不同的方式来说同一件事情，它们可被放在一起讨论。所有的证据都涉及一种无限倒退，也即对于一个问题的回答又带出了一个前提性问题，以至无限。

1. 不动的推动者。若是没有一个推动者，所有的事物都不会动。这就导致我们不断往后追溯，最后唯一能指向的就是上帝。某些事情不得不起到第一推动的作用，我们就称之为上帝。

2. 自存的原因。没有事情可由自身引起。每一个结果都会有一个先前的原因，我们再次往后追溯。于是，不得不终止于第一因，我们称之为上帝。

3. 宇宙学论据。必定存在某个时刻，其时没有物理事件的存在。但既然现在物理事件已经存在，那么必定是有某些非物理的事件导致它们存在，我们称之为上帝。

上述三个论据都依赖一种不断的追溯，最后只好请出上帝来终止这种追溯。这些论据全都有赖于一种毫无根据的假设，也即上帝本身无须再追溯下去。即便我们允许使用这种可疑、多余、任意的魔术，也即令一个终止者来结束这种无限的追溯并赋予它一个名字，那也只是因为我们需要这样一个终止者，而绝对不是说有理由赋予该终止者以所谓上帝该有的属性：全能，全知，仁慈，设计能力，更不用说还有类似人类才有的这些属性，如倾听祷告、赦免罪孽、看透内在思想等。顺便提及，它的某些属性引起了逻辑学家的注意，比如，全知和全能就是彼此冲突的。如果上帝是全知的，他必定已经知道，他打算用他的全能来干预历史进程；但这同时也就意味着他不再能改变他的想法，当然他就不是全能的。卡伦·欧文斯（Karen Owens）已经悟到了这一点，他用动人的诗句机智地表达了这一悖论：

全知的上帝，他
知道未来，又能否以他的
全能来改变他未来的想法？

回到无限追溯问题，搬出上帝来终止追溯其实是无效的做法，更省事的方法还不如推想，比方说，一场"奇点大爆炸"，或是某些其他未知的物理学概念。称终止者为上帝，最好的效果也就是无用，而最差的结局则是造成有害的误导。爱德华·利尔（Edward Lear）的"配制微小炸肉饼的无用配方"就是这样告诉我们的，"取来一些牛肉条，把它们切成最小块，再继续切成更小，8 次或 10 次"，这一过程就会逼近自然的极限。科学家们曾很想知道，如果你不断切割，比方说，把黄金切割成最小块，将会发生什么。为什么你不能连续地一分为二，从而得到更小的黄金片段？在这一过程中的无限追溯（切割），最后会终止于原子。最小的金块就是一个原子核，它由 79 个质子和略多数量的中子所组成，还伴有 79 个电子。如果你在原子层面继续"切割"黄金，那么，你得到的将不再是黄金。对于类似炸肉饼似的追溯过程来说，原子就是一种自然的终结者。但对于托马斯·阿奎那的追溯来说，上帝绝没有明白无误地扮演一种自然终结者的角色。后面我们将适度提及这一点。现在让我们再来看阿奎那的论据。

4. 源于等级的论据。我们注意到，世界上的事物有所不同。它们存在着等级之分，比方说，善或完美的等级。但我们只有通过与至高相比较才能判定这些等级。人类自身可能是善恶均有，所以，至高的善不属于我们。因此，必定存在某些其他的至高，正是它设定了完美的标准，我们称之为至高的上帝。

那也算是一个论据？你也能对比着说，人们在体臭上有所不同，但仅当与一种最高程度的、可想象的体臭对照时，我们才能作出这种比较。因此必定存在一种无可比拟的恶臭，我们称之为上帝。或者可用你愿意的任何比较对象来代替，从而推出一个类似自欺欺人的结论。

5. 目的论论据，或者设计论论据。世上的事物，尤其是生物，就好像它们是由设计而来。我们所知的事物没有一样看上去是设计的，除非它就是设计而来。因此必定存在一个设计者，我们称之为上帝。[①] 阿奎那本人用一支正在接近目标的箭作为类比，但是一枚现代热跟踪防空导弹也许更适合他的用意。

设计论论据是今天唯一依然还被经常使用的论据，对于许多人来说，它听上去依然像是最具说服力的论据。年轻时的达尔文，当时他还在剑桥读书，当读到威廉·佩利（William Paley）的《自然神学》（*Natural Theology*）一书时，他曾对此留下深刻印象。不过对于佩利来说不幸的是，成熟后的达尔文则将他打得落花流水。通过机智的推理，达尔文对

---

① 我不由得回忆起一个校友偷偷运用到欧几里得论证中的不朽的三段论法，当时我们正在一起学习几何学："三角形 ABC 看上去是等腰的，因此……"

设计论这一流行信念的摧毁，可能具有史无前例的影响。它是如此出人意料。感谢达尔文，这样的说法不再成立：我们所知的事物没有一样看上去是设计的，除非它就是设计而来。通过自然选择过程，进化产生了惟妙惟肖类似于设计的事物，它的复杂和精致无与伦比。在所有这些出色的"伪设计"的事物中，神经系统尤为非凡，它表现出寻找目标的功能，即便是一只不起眼的昆虫，它在寻找目标时更像一枚导弹而不是一支简单的射向目标的箭。在第 4 章我将再回到设计论。

本体论的论据和其他先验论据

上帝存在的论据可分为两大主要范畴：先验的（a priori）和后验的（a posteriori）。托马斯·阿奎那的五条论据属于后验论据，因为它取决于对世界的考察。最著名的先验论据，它们纯粹取决于推理，属于本体论论据，于 1078 年由坎特伯雷（Canterbury）的圣·安塞尔姆（St Anselm）提出，自那以后，又被许多哲学家以不同的形式重述。安塞尔姆论据的奇特性是，起初它是以一种祈祷的形式说给上帝本人而不是人类听的（你也许会想，一个能够倾听祷告的实体，它自身的存在自然是毋庸置疑的）。

安塞尔姆说，可以想象有这样一个存在，它是能够想象的最大的存在。即便一个无神论者也能够想象这样一个最高存在，尽管它否认它存在于真实世界之中。但是，该论据进一步的发挥却是，一个在真实世界中并不存在的存在，事实上，恰恰是不够完美的。因此，我们就有了一个矛盾：嗨，上帝存在！

让我把这个幼稚的论据翻译为恰当的语言，犹如发生在操场上的一段对话：

与你打个赌，我能够证明上帝的存在。
你不能。
是这样的，想象一下，有可能存在最完美最完美的事物。

好，那又如何？

那么，这个极其完美的事物是真实的吗？它存在吗？

不，它仅存在于我的头脑里。

但如果它是真实的，它就会更完美，因为一个真正完美的事物必定要比一种愚蠢的想象中的事物更好。所以，我已经证明了上帝的存在。啦啦啦啦，所有的无神论者都是愚人。

我以孩子气的自作聪明故意选择了"愚人"（fool）这个词。安塞尔姆本人引用圣歌 14 中的第一节愚顽人心里说"没有神"，对于所设想的无神论者，他厚着脸皮用这一名词 fool（拉丁文 insipiens）来指称：

因此，即便傻瓜也承认，某些事情存在于理智中，至少，不是不能设想更大的东西。因为，当他听说这一点时，他理解了它。无论理解的是什么，它总存在于理智中。确切地说，不是不能想象更大的事物，只是不能仅存在于理智中。因为，假设它仅存在于理智中，那么，它能够被想象为存在于现实中，那就是更大的。

正是这一概念，那些无事生非的论辩者借此引出了宏大的结论，并在审美的意义上冒犯了我，所以我必须小心避免再来传播类似"傻瓜"这样的词。伯特兰·罗素（不是傻瓜）有趣地说道，"相比于去精确地寻找其荒谬所在，更容易信服的是，（本体论论据）必定就是荒谬的"。当罗素本人还年轻时，曾对此有过短暂确信：

我还记得这一时刻，1894 年的一天，当时我正沿着三一街（Trinity Lane）散步，灵光一闪（或者一个想法冒了出来），本体论的论据是有效的。于是，我出去买了一盒烟，在回来的路上，我突然又把它抛向空中，当接住它时我是这样欢呼的："伟大的斯科特，本体论的论据是合理的。"

我感到奇怪，为什么他不这样说："伟大的斯科特，本体论的论据似乎是合理的。但它由于太出色以至不可能是真实的。难道一个关于宇宙的伟大真理就仅从一种纯粹的文字游戏而来？我宁可去解决类似于芝诺悖论这样的东西。"由于芝诺的"证据"，阿基里斯也许绝不能赶上乌龟，① 对此，希腊人曾有过一段痛苦的时期。但他们并未因此而得出结论：阿基里斯真的无法赶上乌龟。相反，他们把这叫作悖论，等待后世数学家来解释它（它可用无穷级数收敛于一个极限值的理论证明）。当然，罗素本人也与任何人一样，有资格去理解，为什么香烟不应当被抛向空中，以便庆贺阿基里斯不能赶上乌龟。为什么他不对圣·安塞尔姆采取同样的谨慎态度？我猜测，他是一个非常公正的无神论者，过于急切地盼望醒悟过来，如果逻辑似乎有这一要求的话。② 或者也许答案就在罗素本人于 1946 年所写的东西之中，那是在他已经识破本体论论据很久以后：

真正的问题是：是否存在这样我们能够设想的事物，通过纯粹的事实，我们能够设想它，表明存在于我们思想以外？每一个哲学家也许都愿意说，是的，因为哲学家的工作就在于通过思考而不是观察，去寻找关于世界的事物。如果"是的"是正确的答案，那么，从纯粹的思想到事物就有一条通道；如果它不是正确的答案，那么，其间就没有通道。

相反，我的看法却是，任何这样的推理都必然面临深深的质疑，因为

---

① 芝诺悖论的细节太有名了，以至不须在注解中加以说明。由于阿基里斯的跑步速度是乌龟的 10 倍，所以，比方说，他在起跑时先让乌龟 100 码。当阿基里斯跑到 100 码时，乌龟 10 码，乌龟在先。阿基里斯再跑 10 码时，乌龟又跑了 1 码，还是乌龟在先。阿基里斯跑 1 码，乌龟则领先 1/10 码……以至无穷，所以，阿基里斯无法赶上乌龟。

② 今天，在得到过分渲染的另类哲学家安东尼·弗卢（Antony Flew）身上，我们似乎看见了相似的现象，当步入老年时，他宣布自己已转而相信某种神性的存在（这一说法在互联网上大肆传播）。另一方面，罗素是一个伟大的哲学家，他得过诺贝尔和平奖。也许弗卢所谓的转变将使他赢得邓普顿奖。此种转变的第一步就是他的这一不光彩的决定，于 2006 年接受"Phillip E. Johnson 自由和真理奖"。该奖项的首位获得者是菲力普·E. 约翰逊，一位律师，因提出智能设计论这一"关键性的策略"而闻名。弗卢将成为第二位获得者。颁奖的大学是 BIOLA，洛杉矶圣经研究院。人们不由得想知道，弗卢是否意识到他正在被利用？〔见斯特恩（Victor Stenger），"弗卢的有缺陷的科学"（Flew's flawed science），Free Inquiry 25: 2, 2005, 17–18；www. secularhumanism. org/index. php?section=library&page=stenger_25_2。〕

在缺乏来自外部世界的哪怕一丁点材料的情况下，它居然就能得出这样一种重要的结论。也许那只不过表明我是一个科学家而非一个哲学家而已。数世纪以来，哲学家确实都严肃地对待本体论论据，无论是赞成还是反对。无神论哲学家麦基（J. L. Mackie）在《有神论的奇迹》（*The Miracle of Theism*）中尤其给出了一个清晰的讨论。如果我说，你几乎能够这样来定义一个哲学家，他不把常识误认为答案，在我看来，这就是一种恭维。

对于本体论论据的最具决定性的反驳通常认为来自哲学家大卫·休谟（David Hume，1711—1776）以及康德（Kant，1724—1804）。在康德看来，安塞尔姆所谓的巧妙论证其实只是一种不可靠的假设："存在"要比不存在更"完美"。美国哲学家诺曼·马尔科姆（Norman Malcolm）是这样表述的："存在是完美的这一说法显然是可疑的。下述说法才有意义并且真实可靠，比如，我未来的房子，如果是隔热的就要比不隔热更好。但若是这样说，如果它存在要比不存在更好，这算是什么意思呢？"[1] 另外一位澳大利亚哲学家道格拉斯·加斯金（Douglas Gasking）以其讽刺性的上帝不存在"证据"也指出了这一点（安塞尔姆的当代人Gaunilo 已经提出了一个有些相似的归谬法）。

1. 世界的创造是能够想象的最不可思议的成就。

2. 一个成就的价值就是它的内在品质的产物（a）和其创造者能力的产物（b）。

3. 创造者的能力越低，或不足越多，其成就越给人留下深刻印象。

4. 对于一个创造者来说，最强大的不足就是不存在。

5. 因此，如果我们假设，宇宙是一个存在的创造者的产物，我们就能够想象一个更伟大的存在，也即，这样一个存在，它创造万物，本身却不存在。

6. 因此，相比于一个不可能被设想的伟大存在，一个存在的上帝，

---

[1] http://www.iep.utm.edu/o/ont-arg.htm. 加斯金的"证据"在 http://www.uq.edu.au/~pdwgrey/pubs/gasking.html。

就不可能是一种更伟大的存在，因为一个更强大、更不可置信的创造者也许就是一个不存在的上帝。

因此：

7. 上帝不存在。

毋庸置疑，加斯金并未真正证明上帝不存在。不过以同样的理由，安塞尔姆也未能证明他的存在。唯一的区别在于，加斯金是出于好玩。因为他意识到，上帝的存在或不存在是一个太大的问题，因而不可能以"辩证法的戏法"来定夺。不过我不认为，把存在作为完美的象征这一不可靠的用法就是这一论证过程的致命伤。我已经忘记了细节，但我曾经对一帮神学家和哲学家极为不满，因为他们利用本体论证据来证明猪能够飞翔。他们感到需要诉诸形式逻辑来证明我是错的。

本体论论据，就像所有证明上帝存在的先验论据一样，令我想起 A. 赫胥黎（Aldous Huxley）的《点对点》（*Point Counter Point*）中的一位老人，他发现了上帝存在的数学证据：

你知道这个公式：m 除以 0 等于无穷大（m 是任一正整数）吗？好，为什么不通过在两边乘以 0 使它还原为一个更简单的式子呢？这样，你就使 m 等于无穷大乘以零。那就是说，一个正整数是零和无穷大的产物。那不就证明了宇宙的创造是通过一个无中生有的无穷大力量？难道不是吗？

关于上帝的存在，18 世纪有过一场著名的争论，发起者是凯瑟琳大帝，双方的代表人物是瑞士数学家欧拉（Euler）和启蒙运动时期的百科全书编纂者狄德罗。虔诚的欧拉向无神论的狄德罗发起挑战，用的是确信无疑的口吻："先生，$(a+b^n)/n=x$，因此，上帝存在。请答复！"在这种攻势面前，狄德罗只好撤退，流传的一种说法就是他全面失守，撤退至法国。

欧拉使用的就是所谓以科学来全面压倒的策略（在此是数学）。在《无神论者的宇宙》（*Atheist Universe*）中，戴维·米尔斯转引了一场广播节目访谈，他本人接受一位宗教发言人的采访，后者援引质能守恒定律，试图利用科学知识来压倒一切，尽管这是古怪而又无效的做法："既然我们都是由物质和能量组成，科学原理岂非赋予生命的永恒这一信仰以可信性？"米尔斯的回答比我更有耐心也更有礼貌，采访者所说的话，翻译成英文，不过是这样："当我们死亡时，组成我们躯体的原子以及能量全都没有消失，因此我们是不朽的。"

甚至像我这样经验丰富的人，也从未遭遇到如此愚蠢、想当然的想法。然而，我却见过许多美妙的"证据"，见 http://www.godlessgeeks.com/LINKS/GodProof.htm 网站，那里有着一系列搞笑的"300 个以上关于上帝存在的证据"。下面引用的半打欢乐的论据是从第 36 条开始的。

36. 不完全毁坏的论据：一架飞机坠毁，143 名乘客及其全体机组人员死亡。但是 1 个儿童却于这场劫难中幸存，仅受三度烧伤。因此上帝存在。

37. 可能世界论据：如果事情过去有差别，那么，事情将来也有差别。那可不好。因此上帝存在。

38. 纯粹意志论据：我相信上帝！我相信上帝！我相信相信相信。我相信上帝！因此上帝存在。

39. 无信仰论据：世界上大多数的人不是基督教信仰者。这恰是撒旦所为。因此上帝存在。

40. 死后经历论据：某人死亡，他是一个无神论者。现在他意识到他的错误了。因此上帝存在。

41. 情感绑架论据：上帝爱你。你怎么能如此无情地不信仰他？因此上帝存在。

源于美的论据

上面所提及的 A. 赫胥黎小说中证明上帝存在的另外一条途径就是在留声机上播放贝多芬的 A 小调第 15 号弦乐四重奏（Heiliger

Dankgesang）。这听起来令人难以置信，但它恰恰是某种流行的论据。我已记不起有多少次曾经收到这类咄咄逼人的质问："那么，你怎么解释莎士比亚？"（还可代之以舒伯特、米开朗基罗等）这种论据如此似曾相识，我无须再作进一步的说明。但是，其背后的逻辑却从未表达清楚过，你对此想得越多，你就越意识到它的空洞。显然，贝多芬后期的四重奏是极为动听的。莎士比亚的十四行诗也是如此。如果上帝存在，它们是非凡的；如果上帝不存在，它们还是非凡的。它们并不证明上帝的存在。他们只证明贝多芬和莎士比亚的存在。一位伟大的乐队指挥曾这样说："如果你有莫扎特可以听，为什么还需要上帝？"

我曾在英国广播电台一个名为"荒漠之岛唱片"的节目中担任过嘉宾。节目是这样的：如果你被放逐到一个孤岛，你不得不选择随身所带的 8 张唱片。我的一个选择是"Mache dich mein Herze rein"，它出自巴赫的《马太受难曲》（*St Matthew Passion*）。主持人无法理解像我这样一个非宗教徒怎么会选择宗教音乐作品。你或许也会说，如果你确实知道凯茜和希斯克利夫（Heathcliff）绝不是真实存在的人物，你怎么还能够欣赏《呼啸山庄》（*Wuthering Heights*）？

但是，我曾经指出过这一点，在此还须强调，这就是宗教曾给艺术作品提供资助，比方说，西斯廷教堂天顶画或拉斐尔①的《天使报喜》就得到过这类资助。伟大的艺术家同样需要养家糊口，他们得从某个机构领取薪水。我没有理由怀疑拉斐尔和米开朗基罗是基督教徒——在那个时代，那可是唯一的选择——但这个事实与此几乎没有必然关联。当时的教会拥有巨大的财富，它就成了艺术的强有力的资助者。如果历史有不同的走向，米开朗基罗被委派为大型科学博物馆的天花板作画，他的作品难道不会与留存在教堂里的作品同样充满灵感？我们无法听到贝多芬的"中生代交响乐"，或莫扎特的歌剧《扩张的宇宙》，是多么的遗憾。我们的生活中缺少海顿（奥地利作曲家，1732—1809）的进化清唱剧，那是一种遗憾——但这并不妨碍我们去欣赏他的《创世记》。还可设想从

---

① 拉斐尔（Raffaello Santi，1483—1520），意大利画家、建筑学家——译者注

相反的角度来接近这一论据，如我的妻子令人扫兴地向我暗示，假如莎士比亚是被迫从教会接受写作任务，情况会是如何？是的，我们确信就会失去《哈姆雷特》《李尔王》和《麦克白》等作品。我们已经获得的回报是什么？这样如梦想般的素材依据什么而来？依据梦想。

如果在伟大的艺术作品与上帝的存在之间果真有一种逻辑关联，它的支持者对此却是无法说清。它只不过被假设是自明的，但其实绝不是这样。也许它可以被视为设计论的另一个版本：舒伯特的音乐头脑是一种不可能之奇迹，其程度甚至超过脊椎动物的眼睛。或者，更为卑劣地说，也许它是出自对天才的嫉妒：别人何以能做出如此美丽的音乐、诗歌、画作，而我偏偏不能？它必定出自上帝。

来自个人"体验"的论据

我有一个大学时代的同伴，极为聪明和成熟，笃信宗教，一次他去苏格兰的小岛野营。半夜，他和他的女朋友在帐篷里被恶魔撒旦的声音所惊醒。无可怀疑，声音只能是出自恶魔。我的朋友无法忘记这一恐怖的经历，这是导致他后来从事神职的因素之一。年轻时的我对于他的故事留下了深刻的印象，在牛津时，我就把这一故事讲述给一帮动物学家听，当时我们正在玫瑰与花冠酒店里休息。其中有两位正好是经验丰富的鸟类学家，他们放声大笑。"那是普通鹱（Manx Shearwater）！"他们齐声大叫。其中一位还补充道，在世界不同地方和不同语言中，人们已把该物种的鸣叫声与恶魔般的叫声相联系，它在当地的绰号就是"恶魔鸟"。

许多人相信上帝，因为他们相信曾经亲眼看见过他的幻象——或者见过天使，或者是蓝衣的童贞圣母，或是他在他们的脑袋里对他们说话。这种来自个人体验的论据极易令那些自以为曾有此体验的人所信服，但是它却难以说服那些具有心理学知识的人。

你说你曾直接体验过上帝？好，有人曾体验过一种粉红色的幻象，但这不可能令你留下深刻印象。彼得·萨克利夫（Peter Sutcliffe），约克郡的碎尸狂，显然听到耶稣的声音，要他去杀死妇女，于是，他被关入了精神病院。布什说，上帝告诉他去入侵伊拉克（可怜的上帝却不赐给他一种启示，那儿并没有大规模杀伤性武器）。精神病院里的病人都认为自己是拿破仑或卓别林，或者整个世界正在实施阴谋来对付他们，或者他们能够把自己的思想植入他人头脑。对此，我们只是觉得好玩，但绝不会严肃地对待他们内心透露出的信念，这只不过是因为大多数人都不认同这种想法，而宗教体验的不同恰在于有多人认同这一信念。当萨姆·哈里斯（Sam Harris）在其《信仰的终结》（*The End of Faith*）中这样写时，绝不是出于过度愤世嫉俗：

> 我们把不同的名义赋予不同信仰的人们，这些信仰都未曾得到理性的辩护。当这些信仰的拥有者极为普遍时，我们称其为"宗教徒"；否则，我们就有可能称其为"发疯""精神病"或是"幻觉"……所谓的心智健全就存在于众多人当中。然而，仅是出自历史的偶然，在我们的社会中，相信宇宙的创造者能够聆听你的想法的人被认为是正常人，而相信上帝通过滴落在你卧室窗户上的、类似于摩尔斯密码的雨滴与你交流的人被界定为精神病。因而，宗教信徒不是普通地疯了，他们的核心信仰则绝对是疯了。

我将在第 10 章再回到错觉的讨论上。人类大脑运行的是一流的模拟软件。我们的眼睛并不向大脑呈现一种完全忠实的外部世界的图像，或是实时传递一段精确的电影。我们的大脑构造一个不断更新的模型：通过视神经不断发送的脉冲而更新，同时又加以重构。视觉方面的错觉就生动地提醒了我们这一点。[①] 错觉的一种主要类型，奈克方块（Necker Cube）就是一例，它的形成是因为大脑收到的感觉素材与两种实在模型相兼容。于是，大脑不知该选其中的哪一种，结果就是我们体验到的一系列翻转，从一种内在模型转向另外一种。我们正在观察的图像，几乎

---

① Richard Gregory 在一系列的著作中讨论了幻觉方面的主题，包括 Gregory（1997）。

是真切地在翻转，变成其他图像。

　　大脑中的这一模拟软件尤其擅长构建面孔和声音。我曾在我的窗台上放了一个爱因斯坦的塑胶面具。从前面看，它似乎像是一张立体凸出的脸，这不奇怪。奇怪的是，当从后边看时——那里本是凹面——它看上去依然像是一张凸出的脸，我们的感知能力实在奇特。当观察者沿着它转动时，这张脸似乎也会跟着转动——这种感觉是强烈且足以令人信服的，据说蒙娜丽莎的眼睛就会随着你而动。面具的凹面看上去确实仿佛正在移动。先前从未看见过这种错觉的人们对此会大惊小怪。甚至更奇异的是，如果面具被固定在一个缓慢旋转的转盘上，当你在固定的一面注视它时，它似乎以恰当的方向转动，但是当凹面进入视线时，方向就会相反。结果就是，当你注视着它从一面转到另一面时，正在接近的一面似乎要"吞掉"离去的一面。那是一种足以使人眩晕的幻觉，值得我们不怕麻烦地去观看。有时，当你靠近凹面时，会极其惊讶，根本看不到它"确实"就是凹陷的。当你确实看到时，再次会有一个突然的翻转，这一过程是可逆的。

　　这是怎么回事？面具的制造并没有什么把戏。任何具有凹面的面具都能做到这一点。秘密在于观看者的大脑。内在的模拟软件接收到信息，表明存在一张脸，其实那也许只不过是在近似恰当的部位分布着一对眼睛、一个鼻子和一张嘴巴。收到这些大致线索后，大脑开始加工。脸部模拟软件进入启动状态，它构造出一张完全立体的脸部模型，即便外部实在呈现给眼睛的只是一个凹的面具。产生错误方向的旋转幻觉是因为（那是相当强烈的感觉，但如果你通过仔细的思考就会使它稳定下来），当一个面具的凹面旋转，同时又要把它感知为是一个立体面具时，要使得视觉信息具有意义，产生逆转幻觉就是唯一的方式。[①] 这就像是当你在飞机场上看一个旋转雷达天线时所产生的幻觉。除非大脑翻转到雷达天线正确的模型，否则就会看见错误的模型向错误的方向旋转，而且是以一种稀奇古怪的歪斜方式。

---

① 对此我试图给出自己的解释，见道金斯（1998）pp. 268～269。

　　我说这些是要证明大脑模拟软件具有极为强大的力量。它能够构筑最逼真的"视觉"和"天赐"。对于这种精细的软件来说，模拟一个幽灵、一个天使或是童贞圣母马利亚也许只是小菜一碟的把戏而已。这种机制对于听觉同样有效。当我们听见一个声响时，它绝不是完全忠实地被传达到听神经随后又传至大脑，好像是一个高保真音响一样。如同视觉的形成，大脑依据不断更新的由听神经传来的信息，构筑一个声音模型。这就是为什么我们听到的喇叭声是一种单一的音符，而不是它本该有的由铜管乐器敲击而来的乱哄哄的复合音。一支竖笛吹出的是同样类似"木质的"音符，一支双簧管听起来类似"笛声"，因为这些和声达到了不同的和谐的平衡。如果你谨慎熟练地使用电子合成琴来逐个产生分离的和声，大脑仅在短暂的瞬间把它们听成是单音调的复合，但很快大脑模拟软件就会"弄懂它"，于是，我们听到的仅是纯粹的喇叭声、双簧管声或是无论什么乐器发出的声音。口语中的元音和辅音在大脑中也是以同样的方式被构造，所以是另外一种层次上更高阶次的音和词。

　　在我的孩童时代，曾听到过幽灵：那是一种男性的声音在喃喃自语，就像是在朗诵或是祷告。我几乎能够，但不完全地听出其中的语词，它似乎带有一种庄严的音色。大人曾告诉我关于神职人员隐藏于古老房子里的故事，我有些害怕。不过我还是起床摸向发声之处。靠近时，它变得更响了，随后突然它"转向"我的脑袋里。现在我已靠得足够近，得以分辨它究竟是什么。原来那是通过锁眼钻进来的风声，而我的大脑模拟软件却习惯地把它构造成一个男性的说话声，就像是在庄严地诉说着什么。如果我是一个较为敏感的孩子，就有可能"听见"的不只是难以理解的说话声，而是特定的词甚至句子。如果我天性敏感又在宗教气氛中成长，我不知道风诉说的会是什么。

　　还有一次事件，发生于相同的年龄，当时我在海边的一个小村庄里，透过一间普通屋子的一扇窗户看见一张巨大的圆脸，带着难以形容的恶毒神情，盯着这边看。我颤抖地靠近它，这才看清它的真面目：原来是窗帘不小心落下从而形成了一张模糊的类似人脸的影像。那张脸本身极其邪恶的样子，早已在我儿时恐惧的大脑中构造。2001 年 9 月 11 日，虔诚的人们认为，在世贸大厦双子塔升起的烟尘中，他们看见了撒旦的面庞：以一张在互联网上发表并广为传播的照片为根据的迷信。

构造模型是人类大脑的拿手好戏。当我们睡着时，那就是做梦；当我们清醒时，那就是想象；当它格外清晰生动时，那就是幻觉了。正如第 10 章将要指出的，拥有"想象中的朋友"的儿童有时会清楚地看见它们，就如同真的一样。如果我们容易受骗，我们就难以辨清这些幻觉或是白日梦的真相，并且还会声称已经看见或是听见了一个幽灵，或是天使或是上帝，尤其是对于儿童、女性或天主教徒来说，更易认为是目睹或听见了——童贞圣母马利亚。这样的幻觉或显灵，当然不是相信幽灵、天使或是上帝、童贞圣母真实存在的可靠理由。

乍看起来，许多人同时出现幻觉，难以否认其存在，例如据报道，1917 年在葡萄牙的法蒂玛（Fátima），7 万名朝圣者看见太阳"裂开于天空，向众人猛压下来"。[①] 很难解释 7 万个人怎么会有同样的幻觉。但是，要承认它确有其事更难，因为在世界的其余地方，法蒂玛之外，则无人看见这一景象，不只是看见，而且还须感受到太阳系的巨大毁灭，包括足够强的加速力把每一个人抛向空中。不由想起休谟对于奇迹的精彩点评："没有一种证词足以建立一个奇迹，除非该证词具有这样的特点，它的荒谬虚假比它试图建立的事实更为不可思议。"

7 万人同时被迷惑蒙骗，或者同时串通起来集体行骗，似乎是不可能的。情况也许就是历史记录发生了错误，于是就有 7 万人声称看见了太阳的变幻。也有可能这些人同时看见了海市蜃楼（他们被劝诱凝视太阳，但对于他们的眼力来说，这不可能做到）。不过那些明显的不可能倒要比这一说法更有可能：地球突然间因受力而偏离轨道，太阳系被破坏，而法蒂玛之外的人们都未注意到这一点。在我看来，葡萄牙可没有那么孤立。[②]

关于上帝或其他宗教现象的个人"体验"，这就是全部所需要说的了。如果你有这样的体验，也许你会发现自己坚定地相信这是真实的。

---

① http://www.sofc.org/Spirituality/s-of-fatima.htm。

② 尽管必须承认，我的岳父母曾经下榻于一家巴黎的旅馆，就叫作 Hôtel de l'Univers et du Portugal。

但不要指望别人会拿你的话当真，尤其是，如果我们对大脑及其强有力
的运作方式略有所知的话。

来自圣经的论据

有些人是被圣经里的证据所说服，从而相信上帝。一种经常见到的
论点，据认为源自刘易斯[①]，是这样说的，既然耶稣认为自己是神之子，
他必定要么是对的，要么是神经错乱，要么是撒谎成性："疯狂的、恶劣
的或就是上帝（Mad, Bad or God）"。或者用更为朴实的韵文来说，"大
傻瓜、说谎者或上帝（Lunatic, Liar or Lord）"。历史证据极少表明耶稣
具有神的身份。但即便证据确凿，这种三难困境也是滑稽可笑难以服人。
第四种可能，几乎是太过明显而无须提及，便是耶稣是被真实地误解了。
许多人也是。无论如何，正如我曾说过的，绝无确凿的历史证据表明，
他曾经认为自己就是神。

文字记载的东西，对于不习惯去追问如下问题的人们来说是有说服
力的："谁记载了它，在什么时候？""作者怎么知道所写内容？""在当
时，作者所表达的意思与我们今天的理解是一致的么？""作者是毫无偏
见的观察者，还是带有自己的写作意图？"自从 19 世纪以来，神学家们
通过学术考证已经得出了这一无可辩驳的结论：福音书，并不是真实历
史的可靠记录，其中的内容都是耶稣死后很久才写下来的，其成书也远
远晚于保罗的使徒书，而在《使徒行传》中几乎只字未提所谓耶稣生平
的事实。然后，所有这些内容被复制再复制，其传播途径类似"传话游
戏"的方式（见第 5 章），在此过程中，抄写员还易出错，毕竟他们都有
自己特定的宗教背景。

用以说明这种宗教背景的一个极好例子就是耶稣在伯利恒的诞生传

[①] 刘易斯（C. S. Lewis, 1898—1963），出生于爱尔兰，曾任牛津大学马格达伦学院研究员，剑桥大
学英国文学教授，著名的儿童文学作家，其作品在欧美世界广受欢迎，包括《纳尼亚传奇》——
译者注

说，整个故事感人至极，据说他是希律王对无辜者实施大屠杀后的幸存者。在耶稣死后许多年，才有福音书的写作，其时已无人知道耶稣的诞生地。但是《旧约全书》中有一个预言（弥迦书5：2）已经预示了耶稣的出场，据说期盼已久的弥赛亚会诞生于伯利恒。根据这一预言，《约翰福音》明确指出，他的追随者感到惊讶，因为他不是出生于伯利恒："其他人说，这是耶稣基督。但有些人说，基督难道是来自加利利？圣经里不是说道，基督源于大卫的子孙，诞生于伯利恒，大卫部族所在地？"

《马太福音》和《路加福音》对这个问题有不同的处置，它们都决定耶稣"必须"出生于伯利恒。但是，两者通过不同的途径来把他弄到那里。在《马太福音》中，约瑟和马利亚一直都在伯利恒，在耶稣出生之后许久才来到拿撒勒，此前他们在埃及避难，逃脱了希律王的大屠杀。相反，根据《路加福音》的描述，早在耶稣出生之前，马利亚和约瑟就住在拿撒勒。所以，为了预言得以实现，如何才能在关键时刻让他们在伯利恒出场？《路加福音》说，当时正是居里扭（Cyrenius 或 Quirinius）任叙利亚的总督，恺撒·奥古斯都（Caesar Augustus）为征税而颁布人口普查的命令，每一个人都必须回到"他自己的城"。约瑟是"大卫部族的后裔"，因此他必须回到"大卫的城，那里叫伯利恒"。这似乎像是一个不错的解决方式。除非它是完全违背历史地胡说八道，正如威尔逊（A. N. Wilson）在《耶稣》（Jesus）和罗宾·莱恩·福克斯（Robin Lane Fox）在《未经认可的版本》（The Unauthorized Version）中已经指出的那样。大卫，如果存在的话，生活在马利亚和约瑟之前约1000年。为什么罗马帝国要求约瑟去一个遥远的祖先早在1000年前生活过的城市？那就好像要求我详细说明，比方说，由于人口普查的需要，Ashby-de-la-Zouch 正是我的家乡所在地，我的祖先恰好可追溯至某个封建诸侯（de Dakeyne），他跟随征服者威廉去到那里并定居了下来。

此外，《路加福音》中所提及的年代不够牢靠，历史学家已对此独立进行了验证。在居里扭统治的时代，确实有过一次人口普查，但那是一次地方性普查，不是由恺撒·奥古斯都颁布命令、范围涉及整个罗马帝国的普查，而且它发生得太晚，在公元6年，在希律王死后很久。福克斯得出结论,《路加福音》中的故事在历史上是不可能的,并且缺乏内在的连贯性;但是他又对《路加福音》的处境及其希望实现《弥迦书》的预言的渴望表示同情。

2004 年 12 月号的《自由调查》(*Free Inquiry*)上,汤姆·弗林,这家杂志的优秀编辑,收集整理了一系列文章,证明广受欢迎的圣诞节故事,也是自相矛盾漏洞百出。弗林本人在《马可福音》和《路加福音》之间列出了许多冲突的说法,只有这两位福音传道者涉及了耶稣诞生的事件。[①] 罗伯特·吉路里(Robert Gillooly)则表明,所有关于耶稣传说的核心内容,包括东方出现的星、童贞女怀孕、国王对婴儿的崇拜、奇迹、死刑、复活和升天等,都是借来的——它们中的每一个——都来自当时已经存在于地中海和近东地区的其他宗教。弗林指出,《马太福音》希望实现弥赛亚预言(大卫的后裔诞生于伯利恒)的渴望,是为了迎合犹太读者;然而,这却与《路加福音》要迎合基督教徒(非犹太人)的意图相冲突,由此采取的措施就是搬来带有希腊风格的异教之风(童贞女生育、国王对婴儿的崇拜,等等)。其间的冲突引人注目,但却向来被信徒所忽略。

明智的基督教徒不需要乔治·格什温(George Gershwin)来教导他们,"那是你们深信不疑的故事,在圣经中读到,并不一定是那样"。但是却有许多不够明智的基督教徒,他们以绝对化的方式来思考,认为必须如此,这些人非常严肃地把圣经看作是对历史事件的忠实记录,因此也就看作是支持他们宗教信仰的证据。难道这些人从不打开他们相信是绝对真理的书本?为什么他们没有注意到那些引人注目的矛盾呢?一个逐字逐句的阅读者难道不会关注这一事实,《马太福音》中,约瑟的祖先源于大卫王,其间经历了 28 代,而《路加福音》中却经历了 41 代?更糟的是,这两册福音书中的名字几乎没有重合的!更何况,如果确实是童贞女感孕而生耶稣,约瑟的祖先就是无关紧要的,因此,耶稣的降临

---

① Tom Flynn, 'Matthew vs. Luke', Free Inquiry 25: 1, 2004, 34~45; Robert Gillooly, 'Shedding light on the light of the world', Free; Inquiry 25: 1, 2004, 27~30。

也就不能用于实现《旧约全书》中的预言：弥赛亚应当是大卫的子孙。

美国圣经学者巴特·埃尔曼（Bart Ehrman）在副标题为《谁以及为何改变了〈新约〉及其背后的故事》（*The Story Behind Who Changed the New Testament and Why*）的一本书中，揭开了笼罩于《新约全书》的巨大迷雾。[1] 在导言中，埃尔曼教授生动地述说了他个人的心路历程，他从一个信仰圣经的基要主义者转变为深思熟虑的怀疑论者，其间的推动力正是来自圣经中大量不可信的记叙。意味深长的是，当他于美国大学的等级体制中步步攀升，从底层的"穆迪圣经学院"（Moody Bible Institute），经由惠顿学院〔Wheaton College，等级稍高些，而且还是比利·格雷厄姆（Billy Graham）的母校〕，最终来到处于世界顶层的普林斯顿时，他所经历的每一步都在警告他，当面对危险的进步主义时，要坚持自己基要主义的信仰恐怕不那么容易。事实证明了这一点。我们，他的读者，就是受益人。其他有力破除迷信约束的圣经批评读物，是前已提及的罗宾·莱恩·福克斯的《未经认可的版本》，以及雅克·伯利纳布劳（Jacques Berlinerblau）的《世俗的圣经：为什么非信仰者必须严肃地对待宗教》（*The Secular Bible: Why Nonbelievers Must Take Religion Seriously*）。

成为正典圣经的四部福音书是在至少有一打之多的文本中经过挑选得到的，这种挑选或多或少带有任意性，原来的文本还包括《多马福音》《彼得福音》《尼哥底母福音》《菲利普福音》《巴塞络缪福音》和《抹大拉马利亚福音》。[2] 托马斯·杰斐逊在给侄子的信中提到的正是上述这些另外的福音：

　　当说到《新约全书》时，我忘记提醒，你应当读基督教所有的历史文献，以及教会班子为我们钦定的所谓伪福音书，既然那些作品也是以

---

[1] 我给出这一副标题，因为那正是我确信的内容。我所引用的这本书，由 Continuum London 出版，正标题是《它是谁的话？》（*Whose Word Is It ?*）在这一版中，我发现无法判定，它是否与在美国由 Harper San Francisco 出版的书是同一本，我没有见过后者，它的正标题是《被错误引用的耶稣》（*Misquoting Jesus*）。我假定它们是同一本书，但出版商为何要这样做？

[2] Ehrman，（2006）还见 Ehrman（2003a, b）。

福音传道者的名义。因为那些伪福音传道者假装如同其他传道者那样富有灵感，你就得自行判断他们的主张，而不是通过教会人员。

　　那些被教会人员略去未进入正典的福音书，也许就因为它们所讲述的故事，要比四部正典福音书更为离奇不可信。例如，《多马福音》记载了儿时的耶稣好多奇闻逸事，比如他以一种淘气精灵般的姿态滥用他的神力，恶作剧地把他的玩伴们变成山羊，或者把泥浆变成麻雀，或者通过神奇地使一块木头变长，在木工活上助他的父亲一臂之力。[①] 可以预料，没有人会相信诸如《多马福音》书中的这类拙劣的奇迹传说。但是，同样也没有更多或更少的理由可用来相信四部进入正典的福音书。所有这些福音书都包含了与亚瑟王及其圆桌骑士同样可疑的传说故事。

　　在这四部正典福音书中，大部分相同的内容源于共同的出处，它们要么是《马可福音》，要么就是一部遗失的作品，而《马可福音》就是这部遗失作品的最早残本。无人知道，四位福音传道者是谁，但他们都几乎不可能亲自遇见过耶稣。他们所写下的大多数内容绝不是出于对历史的忠实记录，而只是对于《旧约全书》的改头换面而已，因为福音书的作者虔诚地相信，耶稣的生平必须要实践《旧约全书》中的预言。甚至还有这样的可能，耶稣根本就不曾存在过，当然这是一个严肃的历史议题，尚未受到广泛支持。伦敦大学的韦尔斯（G. A. Wells）教授就撰写了若干本这样的书，其中包括《耶稣存在吗？》（*Did Jesus Exist?*）

　　尽管耶稣可能存在过，但著名的圣经学者通常都不认为《新约全书》（显然还有《旧约全书》）是历史上真实事件的可靠记录。我则进一步认为，圣经不能被看作是任何神灵存在的证据。在托马斯·杰斐逊写给他的

---

① 威尔逊（A. N. Wilson）在耶稣的传记中，对于耶稣是一个木匠这一说法提出了怀疑。希腊词 tekton 确实指木匠，但它是从亚拉姆语的 naggar 翻译而来，后者可能是指木匠或有学识的人。这是若干个在圣经中出现的误译之一，最著名的误译是《以赛亚书》中把希伯来的年轻女子（almah）误译成希腊语中的童贞女（parthenos）。一种容易犯的错误（设想英语单词 "maid" 和 "maiden"，它们容易混淆），就是由于某个翻译者的疏忽，结果错误被一再传抄，以致造成整个荒谬的传说，耶稣的母亲是一个童贞女！（Ibn Warraq, 'Virgins? What virgins?', *Free Inquiry* 26: 1, 2006, 45～46）

前任约翰·亚当斯的信件中，有这样富有远见的话语，"这一天终将会来到，那就是把耶稣的神秘降临——至高的存在作为他的父亲，孕育于一个童贞女的子宫里——看作是与密涅瓦诞生于朱比特大脑里一样的寓言"。

丹·布朗（Dan Broun）的小说《达·芬奇密码》（*The Da Vinci Code*）以及由它而来的电影，在教会圈子里掀起了巨大的争议。基督教徒被鼓动联合起来抵制电影并在放映的电影院门口放哨。这部作品确实从头到尾是编造的产物：发明出来的虚构故事。就此而言，它恰恰与福音书无异。在《达·芬奇密码》和福音书之间的唯一区别在于，福音书是古代的虚构，而《达·芬奇密码》则是现代的虚构。

源于受敬仰的并具有宗教信仰的科学家的论据

绝大多数智力超群的人不相信基督教，但他们不会把这一事实公之于众，因为害怕失去收入。

伯特兰·罗素

"牛顿是宗教徒。你以为自己是谁，居然可以把自己置于牛顿、伽利略、开普勒等人之上？如果上帝足够仁慈地创造了像他们这样了不起的人物，你又认为自己是谁？"不是说，进行这样的区分就是一个拙劣的论据，而是某些护教论者甚至还加上了达尔文的名字，屡次提到他，谣传说他临终之际改变想法，这种虚假的说法就像一阵阵腐烂的味道持续袭来，[①] 故事甚至起始于一位有名有姓的"霍普女士"，她精心编造了一个关于达尔文的奇闻，达尔文晚上就寝时靠着枕头翻阅新约圣经，并忏悔说进化论完全是错误的。在本节，我将主要关注科学家，理由不难想

---

① 甚至我本人也获此荣幸，被预言我在临终之际会改变信仰。事实上，它们只不过是些老调重弹（例如，Steer 2003），只不过每一次重谈都加上些新鲜生动的色彩而已。看来我得采取些防护措施，先备下录音，以免死后被人利用。Lalla Ward 指出，"为什么要炒作临终之际？如果你打算被收买，那就抓住时机来做，还可赢得邓普顿奖，而不是等到老态龙钟时再来谴责这种做法"。

象，护教论者动辄就举出某些熠熠生辉的名字作为信仰者的模范，科学家是他们最常选择的对象。

牛顿确实声称自己是一个宗教徒。直至 19 世纪之前，几乎所有的人都那样认为，在我看来，自 19 世纪起，迫使人们声言自己信教的社会和法律压力明显比之前的几个世纪小了，而放弃宗教的科学支持则更多了。当然在这两方面都仍有例外。即便在达尔文之前，也不是每一个人都是宗教徒，正如詹姆斯·霍特（James Haught）在其《不信教者的 2000 年：具有怀疑勇气的著名人物》（*2000 Years of Disbelief: Famous People with the Courage to Doubt*）中所表明的那样。另一方面，某些著名科学家在达尔文之后还继续相信宗教。我们没有理由怀疑迈克尔·法拉第（Michael Faraday）是一个真诚的基督教徒这一事实，尽管当时他肯定已经知道达尔文的工作。他是桑德曼（Sandemanian）教派的信徒，那些人相信（要用过去时态，因为那个教派现在已经事实上不存在了）圣经的字面解释，他们有这样的仪式，冲洗新入教成员的脚，并且常通过抽签的方式确定上帝的意志。1860 年，法拉第升任长老，那正是《物种起源》发表的次年。1867 年，他作为一名桑德曼信徒而逝世。实验家法拉第在理论上的对应人物麦克斯韦尔（James Clerk Maxwell），同样是一个虔诚的基督教徒。19 世纪英国物理学的其他重要人物，如开尔文勋爵（William Thomson Lord Kelvin），他就试图证明，由于缺乏足够的时间，进化论不能成立。这位伟大的热力学家以错误的时间计算假设，太阳是某种燃烧着的火，它所需要的燃料会在数千万年间耗尽，而不是几十亿年。显然不可能期待当时的开尔文会预知核能。令人高兴的是，在 1903 年英国科学协会的会议上，正是由乔治·达尔文爵士（Sir George Darwin）、查尔斯·达尔文的次子，通过援引居里对镭的发现，为他那未被授予爵位的父亲进行辩护，从而挫败了当时依然在世的开尔文勋爵的早期估算。

整个 20 世纪，那些承认自己具有宗教信仰的伟大科学家更难以见到了，但是他们并不稀罕。我猜测，当代大多数具有宗教情结的科学家仅是在爱因斯坦式的意义上，正如在第 1 章中我所指出，那恰是对宗教这一词的误用。不过，还是有某些杰出的科学家，他们在完全传统的意义上确是真诚的宗教徒。在当代英国科学家中，就冒出了 3 个名字，这 3 个名字因为颇似狄更斯小说中一个律师事务所的高级合伙人而显得可爱：阿瑟·皮科克（Arthur Peacocke）、斯坦纳德和波尔金霍恩（Polkinghorne）。这 3 个人要么赢得了邓普顿奖，要么就是邓普顿董事会成员。在与他们有过一番友好的公开与私下交流之后，令我难以理解的倒不是他们对某种宇宙主宰者的信仰，而是对基督教细节的信仰：复活、赎罪及其他。

在美国也有相似的例子，例如弗朗西斯·柯林斯（Francis Collins），官方人类基因组计划美国方面的行政负责人。[①] 但是，正如在英国，他们代表的仅是少数，从而在学术圈子里成为同行取笑的一个话题。1996 年，在剑桥古老的克莱尔学院的花园里，为了制作一档与遗传学的奠基者孟德尔有关的 BBC 纪录片，我采访了我的朋友吉姆·沃森（Jim Watson），人类基因组计划的奠基者。当然，孟德尔是一个宗教徒，一位奥斯定会的神父。但那是在 19 世纪，对于年轻的孟德尔来说，在当时成为一名神父就是从事科学的最佳途径，相当于获得了一种研究资格。我问沃森，他是否认识许多在今天依然具有宗教信仰的科学家。他回答："事实上没有。偶尔我遇见他们，会有些窘迫（大笑），因为你知道，我无法相信人们能够通过启示来接受真理。"

弗朗西斯·克里克（Francis Crick）是沃森的合作者，两人共同引发了一场分子遗传学的革命，他辞去了剑桥丘吉尔学院的职务，因为学院决定建造一个礼拜堂（应捐助人的要求）。在克莱尔学院采访沃森时，我发自内心地对沃森说，不像你和克里克，某些人并不以为在科学与宗教之间有任何冲突，因为他们认为科学与事物如何运作有关，而宗教则与它为何如此有关。沃森反驳道："我并不认为我们就是为了某些事情而存在。我们只不过是进化的产物。你可以说，'啊，如果你不认为存在一个目的，你的生活必定会是相当的无望'。但是，我正盼望着一顿可口的午

---

① 不要与非官方的人类基因组计划混淆，后者的负责人是出色的（非宗教徒）科学"海盗"，Craig Venter。

餐呢。”我们之后也的确享用了一顿可口的午餐。

护教论者真诚地希望能够发现当代著名的科学家中也有宗教徒，但他们的努力只是在营造一种绝望的气氛，所得到的就是敲击桶底之后发出的空洞的回声。我唯一能够发现的一个网站，只列出了 6 名科学家，他们是“具有基督教信仰的诺贝尔奖获得者”，而获得诺贝尔奖的科学家总数却有数百人之多。结果这 6 个人中，4 个根本不是诺贝尔奖获得者，剩下的人中至少有 1 个，就我确切所知，不是教徒，只是出于纯社交的原因才去教堂。本杰明·拜特－哈拉米（Benjamin Beit-Hallahmi）对此作了更为系统的研究，“发现在科学及其文学领域的诺贝尔奖获得者中，与他们所来自的人群相比，存在一种明显的不信宗教的倾向”。[①]

1998 年，拉森（Larson）和威瑟姆（Witham）在顶级期刊《自然》上发表的研究结果表明，在美国，那些由同行评议被选为国家科学院成员的出色科学家中（相当于英国的皇家学会成员），仅有 7% 的人相信一个人格化的上帝。[②]可见无神论者具有压倒性优势，这种比例恰与美国一般人口中宗教徒所占的比例相反，在后者中，超过 90% 的人相信有某种意义上的一种超自然主宰存在。不怎么著名的科学家，即未被选入国家科学院的人，则居于中间。在较为著名的人群中，宗教信仰者占少数，不过也要占 40%。这完全正如我所预料的，一般而言，相比于美国公众，美国科学家宗教徒更少，最为著名的科学家则宗教徒最少。引人注目的是美国公众中的宗教徒与知识精英中的无神论者间的两极分化。[③]

略微有趣的是，主流神创论者网站“创世记中的回答”在引用拉森和威瑟姆的研究时，不顾其不利于宗教的证据，而是把它作为一种内战的武器，用于反对作为其对手的部分护教论者的观点，后者声称进化与宗教是相容的。在头条标题“国家科学院从骨子里不信神”之下，[④]“创

---

① Beit-Hallahmi and Argyle，1997。

② E. J. Larson and L. Witham，《一流科学家依然拒绝上帝》（*Leading Scientists Still Reject God*），Nature 394，1998，313。

③ http://www.leaderu.com/ftissues/ft9610/reeves.html 对美国宗教气氛的历史走向给出了一个尤为有趣的分析，作者是 Thomas C. Reeves，威斯康星大学历史教授，基于 Reeves（1996）。

④ http://www.answersingenesis.org/docs/3506.asp。

世记中的回答"高兴地引用了拉森和威瑟姆给《自然》杂志编辑的信的总结性段落：

就在整理我们的发现时，NAS（国家科学院）发行了一本小册子以鼓励公立学校讲授进化论，在美国，科学界与某些保守的基督教徒之间摩擦不断。这本小册子向读者担保，"关于上帝是否存在这一问题，科学持中性看法"。NAS主席布鲁斯·阿尔伯茨（Bruce Alberts）说，"在科学院中有许多非常杰出的成员，他们是真诚的宗教徒，相信进化论，其中许多人是生物学家"。而我们的研究则给出了不同的说法。

可以感到，阿尔伯茨是出于我在《内维尔·张伯伦式的进化论学派》（*The Neville Chamberlain School of Evolutionists*）（见第2章）中讨论的理由而拥护NOMA。"创世记中的回答"则有一种非常不同的动机。

在英国（以及英联邦国家，包括加拿大、澳大利亚、新西兰、印度、巴基斯坦、一些非洲英语国家等），相当于美国国家科学院的机构是皇家学会。本书即将付印之时，我的同事康韦尔（R. Elisabeth Cornwell）和迈克尔·斯特拉特（Michael Stirrat）正在完成相关的，而且是更为彻底的对皇家学会成员（FRS）的宗教观点的研究。作者们完整的结论不久将发表，但他们出于好意，允许我在此引用初步的结果。他们利用一种标准的技术来衡量观点，即七级李克特量表。皇家学会拥有email地址的1074个成员（占全部成员的绝大多数），都接受了测验，大约有23%进行了回复（对于这类研究来说，这算是一个出色的比例）。测验向他们提供了各种命题，例如："我相信一个人格化的上帝，它干预世事，倾听并且回答祷告，关注原罪和犯罪，并作出判决。"对于每一个这样的命题，都要求他们选择一个数，等级是从1（强烈不同意）到7（强烈同意）。把这一结果与拉森和威瑟姆的研究进行直接对比稍有难度，因为拉森和威瑟姆提供的仅是3个等级而非7个等级的选项，但总体上的趋势是一样的。在皇家学会成员中，占压倒性多数的是无神论者，类似于美国国家科学院的情况。仅有3.3%的成员强烈同意"存在一个人格化上帝"的命题（即选择等级中的

7），而 78.8% 的成员强烈不同意（即选择等级中的 1）。如果你把"信仰者"定义为选择等级 6 或 7 的人，而把"非信仰者"定义为选择等级 1 或 2 的人，那么就有多达 213 人的非信仰者，仅有 12 个信仰者。像拉森和威瑟姆一样，也正如被本杰明·拜特－哈拉米和阿盖尔（Argyle）、康韦尔和斯特拉特所注意到的，相比于物理学家，生物学家中的无神论者甚至更多些，这是一个虽小但却重要的倾向。关于细节，以及他们那非常有趣的结论的其余部分，请在他们自己的论文发表时予以关注。[1]

撇开美国国家科学院和英国皇家学会那些精英科学家们，在一般人群中，是否存在这样的证据，在受教育程度和智力水平更高的人群中，无神论者的比例也有可能更高？对于宗教虔诚和受教育程度之间，或宗教虔诚和智商之间的统计学关系，已有多项研究发表。迈克尔·舍默（Michael Shermer）在《我们如何信仰：在科学时代寻找上帝》（*How We Believe: The Search for God in an Age of Science*）中，描述了一个他和他的同事弗兰克·萨洛韦（Frank Sulloway）所作的大规模研究，对象为随机选取的美国人。研究得出了许多有趣的结论，发现宗教信仰确实与受教育程度之间存在着负相关性（受教育程度较高的人更少可能是宗教徒）。宗教信仰也与科学兴趣及政治上的自由主义（强烈地）呈负相关性。这完全在意料之中，并且无须惊讶，在宗教信仰与父母的宗教信仰之间存在一种正相关性。社会学家研究英国儿童后发现，大约仅 1/12 的儿童得以摆脱其父母的宗教信仰。

正如所料，不同的研究者以不同的方式测试对象，因而难以对不同的研究结果进行比较。研究者借助元分析（neta-analysis）手段考察一个课题所有已发表的研究论文，然后分别统计得出不同结论的论文的数量。关于宗教和智商的主题，我所知道的唯一元分析是由保罗·贝尔（Paul Bell）在 2002 年的《门萨杂志》（*Mensa Magazine*）上发表的（门萨是高智商人士组成的协会，他们的杂志发表与智商有关的文章理所当然）。[2]

---

[1]　R. Elisabeth Cornwell and Michael Stirrat, 见手稿，2006。

[2]　P. Bell,《你愿意相信吗？》（*Would you believe it?*），Mensa Magazine, Feb. 2002，12～13。

贝尔的结论是："自 1927 年以来，关于宗教信仰与一个人的智力和 / 或与其受教育程度之间的关系的 43 项研究中，除了 4 项外均发现一种反比关系。也就是说，一个人的智力或受教育程度越高，他就越不倾向于成为宗教徒或具有任何类型的'信仰'。"

元分析肯定不如其他任何一项对此有所贡献的研究那么具体。如果能够按照这种思路，对其他国家学术机构，以及诺贝尔奖、克拉福德奖、菲尔兹奖、京都奖、考斯莫斯国际奖等重要奖项的获得者也进行更多研究就太好了。我希望本书未来的版本能够放进这些数据材料。从现有研究所得出的合理结论就是，宗教护教论者更为明智的做法就是保持沉默，而不是习惯性地在值得尊敬的模范人物方面唱高调，至少在科学家身上是这样。

帕斯卡的赌注

伟大的法国数学家帕斯卡（Blaise Pascal）曾这样算计，无论上帝不存在的概率有多么大，在押错赌注的后果上都有着巨大的不对等性，最好还是相信上帝，因为如果你是对的，可得到永恒的福佑，而如果你错了，反正情况也不会有什么不同。相反，如果你不相信上帝，结果却是错了，你就会受到永恒的诅咒，而如果你是对的，情况也没什么不同。于是从表面上看，应当站在哪一方其实是一种明摆着的事。信仰上帝。

然而，这一论据显然有些奇怪。信仰不是某种你能够作为一种策略而决定去做的事情。至少，它不是某种我能够作为意志行动而决定去做的事情。我能够决定去教堂，我能够决定背诵尼西亚信条，并且我能够决定手按一大摞圣经宣誓我相信其中的每一个词。但是，这些都不能使我实际上相信它们，如果我就是不相信的话。帕斯卡的赌注仅仅只能作为一种假装相信上帝的论据。你声称相信的上帝最好别是那种全知型的，否则他就会识破你的诡计。信仰是某种你能够决定去做的事情，这一荒谬可笑的想法被道格拉斯·亚当斯在《德克·金特里的全能侦探社》

（*Dirk Gently's Holistic Detective Agency*）中无情地嘲弄。在这部作品中，我们遇见了电动机器人僧侣（Electric Monk），那是一种省力的装置，你可以购买它用来"替你去信仰"。它的豪华版的广告词是"有能力相信在盐湖城他们不信的事情"。

无论如何，为什么我们如此容易接受这一概念？即如果要取悦上帝的话，你必须要做的一件事情就是信奉他。信仰的特殊之处在哪里？上帝难道不也同样可能会回报仁慈、慷慨、谦卑，以及真诚吗？如果上帝是一个视诚实地探求真理为最高德行的科学家呢？宇宙的设计者难道不恰恰应当是一个科学家么？有人问伯特兰·罗素，如果他死后发现自己与上帝相遇，上帝想知道为什么罗素不相信自己，他会怎么说。"没有足够的证据，上帝，没有足够的证据。"这就是罗素的回答（我认为这几乎是不朽的回答）。上帝对于罗素这一勇敢的怀疑主义（更不用说，还有"一战"期间因为和平主义而坐牢的勇气）的尊重，难道不应该远远超过对于帕斯卡的那种懦夫式的投机取巧吗？虽然我们无法知道上帝更欣赏哪种方式，不过仅就驳倒帕斯卡的打赌而言，其实我们也不必知道。我们正在说的是一个赌注，记住，帕斯卡未曾说他的赌注除了非常不可能之机会外有任何别的好处。你愿意打个赌，上帝看重伪装的信仰（或者即便是诚实的信仰）胜过诚实的怀疑论？

此外，假设当你死后遇到的那个神原来却是巴力，假设巴力与他的老对手耶和华一样嫉妒成性。那么，当初帕斯卡把赌注压在没有上帝而非一个错误的上帝，岂不更好？确实，在打赌过程中，有可能存在的神及女神的绝对数量岂不就会颠覆帕斯卡的整个逻辑？对于帕斯卡来说，有可能整个打赌只是一个玩笑而已，正如我现在对此的驳斥也是一个玩笑一样。但是，我曾经遇见这样的人，比如在某个讲座之后的提问环节上，他们严肃地把帕斯卡的赌注看作是有利于相信上帝存在的论据，所以，在此给予简短的评述确有必要。

最后，有可能针对某种反帕斯卡的赌注进行论证吗？假设我们承认，上帝的存在确有某种微小的机会。尽管如此，相比于把赌注押在上帝的存在上，因而浪费你宝贵的时间去崇拜他、供奉他、为他战斗为他牺牲等等，把赌注押在他的不存在上，倒是更有可能拥有一个更好、更充实的人生。在此我不展开这一问题，但读者最好在心里记住这一问题，因为在后面的章节，我们将讨论由于宗教信仰和宗教仪式所带来的诸多罪恶。

贝叶斯定理的论据

我认为，就上帝存在的证明而言，我所遇到的最不可思议的情况，就是最近被斯蒂芬·昂温（Stephen Unwin）在《上帝的可能性》（The Probability of God）中所提出的贝叶斯定理论据。在引入这一论据之前，我曾犹豫不决，因为相比于当代，在古代人看来，这一论据更不可靠，更少神圣感。然而，当昂温的书于 2003 年出版时，却受到了相当多新闻记者的关注，这就有了进一步解释的必要。对于他的目的，我有些同情，因为正如在第 2 章中所指出的那样，我相信，作为一种科学假说，至少在原则上，上帝的存在可以成为研究的对象。还有，昂温设想基于概率进行论证也是相当有趣的做法。

该书的副标题"证明最终真理的一种简单计算"，源于出版商的润色，因为这种过于自负的确信在昂温的书中并不存在。该书最好被看作是一种"行动"手册，一种"贝叶斯定理傻瓜书"（Bayes' Theorem for Dummies），将上帝的存在作为一种半开玩笑的案例研究。昂温其实本可以利用一个假想的谋杀案来说明贝叶斯定理。侦探整理证据。手枪上的指纹表明是皮科克夫人。还要通过大量数字化的可能性来量化这种怀疑。然而，普拉姆教授有陷害她的动机。于是，皮科克夫人的怀疑指数相应减低。法庭采纳的证据表明，子弹来自远距离精确射击的可能性为 70%，这就是说，嫌犯受过军事训练。马斯塔特上校的怀疑指数有所上升。格林牧师有着最为合理的凶杀动机。[①] 于是，他的怀疑指数上升。但是在受害者的外衣上有一根长

① 格林牧师是英国版谋杀解谜桌面游戏 Cluedo 中一个角色的名字，在英国（该游戏的发源地）、澳大利亚、新西兰、印度及几乎所有其他英语国家的版本中该角色都是格林牧师，只有在北美，他突然变成了格林先生。这是怎么回事？

长的金发，只有斯卡利特小姐才有这样的金发……或多或少带有主观色彩的种种可能性在侦探的头脑里搅作一团，他理不出头绪。据说贝叶斯定理有助于他得出结论。这是一种数学工具，通过综合许多推测的可能性，得出一个最终判断，一个对可能性的量化估测。但是，最终的估测的可靠性当然取决于原始数据的可靠性。而原始的数据通常来自主观的判断，不可避免地存在大量的疑点。GIGO 原则（输入垃圾，输出垃圾）在此适用——并且，在昂温的上帝例子中，"适用"是一个太过温和的用词。

昂温是一个风险管理咨询师，他一厢情愿地钟爱贝叶斯定理的推论，并以此抗衡其他的统计学方法。他阐述贝叶斯定理，不是以谋杀案，而是以上帝的存在——天地间最大的测试案例作为阐述对象。一开始什么都不能确定，于是，他把上帝的存在与不存在分别设定为各具 50% 的可能性。然后列出 6 个与此相关的事实，赋予每一个事实以数值加权，再把这 6 个数字输入贝叶斯定理的机器中，看看输出值会是多少。但麻烦在于这 6 个加权值不是由测量得到的，而只是出于斯蒂芬·昂温个人的判断，为了操作再把这种判断量化。这 6 个事实是：

1. 我们有善意。
2. 人会作恶（希特勒、萨达姆·侯赛因）。
3. 自然界中的恶（地震、海啸和飓风）。
4. 也许存在微小的奇迹（我失去了钥匙又失而复得）。
5. 也许存在大的奇迹（耶稣可能死后复生）。
6. 人们有宗教体验。

无论这些事实得到什么样的值（在我看来，一分不值），在这场不相上下的贝叶斯大赛中，上帝存在的可能性先是激增，随后跌落，继而又攀升到初始设定的 50%，最终停留于 67%，但昂温不满意此值。在他看来，这 67% 的终值还不够高，于是，他奉上怪招，通过紧急输入"忠诚"，使得终值攀升至 95%。听起来这就像是一个玩笑，但他确实就是这样操作的。我希望能够说出他的判断理由，但确实无话可说。在其他场合我也曾遇见过这类荒谬的例子，当我要求有宗教信仰但却聪明的科学家们为他们的信仰进行辩护，而他们也承认没有证据："我承认没有证据。这就是为什么它被叫作'信仰'（最后一句几乎带有不容置疑的挑战口气，全然没有辩解或是自卫的意味）。"

令人惊讶的是，昂温的六大命题不包含设计论论据，没有阿奎那的五大"证据"，也没有任何来自本体论的辩护。他不屑与上述内容打交道：对于上帝存在的可能性量值来说，它们不起丝毫作用。他把自己当作是一个出色的统计学家来讨论问题，因而认为这些内容都是空洞无物的。我认为这倒值得赞扬，尽管他忽略设计论的理由不同于我。但是，他所承认并把它们纳入贝叶斯定理之中的那些论点，在我看来，恰恰也是不可靠的。只能说，我赋予它们的主观可能性的量值不同于昂温，但最终谁又会在意这些主观判断呢？他认为，我们拥有是非感这一事实强烈地指向上帝，然而，我却从未看出"是或非"这样的判断确与上帝有关。第 6 章和第 7 章将显示，我们获得是非感与存在某种超自然的神之间并不具有任何明显的关联。正如我们有能力欣赏贝多芬的四重奏一样，我们对于善的感知判定（尽管不一定包括我们是否决定行善）与上帝是否存在无关。

另一方面，昂温认为恶，尤其是自然灾害，如地震、海啸等的存在，强烈地反对上帝存在的可能性。在此，昂温的判断与我相反，不过却与许多不安的神学家的看法一致。神正论（面对恶的存在，为神意进行辩护）使得神学家夜半都处于惊醒状态。权威的《牛津哲学指南》（*Oxford Companion to Philosophy*）把恶的问题认定为"对于传统有神论的最强有力的反驳"。但是，它仅是反对存在一个善的神的论据。善并不是上帝假说的定义的一部分，只是一个合乎人心的附加品。

无可否认，具有神学倾向的人常常是习惯性地不能区分什么是真理，而什么又是他们想要得到的真理。但是，在一个更为成熟的信仰者看来，对于某种超自然的智能存在来说，克服恶之问题易如反掌。只要设定一个令人厌恶的神就行，例如翻开《旧约全书》，每一页上都可见这样的神。或者，如果你不喜欢，就发明一个恶神，叫他撒旦，谴责他与善神争斗，从而带来世界上的恶。或者，一种更为精致的解决方案，设定一个神，他有更重要的事情可做，而不是专门对人类的疾苦大惊小怪。或者，是这样一个神，他对人类的苦难并不冷漠，但把苦难看作在一个井然有序的宇宙中，拥有自由意志而不得不付出的代价。我们发现，神学家已经想出了所有这些合理化的主张。

有鉴于此，如果我重做一遍昂温的贝叶斯定理计算，无论是恶之问题，还是一般意义上的道德考虑，我都不会以种种方式让它们偏离这一毫无价值的假设（昂温的 50%）。但是我不愿意提出这样的观点，因为无论如何，对于个人之见，我没兴趣，无论是昂温之见还是我本人之见。

但存在一种强大得多的论据，它与主观判断无关，那就是来自不可能性之论据。它确实使我们远离 50% 这一不可知论的角度，在许多有神论者看来，它是偏向了有神论这一极端。而在我看来，却是偏向了无神论这一极端。我已经好几次间接提到这一点。它引出了这一熟悉的问题"谁制造了神"，大多数富有思想的人们自己就发现了这一问题。一个作为设计者的上帝不可能被用于解释有组织的复杂性，因为能够设计任何事物的上帝自身就必须足够复杂，就上帝而言，这就引出了一个同样需要解释的问题。上帝呈现了一种无穷的倒退，上帝也无法帮助我们从中逃离。这一论据，正如我在下一章将要展示的，表明了上帝的存在尽管在技术上无法证伪，但确实是非常非常不可能的。

第 4 章　为什么几乎肯定不存在上帝

不同宗教派别的神职人员……都恐惧科学的进步，正如巫婆害怕光天化日一样，他们绷着脸，眼睁睁看着致命的先驱者宣告他们赖以谋生的谎言土崩瓦解。

——托马斯·杰斐逊

终极的波音 747

不可能性论据是一个大论据。披上传统外衣的设计论在今天极为流行，因为它为上帝的存在提供了证据，在为数众多的有神论者看来，它不折不扣地令人信服。确实，它是一种非常强大，也是无可辩驳（对此我却有所怀疑）的论据——但结果恰恰与有神论者的意图相反。恰当地使用不可能性论据，就能证明上帝是不存在的。在统计学上则可以证明，上帝几乎是肯定不存在的，我把这一证明称为终极波音 747 策略。

这一命名源于弗雷德·霍伊尔关于波音 747 及其废品堆放场的有趣设想。我不能确定霍伊尔是否亲手写下过这一设想，但他亲近的同事钱德拉·威克拉马辛（Chandra Wickramasinghe）把这一设想归源于他，这一说法也许是可信的。[①] 霍伊尔说，地球上生命起源的概率不会大于这样的可能：一阵狂风扫过一个废品堆放场，幸运地组装成了一架波音 747。

---

① 从一个神创论者的观点来看，对于这一类比的出处、用法和引用的详尽评述，见 Gert Korthof, at http://home.wxs.nl/~gkorthof/kortho46a.htm。

在说到后续复杂性的演化时，其他人常常借用这一比喻，但它却是一种具有欺骗性的貌似有理的论证。通过随机的方式，把一大堆杂乱无章的部件组合成功能齐备的马、甲虫或鸵鸟，如同以此方式组装波音747，这几乎是不可能之事。概而言之，这是神创论者偏爱的论据，其实只有那些根本就不理解自然选择理论的人才会提出这样的论据，他们认为自然选择是一种偶然性理论，然而，就"偶然"这一词的相关意义而言，自然选择理论恰与此相反。

误用不可能论据时，神创论者总是选择相同的模式，就算他们选择政治上有利的策略，比如以"智能设计论（ID）"这样的外衣来伪装自己，但实质上还是没有任何区别。[①]某些已被观察到的现象——通常是一个生命体或者它的一个较为复杂的器官，不过也可以是从分子水平到宇宙自身间的任何一种事物——在统计学上都可以恰当地被当作是不可能之事。有时还用信息论的语言来表达：质疑达尔文进化论是否能够解释生命界所有信息的起源，并从信息容量这一技术角度将此看作不可能之事或具"令人不可思议的价值"。或许这一论点还可引用经济学家的这一老生常谈的格言：天下没有免费的午餐——而达尔文理论却试图无中生有。事实上，正如我在本章中将表明的，对于信息源于何处这一难解之谜，达尔文的自然选择理论却是唯一已知的答案。而上帝假说才是无中生有的辩解。上帝试图享用免费午餐并且它自身就是免费午餐。然而，统计学上的不可能之事却是，当你试图通过引入一个设计者来解释实体时，该设计者本身至少就同样是不可能之事。上帝就是终极的波音747。

不可能论据认为，复杂事物不可能起源于偶然。但是，许多人把"起源于偶然"定义为"起源于缺乏有意设计的情况"这一意思的同义词。因此不用奇怪，他们认为的不可能性就是设计的证据。达尔文的自然选择理论表明，这样来看待生物学的不可能性是多么的错误。尽管达尔文主义与非生命界不直接相关，例如宇宙学，不过它却可超越生物学范围来提升我们的意识。

---

① 智能设计论已被不客气地说成是穿着廉价无尾礼服的创世论。

对达尔文主义的深层理解告诉我们，若把设计看成是偶然性的唯一替代物，那是需要提防的一种轻率设定；它还告诉我们，对于渐趋增加的复杂性而言，必须去寻找其间的过程。在达尔文之前，如休谟这样的哲学家已经意识到，生命的不可能性并不意味着它必须来自设计，但是他们却不能去想象替代的方式。自达尔文之后，我们都应意识到这一点，并且是深入骨髓地意识到这一点，进而去怀疑设计论。设计的幻觉是一种诱惑我们的陷阱。通过提升我们的意识，达尔文应使我们具备免疫力。但愿他已成功地做到了这一点。

自然选择理论作为意识提升工具

科幻作品里提到一艘宇宙飞船，其中的宇航员被思乡的情绪所包围，他脱口而出："想想眼下正是地球的春天！"也许你不会立刻看出这句话的错误，这是因为我们在无意识之中都深受北半球沙文主义的影响，那是我们生活的地方，即便某些人并不是。在此"无意识"是一种正确的用法，对此才有提升意识的说法。正是出于深层理由，而不只是上述杜撰的玩笑，在澳大利亚和新西兰，你能够买到南极在上方的世界地图。如果把那些地图钉在我们北半球教室的墙上，它们将是多么杰出的意识提升工具，日复一日，孩子们会被提醒，"北部"是一种人为的极性，它并不具有垄断性的"上方"之意。这种地图不仅会引起孩子们的兴趣，也会提升他们的意识，他们还会回家告诉父母。顺便提及，教给学生做某些会让父母吃惊的事情，正是一个教师能够给予的最佳礼物之一。

正是女权主义者提升了我的意识，让我意识到了意识提升的力量。如果仅仅就"历史（history）"这一单词本身而言，其中的 his 与阳性代词 his 并没有语源学上的关系的话，那么，"herstory"显然是一种荒谬的用语。与上述同样无聊的语源学例子还有，1999 年，一个华盛顿官员因为用

"niggardly"① 这个词而犯了种族主义之禁忌。但即便是像这类愚蠢的例子，如"herstory"或"niggardly"，它们都成功地提升了意识。一旦我们从哲学上理顺这些内容，就不会再付之一笑，如"herstory"向我们呈现了另一种视角下的历史。在语法上代名词有性别之分，正是这一众所周知的现象具有提升意识的意义。他或她必须问（他或她）自身，他的或她的风格是否能够允许（他或她）自身像这样写东西。但是，如果我们能够不在乎语言的这种拖沓累赘，它就会提升我们的意识，体会到人类中其余一半人的存在。人（Man）、人类（mankind）、人权（the Right of Man）、所有人（men）生而平等，一人（man）一票——英语中习以为常的似乎就是排除妇女（woman）。② 年轻时我从未想过，对于这样的短语，如"the future of man"，可能会令妇女感到受到了轻慢。在提倡干预的数十年间，我们都提升了自己的意识。即便对于那些依然在用"man"而不是用"human"的人来说，处于自我意识的氛围之中，他们就要因自己站在传统语言的立场而进行辩护或道歉，否则就是表现粗野，甚至是故意激怒女权主义者。时代精神的所有参与者，都已各自提升了自己的意识，至于那些固执己见，主动逆着风尚的人，则是在强化这种冒犯行为。

女权主义向我们显示提升意识的力量，我要借用这一策略为自然选择理论服务。自然选择理论不仅能解释生命的全部，而且它还能提升我们的意识，我们已意识到，在不借助任何有意指导的情况下，科学的力量足以解释复杂如何源于简单。对于自然选择理论的充分理解，有助于我们大胆地进入其他领域。它唤醒了我们在这些领域中的怀疑意识，令我们想到，在达尔文之前的时代，错误的思路是否曾经诱惑了生物学。在达尔文之前，谁能够猜测到诸如蜻蜓翅膀或鹰眼这样看起来明显"设计"过的事物，确实是并非随机但纯粹自然的原因引起的一个很长的连

---

① 原意为小气、吝啬，但在语音上与 nigger 接近，后者是对黑人的蔑称，尽管这两个词没有任何关联，但说到 niggardly 还是会引起黑人的警觉和不满——译者注

② 古典拉丁语和希腊语则要好得多。拉丁语 homo（希腊语 anthropo-）就指人（human），与此相对的是 vir（andro-）指男人，femina（gyne-）则专指妇女。于是，人类学（anthropology）适合所有人类，而男科学（andrology）和妇科学（gynecology）则是医学中唯一与性别有关的分科。

续过程的最终产物呢?

道格拉斯·亚当斯对于他本人转向激进无神论的过程有一个动人且有趣的说明,他坚持"激进"这一说法,以免人们误解他是一个不可知论者,他的转向证明了达尔文主义具有提升意识的力量。我希望自己的任性能够得到宽恕,因为在下述的引用中,这种任性显然有所表现。我的辩解理由就是,道格拉斯因我早先的著作而转向无神论这件事——这些书本没打算让任何人发生转变——激励了我将本书献给他以纪念他,就是这样!他逝世后再版的《怀疑的鲑鱼》(*The Salmon of Doubt*)中记录了一次采访,一个记者问他是如何成为一个无神论者的。他的回答先是解释他如何成为一个不可知论者,随后说:

我反复思考。但是我没有往下再深入,于是也就没有答案。我极其怀疑上帝这一概念,但我却知道得不够多,我不清楚是否有其他的解释可作为一种好的模型,用来描述生命、宇宙和所有的事情。但是,我不断地持有这一疑惑,不断地阅读,不断地思考。在我30多岁的某一时刻,我不经意地接触到了进化生物学,尤其是理查德·道金斯的书《自私的基因》,然后是《盲眼钟表匠》(*The Blind Watchmaker*),突然(我认为是第二次阅读《自私的基因》时)有一种豁然开朗之感。正是这样一种极其奇妙的简单概念,自然地引出了生命特有的无穷而又不可思议的复杂性。坦率地说,在此种敬畏的映照之下,人们在谈到宗教体验时具有的那种敬畏,顿时显得愚不可及。从此,我对理解的敬畏替代了对无知的敬畏。[1]

当然,他所说的极其奇妙的简单概念与我无关。那正是达尔文的由自然选择实现演化的理论——终极的科学意识提升工具。道格拉斯,我想念你。你是我最聪明、最有趣、最虚心、最机智、最高大,可能也是仅有的皈依者。我希望这本书会令你开怀大笑,尽管远不如你曾令我的那般。

---

[1] Adams(2002),p. 99. 我的《痛悼道格拉斯》(*Lament for Douglas*),写于他死亡的次日,见于再版的 *The Salmon of Doubt* 中的结语以及《魔鬼的牧师》(*A Devil's Chaplain*)这一纪念文集中,后者也收录了我的悼词。

　　具有科学头脑的哲学家丹尼尔·丹尼特指出，进化与我们所具有的一种最古老的概念相抵触："这个概念是指需要一种宏大虚幻的智能存在来产生一种更低层次的事物。我称之为创世的垂滴理论①。""你绝不可能看见一支矛做出一个制矛者，一个马掌做出一个铁匠，一个瓦罐做出一个陶工"。②达尔文对于这一行之有效过程的发现确实是严重违背了人们的直觉，因此，他的贡献对于人类思想来说特别具有革命性，因而也就富有提升意识的力量。

　　令人惊讶的是，对于那些不是生物学家的优秀科学家而言，这种意识提升是多么的必要。弗雷德·霍伊尔是一个出色的物理学家和宇宙学家，但他对波音 747 的误解，还有生物学方面的其他错误，例如他不以为然地认为始祖鸟化石仅是一种愚弄，都表明他需要接受自然选择理论的启蒙以便提升意识。就知识层面而言，我认为他当然理解自然选择理论。但也许在你真正领略它的力量之前，你需要沉浸于其中。

　　其他科学以不同的方式提升我们的意识。弗雷德·霍伊尔本人所从事的天文学就与认识我们自身的地位有关，无论是在隐喻还是在真正的意义上，我们的自负、虚荣都被恰当地定位在一个微不足道的平台上，我们正是在这一平台上安排人生，而组成我们的点点滴滴恰是来自宇宙大爆炸。地质学则提醒我们，无论是作为个体还是物种，我们都只不过是短暂的存在而已。地质学提升了约翰·拉斯金（John Ruskin）的意识并导致他于 1851 年发出如此令人难忘的哀诉："如果仅仅是地质学家也就罢了，我能应付得相当好，但还有那些可怕的锤子！我听见它们发出的敲打声，声声都落在圣经诗篇的韵律上。"对于我们的时间意识来说，进化具有同样的意义，这无须惊讶，因为它是在地质学的时间尺度上展开的。但是，达尔文主义的进化论，尤其是自然选择理论，则意味着更多的内容。它不仅粉碎了生物学领域之内的设计论幻觉，同时还告诉我们，对任何领域的设计假说，如物理学和宇宙学中的此类假说，都要持

①　trickle-down theory，该词源于经济学，指政府财政津贴经由大企业再滴入小企业和消费者从而促进经济增长——译者注

②　见采访 Der Spiegel, 26 Dec. 2005。

怀疑态度。我认为，当物理学家伦纳德·萨斯坎德（Leonard Susskind）这样写时，表明他已有了这样的意识："我并不是历史学家，但我斗胆提出这一想法：现代宇宙学确实开始于达尔文和华莱士。与前人不同，对于我们的存在，他们提供了完全排斥超自然原因的解释……达尔文和华莱士不仅为生命科学也为宇宙学设立了标准。"[1] 其他物理学家，他们的提升意识已到相当的高度，那就是维克托·斯滕格（Victor Stenger），我强烈推荐他的书《科学发现了上帝？》（*Has Science Found God?*）（回答是没有），还有彼得·阿特金斯（Peter Atkins），他的《重临创世》（*Creation Revisited*）是我极其喜爱的科学散文诗。

我还不时对那些有神论者感到惊讶，他们远不是以我所说的方式来提升自己的意识，但他们似乎欣然接受作为"上帝"实现创世的方式的自然选择。他们注意到，对于生命界的充分展开来说，通过自然选择而运作的进化也许是一种非常容易和简洁的方式，在此过程中，上帝根本就不需要做任何事情！在上述提及的书中，彼得·阿特金斯就是依据这样的思路得到了一个显然无须上帝的结论，他假设有这样一个懒汉上帝，他尽可能不费吹灰之力就让宇宙充满生命。阿特金斯的懒汉上帝甚至要比 18 世纪启蒙学者的自然神论上帝更懒：退隐的上帝（deus otiosus）——那就是悠闲安逸、无所事事、多余且无用的上帝。逐步推进的结果，阿特金斯成功地减少了懒汉上帝不得不要做的事情，直至最终他变得无事可做：也许他自身都无须劳神存在。伍迪·艾伦（Woody Allen）那富有洞见的抱怨声言犹在耳："如果原来还存在一个上帝，我倒不认为他是邪恶的。但对于上帝你能说的最糟的评价是，他根本上就是一个差生。"

不可还原的复杂性

无论如何夸大达尔文和华莱士所解决的问题的重要性都不为过。解

---

[1]　Susskind（2006: 17）。

剖学、细胞结构、生物化学以及任何活的有机体的行为都是我可以举出的例子。然而，被神创论者出于显而易见的理由挑选出来的还只是那些外观上极为引人注目的构造，令人啼笑皆非的是，恰是从一个神创论者的著作中，我引出自己的观点。《生命——它如何而来？》（*Life-How Did It Get Here?*），出自一位无名作者，由守望台圣经书社（Watchtower Bible and Tract Society）以 16 种语言出版，发行量达 1100 万册，显然它极受欢迎，因为我已收到其中的 6 本，它们来自世界各地的祝福者的主动赠送。

从这本浪费式地分发的书中随机挑选一页，刚好发现以"维纳斯的花篮"之名著称的海绵（*Euplectella* 偕老同穴属），配上了一段引自戴维·阿滕伯勒（David Attenborough）爵士的话语："当你注视一个复杂的、由硅质所组成的海绵骨针，它被称作维纳斯的花篮，此时想象力远不够用。看似独立的显微细胞如何才能相互合作，构造出如此精致和美丽的格子，其中竟然还隐藏无数个类似玻璃的小片？我们不知道。"作者不失时机地加上关键语："但是有一件事情我们是知道的：偶然不可能是设计者。"确实，偶然不可能是设计者，那是我们能够达成共识的一件事。诸如偕老同穴属生物的骨骼这样的现象，其统计学上的不可能性恰是任何生命理论必须解决的主要问题。统计学上的不可能性越大，偶然作为一种答案就越不合理：不可能性说的正是这一意思。但是，对于不可能之谜的解决方案，正如曾被错误地认为的那样，并不是设计和偶然。它们是设计和自然选择。偶然不是一种解决方案，根据我们在生命界看到高层次的不可能性，没有一个神智健全的生物学家会认为那是出自偶然。设计也不是一种真正的解决方案，正如我们在后面将会看到的。但眼下，我要继续演示任何生命理论必须解决的这一问题：如何超越偶然。

再翻开那本书，我们发现了一种奇妙的植物，被称作荷兰人的烟斗（Dutchman's Pipe）（*Aristolochia trilobata*，马兜铃属植物），其花朵的每一部分似乎都精致地被设计成用于困住昆虫，让它们沾满花粉，并把它们送上去往另一花朵的路。这一精致优美的构造致使作者如此提问："所有这些难道出自偶然？或者它是出自智慧的设计？"再次强调，它当然不可能出自偶然，智能设计也不是偶然性合适的替代品。自然选择理论不只是一种简洁、可信、优美的解决方案，它还是唯一有效的用以替代偶然的方案。智能设计恰如偶然性一样无法令人接受，对于统计学上的不可能性之谜来说，它不是可信的解决方案。不可能性越高，智能设计也就变得越不合理。显而易见，智能设计将使问题加倍复杂。再次强调，这是因为设计者本身立刻带来了更大的问题：他自身的起源。任何能够智慧地设计这类不可能之事的实体，比如一朵马兜铃（或是一个宇宙），它自身的存在就只能比一朵马兜铃更不可能。于是，这种恶性倒退不但不会终结，而且上帝只会使事情更加恶化。

再来看另一页，这里振振有词地提到一种巨杉①，那是一种我尤为喜爱的树，因为在我的花园里就有一棵，它还只是一棵幼树，树龄几乎不会超过 100 年，但却是附近长得最高的树了。"相形见绌的一个人，站立于树的基部，所能做的，仅是以肃穆的敬畏仰望这棵参天大树。这难道还不足以使人相信，这一庞然之物的形成及其孕育它的微小种子，正是由设计而来？"是的，再次强调，如果你认为设计的唯一替代方案只能是偶然，那么也许如此，但情况却并不是这样。然而，作者再次忽略了真正的替代方案：自然选择。要么因为作者确实不理解该理论，要么就因为他们不愿去理解。

植物，无论是微不足道的琉璃繁缕，还是宏伟的巨杉，它们都需要获得能量来维持自身，这一过程就是光合作用。作者再次写道："'在光合作用中大约涉及 70 种不同的化学反应，'一个生物学家说，'那实在是一种不可思议的奇迹。'绿色植物也被称作自然界的'工厂'，那是美丽安静，无污染，产生氧气、循环水并为世界提供食物的工厂。它们难道是出自偶然？那可信吗？"不，那确实不可信，但是，诸如此类的例子不断重复毫无意义。神创论者的"逻辑"总是如出一辙。某些自然现象在统计学上太不可能，太复杂，太美丽，太令人敬畏，以至于它们不可

---

① 即加利福尼亚红杉，*Sequoiadendron giganteum*，原产于加利福尼亚，一种极其高大的常绿植物，是加利福尼亚的州树——译者注

能出于偶然而存在。设计就是作者能够想象的替代偶然的唯一方案。因此，必定有一个设计者存在。但科学对于此种错误逻辑的回答也总是一以贯之的。设计不是唯一替代偶然的方案。自然选择是一种更好的解决方案。事实上，设计根本就不是一种真正的替代方案，因为它引出了一个比它所要解决的问题更大的问题：谁设计了这个设计者？对于统计学上的不可能性问题，偶然和设计都不能提供解决方案，因为其中的一个自身就是问题，另一个则是对它的无穷倒退。自然选择才是一种真正的解决方案。而且不仅仅是有效的，它还是已经提出的方案中唯一有效的方案，它是一种极其优美和有力的解决方案。

自然选择为何能够成功地解决不可能之问题，而偶然和设计为何一开始就摸错了门？答案就在于自然选择是一种累积的过程，它把不可能之问题分解为细小的碎片。每一个小碎片都只是稍不可能，但绝不是毫无可能。当这些稍不可能之事件大量连续累积之后，其终端产物就是非常非常的不可能，以至足以令偶然性望尘莫及。正是这些终端产物成为神创论者循环使用的乏味论据的主题。神创论者完全不得要领，因为他（妇女应当不会在意已被这一代词所排除）坚持把统计学上不可能性的起源当作是一种单一的一次性事件。他没有理解累积的力量。

在《攀登不可能之山峰》（*Climbing Mount Improbable*）一书中，我用寓言的形式表达了这一点。山峰的一面是悬崖，几乎难以攀爬，但另一面却是一个平缓的斜坡。顶峰则是一种复杂的器官，如眼睛或细菌的鞭毛驱动器。诸如复杂性可能通过自发的方式而组装起来的荒谬概念，就相当于从悬崖的底部一下子跳跃到顶峰。相反，进化则相当于沿着山峰的背部，通过平缓的斜坡逐步接近顶端：容易！在斜坡上攀爬截然不同于在悬崖上跳跃，这一原理是如此简单，以至于有人惊叹何以用了那么长时间才发现了它。自从牛顿奇迹年之后，差不多过去了 3 个世纪[①] 才有达尔文的发现，尽管从表面看来，牛顿的问题似乎要难于达尔文。

象征极端不可能性的另外一个受欢迎的隐喻就是银行金库的密码锁。

---

① 牛顿奇迹年是 1666 年，达尔文发表《物种起源》是 1859 年，相距近两个世纪——译者注

理论上，一个窃贼能够幸运地出于偶然而碰巧输入正确的密码。但实际上，银行的密码锁被设计成要碰巧撞上正确的密码绝非可能——几乎就像弗雷德·霍伊尔的波音 747 那样不可能。不过想象一下一把设计拙劣的密码锁，它逐步地透露出那么一点点暗示——相当于正在玩找拖鞋游戏的孩子们"快找到了"一样。假设只要密码转盘上的数字稍微接近正确的值，金库的大门就会裂开一丝缝，于是金钱就会稍稍溢出一点。窃贼一定会立即集中精神完成最后一步。

试图利用不可能性论据的神创论者总是设定，生物适应现象要么是一下中个大奖，要么就是一无所获。"中个大奖或是一无所获"这一谬见的另外一种说法就是所谓的"不可还原的复杂性（IC）"。眼睛要么能视物，要么就是不能。翅膀要么能飞翔，就么就是不能动弹。认为其间没有有用的中间阶段，但这恰恰是错误的。实际上这些中间阶段大量存在——我们在理论上应当予以重视的就是这些中间阶段。生命的密码锁是一种"快接近了，又远离了，又接近了"的找拖鞋游戏。现实中的生命寻找的是不可能之山峰背面的平缓斜坡，而神创论者对此却视而不见，只看见山峰正面令人畏惧的绝壁。

达尔文在《物种起源》中以整整一章的篇幅来讨论"带有改变的继承（descent with modification，即演化）理论的难点"，可以公正地说，这简短的一章预料并解决了从那时起直到今天演化论遭遇过的每一个所谓的困难。最可怕的困难是达尔文所说的"极端完美和复杂的器官"，有时被错误地说成是"不可还原的复杂性"。达尔文以眼睛为例来面对这一极具挑战性的质问："眼睛，它具有独特的构造可用以调节不同距离下的焦距，接收不同强度的光线，调节球面像差和色差，而假设它居然有可能通过自然选择而形成，我坦白承认，那是极度的荒谬。"神创论者乐于再三引用这段话，但是，他们绝不引用这段话之后的内容。其实达尔文过于直率的表白原来只是一种修辞手法而已。他先要引出反面观点，这样他的回击才会更有力。当然，回击对于达尔文来说简单容易，那就是说，眼睛的进化恰恰经历一个循序渐进的过程。达尔文没有用这样的短语，如"不可还原的复杂性"，或是"不可能之山峰的缓坡"，但是他显然明白这两条原理。

"一半的眼睛有什么用"以及"一半的翅膀有什么用"就是针对"不可还原的复杂性"这一论点的两个例子。据说一个功能单元具有不可还原的复杂性，如果移去其中的一个部分就会引起整体功能的失效。对于眼睛和翅膀而言这被假定为不证自明的事实。但是，只要我们稍稍思考这些假定，立刻就会看出其中的谬误。一个白内障患者，当她的晶状体被外科手术移除后，没有眼镜她就不能清楚地视物，但却不至于模糊到撞上一棵树或从悬崖上跌落。同样，一半的翅膀确实没有完整的翅膀好使，但是聊胜于无。当从一定高度的树上跌落时，一半的翅膀可能就会挽救一条生命。如果从稍微再高一点的树上跌落时，51% 的翅膀就能搭救一条生命。无论拥有多少部分的翅膀，只要从某个特定高处坠落，它就能挽救生命，而稍小的翅膀刚好就不能胜任。从不同高度的树上坠落这一思想实验，也许恰在理论上表明，在适应性上必定存在一个光滑连续的坡度，从 1% 的翅膀直到 100% 的翅膀。实际上，森林里充满飞行能力各异的动物，包括能滑翔的，能空降的，表明了不可能之山峰的斜坡上的每一个梯度。

以不同高度的树作为类比，就容易想象这一情形，具有一半功能的眼睛或许就能挽救一条动物的生命，而具有 49% 的眼睛刚巧就无济于事。（不可能之山峰的）平滑的坡度由不同的光照条件、不同的距离（看清猎物或捕食者）提供。同样，对于翅膀与飞行面的关系，合理的中间过程不仅极易想象，而且它们在整个动物界普遍存在。一条扁虫有一只眼睛，其敏感度肯定要小于人的半只眼睛。鹦鹉螺（也许还有它那已绝灭的表亲菊石，在古生代和中生代的海洋里，它们曾占支配地位）则有介于扁虫和人类之间的过渡类型眼睛。不像扁虫的眼睛只能感知明暗但却不能成像，鹦鹉螺"针孔照相机"式的眼睛能够实际成像。但与我们所见的成像相比，它的成像却是模糊不清的。给这种改进标上量化的数字是假装精确，但没有人能理直气壮地否定，这些无脊椎动物的眼睛，也许还有其他许多动物的眼睛，总比完全没有眼睛好。所有这一切都处于不可能之山峰的缓坡上，我们的眼睛已近于顶峰——不是最高峰但却具有相当的高度。在《攀登不可能之山峰》中，我以一章的篇幅来讨论眼睛和翅膀，证明通过缓慢（或者甚至并不都那么缓慢）逐步的过程，进化是多么容易地走到了这一步，在此我不再赘述。

所以，我们已经明白，眼睛和翅膀确实不是不可还原的复杂性。但是比这些特定例子更有趣的是我们应当吸取的一般教训。面对这些显而易见的例子，居然还会有如此之多的人执迷不悟，这一事实足以警示我们，面对其他不那么显而易见的例子，人们就更易失去方向，例如被那些创世论者大肆吹捧的细胞学和生物化学的例子，这些神创论者还以政治上稳妥委婉的说法来伪装自己，把自己说成是"智能设计论者"。

所以这里有一个警示：不要贸然宣称事情具有不可还原的复杂性，这也许表明你尚未深入细节，或者尚未足够深入地思考它们。另一方面，站在科学的立场上，我们不可过于教条地自信。也许有某些超自然的事情，通过其真正的不可还原的复杂性，确实妨碍了不可能之山峰缓坡的存在。神创论在这一点上是对的：如果能够恰当地证明这种真正的不可还原的复杂性，那么达尔文的理论就将瓦解。达尔文本人也曾这样说："如果能够证明，任何已存的复杂器官，不可能通过无数连续细微的变异而形成，那么，我的理论就会绝对崩溃。但是我没有发现这样的情况。"达尔文没有发现这样的情况，而自达尔文以来，也没有任何人发现这样的情况，尽管有人确实付出了异常艰巨近乎绝望的努力。为了得到神创论的这一圣杯，许多的理论已被提出，但没有一个经得起推敲。

无论如何，即便真正不可还原的复杂性确实被发现以至击垮了达尔文的理论，但是，谁又能保证它不会同样击垮智能设计论呢？而事实上，它已经击垮了智能设计论，因为，正如我一直在强调并且还将再强调的，对于上帝无论我们知道得多么少，有一件事我们可以确定，他必定是非常非常复杂的，因而其本身或许就是不可还原的！

空白崇拜

从根本上说来，寻找不可还原的复杂性的具体例子是一种非科学的工作方式：它来自当下的无知。正如神学家迪特里希·邦霍夫（Dietrich Bonhoeffer）所谴责的"填补空白的上帝"这一策略一样，它们都诉诸同样错误的逻辑。神创论者急切地寻找当下知识或理解中的空白。如果发现一个明显的空白就赶紧假设，上帝必定会用现成的方式去填补它。令邦霍夫这样有头脑的神学家不安的是，随着科学的进展，空白就会缩小，于是就会威胁到上帝的地位，它最终只能无所事事、无处藏身。令科学家不安的则是另一件事。承认无知，是科学事业的一个重要部分，我们甚至就是被无知激励着去进行未来的征服。正如我的朋友马特·里德利（Matt Ridley）所写的，"大多数的科学家对他们已经发现的东西感到厌烦，正是无知为他们提供了动力"。神秘主义者拥抱神秘，并希望它停留于神秘。科学家却因不同的理由拥抱神秘：它让他们有事可做。更为一般而言，正如我将在第 8 章所要重复的，在宗教中，一种真正有害的效应就是，它教导我们，满足于不去理解，是一种美德。

承认无知以及暂时的困惑对于好的科学来说至关重要。因此至少可以说，神创论鼓吹者消极寻找科学知识中的空白，声称只要用现成的"智能设计"就能填补这种空白的主要策略是令人遗憾的。下述例子就是一种典型表现。一个神创论者说道："少斑鼬蛙（lesser spotted weasel frog）的肘关节是不可还原的复杂。除非整体构造已经形成，否则其中任一部分都无法起作用。可以打赌的是，你不可能设想一种方法，通过它，这种蛙的肘得以经过缓慢逐步的过程进化而来。"如果科学家不能给出一个直接全面的答案，神创论者就会引出一个现成结论："嗯，另外一种理论，智能设计，理所当然地胜出。"注意其中的基本逻辑：如果理论 A 在某些具体问题上遇到障碍，理论 B 必定就是正确的。不用说，如果反过来的话，这样的论证就不会被他们承认了。甚至在尚未细究用来取代的理论是否也有同样的问题之前，我们就被鼓励直接跳至该现成的理论了。智能设计被当作是一张王牌，完全可免受出自进化的严格要求。

但是我现在要强调的是，神创论者的所作所为就是在削弱科学家天然的——事实上也是必要的——由（暂时的）不确定性所激发的乐趣。纯粹出于政治上的理由，今天的科学家也许在这样说之前会有些犹豫：

"嗯，有趣的观点。我想知道这种蛙的祖先是如何进化出它们的肘关节的。我不是青蛙方面的专家，所以我不得不去大学图书馆看看。也许能为研究生找到一个有趣的研究项目。"就当科学家这样说时，并且早在研究生开始着手该项目之前，现成的结论也许在神创论者的小册子中已经成为一个大标题："青蛙只可能被上帝所设计。"

于是，在这两者之间就有了一种不幸的关联，一方面，科学的方法论出于确定研究对象的需要去寻找未知领域；另一方面，智能设计论却是为了宣示现成结论的胜利才去寻找未知领域。事实恰恰是，智能设计论绝无自己的证据，它们就像生长在科学知识空白中的野草一样繁茂，而科学则不安地需要将完全相同的空白鉴别并宣称为研究的起点。就此而言，科学发现自己与邦霍夫这样深刻的神学家倒是能够结成联盟去反对共同的敌人，即那些无知、民粹主义的神学理论，以及智能设计的空白神学。

神创论者对化石记录中的"空白"的热衷，是他们全部空白神学的象征。我曾在介绍所谓的寒武纪大爆发一章中用了这样的句子："好像在没有任何进化史的情况下，化石被安放了那里。"再次强调，这是一种修辞手法，意在激发读者的兴趣以便在接下去的内容中给予充分解释。但令人遗憾的后见之明却是，我那耐心的解释被弃之不顾，而我的修辞手段本身却意料之中地被断章取义地欢快引用，神创论者热衷于化石记录中的"空白"，正如他们热衷于一般意义上的空白那样。

一系列逐步变化的中间类型化石，或多或少漂亮地记录了许多进化上的过渡种类。但不是所有的过程都能找到中间类型化石，于是它们就成为众所周知的"空白"。迈克尔·舍默曾机智地指出，如果恰好发现一个新的化石可以填入一个"空白"（但不足以全部填充），神创论者就会宣称，现在空白翻倍了！但无论如何，我们再次看到了毫无根据地使用现成结论的做法。如果没有化石证据来证明一种假定的进化过渡种类，那么现成的假设就是，不存在进化上的过渡种类，上帝必定有所干预。

无论是在进化论还是在其他科学中，要求所说的每一个过程都得有完整的记录，这完全是一种无理之词。在确信某人具有谋杀行为之前，你也许会要求谋杀者的每一步骤都有完整的记录，其中没有任何缺失的过程。但只有很少一部分尸体才得以成为化石，我们能拥有眼下这么多的中间类型化石已是一件足够幸运的事情了。情况很有可能是，我们根本就没有化石证据，但我们依然会有来自其他途径的进化证据，例如分子遗传学和地理分布的事实，它们具有极强的说服力。另一方面，进化论还做出强有力的预言，如果在错误的地层中哪怕是挖掘出一块化石，该理论就完全不成立。当热心的波普尔主义者说，进化怎么才能被证伪时，霍尔丹（J. B. S. Haldane）的回答极其响亮和出色："前寒武纪时期的野兔化石。"具有如此年代错误的化石从未被真正发现过，尽管自欺欺人的神创论者说什么在煤层中有人类的头盖骨，人类的足迹与恐龙共存等等。

在神创论者的心目中，空白，理所当然就得由上帝来填补。他们眼中所见的仅是不可能之山峰的悬崖，而对另一边的缓坡则视而不见。只要该领域材料不足，或是理解不够，他们就想当然地设定，这只能交由上帝来负责。随时搬用"不可还原的复杂性"，只不过是想象力贫乏的表现。某些生物器官，不是眼睛就是细菌的鞭毛马达，或者某个生物化学反应，在尚未深入论证的情况下，就被断定为具有不可还原的复杂性，但他们压根就没打算去证明这种不可还原的复杂性。尽管眼睛、翅膀以及许多其他现象已被过分渲染，但每一种新出现的可疑的荣誉的候选者依然被说成是具有显而易见的、不证自明的不可还原的复杂性，其性质就这样被武断的意志所确立。但是得这样来想，既然不可还原的复杂性被当作设计论的论据来使用，它就不应当更多地通过武断而不是设计本身来断定。你也可以在没有进一步的论据或论证的情况下，简单地宣称青蛙（放屁虫等）证明了设计，但这绝不是科学之道。

这种逻辑就如下述说法一样毫无说服力："我（插入自己的名字）不能亲自去思考（插入生物现象的名字）逐步被建立的方式。因此，它具有不可还原的复杂性。那就意味着它出自设计。"你立刻就能看出，这样的表述对一些正在寻找中间类型或至少设想着一种合理的中间类型的科学家来说是不堪一击的。即便眼下没有科学家提出一种解释，但动不动就假定"设计"的存在显然是一种糟糕的逻辑。"智能设计"论背后的推理，也就是经典的"填补空白的上帝"这一推理，是懒惰以及失败主义。此前我曾把它称作来自个人的怀疑论据。

想象一下，你正在观看一场惊心动魄的魔术表演。著名的双人魔术表演组合佩恩和特勒有一个保留节目，即他们同时出场并相互用手枪射击，两个人都用牙齿接住子弹。射击之前，为防作假要在子弹上刻上标记，整个过程受一旁志愿者的近距离监督，这些志愿者来自观众，他们都有过使用手枪的经历，看起来所有作弊的可能性都被排除了。留有特勒标记的子弹最终落在佩恩的嘴里，而留有佩恩标记的子弹则落在特勒嘴里。我（理查德·道金斯）完全不能想象这一戏法得以发生的方式。来自我的前科学大脑中枢的个人怀疑论据从深处蹦了出来，几乎迫使我说，"那必定是一个奇迹，对此绝不可能作出科学的解释，只能是超自然的原因"。但科学教育的微弱之声却说出不同的意思。佩恩和特勒是世界级的魔术大师，因此必定有一个完美的解释。只是由于本人太不精通此道，观察太不细致、太缺乏想象力才无法识破。这样的想法才是对于魔术的更为恰当的反应。同样，对于一个表面上看来具有不可还原复杂性的生物现象，这种想法也才是一种更为恰当的反应。一个人若是被自然现象所困惑，就直接匆忙地去相信超自然的原因，那么，他就相当于是这样一个傻瓜，当看见魔术师弄弯一把汤匙时就匆忙得出结论，认为那是"超自然"的现象。

在《生命起源的七条线索》（*Seven Clues to the Origin of Life*）中，苏格兰化学家凯恩斯·史密斯（A. G. Cairns-Smith）用拱门作为类比，阐明了这样一个观点。不用灰泥，仅用粗制石料搭成的拱门，可以是一种稳定的结构，但是它具有不可还原的复杂性：如果其中的一块石头被移去，整个结构就会坍塌。那么，最初它是怎么搭建起来的？一种方法是先垒起一堆坚固的石块，随后再小心地挨个撤去多余的石头。对于这类少了任一部分结构就难以维系的所谓不可还原的构造，更为常见的做法则是，利用脚手架先搭出这样的结构，完成后再撤掉脚手架。结构一旦完成，脚手架就可以被安全移除，而结构依然稳定。在进化中，你正关注的器官和结构在其祖先那里可能也有类似的脚手架，只不过后来被移除了。

"不可还原的复杂性"不是一种新的概念，不过这个短语本身却是神创论者迈克尔·贝希（Michael Behe）在 1996 年发明的。[①]他的功劳（如果功劳是个正确的词的话）是把神创论引入了生物学的新领域：生物化学和细胞生物学，在他看来，在这两个领域中寻找空白要比眼睛或翅膀的老调重弹更有花头。他所引用的一个好例子（依然是一个坏例子）就是细菌鞭毛马达。

细菌鞭毛马达是自然界一种惊人的奇迹。它驱动着唯一已知的人类技术之外的自由转动的轴。我想，对于大型动物来说，轮子就是不可还原复杂性的真正例子，也许这就是为什么轮子没有在大型动物身上存在的原因。神经和血管如何才能通过其中的轴承？[②]鞭毛是一种线状的推进器，细菌借助它在水中掘进。我说"掘进"而非"游动"，是因为就细菌生存的尺度而言，它对水这种液体的感觉全然不同于我们对水的感觉。对细菌而言，它感觉到的水更像是蜜、果冻或者甚至就像沙，它须通过掘进或打钻而不是游动才能在水里移动。不像那些体形较大的生命体如原生动物的所谓鞭毛，细菌的鞭毛不是像鞭子那样挥舞，或者像桨那样划行。它有一个可以真正自由转动的轴，该轴在一个轴承里面不停地旋转，其动力来自小小的分子驱动器。在分子层次上，马达的原理本质上类似于肌肉运动的原理，不同仅在于它是自由旋转而非间断性的收缩。[③]它已被恰当地描述为是一种微型舷外发动机（尽管就工程学上的标准而

---

① Behe，1996。

② 有一个虚构的例子。儿童作家普尔曼（Philip Pullman）在其《黑质》（*His Dark Materials*）三部曲中，想象有一种动物 Mulefa，它与树共生，这种树能够产生一种极圆的中间有一个孔的果子。Mulefa 把这些果当作轮子。这种轮子不是躯体的部分，因而没有缠绕于其"轴"上的血管或神经（轴是强有力的角质或骨质的爪）。普尔曼还相当有洞察力地补充这一点：这一共生系统能够有效运作，仅因为这个行星的地面铺满了带状的玄武岩，它相当于现成的"道路"。轮子在崎岖不平的地面是不好使的。

③ 有趣的是，在某些昆虫如苍蝇、蜜蜂和臭虫中，肌肉运动原理也被用于第三种模式，飞行用的肌肉本质上是在振动，就像一个往复式发动机。而其他昆虫，如蝗虫之类则向每一次振翅发送神经指令（正如鸟类的飞行肌那样），而蜜蜂是向振动马达发送打开（或关闭）的指令。细菌的机制既不是一种简单的收缩肌（像鸟类的飞行肌），也不是一种往复式发动机（像蜜蜂的飞行肌），而是一个真正的转子：就此而言，它就像一台电动马达或汪克尔发动机。

言——这在生物机制中并不常见——它是一种效率特别低下的装置）。

没有只言片语的论证、解释或是更为深入的阐述，贝希只是宣称细菌鞭毛马达具有不可还原的复杂性。既然对自己的断言没有提供论据，我们只好认定他想象力贫乏。他还进一步断言，生物学专业文献对这一问题视而不见。2005 年，在宾夕法尼亚州法官琼斯（Judge John E. Jones）的法庭上大量记载了这一断言的错误，它们会令贝希感到尴尬，当时的贝希正以专家证人的身份出庭作证，为一群神创论者辩护，他们试图在当地公立学校的科学课程中强加"智能设计"内容，借用法官琼斯的话来说（他和他的这一短语必定会因此而获得持久的名声），这是一项"惊人愚蠢"的提议。正如我们将看到的，这还不是贝希在听证会上遭受的唯一尴尬。

证明不可还原的复杂性的关键是要显示，任何一个部分独立来看都毫无用处。在它们能起作用之前必须各就各位（贝希喜爱的例子是捕鼠器）。但事实上，分子生物学家已经毫无困难地发现了在整体之外有效起作用的部分，无论是鞭毛马达还是贝希其他所谓不可还原的复杂性例子。布朗大学（Brown University）的肯尼思·米勒（Kenneth Miller）就很好地澄清了这一点，在我看来是对"智能设计"最有说服力的回击，尤其因为他是一个虔诚的基督教徒。我经常向给我写信的被贝希所迷惑的宗教徒推荐米勒的书《发现达尔文的上帝》（Finding Darwin's God）。

在细菌的旋转引擎的情况中，米勒提醒我们注意一种被称为"三型分泌系统"（Type Three Secretory System）或简称为 TTSS 的机制[①]。TTSS 并不用于旋转运动。它是寄生细菌用来通过细胞壁把毒素注入寄主体内的几种系统之一。在我们人类的尺度上，我们想象的是通过一个小孔注入液体，但是，在细菌的尺度上情况则完全不同。分泌物的每一个分子都是一个具有确定三维结构的大型蛋白质分子，其规模恰如 TTSS 机制本身，因而更像是一个固体物质而非液体。每一个分子都要通过一个严密成形的装置来逐个驱动，该装置就像一个自动化的玩具或饮料贩

① http://www.millerandlevine.com/km/evol/design2/article.html。

卖机，而不是一个仅供物质"流动"的单纯孔道。该自动售货机本身由少量蛋白质分子所组成，这些分子在大小以及复杂性上都与它要发送的分子相当。有趣的是，这些自动售货机在不同细菌里彼此经常是相似的，尽管这些细菌间并没有密切的关系。制作它们的基因有可能是从其他细菌那里"复制和粘贴"的：细菌显然善于做这样的事情，就细菌而言这是一个有趣的话题，不过在这里我不展开了。

形成 TTSS 结构的蛋白质分子与鞭毛马达的组件非常相似。在一个进化论者看来，在鞭毛马达的演化中，TTSS 的成分显然被征用于一个新的但并非完全不相干的功能。既然已知 TTSS 的机制是牵引分子通过自身，那么它使用了一种鞭毛马达所使用的原理的原始版本也就并不奇怪了，后者牵引轮轴的分子进行旋转。显然，鞭毛马达的关键组件在鞭毛马达演化出来之前就已经存在并且具有功能。这就是说，通过征用已经存在的机制，某种表面上看来具有不可还原复杂性的器官就能够登上"不可能之山峰"。

当然，我确信对此还有大量的工作要做。但是，如果科学家满足于一种懒惰的现成借口，比如"智能设计理论"，那就会一事无成。一个富有想象力的"智能设计理论家"想要对科学家传达的是这样的信息："如果你不理解某件事情的运作原理，别在意：只需放弃，把它看作是上帝的作品就行了。你不知道神经冲动的原理？很好！你不理解记忆在大脑中是怎样储存的？好极了！光合作用是一种令人迷惑的复杂过程？太妙了！请不要费心研究这样的问题，放弃它，诉诸上帝。亲爱的科学家，不要对这样的神秘事物刨根问底。让我们保持神秘，因为我们能够利用它们。别让研究糟蹋了宝贵的无知。我们需要那些光荣的空白，以便让上帝有一个最后的避难所。"圣奥古斯丁更是公然说道："有另外一种形式的诱惑，那更是充满危险。这就是好奇这一疾病。正是它促使我们力图去发现自然的秘密，那些秘密远远超出了我们的理解范围，它们对我们毫无用处，人们不应当希望去知悉"（引自 Freeman 2002）。

贝希所喜欢的另外一个"不可还原的复杂性"的所谓例子是免疫系统。让琼斯法官本人来陈述这一故事吧：

　　事实上，在交互讯问中，贝希教授于 1996 年提出的这一说法，即有关免疫系统科学从未发现一种进化上的解释，已受到质疑。质疑者向他出示了 58 篇受到同行评议的公开发表论文、9 本著作，还有数篇免疫学教科书中的相关章节，涉及免疫系统的进化。然而，他还是坚持认为，这些仍不足以构成进化的证据，它们"不够好"。

　　在原告首席律师埃里克·罗思柴尔德（Eric Rothschild）的质问之下，贝希被迫承认，对于这 58 篇论文，大多他都还没有读过。无须为此而感到惊讶，因为免疫学是一项艰深的研究。但令人难以谅解的却是，贝希把这些研究看作是"无用的工作"。如果你的目标是针对易受骗的外行和政客进行布道，而不是发现关于真实世界的重要真理，这些研究当然就是无用的工作。在听了贝希的陈述之后，罗思柴尔德进行了富有说服力的总结，当庭每一个诚实的人必定都能感受到这一点：

　　感谢科学家，由于他们的研究回答了免疫系统的起源问题……正是免疫系统的防护，使我们能够抵御疾病的侵袭。写这些著作和论文的科学家没有显赫的身份，他们没有获得版税或演讲酬劳，但他们的努力却有助于我们去抗击并治愈严重的疾病。相反，贝希教授和整个智能设计运动对于科学或医学知识的进步却毫无作为，他们只是告诉未来的科学家，不要为此而费心。①

　　正如美国遗传学家杰里·科因在为贝希的书所写的书评中所言："如果科学史向我们表明什么的话，那就是，只要把我们的无知归于'上帝'，我们就一事无成。"或者，用博客上一段机智俏皮的话来说（它是对科因和我发表于《卫报》的关于智能设计的文章的评论）：

---

① 多佛审判案的说明，包括这些引用，见 A. Bottaro, M. A. Inlay and N. J. Matzke, 'Immunology in the spotlight at the Dover "Intelligent Design" trial', Nature Immunology 7, 2006, 433～435。

为什么把上帝看作是任何事的解释？上帝不是解释，它什么都没有解释，相当于耸耸肩而已，是穿着灵性和宗教外衣的"我不知道"而已。如果有人把某些事情归功于上帝，一般而言，那就意味着他对此毫无头绪，所以只好把它归于不可企及、不可知的天上的神灵。若要问起这位神灵来自何方，你有可能得到的就是一个模糊的、伪哲学的回答，据说它一直存在着，或者存在于自然界之外。当然，这样的解释等于什么也没说。[①]

达尔文主义还在其他方面提升了我们的意识。由进化而来的器官，常常是精致而有效的，但同时也伴有发人深省的缺陷——如果它们有一个进化的历史，这就是理所当然的事情；而如果它们源于设计，那就无法自圆其说了。我在其他著作中曾经讨论过这类例子：比如喉返神经在通往其终点过程中大而浪费的迂回曲折，就暴露了它的进化历史。我们人类的许多疾病，从下背疼痛到疝气，从子宫下垂到易于感染鼻窦炎等，都直接与这一事实相关：现在我们是直立行走，但我们的身体却是在上亿年的四足行走中进化成形的。我们的意识还被自然选择过程中的残酷和浪费现象所提升。捕猎者似乎精细地被"设计"成用于抓捕猎物，而被猎者似乎又同样精细地被"设计"成便于逃脱抓捕。上帝到底站在哪一方呢？[②]

人存原理：地球版

空白神学家，有些也许已经放弃了眼睛和翅膀、鞭毛马达和免疫系统等方面的事例，却把仅剩的希望牢牢盯在生命起源这一问题上。相比

---

① J. Coyne，《具体的上帝：生物化学对于进化的挑战》（*God in the details: the biochemical challenge to evolution*），Nature 383, 1996, 227~228。由科因和我所写的《一面之词可能是错的》（*One side can be wrong*），发表于 *Guardian*，1 Sept. 2005: http://www.guardian.co.uk/life/feature/story/0,13026,1559743,00.html。博客上的引语见 http://www.religionisbullshit.net/blog/2005_09_01_archive.php。

② Dawkins（1995）。

于任何后继进化过程中的特定过渡空白，非生物化学层面的进化根源似乎呈现出了更大的空白。在某种意义上，那的确是一种更大的空白。不过那种意义是相当特殊的，它绝不为宗教护教论者提供安慰。生命的起源仅需要发生一次，因此我们能够允许它成为一种极端不可能之事件，正如我即将表明的，它的不可能性要比大多数人所意识到的还要高出许多数量级。后继的进化步骤，或多或少地以相似的方式重复，独立地遍及数百万的物种，在整个地质时代中持续和重复。因此，要解释复杂生命的进化，我们就不能诉诸统计学推理，尽管我们能把这种推理应用于生命起源。构成一般进化过程的事件，与其单一的起源（也许还有少数特例）明显不同，并不是非常不可能的。

这种不同似乎颇让人迷惑，我必须用所谓的人存原理（也译作"人择原理"）作进一步的解释。人存原理于 1974 年由英国数学家布兰登·卡特（Brandon Carter）命名，后来物理学家约翰·巴罗（John Barrow）和弗兰克·蒂普勒（Frank Tipler）在他们的著作中对此又作了进一步的论述。[①] 人存原理通常被应用于宇宙，接下来我就会谈到这一点。但是，我将先在一个更小的范围，即行星的尺度上来引进这一概念。我们生存于地球上，因此地球必定是能够孕育并养育我们的行星，无论这样的行星是多么非同寻常，甚至是独一无二。例如，我们这样的生命不可能在没有液态水的情况下生存。正在寻找地外生命证据的外太空生物学家，实际上是在寻找宇宙中水的迹象。像太阳这样的恒星，其周围存在一个所谓的宜居带，那儿既不太热也不太冷，温度刚好使得位于该区域的行星上保有液态水。若是离恒星过于遥远，水就成为固态；而与太阳过于接近，水又会蒸发掉。在这两者之间的一个狭窄轨道范围才是宜居带。

也许，对生命友好的轨道必定是接近圆形的。一个离心率极大的椭圆轨道，像新近发现的第 10 颗行星，被非正式命名为齐娜（Xena），最

---

① 后来卡特承认，此原理的一种更好的名字或许是"可认知性原理（cognizability principle）"，而非现在使用的"人存原理（anthropic principle）"。*Philosophical Transactions of the Royal Society of London A*, 310, 1983, 347~363。对于人存原理进行讨论的著作，见 Barrow and Tipler（1988）。

多只是让自己匆匆穿过黄金地带而已，每次穿行的间隔是数十年或数百年（以地球年来衡量）。齐娜本身根本就不进入黄金地带，即便当它离太阳最近时，它也要每隔 560 地球年才到达那一位置。哈雷彗星的温度在近日点时高达 47℃，在远日点时则低至 −270℃。地球轨道，如同所有行星轨道一样，精确地说是一个椭圆（在 1 月最接近太阳，7 月最远离太阳）。① 圆是椭圆的特殊情况，地球的轨道是如此接近于圆形以至它从不脱离宜居带。在太阳系中，地球的地位在其他方面也是吉星高照，因而唯有它才出现生命进化。木星那巨大的引力场恰好能够拦截小行星，要不这些小行星就会向地球袭来从而对我们构成致命威胁。与地球相伴的唯一卫星月球，其相对较大的体积恰好使得地球的旋转轴趋于稳定，② 并且有助于以各种其他方式来抚育生命。我们的太阳非同寻常，因为它不是以双子星的形式存在。对于双子星来说，也有可能拥有行星，但它们的轨道却有可能太混乱无序从而令生命难以进化。

　　针对我们这颗独特的、对生命友好的行星，已有两种解释被提出。设计理论说，上帝创造了宇宙，把地球安置在黄金地带，且刻意安排了各种恰到好处的条件。人存原理则有完全不同的说法，隐约带有达尔文主义的味道。宇宙中的绝大多数行星，由于不处在它们各自所属的恒星系的宜居带，因而也就不适于生命的存在。绝大多数的地方都没有生命。恰好符合生命存在条件的行星数量无论多么稀少，我们也恰好就在其中的一颗之上，因为我们正在这里思考这样的问题。

　　顺便提及，宗教护教论者也偏爱人存原理，这是一件奇怪的事实。出于某种显然毫无意义的理由，他们认为人存原理支持他们的立场，但其实恰恰相反。人存原理，就像自然选择一样，是针对设计假说的替代理论。它为这一事实提供了一种理性的、无须设计的解释，也即我们发现自己处于一种恰好有利于我们生存的条件之中。我认为，宗教思维之所以会出现混淆，那是因为人存原理仅出现在它要解决的问题的语境中，

① 如果你对此觉得惊讶，那是因为你可能已罹患北半球沙文主义之疾病，正如前文所描述的情况。
② Comins（1993）。

这一语境也就是这一事实，我们生活在一个对生命友好的地方。而宗教思维未能把握的就是对于这一事实所提供的两种解释方案。上帝是一种，人存原理是另一种。它们是二选一的关系。

正如我们所知，液态水是生命存在的必要条件，但远不是充分条件。生命还必须起源于水中，而生命的起源也许向来是一种高度不可能的事件。一旦生命起源，达尔文式的进化才有可能迈开步伐。但生命如何启动第一步？生命的起源是一个化学事件，或者是一系列的事件，借此自然选择必不可少的要素才会出现。关键性的要素是遗传物质，不是DNA，就是（更有可能是）某些类似DNA的物质，它具有复制功能但缺少精确性，也许就是相关的RNA分子。一旦关键性的要素——某种遗传分子——到位，真正的达尔文式的自然选择才得以启动，复杂的生命作为最终结果也才得以出现。但是，通过机遇自发地诞生第一个遗传分子，这却是一种相当稀罕的事情。也许它是非常非常不可能的，我将详细论述这一点，因为它是本节的关键话题。

生命起源这一研究领域可谓是欣欣向荣，即便它还带有思辨色彩。在专家看来，那与化学有关，因此就不是我的研究方向。我是站在局外人角度，带着好奇心来琢磨这一领域，在我看来，如果几年后化学家报道说，他们已经成功地在实验室催生出了新的生命，这一点也不用奇怪。不过这样的事情还没发生，因而依然有可能坚持认为，它发生的可能性，非常非常低，尽管它的确发生过一次！

正像我们身处宜居带那样，我们能够认为，不管生命起源是多么的不可能，我们知道它曾在地球上发生了，因为我们就在这儿。再以此种观点来看待温度，有两种假说可用于解释曾经发生过的事情——设计假说和科学的"人存原理"假说。设计假说认定，上帝精心策划了一场早有预谋的奇迹，用他的圣火激发孕育生命的"原始汤"，并且还在某个关键的时刻，投入了DNA或某些类似的东西。

再次强调，正像身处宜居带一样，与设计原理相反的人存原理则是在统计学意义上成立，科学家诉诸的是巨大数字的魔力。据估计，在我们的星系中有10亿～300亿颗行星，而在宇宙中又有大约1000亿个星系。出于审慎，拿掉若干零，宇宙中适用的行星也有 10 亿的平方数个，那还是一种保守的估计。现在假设生命的起源，类似 DNA 这样的物质的自发形成确实是一种相当不可能的事件。假设它是如此的不可能以至 10 亿颗行星当中才会发生一次。一个基金会也许会嘲讽这样的化学家，若是他承认正申请的研究课题成功的机会仅是百分之一的话。但是在这里，我们谈论的却是十亿分之一的机会。然而……即便是面对这样荒谬得几乎不可能的机会，生命还是会在 10 亿颗行星上诞生——当然，地球是其中之一。[1]

这一结论是如此令人惊讶，我将再说一遍。如果在一颗行星上生命自发起源的机会是 10 亿分之一，然而，这种令人不可思议的不可能事件在 10 亿颗行星中居然还是发生了。发现那 10 亿颗存在生命的行星中的任何一颗的机会，令人想起在一个干草堆中找到一枚针的谚语。但是我们却不必在我们自身之外去寻找这样一枚针，因为（回到人存原理）甚至在开始寻找之前，这一有能力进行寻找的存在者必定就已经端坐在那些极其稀罕的针当中的一枚上了。

任何概率命题都与某一层次的无知有关。如果我们对行星一无所知，也许就会推测生命在其上生成的机会，比方说，是十亿分之一。但是，现在如果我们在估算时引入某些新的设定，事情就不再是这样。一颗特定的行星也许有某些特殊的性质，也许在它的岩石中一种特定的元素含量格外丰富，于是条件就会有利于生命的出现。换言之，某些行星要更"像地球"。当然，地球本身，就是尤为像地球！当我们的化学家试图在实验室里重演生命起源过程时，这一点尤具启发意义，因为它可能会增加成功的机会。但是我之前的计算证明，即便是一个低至 10 亿分之一这样的成功机会的化学模型，它依然可以预言，生命也许会在宇宙中的 10 亿颗行星上出现。人存原理的魅力就在于，它告诉我们，与所有的直觉相反，一个化学模型仅需要预言生命将会在十亿颗行星中的一颗上出现，就能够对地球上生命的存在给出一种出色且完全令人满意的解释。

---

[1] 在《盲眼钟表匠》（Dawkins，1986）中，我更充分地论证了这一点。

此刻，我不再相信无论何处的生命起源实际上是如此的不可能。我认为值得花钱在实验室里复制这一事件——出于同样的原因，搜寻地外文明计划（SETI）也是件值得做的事情，因为我认为在别处存在智慧生命是可能的事情。

即便接受最为悲观的概率估计，生命的自发起源也没问题，于是统计学论据就足以完全粉碎这样的说法：我们应当假定要由设计来填补这一空白。在进化故事中的明显空白中，生命起源这一空白似乎难以逾越，因为平庸的智能恰是在日常意义上评定这种可能性：相当于基金会评定化学家提交的研究申请。不过即便是如此之大的空白，对于统计学家来说，要填补它却是易如反掌，也正是相同的统计科学在我们之前遇到的"终极波音747"例子中将一个神圣的创造者排除在外。

但是现在还是回到本节的有趣话题。假设某人试图用针对生命起源的方式来解释生物适应的一般现象：诉诸巨大数目的适宜行星。观察事实是，每一个物种、每一个物种中所见的每一个器官都与其功能极其相称。鸟类、蜜蜂和蝙蝠的翅膀都适于飞行。眼睛适于观物。叶子适于光合作用。在我们生活的行星上，也许有上千万物种，其中的每一种都各自呈现出一种显然经设计而来的强有力的幻觉。每一个物种都出色地与其特定的生存方式相适应。我们能够侥幸使用"众多数目的行星"这一论点来解释所有这些各自独立的设计幻觉么？不，我们不能够，再强调一遍，不能够。甚至就连这种想法也不能够有。这极其重要，因为它涉及对达尔文主义的最严重的误解。

那与我们必须处理的行星数目无关，幸运绝不足以解释地球上物种的丰富多样性，尽管我们能够用它来解释生命最早的出现。生命的进化与生命的起源是两种完全不同的情况，因为，再重复一次，生命的起源是（或本应是）只需要发生一次的独特事件。然而，物种对其各自环境的适应性状却是百万级的，而且还在发生之中。

显然，在地球上，我们所面对的是一种普遍的过程，它涉及物种的最优化，这一过程始终遍布整个地球，所有大陆和岛屿。我们能够有把握地预言，如果我们再等上一千万年，就会出现一整套的新物种，它们会像今天的物种一样很好地适应环境。这是一种重复发生的、可预言的多重现象，而不是一种事后诸葛亮式的、统计学上的幸运事件。多亏达尔文，我们才得以知道它产生的机制：自然选择。

就解释生命体那多变的具体细节而言，人存原理显然无能为力。我们确实需要达尔文那强有力的支点来解释地球上生命的多样性，尤其是面对那颇有说服力的设计幻觉。相反，生命的起源，则处于支点的作用范围之外，而没有起源，就不会有自然选择，而人存原理的用武之地就在这里。我们能够通过设定非常巨大的行星数目来处理生命的独特起源问题。一旦最初的幸运机会被给予——人存原理最果断地把它给予了我们——自然选择就接替了后续过程：自然选择与幸运截然无关。

然而，生命起源也许不是进化故事中唯一被绝对的运气所填补的主要空白，正如人存原理所证明的那样。例如，我的同事马克·里德利（Mark Ridley）在《孟德尔妖》（*Mendel's Demon*）〔他在美国的出版商毫无理由且令人费解地把书名改为《协作的基因》（*Cooperative Gene*）〕一书中曾经指出，相比于生命起源，真核细胞（组成我们躯体的细胞，有一个核，还有许多其他复杂的特征，比如线粒体，它们在细菌中就不存在）的起源更为关键、困难，在统计学上也更为不可能。意识的起源也许是另外一个主要空白，它同样是一道难以逾越的鸿沟。诸如此类的一次性事件也许可以通过人存原理来解释，沿用的是同样的思路。有数十亿颗行星，上面曾经演化出细菌水平的生命，但其中只有极少数跃过了鸿沟，形成了真核细胞。其中又只有更少的数目设法跨过了又一关口，到达意识这一层次。如果两者都是一次性事件，我们就不能把它们当作普遍存在的过程来处理，像我们处理一般的生物适应现象那样。人存原理表明，既然我们生存着，由真核细胞组成，并拥有意识，我们所处的行星必定是一颗极其稀罕的行星，它已经跨过了所有这三道关口。

自然选择之所以起作用，因为它是通过一种累积性的方式而处于不断改善之中。它在一开始需要某些幸运，"数十亿颗"行星的人存原理给予了这种幸运。也许在进化的故事中，少数几个后来的关口也主要得靠运气才能跨越，由人存原理而得到说明。但是，无论怎么说，设计论确实不是生命的一种有效的解释，因为设计归根到底不会积累，它还引出比答案更大的问题——它将我们直接拖回到终极波音747的无限倒退。

我们生活在一个对我们这类生命友好的行星上，对此我们已经看到了两大原因。一个是生命在由行星提供的条件下经由演化蓬勃展开，这是因为自然选择；另一个就是人存原理，在宇宙中有数十亿颗行星，无论其中对演化有利的行星是多么少，我们的行星必定是其中之一。现在是时候把人存原理应用到更早的阶段去了，从生物学返回到宇宙学。

人存原理：宇宙版

我们不仅生活在一个友好的行星上，而且还生活在一个友好的宇宙中。根据我们已经存在这一事实来推断，物理定律必定足够友好以至允许生命的出现。我们能够观看到夜空中的繁星点点，这绝不是出于偶然，因为恒星对于大多数化学元素的存在来说是必不可少的前提，没有化学元素，就不会有生命。物理学家已经计算出，物理定律和常数只要稍有不同，宇宙也许就会以一种生命不可能出现的方式演化。不同的物理学家以不同的方式来论述这一点，但结论却总是同样的。马丁·里斯在《恰好6个数》（*Just Six Numbers*）中列出了6个基本常数，物理学家相信正是它们掌控了宇宙。每一个常数都恰到好处，只要稍有不同，宇宙也许就会面目全非，有可能就会对生命不够友好。[①]

里斯的6个常数之一就是所谓"强"力的量级，这种力使得原子核中的粒子相联结：当原子要被"分裂"时，必须克服的就是这种核力。

---

① 我说"可能"，部分是因为，我们不知道与我们不同的生命形式有多么不同，部分是因为，如果我们仅考虑一次改变一个常数的结果，我们就有可能会犯错。有可能存在6个数值的其他结合方式，结果对生命依然友好，而如果我们仅是一次考虑一个的话，我们就没法发现。然而，出于简单起见，我将继续论述，就基本常数表面上的协调而言，好像我们确实有一个大的问题需要解释。

它被测算为 ε，相当于，当氢聚变为氦时，一个氢原子核的质量中转化为能量的比例。在我们的宇宙中，该数字的值为 0.007，看起来只有非常接近这个值，化学元素（那是生命存在的前提条件）才能得以存在。如我们所知，化学现象是由元素周期表中所列的、自然存在的大约 90 种元素的结合和重组所形成的。氢是所有元素中最简单也是最常见的。宇宙中所有其他元素最初都是通过核聚变由氢元素而来。核聚变是一种复杂艰难的过程，它发生于恒星内部（以及氢弹内部）极为灼热的区域。相对较小的恒星，例如我们的太阳，仅仅只能形成较轻的元素，比如氦，在元素周期表中它是仅次于氢的轻元素。更大更热的恒星才会有更高的温度，从中才能生成大多数更重的元素，那需要一系列核聚变过程，其中的细节被弗雷德·霍伊尔及其两位同事（令人不可思议的是，霍伊尔居然没有能够凭借这样的成就与其他人共享诺贝尔奖）所揭示。当这些大恒星作为超新星而爆炸时，就会以尘埃云的形式散射自身物质，其中包括周期表中的元素。这些尘埃云最终凝聚形成新的恒星和行星，包括我们身边的恒星和行星。这就是为什么地球除了无处不在的氢，还富含其他的元素：没有这些元素，化学和生命就没有可能存在。

与此相关的是，强作用力的值关键性地决定了由核聚变过程所生成的周期表中的元素有多少。如果强作用力太小，比方说，是 0.006 而不是 0.007，宇宙也许就会除了氢元素之外，什么元素都没有，于是，有趣的化学过程就不能产生。如果它太大，比方说是 0.008，那么，所有的氢都会聚变成为更重的元素，而我们知道没有氢元素的化学现象是不能产生生命的。比如说，那就不会有水。黄金值——0.007——恰恰适合于产生丰富的元素，它正是一种有趣的、支持生命的化学过程所需要的条件。

我不打算逐一详述里斯的 6 个基本常数。对于每一个常数来说，底线都是同样的。实际的值恰好落在一个黄金区间内，否则生命将不可能出现。对此现象我们应当如何看待？同样，一方面，我们有神学家的回答；另一方面，我们又有人存原理这一答案。神学家说，就在创造宇宙时，为了生命得以出现，上帝早已调整好了这些基本常数，使得它们都落在黄金区间。这就好比，上帝把这 6 个值玩弄于股掌，精心调整其中的每一个常数使它们都成为黄金值。一如既往，神学家的答案难以令人满意，因为它留下了一个不可解释的上帝。一个能够计算黄金值的上帝，至少如同精心调整过的数值本身一样不可能，那确实是非常地不可能——而这种不可能正是我们整个讨论的前提。理所当然，神学家的答案对于解决眼下的问题来说，完全难以提供任何实质性的进展。在我看来，唯一能做的就是抛弃这种答案，同时我对那些不能看清问题所在的人感到吃惊，他们似乎真诚地满足于"神掌的拨弄"这一论点。

也许这种令人惊异的盲目的心理原因与这一事实有关，许多人没有像生物学家那样有一种意识提升，这种提升来自自然选择，及其征服不可能性的威力。从进化精神病学的角度出发，汤姆森（J. Anderson Thomson）向我指出了另一个原因，即我们的心理天性都倾向于使非生命的客体人格化和动机化。正如汤姆森所说，我们更倾向于把阴影误认为是一个窃贼，而不是把窃贼误认为是阴影。误诊为阳性也许只是浪费了时间，但误诊为阴性却有可能是致命的。在一封来信中他指出，在我们的祖先时代，我们面临的最大挑战来自彼此之间。"那种状况的遗产就是一种默认的预设，常常就是对于人的意图的恐惧。除了人为的因果之外，我们在弄懂任何事上都有很大的困难。"于是，我们自然地将其归于神的意图。我会在第5章再来说"动因（agent）"的诱惑性。

由于生物学家已经自觉地意识到，在解释不可能性事件中自然选择所具有的力量，因而对于全然回避不可能性问题的任何理论，他们都不会感到满意。对于不可能之谜的神学回答就是一种相当程度的回避。它不仅仅只是重述了问题，它是对问题的一种怪诞的放大。还是让我们回到人存原理。就其最一般的形式而言，人存原理的回答是，我们只可能在那个能够产生我们的宇宙中讨论关于它的问题。因而，我们的存在决定了那些基本物理常数不得不落在各自的黄金区间内。对于我们的存在之谜，不同的物理学家持有不同版本的人存原理的解答。

顽固的物理学家说，6个常数本来就不可能自由变化。当我们最后达至久久渴望的万有理论（Theory of Everything）时，我们将看到这6个关键数值彼此依赖，或者取决于某些未知因素——我们今天所无法想象的因素。到头来这 6 个数值也许就像圆周率那样不可任意更改。结果就是宇宙的存在只有一种唯一的方式。上帝根本不需要调配这些数值，根本就不存在可以调配的东西。

其他物理学家（马丁·里斯自己就是一个例子）认为这还不够令人满意，我想我本人同意他们的观点。宇宙仅有一种存在方式看起来确实相当可信。但为什么这种唯一的存在方式刚好使得我们实现了最终的演化呢？为什么必须是这样的宇宙，用理论物理学家弗里曼·戴森（Freeman Dyson）的话来说，就好像它"必定早已知道我们会出现？"哲学家约翰·莱斯利（John Leslie）将此类比为一个死刑犯被枪决，行刑者是一个班。行刑班的全部 10 个人都未击中受刑人。以后见之明，生还者发现自己处于如此幸运的境地，于是他兴高采烈地说道："噢，显然他们都未击中，否则我怎么可能在此思考这一问题？"但是情有可原，他可能依然会疑惑，为什么他们都未能击中，并且设想，他们可能受了贿赂，或是都喝醉了。

对于这样的疑问，马丁·里斯本人支持的一种看法能够解答，即有许多宇宙，它们就像泡沫般共存于一个"多元宇宙"（multiverse）中〔伦纳德·萨斯坎德则更倾向于称之为巨型宇宙（megaverse）[1]〕。任何一个特定宇宙的定律和常数，比如我们的可观测宇宙，是一套规则。作为整体的多元宇宙则有着多套不同的规则。人存原理刚好解释的就是我们必定是那些宇宙中的一个（可能是少数），它们的规则恰好有利于我们的最终演化，因此才有对于这个问题的沉思。

在对我们的宇宙的终极命运的思考中诞生了一个很有趣的多元宇宙论的版本。受诸如马丁·里斯的 6 个常数的值的制约，我们的宇宙也许注定会无限膨胀，或者稳定在一个平衡点上，或者会走向膨胀的反面，进入收缩状态，最后到达所谓的"大坍缩"（Big Crunch）。某些大坍缩模型拥有这样的宇宙，在坍缩后它又返回至膨胀状态，如此循环，一个周期比方说是 200 亿年。我们宇宙的标准模型说，时间与空间始于大爆

---

[1] 对于巨型宇宙中的人存原理，萨斯坎德作出了出色的辩护（2006）。他说大多数物理学家不喜欢这一观念。但我不明白这是为什么。我认为它是美丽的——也许因为我的意识已被达尔文所提升。

炸，那大约是在 130 亿年之前。不过系列的大坍缩模型也许会修正该命题：我们的时间和空间确实开始于一次大爆炸，但这仅仅是一系列大爆炸事件中最近的一次，而每一次大爆炸都开始于终结前一个宇宙的大坍缩。没有人理解在大爆炸的奇点中发生了什么，所以可以想象，每次的大爆炸，定律和常数都会被重新设定。如果爆炸—膨胀—收缩—坍缩就像一架宇宙手风琴那样反复张开合拢没有穷尽，我们就有了一个连续的而不是一个平行的多元宇宙版本。再次强调，人存原理仍能发挥解释作用。在系列宇宙中，只有少数被调整至具有生命起源的条件。当然，现在的宇宙必定是少数中的一个，因为我们就在其中。不过现在的情况却是人们不再像过去那样看好多元宇宙的这种系列版本，因为近来的证据正迫使我们远离大坍缩模型。现在看来我们的宇宙仿佛注定要永远膨胀下去。

另外一个理论物理学家，李·斯莫林（Lee Smolin）已经提出了一个关于多元宇宙理论的极为有趣的达尔文式变型，同时包括了系列和平行要素。在《宇宙的生命》（*The Life of the Cosmos*）中，斯莫林详细阐述了他的学说。该学说的核心在于，子代宇宙源于亲代宇宙，但不是通过一种完全的大坍缩，而是诞生于局部的黑洞之中。斯莫林还引进了某种遗传形式：子代宇宙的基本常数源于亲代宇宙常数的轻微"突变"。可遗传性是达尔文自然选择理论的基本要素，于是，斯莫林理论的其余部分自然就延伸出相应的内容。那些恰好具备"生存"和"繁殖"必需要素的宇宙得以在多元宇宙中占据优势地位。这些要素包括持续的时间足够长以至能够"繁殖"。因为繁殖发生在黑洞之中，于是，成功的宇宙必定适合形成黑洞。这种能力还相伴有许多其他的特性，比如物质聚集成尘云，进而形成恒星的倾向，这是形成黑洞的先决条件。如我们所知，恒星也是产生各种有趣的化学现象，进而产生生命现象的前提。所以，斯莫林提出，在多元宇宙中一直存在着达尔文式的自然选择，它直接促成了大量黑洞的演化，同时还间接有益于生命的诞生。不是所有的物理学家都能认同斯莫林的理论，尽管据说有人引用物理学家、诺贝尔奖获得者默里·盖尔曼（Murray Gell-Mann）的话说："斯莫林？那个具有疯狂想法的年轻人？他也许没错。"①一个诙谐的生物学家也许会怀疑，是否某些物理学家也需要来个达尔文意义上的意识提升。

许多人已经认同这一颇有吸引力的想法，即不应允许假定存在过多的宇宙，因为那毫无必要。如果我们允许存在多元宇宙，再往下推，一不做二不休，干脆就允许上帝的存在好了。难道它们不都同样属于多余的特设性的假说因而同样不能令人满意吗？但这样想的人恰恰还需通过自然选择来提升他们的意识。在本质上多余的上帝假说和表面上多余的多元宇宙假说之间的关键区别在于统计学上的不可能性。多元宇宙，尽管看似奢侈，但其实是简单的。而上帝，或任何智能的、会作决定以及会计算的代理人，和它要解释的实体，在统计学意义上具有同样的高度不可能性。就宇宙的数目而言，多元宇宙似乎有些奢侈，但如果这些宇宙中的每一个在基本定律上都是简单的，我们就并未设定任何高度不可能的东西。而对于任何一种智能，情况则恰恰相反。

已知某些物理学家是宗教徒（拉塞尔·斯坦纳德和约翰·波尔金霍恩牧师就是我曾提及的两个英国物理学家的例子）。不出所料，他们抓住物理常数全部落在黄金区间的不可能性，认定存在一种宇宙的智能，它有意进行了调整。我已通过指出这类意见实际上提出了比它们要解决的问题更大的问题而反驳了它们。但是，有神论者对此作出了什么回应？他们如何来回应这一论点——一个能够设计宇宙，并且还能谨慎和富有预见地调整它使它指向我们的演化的神，必定是一个极为复杂且不可能之实体，对这位神自身的解释难度更是超出了对其产品的解释难度？

如我们所料，神学家理查德·斯温伯恩认为他有一个回答，在《上帝是否存在？》一书中，他作了详细阐述。他一开始就表明，他是真心诚意、令人信服地证明，为什么我们总是偏爱符合事实的最简单假说。科学总是用更为简单事物的相互作用来解释复杂的事物，最终就是基本粒子的相互作用。我（我敢说还有你）会认为，所有物质由基本粒子组成，尽管这些基本粒子数目众多，但它们都源于一种小的、有限的粒子

---

① 默里·盖尔曼，由 John Brockman 在 "Edge" 网上引用。

类型，这就是一种美丽而简单的概念。如果我们对此有所怀疑，倒有可能因为我们认为这一概念太简单了。不过对于斯温伯恩来说，这一概念却一点都不简单，而是正相反。

假设任何一种类型的粒子，比方说电子，其数目众多，斯温伯恩就认为如此多的电子都有着相同的属性不太可能会是巧合。一个电子，他不介意。但数十亿的电子，它们都具有相同的性质，这实在令他觉得不可思议。在他看来，如果所有的电子彼此都不一样，那才是更简单、更自然、更不需要解释的现象。更进一步地，除了在某时某刻，没有一个电子会自然地保持其性质，每一个电子都处于捉摸不定的快速变化之中。那才是斯温伯恩心目中的简单性，事情的本来状态。任何更一致的现象（你和我都会认为这就是更简单）倒是需要一种特殊的解释。"就因为电子、铜片及其所有其他的物质，在 20 世纪所拥有的力量与它们在 19 世纪时相同，事物才一以贯之地如它们所是。"

这才要引进上帝。通过有意并连续地维持那全部数十亿电子以及铜片的性质，压制它们那种天生的野性和随机涨落，上帝救了场。那就是为什么只要看见过一个电子，你就算见过了所有电子；那就是为什么铜片都表现出铜片的性质，那就是为什么每一个电子和每一片铜在每一个瞬间、每一个世纪都表现出同样性质。正因为上帝随时掌控每一个粒子的情况，抑制其违规行为，强行勒令它们表现一致。

但是，斯温伯恩如何才能坚持认为，这一需要以无数根手指来同时掌控任性电子的上帝，会是一种简单的假说？显然，它恰恰正是简单的对立面。通过一种智力上的惊人的厚颜无耻，斯温伯恩成功地骗过了自己。他断言，毫无论证地断言，上帝就是一种单纯的物质。与无数个独立电子刚好具有相同性这一说法相比，这是多么出色而简洁的解释！

一神论主张，每一种存在物之所以能够存在并且能以同一性保持存在，只是因为一种物质，上帝。它还主张，每一种物质所具有的每一种性质都是由于上帝的原因以及允许而存在。这是作最少的假设从而给出简单的解释的典范。在这方面不可能有更简单的解释了，因为这一解释只假设了一个原因。一神论要比多神论更简单。一神论的假设仅有一个原因，一个（具有）无所不能（上帝能做任何逻辑上可能的事情），无所不知（上帝知道逻辑上可能知道的每一件事），以及无所不在的人。

斯温伯恩也慷慨地作出了让步，上帝不能完成逻辑上不可能的事，人们会对这样的自制表现出好感。已经说过，对无所不能的上帝来说，只要愿意进行解释，就不存在限制。科学在解释 X 时有些困难吗？没问题。不用正眼去瞧 X。上帝那无限的能力毫不费力就能解释 X（以及任何别的事），而且它提供的总是至为简单的解释，因为毕竟，只有一个上帝。还有比这更简单的吗？

实际上，几乎所有的东西都更简单。一个能够持续监控宇宙中每一个粒子状态的上帝不可能是简单的。它的存在本身就需要一种宏大的解释。更可怕的是（从简单性的观点来看），上帝那巨大意识的其他角落同时还得被更多的东西占用，如每一个人类个体的行为、情绪以及祈祷——也许还得照看其他星球上的智能生物，以及 1000 亿其他的星系。根据斯温伯恩的说法，上帝，甚至还不得不决定，当我们患上癌症时，绝不可通过奇迹来实施干预和挽救。那是因为，"如果上帝回应为某个亲人摆脱癌症而祈祷的人们，那么，癌症就将不再是人类要解决的一个问题"。于是，我们的时间该用来做什么呢？

不是所有的神学家都像斯温伯恩一样走得那么远。然而，"上帝假说是简单的"这一引人注目的观点在其他现代神学家的著作中也能够被发现。基思·沃德（Keith Ward），牛津神学钦定讲座教授，在其 1996 年的著作《上帝、可能性和必然性》（*God, Chance and Necessity*）中，就鲜明地论述了这一主题：

事实上，有神论者会主张，对于宇宙的存在来说，上帝是一种非常优美、简洁且富有成效的解释。它的简洁表现在，它把宇宙中每一件事物的存在和性质都归之于一种存在，一个终极原因，正是这一终极原因为万物，包括它自身的存在提供了理由。它的优美表现在，从一个关键概念出发，即一个最完美的可能存在，上帝的全部性质及其宇宙的存在便可被清晰地阐明。

　　和斯温伯恩一样，沃德误解了解释一件事是什么意思，他似乎也并不理解，说某件事情是简单的又意味着什么。我不清楚沃德是否确实认为上帝是简单的，或者上述引文仅是因"论辩之故"而用的权宜之计。约翰·波尔金霍恩爵士在《科学和基督教信仰》（Science and Christian Belief）中引用了沃德早期对托马斯·阿奎那思想的批评："它的根本错误在于设定上帝在逻辑上是简单的——简单不只是在他的存在是不可分的意义上，而且还在更为强烈的意义上，上帝任一部分的属性也就相当于整体的属性。然而，设定上帝具有不可分性的同时，还设定它具有内在的复杂性，在逻辑上仍是相当一致的。"沃德在此的表述是正确的。确实，1912年，生物学家朱利安·赫胥黎用"各部分的异质性"来定义复杂性，他所要表达的正是某种特定的功能上的不可分割性。[1]

　　此外，沃德还给出证据表明，神学思想在把握生命复杂性的来源时所面临的困难。他引用另外一位神学－科学家、生物化学家阿瑟·皮科克（我所说的英国具宗教信仰的科学家三重唱组合中的第三位成员）的话来设定生命物质中存在"趋向于复杂的天性"。沃德将此表述为"某种偏爱复杂性的固有的演化变化上的加权"。他继续指出，这样的一种天性"可能是突变过程上的某种加权，以保证更复杂的突变得以产生"。沃德对此有所怀疑，他也应当有所怀疑。进化之所以会趋向复杂，不是源于什么趋向复杂的内在天性，也不是源于有倾向的突变。它源于自然选择：正如我们所知，这是唯一最终能够从简单性中产生复杂性的过程，自然选择理论才是真正简单的，而生命的起源也一样。另一方面，它所能解释的事物的复杂性则几乎难以诉说：要比我们能够想象的任何事情

---

[1]　Ward（1996: 99）；Polkinghorne（1994: 55）。

都更复杂，省去了一个设计它的上帝。

剑桥会议的插曲

在最近剑桥召开的关于科学与宗教的会议上，我提出了一个论点，在本书中我称之为终极波音 747，至少可以这样说，我原本期待的是关于上帝的简单性问题的一场思想的交锋，然而我的由衷热忱却遭遇了失败。这一经历意味深长，我愿意在此分享。

首先，我应当忏悔（这可能是个正确的词），会议是由邓普顿基金会赞助的。听众是一小批精心挑选过的英美科学记者。在 18 位受邀的发言者中，我是被用以充场面的无神论者的代表。据其中的一位记者约翰·霍根（John Horgan）所说，他们每一个赴会者都得到了一笔总数为 15 000 美元的慷慨赞助，那是会议费用中最大的一笔开支。我极为惊讶。在我丰富的学术会议经验中，只有这一次，听众（与发言者相反）居然可以得到报酬。如果早知这一点，我立刻就会有所怀疑，莫非邓普顿基金会是利用金钱来收买科学记者以便让他们丧失科学立场？约翰·霍根后来也有同样的怀疑，于是就此事写了一篇文章。[1] 令我气恼难忍的是，他在文章中透露，由于主办方大肆宣扬我将作为发言人出席此会，于是，他和其他人就打消了顾虑：

英国生物学家理查德·道金斯的参会，令我和其他人相信会议的合法性，他是唯一一个抨击宗教信仰与科学不相容、宗教信仰的非理性和有害性的发言者。其他的发言者——3 个是不可知论者，1 个是犹太教教徒，1 个是自然神论者，还有 12 个是基督教徒（一个穆斯林哲学家在最后一刻退出了）——都提供了某种显然偏向于宗教和基督教的观点。

---

[1] J. Horgan《邓普顿基金会：一个怀疑论者的看法》(*The Templeton Foundation: a skeptic's take*)，Chronicle of Higher Education, 7 April 2006。还见 http://www.edge.org/3rd_culture/horgan06/horgan06_index.html。

霍根的文章充满了极为有趣的矛盾性。尽管有所疑虑，但他显然还是极为珍视这次经历的某些方面（我也是，下面我将表达这一点）。霍根写道：

通过与虔诚信徒的交谈，我对为何某些富有才智、受过良好教育的人会相信宗教这一问题的理解加深了。一个发言者大谈"说灵言"的经历，另外一个发言者描述了与耶稣的亲密关系。我的信念未有改变，但其他人却有所动摇。至少有一个同僚说，由于道金斯对于宗教的剖析，他的信念正在动摇。对于我希冀的一个没有宗教的世界而言，如果邓普顿基金会能够有助于迈出哪怕是这样的一小步，它又能有多坏呢？

霍根的文章通过作家代理人约翰·布罗克曼（John Brockman）的网站"边缘"（Edge）（经常被看作是一个在线的科学沙龙）再次公开亮相，引发诸多不同反应，其中还有来自理论物理学家弗里曼·戴森的观点。在接受邓普顿奖时，戴森有一段致辞，我在对他的回应中引用了其中的话。无论他是否愿意，由于接受该奖项，戴森已向世界送出了一个强有力的信号。那会被看作是世界上最著名的物理学家之一对宗教的认可。

我满足于成为众多基督教徒中的一位，他们并不很在意三位一体的教条和福音的历史真实性。

但是，如果要听起来像个基督教徒的话，任何一位无神论科学家难道不也能这样说吗？我进一步引用戴森的致辞，讽刺性地加上了我想象的戴森面对邓普顿官员逼问时的内心活动（括号中的话）：

（噢，你还想来点更深奥的？这些话怎么样……）

我对心灵和上帝没有作出明确的区分。上帝就是当心灵越过了我们理解的范围后呈现的东西。

（我说得还不够多吗？现在我能回去做物理学了吗？噢，还不够？好吧，再来点这个吧）

即使在 20 世纪的可怕历史中，我仍看见了宗教进步的某些证据。希特勒是公开的无神论者。[1] 他们是我们这一世纪罪恶的象征。

（现在我可以走了吗？）

戴森很容易就能驳倒他致辞中这些话语的含意，只要他愿意清楚地解释，他发现了什么证据得以相信上帝，在某种比爱因斯坦更多的意义上，正如我在第一章中所解释的那样，对于爱因斯坦的上帝，我们都是可以认同的。如果我理解霍根的观点，那就是邓普顿基金会的金钱腐蚀了科学。我确信，戴森没有受到腐蚀。但是，如果他的致辞似乎给其他人树立了一种榜样的话，那么，这依然是一种不幸。相比于提供给出席剑桥会议记者的钱，邓普顿奖的奖金要多出两个数量级，甚至显然被设定为高于诺贝尔奖。我的朋友，哲学家丹尼尔·丹尼特有一次用浮士德的口吻向我开玩笑说："理查德，如果你日子不好过……（也可以考虑出卖灵魂弄个邓普顿奖）"

无论是好是坏，我出席了两天剑桥的会议，作了一个报告并且参加了若干场次的讨论。针对神学家关于上帝能够设计一个宇宙，或诸如此类的说法，我的回应是，若确是这样，那么上帝必定是复杂的和统计学上不可能存在的。我听到的最强烈的反应是，我把科学认识论硬是野蛮地强加于对此不情愿的神学上。[2] 神学家总是把上帝定义成简单的。然而我，一名科学家，有什么资格来训导神学家，说他们的上帝必定是复杂的？既然神学家总是坚持认为，上帝位于科学之外，那么科学的论据，那些我在自己的领域中习惯使用的东西，在此就是不合适的。

---

[1]　第 7 章讨论这种诽谤。

[2]　这一指责令人想起 "NOMA"，我在第 2 章中有所讨论。

　　我不认为那些采取这种逃避式防卫策略的神学家故意不诚实。我认为他们是真诚的。不过，这不由得让我想起彼得·梅达沃（Peter Medawar）对德日进神父（Teilhard de Chardin）《人的现象》（*Phenomenon of Man*）一书的评论，有可能这是史上最伟大的负面书评："作者的不诚实仅基于这一理由才能得到谅解，即在欺骗他人之前，他已经极为痛苦地欺骗了自己。"[①] 我在剑桥会议上遇到的那些神学家把自己限定在认识论的安全地带，在此理性的论据无效，因为他们以绝对的命令宣称情况就是如此。我算老几，居然可以声称理性的论据是唯一可被接受的论据？除了科学之外，还有其他认知途径，在认识上帝时必须使用这些认知途径。

　　这些其他认识途径中最为重要的原来就是个人对于上帝的主观体验。在剑桥会议上有那么多讨论者宣称，上帝在他们的头脑里对他们说话，就像另外有一个人对他们说话那样生动和直接。我在第 3 章（"来自个人'体验'的论据"一节）中已经讨论了这一幻觉和幻想，但是，在剑桥的会议上我补充了两点。首先，如果上帝确实在与人类交流，那么，这一事实根本就不在科学之外。上帝无论来自什么灵界栖居地，当他雷厉风行般地进入我们的世界时，他的信息能够被人脑所截取，这样的现象怎么能说与科学无关？其次，一个能够同时向无数人发送可以理解的信号，又可以同时接收来自这些人的信息的上帝，无论他是什么，都不可能是简单的。如此大的带宽！上帝也许没有由神经元组成的大脑，或者由硅制成的 CPU（中央处理器），但如果他有上述能力的话，他必定会有比最大的大脑或我们所知的最大的计算机精致得多、有序得多的构成要素。

　　我的神学家朋友总是再三重复这一观点，即必定要有一种理由来解释为什么是"有"而非"无"，万事必定有第一因，因此我们也许就不得不借助上帝的名义。我说，是的，但是它必定是简单的，因此，无论我们叫它什么，上帝不是一个合适的名字（除非我们完全剥夺"上帝"这一词在大多数宗教徒心目中的含义）。对于最终托起这个已知世界并使它成为现在这一复杂存在的那个自我维系的起重机来说，我们所寻找的第

[①]　P. B. Medawar,《人的现象》之书评，重印于 Medawar（1982: 242）。

一因必定是其简单的基础。设想始初推动者是复杂得足够具有智能设计的能力，更不必说，它还得有同时了解无数人类心智的能力，这就相当于在玩桥牌时发给自己一副完美的牌一样。看看周围的生命世界，亚马孙雨林中，交错的藤蔓植物、凤梨科植物，根系和飞拱；还有行军蚁和美洲虎，貘和西猯，树蛙和鹦鹉出没于其中。你所见之景就是一副完美之牌在统计学上的等价物（想想这副牌的所有其他的组合法，没有一种能够成功）——除非我们知道它是如何产生的：通过自然选择这一渐进式的杠杆。不只是科学家反感于默认这种自发出现的不可能性，就连常识也会犹疑。设想那个第一因，也就是那个对为什么是"有"而非"无"负责的伟大的未知设计了宇宙并且能够同时与无数人交谈，这完全是对寻找解释的彻底放弃。它就是自我放纵、拒绝思想的一种可怕表现。

我决不提倡某种狭窄的科学思维方式。但是至少，任何对于真理的诚实追求若试图解释这样一种奇特的不可能性，比如一片雨林，一块珊瑚礁，或者一个宇宙，必须拥有的是一台起重机而非一个凭空出现的空中挂钩。起重机不必非得是自然选择。然而不得不承认，还未曾有人提出更好的机制。但可能还会有其他的机制等着被发现。也许物理学家所假定的"暴胀"，它发生于宇宙诞生的初始瞬间，当得到更好的理解时，却不过是一台宇宙起重机而已，堪与达尔文的生物学起重机相媲美。或者也许宇宙学家所寻找的这台难以捉摸的起重机就是达尔文概念本身的一种版本：斯莫林的模型或某种近似的模型。或者也许它是多元宇宙加上被马丁·里斯和其他人所支持的人存原理。也许它甚至就是一个超人设计者——但即便如此，它肯定不是一个突然出现，或总是存在的设计者。如果（我片刻都不相信）我们的宇宙是被设计的，更不用说如果设计者能够读懂我们的思想并且无所不知地给予忠告、宽恕和挽救，那么，设计者本身必须是某种逐渐上升的自动扶梯或起重机的最终产物，也许是另外一个宇宙中的达尔文主义版本。

我在剑桥提出的批评遭遇的最后抵抗就是攻击。我的整个世界观被谴责为"19世纪"世界观。这种糟糕的论点几乎不值得在此重述。但令人遗憾的是，我不断遭遇这种批评。不必说，把一个论点称作是19世纪的，绝不等于指出它为何是一种错误。某些 19 世纪的观念是非常好的观念，尤其是达尔文的颠覆性思想。不过这种特殊的说法似乎频频出现于一个人口中（剑桥一位著名的地质学家，正遥遥领先地走在通往未来邓普顿奖的浮士德之路上），这位学者由于认定《新约》确有其事，从而为自己的信仰进行辩护。然而，恰恰是在 19 世纪，尤其是德国的神学家，对于所谓的确有其事表现出深深的怀疑，用的就是基于证据的历史方法。事实上，剑桥会议的神学家迅即指出了这一点。

无论如何，我了解"19 世纪"这个嘲弄的梗。它就相当于"村里的无神论者"，相当于"与你似乎认为的相反哈哈哈哈我们相信的不再是一个有长长的白胡须的老人哈哈哈哈"。上述这三个玩笑还是某些别的事情的代名词，这就好比，如果生活于 20 世纪 60 年代的美国，那么，"法律和秩序"就是政客们对于反对黑人偏见的代名词。那么，在关于宗教的辩论的语境中，什么才是"你是如此 19 世纪"这一说法的隐藏含义？它可被解读为："你是如此粗鲁和不敏感，你怎么可以如此迟钝、无礼，以至于如此直接地问我这样的问题，如'你相信奇迹吗？'或者'你相信耶稣是生于童贞女感孕？'你难道不知道在上流社会我们不问这类问题？这种问题在 19 世纪就过时了。"但是想想，为什么在今天向宗教徒问起这类直截了当的问题就是不礼貌？正是因为它令人尴尬啊！但令人尴尬的不是问题而是回答，如果回答是"是"的话。

现在回过头来看 19 世纪，情况一清二楚。对于一个受过教育的人士来说，那是最后一个时代，他可以承认自己相信诸如童贞女感孕这样的奇迹同时又不带有尴尬的神情。在逼问之下，今天许多受过教育的基督教徒太过忠诚以至不愿否认童贞女感孕和死后复活。但这种承认又令他们感到尴尬，因为他们理性的头脑知道那是荒谬的，所以他们不愿意面对这样的问题。因此，如果像我这样的人坚持要提这样的问题，反而是我背上了"19 世纪"的罪名。想想也实在是有趣。

离会以后我大受鼓舞，并强化了我的信心，不可能性论点——"终极 747"策略——是一个非常严肃的可用于反对上帝存在的论据，不过我还未听到任何来自神学家的具有说服力的回答，尽管已有无数次的机会和邀请给予了他们。丹尼特正确地把它描述为"一种无可反驳的驳斥，它在今天所具有的力度，正如两个世纪之前在休谟的《自然宗教对话录》中斐洛对克里安西斯的痛斥。一只凭空的挂钩至多不过是拖延了对问题的解答，但是，休谟在当时不可能设想任何起重机，所以他只好认输"[1]。当然，休谟要是知道达尔文后来提供了至关重要的起重机，他会多么喜爱。

本章包含了整本书的中心论点，所以，甘冒唠叨的风险，我把它们总结为 6 个串联的要点。

1. 数个世纪以来，人类智力所面临的最大挑战之一，就是解释宇宙中看上去是出自设计的、复杂的、不可能的事物是如何产生的。

2. 把表面上的设计归之于实际的设计，有一种天然的诱惑力。在诸如手表这样的人工制品中，设计者确实是一个智慧的工程师。于是，人们忍不住就会把同样的逻辑用于眼睛或翅膀的构造上，用于蜘蛛或人的身上。

3. 这种诱惑是靠不住的，因为设计者假说立刻就引出了一个更大的问题，是谁设计了设计者？我们一开始面临的整个问题就是要解释统计学上的不可能性。显然，假设一个更为不可能的存在并不能解决问题。我们需要一台"起重机"，而不是一只"凭空的挂钩"，因为唯有起重机才能逐步地、合理地从简单性构建出（没有它则）不可能的复杂性。

4. 至今所发现的最精妙的，也是最有力量的起重机乃是达尔文的通过自然选择而进化的理论。达尔文及其后继者已经表明，生物界所具有的这种壮观的统计学上的不可能性及其表面上的设计性，是从简单的开始，通过缓慢、渐进的演化达成的。现在我们能够放心地说，生物界的设计幻觉不过只是一种幻觉而已。

5. 在物理学上，我们目前还没有类似的起重机。某种多元宇宙理论在原则上可能为物理学作出解释的工作，就像达尔文为生物学所做的那样。相比于达尔文理论，这种解释表面上不能令人满意，因为它更依赖

---

① 丹尼特（1995: 155）。

于运气。但是，人存原理使我们有权去假定远超我们有限的人类直觉所能接受的一种幸运。

6. 我们不应当放弃物理学中会有某种更好的起重机出现的希望，某种如达尔文理论在生物学中那样的富有力量的理论。尽管在物理学中仍缺乏一种堪与生物学起重机相匹配的起重机，我们现在拥有的相对较弱的起重机，在人存原理的支持下，仍要胜过智能设计者这一弄巧成拙的凭空挂钩假说。

如果本章的论点被接受，宗教的事实前提——上帝假说——就站不住脚了。上帝几乎肯定是不存在的。这就是本书到目前为止的主要结论。如此接下来就会有许多问题。即便我们接受上帝不存在，宗教不还是有很多好处吗？它不能提供慰藉吗？它不是能鼓励人们行善吗？如果没有宗教，我们怎么才能知道什么是善？不管怎么说，为什么要对宗教充满敌意？如果它是假的，为什么世界上每一种文化都包含有宗教呢？无论真假，宗教是普遍存在的，那么它来自何处？最后这个问题将是我们下一章的主题。

第 5 章 宗教的起源

在一个进化心理学家看来，尽管宗教活动普遍荒唐，耗费大量的时间和资源，带来痛苦和匮乏，但却生动表明宗教也许是有适应性的，生动得犹如山魈的臀部。

——马雷克·科恩（Marek Kohn）

进化论上的必要性

宗教来自哪里？为什么所有的人类文化都会有宗教？对此，人们见仁见智。宗教给人带来安慰和惬意，宗教带给群体以某种凝聚力，它满足了我们渴望理解为何我们存在的愿望。我稍后会涉及这类解释，但在此之前，我首先要关注一个更优先的问题，我们将看到它优先的原因：一个有关自然选择的达尔文主义的问题。

知道我们是达尔文意义上的进化产物，我们就应当这样问：最初是什么压力或自然选择施加了何种压力，推动了宗教的产生？从标准的达尔文主义的经济角度来考虑，这个问题显得更加紧迫。宗教是如此的浪费，如此的铺张，按惯例，自然选择就是针对并且要淘汰浪费。大自然是一个吝啬的会计师，它锱铢必较，紧盯着时间，惩罚哪怕是最轻程度的奢侈。正如达尔文所解释的，"自然选择"无情并且不断地，"每日每时，在世界范围内，密切监控每一个变异，哪怕是最微小的；淘汰不利的变异，保存并且积累有利的变异；悄无声息、不知不觉地起作用，无论何时无论何地，只要有机会，生命体就利用自然选择来改进自身"。如果一个野生动物习惯性地做某些无用的事情，自然选择就会把生存机会让给其竞争对手，因为这些对手在生存和繁殖这些有用的事情上投入了更多的时间和精力。大自然承担不起轻佻的娱乐。无情的功利主义必胜，尽管看上去并不总是如此。

表面上看，孔雀的尾羽就是一种相当出色的娱乐。它确实无利于其拥有者的生存。但是它有利于这样的基因，即让拥有者与其不够华丽的竞争对手相区别。尾羽是一种广告，在自然界的经济体系中，通过吸引雌性而赢得其地盘。同样的情况还可见于雄性园丁鸟费时费力地搭建凉亭这一行为：凉亭就好比一种外在的尾羽，由小草、细枝、色彩斑斓的浆果、花朵所组成，若条件许可，还会添上珠子、小玩意、瓶盖等。或者，选择一个与广告无关的例子，"蚂蚁浴"（anting）：某些鸟类有这种古怪习惯，例如松鸦，会置自身于一个蚁巢里"洗澡"，或者说使蚂蚁蓄于其羽毛间。没人清楚蚂蚁浴的益处究竟是什么，也许是某种卫生习惯，用于清除羽毛间的寄生虫；对此还有其他各种假说，但全都没有确切的证据支持。不过这种细节上的不确定，不能也不应当妨碍达尔文主义以极大的自信作出假设，即蚂蚁浴必定"有利于"某些事情。在这种情况下，常识也许会同意，但达尔文式逻辑有一种特定的理由进行这样的思考：如果鸟类不这样做，它们的基因成功的统计学前景也许会降低，尽管我们还不知道这种降低的确切方式。结论由两个前提推出，即自然选择惩罚耗时耗力却无谓的行为，以及观察发现特定的鸟类在做着耗时耗力的蚂蚁浴。如果可用一句话来概括这一"适应主义"原理，无可否认，它带有那么一点极端和夸张的风格，那就是哈佛著名的遗传学家理查德·卢文廷（Richard Lewontin）所说的："我认为所有的进化论者都会同意这一点，即想要比一个处于其自身特定环境中的生命体做得更好，实际上是不可能的。"[①] 如果蚂蚁浴对于生存和繁殖没有正面用途，自然选择也许在很久以前就会偏爱那些避免这么做的个体。一个达尔文主义者会忍不住对宗教持有同样的看法。因而有必要对此进行讨论。

---

① 见 Dawkins（1982: 30）所引用。

在一个进化论者看来，宗教仪式"如同阳光下林间空地上的孔雀那样醒目"（丹尼特的说法）。宗教活动就是鸟类蚂蚁浴或搭建凉亭的行为在人类身上的显而易见的等价物。它耗时耗力，极尽装饰，就如同天堂鸟的羽毛。宗教可能会危及一个虔诚个体的生命以及其他个体的生命。成千上万的人因为他们对某一宗教的忠诚而受尽折磨和迫害，在许多情况下，这些所谓的不同信仰几乎难以区分。宗教吞噬资源，有时甚至达到惊人的程度。一座中世纪的大教堂可能会耗费几个世纪的时间来建造，且绝对不是用于居住或任何有用的目的。它是否类似于建筑上的孔雀尾羽？如果是这样，这种广告又是针对谁而做？中世纪和文艺复兴时期天才们的精力大量地奉献给神圣的音乐以及虔诚的绘画。虔敬的人们为他们的神而死或为他们的神而杀。他们的后背因为鞭笞而流血，他们发誓终生独身或隐世，一切皆为了奉献于宗教。宗教的益处是什么？

所谓"益处"，在达尔文主义中通常是指增进个体基因的生存。但容易忽略因而必须强调的是，达尔文意义上的益处并不局限于个体的基因。益处关乎三种可能的对象。一种源于族群选择理论，我接下来会讨论它。第二种来自我在《延伸的表现型》（*The Extended Phenotype*）一书中主张的理论：你正在考察的个体可能正处于另一个体，也许是某种寄生虫的基因的密切影响之下。丹尼特提醒我们，普通感冒对所有人来说都极为常见，其作用方式正如同宗教对我们的影响，然而我们并不因此认为，感冒有益于我们。大量的例子表明，动物的行为会受到操纵，使它有益于让寄生物传播至下一个宿主。我用"延伸的表现型的中心法则"这一说法来概括其要点："动物的行为倾向于使'支持'那一行为的基因的生存最大化，而无论那些基因是否恰好处于实施这一行为的特定动物的体内。"

第三种，在"中心法则"中，"基因"可以被更为一般的术语"复制子"替代。宗教普遍存在这一事实可能意味着，它对某些事情是有益的，但不是对我们或我们的基因有益。它也许仅对宗教概念本身才有益，以至它们的行为方式就类似于基因的行为方式，作为复制子而起作用。我将在后面，"轻轻地踩啊，因为你踩的是我的文化基因"的标题下讨论这一内容。我想继续把重点放在达尔文理论的传统解释上，在它看来"有益"意味着对个体的生存和繁殖有益处。

以狩猎、采集为生的人们，例如澳洲的土著部落，其生活方式就有可能类似于我们的远古祖先。新西兰／澳大利亚的科学哲学家金·斯特尼（Kim Sterelny）强调，在他们的生活中有一种强烈的反差。一方面，在极其苛刻的生存环境下，他们是顽强的幸存者，因为他们的实用技能已在考验中发挥到了极致。但是，斯特尼又继续指出，作为人类这一物种所拥有的智能而言，我们的智能又是乖张的。正是同样的人们，他们与自然打交道时是如此机敏具有悟性，知道如何才能生存；但同时他们的头脑里又充满混乱的信念，这些信念是明显错误的，非常保守地说，至少也是"无用"的。斯特尼本人熟悉巴布亚新几内亚岛的土著居民，他们生活于险恶的条件之下，食物难以随手获取，依靠的是"对其生物学环境的一种传奇般的精确了解。但是这种了解却又同深层次的并且是破坏性的着魔（obsession）结合在一起，这就是对女性月经污染以及巫术的着魔。许多当地文化被巫术和魔术带来的恐惧所困扰，伴随着这种恐惧而来的就是暴力"。斯特尼向我们提出问题："我们怎么可能如此聪敏同时又如此愚钝？"[1]

尽管在细节上有所差异，但全世界我们所知的文化无一缺少某种版本的耗时、耗财、激起敌意的仪式活动，违背事实、适得其反的宗教白日梦。某些受过教育的个体也许已经放弃宗教，但所有人都在某种宗教文化中长大，因此他们通常不得不有意识地作出决定，是否要离开宗教。那个古老的北爱尔兰笑话"是的，但你是一个新教无神论者还是一个天主教无神论者？"掺杂了一个痛苦的事实。可以把宗教行为看作是人类的普遍现象，正如异性恋也是人类的普遍现象一样。它们都允许有个别例外，但所有那些例外都已太过了解他们已经背叛的那个规则。一个物种的普遍特征就需要一种达尔文主义的解释。

显然，很容易就能解释性行为的进化意义。它与生育孩子有关，尽

---

[1] K. Sterelny, 'The perverse primate', in Grafen and Ridley（2006:213～223）。

管有时避孕或同性恋看上去与这一点不符。但是宗教行为呢？为什么人类要斋戒、下跪、屈膝、自虐，疯子似的对着墙壁点头，加入十字军，或是沉溺于代价高昂消耗生命甚至在极端情况下会终结生命的活动？

宗教的直接好处

有若干证据表明，宗教信念可使人们避免与压力有关的疾病。证据不是那么充足，但如果确实如此也无须惊讶，因为其原理正如同信心疗法在某些情况下有效那样。我希望对此无须再强调，即这种有益的后果绝没有强化宗教命题的真值。用萧伯纳（George Bernard Shaw）的话来说，"一个信仰者要比一个怀疑论者更幸福这一事实，绝不比一个醉酒者要比一个清醒者更幸福这一事实有更多的意义"。

医生在某种程度上给予病人的就是安慰和信心。这一点毋庸置疑。我的医生确实不是通过伸出双手来实施信心疗法的。但许多次，当我听到从一个戴着听诊器的智慧的脸上说出一种令人安心的声音，我的轻微不适立刻"不治而愈"。这种安慰剂效应历历可证，毫无神秘可言。事实证明，毫无药理作用的安慰剂，确能增进健康。这就是为什么双盲药物测试必须使用安慰剂作为控制组的原因。顺势疗法的药物（homoeopathic remedies）似乎有效的原因也正在于此，即便它们已被过度地稀释以至于活性成分的含量几乎与安慰剂一样——是零。顺便提及，律师入侵医生领域的一个不幸的副产品是，现在医生害怕在正常的行医活动中开出安慰剂处方。还有就是官僚机构迫使他们在病人能够获取的书面记录中标明安慰剂，这当然与目标背道而驰。顺势疗法医师也许相对较为成功，因为他们不像正统的开业医师，依然被允许利用安慰剂——以另一种名义。他们还有更多的时间可用于谈话并且对病人表现出亲切仁慈。而且，在顺势疗法的更早期，其名声不经意地通过这一事实而得到增强：它的药物完全没有任何效果，相反，那些正统的医疗实践，比如放血疗法之类，反倒造成了伤害。

宗教是一种通过减轻压力来延长生命的安慰剂吗？有可能，尽管该理论还必须接受怀疑论者的批评，后者指出，在许多情况中，宗教是在制造压力而不是缓解压力。例如，一个有着普通人的缺点以及低于一般人的智力的罗马天主教徒受到半永久的病态的罪孽感的折磨，难以相信，这会有益于他的健康。也许单独挑出天主教徒作为例子有失公正。美国喜剧演员凯茜·拉德曼（Cathy Ladman）评述道："所有的宗教都是一样的：宗教基本上就是罪恶感，只是假期不同而已。"无论如何，我发现安慰剂理论不足以说明在世界范围内广泛存在的宗教现象。我不认为我们拥有宗教的原因是它减轻了我们祖先的压力程度。对于这一现象来说，那不是一个足够大的理论，尽管它提供了一种辅助性的说明。宗教是一种庞大的现象，它需要一个庞大的理论来解释。

其他理论则完全没有抓住达尔文理论的解释要点，我指的是这类说法，比如"宗教满足了我们关于宇宙以及我们在其中的地位的好奇心"，或者"宗教是一种安抚"。其中也许有某些心理学上的道理，我们将在第10章中加以讨论，但它们本身都不是进化意义上的解释。正如史蒂文·平克（Steven Pinker）在《心灵如何工作》（*How the Mind Works*）中所尖锐地指出的那样，安抚理论"仅仅提出了这一问题——为何心灵会进化出在信仰中寻求安慰，既然它心知肚明那是假的？一个快要冻死的人相信他是暖和的，这毫无安慰作用；一个与狮子面对面的人无法通过坚信那是一只兔子而变得轻松"。至少，安抚理论需要被翻译为进化论的术语，那要比你能想象的更难。心理学对于人们发现某些信仰使人愉快或令人厌恶的效应的解释，只是直接的解释，而非根本性的解释。

达尔文理论尤其重视直接解释与根本性解释之间的区别。对于内燃机汽缸内气体膨胀的直接解释是诉诸火花塞。而根本性的解释则涉及膨胀的设计目的：推动汽缸的活塞，从而转动曲轴。宗教的直接原因也许是大脑特定部位的极度活跃。我不追问大脑中是否有一个所谓"上帝中枢"这样的神经学概念，因为在此我不关注直接原因问题，当然这绝不意味着轻视它们。出于简便讨论的目的，我推荐迈克尔·舍默的书《我们如何相信：在科学时代寻找上帝》（*How We Believe: The*

Search for God in an Age of Science），该书提及迈克尔·珀辛格（Michael Persinger）及其他人的观点，即幻想型的宗教体验与颞叶癫痫有关。

不过本章所关心的话题是达尔文主义的根本性解释。如果神经科学家发现在大脑中有一个"上帝中枢"，那么像我这样的进化论科学家依然要去弄清有助于它产生的自然选择压力。为何我们祖先的大脑会有这样一种遗传倾向去发展出一个上帝中枢，它使得我们的祖先要比没有此中枢的对手繁殖更多的后代吗？相比于神经学的直接问题，进化意义上的根本性问题并不更好、更深刻、更科学。但是，它恰恰是我此刻正在讨论的问题。

达尔文主义者也决不满足于政治上的解释，诸如"宗教是一种被统治阶级用来征服下层阶级的工具"。美国的黑奴确实因为与来世有关的承诺而得到安慰，这种承诺平息了他们对当下生活的不满，因而有利于他们的主人。宗教是否源自邪恶的教士或统治者的故意设计？对于关心此事的历史学家来说，这是一个有趣的问题。但是，就其本身而言，这却不是一个进化意义上的问题。达尔文主义者还想进一步知道，为什么人们容易被宗教的魅力所吸引，从而被教士、政客和国王所利用。

一个邪恶的操纵者也许会利用性欲作为政治权力的工具，但我们依然需要进化意义上的解释，即为什么它会有效。在性诱惑的情况下，答案容易找到：我们的大脑被设置成享受性，因为在自然的情形中，性可以产生婴儿。或者，一个政治操纵者也可利用酷刑来达到他的目的。再一次地，达尔文主义者必须解释，为什么酷刑是有效的，为什么我们会竭尽全力避免强烈的痛苦。那似乎是老生常谈，但是达尔文主义者依然需要亲口说出来：自然选择已经把痛苦的感知设置成危及生命的身体伤害的标志，因而将我们"编程"为避开痛苦。某些极其罕见的个体，他们不能感知痛苦，或者并不在意它们，通常会在年轻时就因受伤而死去，而我们则都会采取措施免遭伤害。无论是源自邪恶地利用，还是只是自发地呈现，什么才能从根本上解释对上帝的渴求？

族群选择

某些所谓的根本性解释原来却是，或明确地就是"族群选择"理论。族群选择理论是有争议的学说，它是指，自然选择在物种之间或其他的个体族群间起作用。剑桥考古学家科林·伦弗鲁（Colin Renfrew）指出，基督教通过一种族群选择形式而生存，因为它培植群体内的忠诚以及兄弟般的爱这样的观念，这就令宗教性群体有更多的生存机会。美国的族群选择理论信奉者威尔逊（D. S. Wilson）在其《达尔文的教堂》（*Darwin's Cathedral*）中独立地提出了一个相似的说法，并有详尽论证。

下述一个假想的例子，用以表明一个关于宗教的族群选择理论说的是什么内容。一个信仰好战的"战神"的部落战胜了另外一个部落，后者的上帝强调和平与和谐，或者完全没有上帝。坚定地相信殉教而死将会直达天堂的武士勇敢地作战，并且乐于牺牲自己的生命。所以具有这种宗教的部落更有可能在部落间的冲突中生存下来，夺取被征服部落的牲畜并掠抢其妇女作为自己的妻妾。如此成功的部落得以大规模繁殖并且衍生出更多的子部落，它们全都崇拜相同的部落神。顺便提及，一个群体繁殖出许多子群体，如同一个蜂窝里飞出一大堆蜂，不是难以置信的事情。人类学家纳波列·查格农（Napoleon Chagnon）在其对"狂暴的人们"（Fierce People）的著名研究中，描述了这种部落的裂殖现象，这些人是南美丛林中的 Yanomamö 人。[1]

查格农不是族群选择理论的支持者，我也不是。该理论面临着强大的反对意见。作为这场争议的参与者，我必须谨防自己跑题，从而远离本书的主线。某些生物学家对这两种观念混淆不清：一种是真正的族群选择，正如上述战神部落这一假想的例子；另一种他们虽称之为族群选择，但其实更接近亲属选择或互惠利他主义（见第 6 章）。

我们这些轻视族群选择理论的人承认，原则上族群选择可能发生，但

---

① N. A. Chagnon,"Terminological kinship, genealogical relatedness and village fissioning among the Yanomamö Indians", in Alexander and Tinkle（1981: ch.28）。

问题在于它是否能够算作进化中的一种重要力量。当族群选择被用来解释个体的自我牺牲，与更低层次的选择压力相比较，更低层次的选择压力更为强大。在我们假想的部落，它的战士大多是一些渴望为部落而牺牲的个体，他们希望得到的回报就是进入天堂。不过想象其中有一个自私的战士，在战争中只考虑保护自己的生命，于是他就会有略多的机会存活下来而不致丧命。他的同伴成为烈士就更多地成全了他而不是其余的人，因为那些人都将死去。他要比别人有更多的机会繁殖后代，而他那不愿成为烈士的基因则更有可能遗传至下一代。因此在未来的世代中，成为烈士的倾向就会有所降低。

这只是一个简单化的小例子，但它确实揭示了族群选择理论所面临的一个难以解决的问题。以族群选择理论来解释个体的自我牺牲，总是很容易受到来自内部的颠覆。相比于群体的灭绝和裂殖，个体的死亡和繁殖在时间尺度上更短，频率也更快。利用数学模型可精致地构造出某些特定的条件，在这些条件之下，族群选择可以在进化上具有力量。这些特定条件在自然界中通常是不切实际的，但也可以说，人类部落群体中的宗教，培育的恰恰是这些不现实的特定条件。这是一条有趣的理论路线，但在此我将不展开讨论，而是仅涉及达尔文本人的观点。必须承认，尽管达尔文通常坚定地站在个体选择的层次上，但当他讨论人类部落问题时，却更接近族群选择的观点：

当两个原始部落，生活在相同的地方而展开竞争时，如果其中的一个部落（其他条件相同）具有更多勇敢、富有同情心和忠诚的成员，他们总是乐于彼此警告危险，彼此提供援助和守卫，毫无疑问，该部落更有成功的机会并征服对方部落……自私及涣散的人们不会有凝聚力，缺乏同仇敌忾将会一事无成。拥有上述特质的部落将比其他部落有更多扩展并获胜的机会。不过随着时间的推移，就过去的所有历史来判断，它最终又会被某些其他具有更高品质的部落所打败。①

---

① C. Darwin，《人类的由来》（The Descent of Man，New York:Appleton, 1871）vol. 1, 156。

为了使可能正在阅读本书的生物学专家满意，我应当补充一下，达尔文的思想不是严格意义上的族群选择，不是真正意义上的成功的群体分出子群体，这种分裂的频率在一个群体集合（metapopulation）中有可观的意义。相反，达尔文眼中具有利他主义合作精神的成员的群体，其扩张和数量上的增长是就个体的数量而言的。达尔文的模型更像是英国灰色松鼠扩张取代红色松鼠的过程：是生态学意义上的取代，而不是真正的族群选择。

宗教作为其他现象的副产品

无论如何，现在我要暂时搁置族群选择，回到我本人对宗教在进化意义上的生存价值的看法。我是人数越来越多的把宗教看作其他现象的副产品的生物学家中的一员。更一般地说，我相信，如我这样思考进化意义上的生存价值的人们，必须"考虑副产品"。当我们追问任何事情的生存价值的时候，也许我们正在问的是错误的问题。我们需要以一种更有益的方式来重提问题。也许我们感兴趣的特征（在当前的话题中是宗教）本身并不具有直接的生存价值，而是某些具有生存价值的其他现象的副产品。我发现从我所研究的动物行为学领域的角度上作一个类比，对介绍副产品这一概念会有所助益。

飞蛾扑火，这绝不像一种偶然的意外，它们竭尽全力焚身于火。我们可称之为"自我牺牲行为"。当冠之以这种煽情的说法之后，我们惊讶于自然选择怎么会偏好这样的行为。我的观点是，在能够作出一个聪明的回答之前，我们首先必须重新来设想这一问题。那并不是自杀。表面上的自杀现象实际上只是其他现象的一种无意的副作用或副产品而已。是什么现象的副产品？请看这一可能性，它将有助于说明观点。

黑夜里人造的光线仅是（生命史上）晚近时代才有的现象。在此之前，黑夜里的光线仅来自月亮和星星。它们在光学上几乎位于无限远处，因而来自它们的光线都是平行的，于是就适合于用作定位。已知昆虫会利用太阳和月亮等天体使自己精确地保持直线飞行，当它们外出取食完毕返巢时，也会利用相同的罗盘，只是颠倒过来而已。昆虫的神经系统擅长于建立这类临时性的经验规则："以使光线与眼睛保持 30 度角的路线飞行。"因为昆虫具有复眼（从眼睛中心向外辐射分布的笔直管道或光导管，就像是刺猬的刺一样），所以这件事可能在实际上就类似于使光线保持在某个特定管道或小眼中那么简单。

但是光罗盘严重依赖于无限远处的天体。如果光源不是位于无限远处，光线就不会平行而是散射，就像是轮子上的轮辐一样。现在神经系统把 30 度角（或任何锐角）这一经验法则应用于附近的蜡烛，好像它就是无限远处的月亮，此时的飞蛾，就会沿着螺旋形的轨迹，直扑火焰。您可以自己画一下看看，以某个特定的锐角，如 30 度角，您就可以画出一条最终导向蜡烛的优美的对数螺线（等角螺线）。

尽管在这一特定的情形下有此致命的结局，但总体说来，飞蛾的经验法则依然是行之有效的，因为对于飞蛾来说，相比于月光，烛光只是一种罕见的现象。我们并没有注意到上百只飞蛾，安静有效地根据月光或明亮的星光，甚至是从遥远城市发出的光线来进行定位飞行。我们仅仅只是看到飞蛾扑火，于是就提出了一个错误的问题：为什么所有这些飞蛾都要自杀？其实我们应当问的是：为什么它们会有这样的神经系统，使得它们能够通过与光线保持固定的角度来控制飞行方向，而我们仅仅在这一策略出了问题的时候才意识到了它。当问题被改正后，其神秘性自然也就消失了。将飞蛾扑火称为自杀本就是错的。那只是在正常情况下有用的一种罗盘失效时的副产品。

现在，把这一副产品的教训应用到人类的宗教行为上去。我们观察到许多的人——在不少地方甚至达到 100%——所拥有的信念显然与可验证的科学事实以及其他人所信奉的其他宗教相冲突。人们不仅满怀激情地拥护这些信念，而且还全身心地投入于其中。他们为这些信念而死，或为这些信念而杀人。我们对此感到惊奇，正如我们对于飞蛾的"自我牺牲行为"感到惊奇一样。出于困惑，我们要问这是为什么。但在我看来，我们问的可能是错误的问题。宗教行为也许就是一种误用，一种深层心理习性的不幸的副产品，而在其他的情况中，这种习性是有用的，或曾经是有用的。根据这一观点，我们的祖先经自然选择而得到的这种习性本不是宗教；它有某些其他的益处，它只是附带地表现为宗教行为。只有当我们重新认识问题所在之后，才能理解宗教行为。

如果说，宗教是其他现象的副产品，那么，这个其他现象又是什么呢？是什么对应飞蛾的这一习性，即通过天体发出的光线来定位飞行方向？什么才是那个原初有利的性状，因偶然误用而产生了宗教？我将通过举例的方式提出一个观点，但必须强调，那仅是我所说的这类事情的其中一个例子，我还将涉及其他人所提出的观点。对我而言，相比某个特定的答案，我更重视的是一般的原则，即问题本身应当是正确的问题，如有必要则应当重写问题。

我的特定假设与儿童有关。相比于任何其他物种，我们的生存模式更多地依赖先人积累的经验，为了儿童的安全及健康，那些经验必须传授给他们。从理论上来看，儿童可以从个人经验中吸取教训，比如不要太靠近悬崖边缘，不要去吃从未尝过的红色浆果，不要在鳄鱼出没的水里游泳。但是至少，拥有如下经验法则的儿童大脑会有一种选择优势：毫无异议地相信你周围的成年人所告诉你的一切。服从你的父母，服从部落里的长者，尤其当他们以一种严肃、警告的语调说话时。无条件地信任长者，对于儿童来说，这通常是一条宝贵的法则。但是，就像在飞蛾身上发生的那样，它有可能出错。

我难以忘怀一次恐怖的布道，那是在我很小的时候，在学校的小礼拜堂。回忆就让我觉得恐怖：当时，由于牧师的有意煽动，我的小脑袋接受了这些。他告诉我们关于一班士兵的故事，这些士兵正在铁道边上演练。就在一个关键时刻，演练长官的注意力有所分散，他没有发出暂停命令，而这些士兵又被训练得绝对服从命令，因而他们继续行进，径直走向了正在驶来的列车的轨道。当然，现在的我不会再相信这个故事，我希望牧师也不相信它。但在我 9 岁时却相信它，因为我是从一个威望高于我的成年人那儿听到这一故事的。无论他本人是否相信，牧师却希望我们这些儿童要以这些士兵的盲从为荣并向他们学习，无条件地服从命令，无论该命令是多么荒谬，只要它是来自一个权威人物。就我个人来说，我认为我们当时确实以此为荣。成年后，让我感到难以置信的是，儿童时期的我，居然极想知道自己是否有勇气为了服从命令而赴死于列车轮下。这件事情也有可取之处，就在于我牢牢记住了自己的感受。布道显然给我留下了深刻的印象，我不仅记住了它，而且还告诉了你。

公正地说，我不认为牧师这样做是在有意承担一种宗教使命。这个故事更多要传达的是一种军事而非宗教寓意，体现的是丁尼生（Tennyson）《轻骑兵进击》（*Charge of the Light Brigade*）中的精神。[①] 当年其实牧师很适合引用：

前进，轻骑兵！

可有人沮丧灰心？

不必去想士兵会知道

有人已经疏忽犯错：

无人回答，

无人发问，

只需冲锋陷阵：

进入死亡之谷，

骑兵六百名。

（人类嗓音的最早最粗糙的记录之一就是丁尼生大人本人朗诵这首诗，那空荡荡的声音穿越幽深的过去，久久回响在黑暗的时间隧道里，给人留下深刻的印象，与诗的主旨有一种怪异的相宜。）从高高在上的发令者的角度来看，允许每一个士兵自行判断是否要服从命令，这也许是

---

① 胡适早期将丁尼生（1809—1892）的 *The Charge of the Light Brigade* 翻译为《六百男儿行》（后人也有译为《轻骑兵进击》或《英烈传》），原诗描写克里米亚战争（1853—1856 年英、法、土与俄之战）。当时，英国人恼怒俄国人侵略土耳其，更害怕失去大英帝国的全球统治地位，故而卷入了这场战争。期间，600 名英国轻骑兵因错误混乱的命令而进攻有沟壕防卫的俄国炮兵阵地，致使三分之二的士兵阵亡。丁尼生见报立即赋此"民谣"，谴责英军指挥官的昏庸无能，惋惜士兵无谓的牺牲——译者注

一个愚蠢的行为。对于一个国家的军队来说，如果士兵都各自发挥自己的能动性而不服从命令，结果就是战败。从国家的角度来看，服从命令仍旧是一项好的经验法则，即便有时它会给个体造成悲剧。士兵们被尽可能地训练成像机器人或计算机这样的工具。

计算机只做指令让它们做的事情。它们奴隶般地服从任何程序设定的指令。它们就是这样来执行有用的任务，如文字处理、电子表格计算等。但是，作为一种不可避免的副产品，它们同样会机械般地服从错误的指令。它们无法知道一项指令的效果是好是坏。它们只知服从，正如要求士兵所做的那样。正是这种无条件的服从，使得计算机成为有用的工具，而也正是同样的原因，使得它们不可避免地易受各种病毒的侵袭。一个恶意程序这样命令，"复制我并把我发送到你在硬盘上发现的每一个地址"，计算机也只会服从，并且之后所有接收到这条命令的计算机再次服从这条命令，造成一种指数式的增长。要设计一种计算机，既能做到服从，同时又要避免病毒感染，这是极其困难的，甚至是不可能的。

如果我的铺垫已做得足够好，那么你就已经能自己完成我关于儿童大脑与宗教的论证了。自然选择使得孩子的大脑具有一种倾向：相信他们的父母以及部落长者所告诉他们的任何话。这种信赖与服从对于生存来说极有好处：类似于飞蛾根据月光来定位飞行方向。但是，这种服从的另外一面就是容易上当受骗。其不可避免的副产品就是易受心灵病毒的感染。就进化意义上的生存而言，孩子需要信任父母，以及父母告诉他们必须信任的长者，这样做有充足的理由。不过由此带来的一个必然结果就是，信赖者无法区分这些建议的好与坏。孩子不可能知道"不要在鳄鱼出没的河里戏水"是一个好的建议，而"你必须在满月时祭献一头山羊，否则就求不到雨水"最多只是浪费时间和山羊。这两种警告听起来都是同样的可以信赖。它们都来自一个可尊敬的人物，充满庄严和诚挚，令人肃然起敬并不得不服从。而在有关于世界、宇宙、道德和人性的事情上也是一样。而很自然地，当孩子长大并有自己的后代时，他也会把自己所得到的一切观念再原封不动地传给后代——无论是有意义的还是无意义的——用同样富有感染力的庄严语调。

根据这一模型，我们可以预料，在不同地方，不同的独断的信仰，虽然完全没有任何事实根据，但都将被传承下去，对它们的确信就如同肥料对庄稼有好处这样的有用的传统和智慧。我们还可以预料，迷信和其他没有事实依据的信仰都会就地演化——历经世代而变化——或是随机演变，或是通过某种类似于进化选择的机制，最终表现出一种与共同祖先有重要差异的形态。在有足够时间及地理隔离的情况下，语言就会产生分化（一会儿我再来讨论此问题）。同样的情况似乎也发生在毫无根据且独断的信仰和训诫这类现象上，它们世代传承——也许儿童大脑有用的可编程性，为信仰提供了有利条件。

宗教领袖们充分意识到儿童大脑的易受感染性，他们知道在早期进行训导的重要性。耶稣会士夸口道，"给我一个孩子的最初 7 年，我将给你一个特定的成年人"，这无异于确切（或不怀好意）的老生常谈。最近，詹姆斯·多布森（James Dobson）——恶名昭彰的"关注家庭"运动 ① 的创立者，同样熟知这条原理："谁控制年轻人被教些什么，经历什么，即决定他们看什么，听什么，想什么以及相信什么，那么谁就将决定这一民族的未来走向。" ②

但是记住，我关于儿童心灵这种有用的轻信的假设，仅是可与飞蛾通过月光或星光来定位飞行方向进行类比的那类现象的一个特定例子。生态学家罗伯特·欣德（Robert Hinde）在《上帝为何持续存在》（*Why Gods Persist*）中，人类学家帕斯卡·博耶在《被解释的宗教》（*Religion Explained*）中，斯科特·阿特兰在《我们信仰各种上帝》（*In Gods We Trust*）中，都各自独立提出了宗教是一种正常心理倾向的副产品的一般观点——我应当补充说，是许多副产品，因为人类学家尤其着重强调世界宗教的多样性以及它们的共同点。人类学家的发现对我们来说似乎有些不可思议，那仅仅因为它们是陌生的。所有的宗教信仰对于不在其中成长的人

---

① 当我在科罗拉多一辆汽车的车尾贴上看到"关注你自己那该死的家庭"时，我被逗乐了，但现在的我不觉得那么好笑了。也许某些儿童需要得到保护，以免受他们自己父母的错误灌输（见第 9 章）。

② 出自 Blaker（2003:7）。

来说都有些不可思议。博耶研究了喀麦隆的芳人 ①，他们相信：

> ……巫婆有一种额外的类似于动物的内部器官，于是，可在夜晚飞来飞去破坏其他人的农作物或在他人的血液中下毒。据说这些巫婆有时会召开大型宴会，在宴会上大肆吞噬受害者并策划未来的攻击。许多人会告诉你，一个朋友的朋友确实看见了在夜晚的村庄里正在飞行的巫婆，坐在香蕉叶子上，向各个没有防备的受害者投掷魔法飞镖。

博耶接着谈起了自己经历的趣事：

> 当我在剑桥的一次晚宴会上谈起这些以及其他异闻时，其中一位客人，一位著名的剑桥神学家，对我说："人类学如此迷人同时又如此难的原因正在于此。你必须解释人们何以会相信如此荒谬的事情。"我惊得哑然失声，还没等我做出一个贴切的回应——提醒他这是以五十步笑百步，话题已转向了其他事情。

假设剑桥的这位神学家是一位主流基督教徒，他可能相信如下的一些说法：

· 在古代，一个男人的生母是一位童贞圣母，他没有一位生物学上的父亲。

· 就是这个没有父亲的男人，大声呼唤一位叫作拉撒路的朋友，他已经死了很长时间，长得足以发臭，而拉撒路旋即活了过来。

· 这位没有父亲的男人自己在已死去并被埋葬了 3 天之后复活。

· 40 天之后，没有父亲的男人走到一个山顶随后消失于天空。

· 如果你在心里自言自语，这位没有父亲的男人，以及他的"父亲"（同时又是他自己）将听见你的想法并有所反应。同时他也能听见

---

① 即 Fang, 分布在非洲几内亚湾东部海岸——译者注

世界上每一个人的想法。

· 如果你做了些坏事，或做了些好事，这位无父之人都能看见，甚至在没有任何别人能够看见的情况下。据此你得到回报或惩罚，包括在你死后。

· 这位没有父亲的男人的童贞圣母从未死亡但肉体"升入"了天堂。

· 饼和酒，如果受过一位教士（他必须有睾丸）的祝福，就"成为"了这位无父之人的躯体和血液。

一位客观的人类学家，若是在剑桥作田野调查时初次接触这套信仰，他会作何反应？

宗教的心理学基础

心理学副产品这一概念自然地源自进化心理学这一重要和正在发展中的领域。[①] 进化心理学指出，正如眼睛是用于视物的器官，翅膀是用于飞行的器官那样，大脑是若干器官（或模块）的集合，专门用于应付一系列数据处理的需要。有处理亲族关系的模块，有处理互惠交换的模块，有处理移情作用的模块，等等。宗教可被认为是其中一些模块误用之后的副产品，比如形成关于他人想法的理论的模块，结成联盟的模块，支持群体内成员、反对陌生人的区别对待模块。所有这些模块在人类身上的作用就相当于飞蛾的天体导航系统，极易被误用，由此造成我所说的儿童时期的轻信。心理学家保罗·布卢姆（Paul Bloom）是"宗教是副产品"学说的另一位提倡者，指出儿童有一种倾向于心灵二元论的天性，在他看来，宗教就是这样一种本能性的二元论的副产品。他指出，我们人类，尤其是儿童，都是与生俱来的二元论者。

一个二元论者承认在物质和精神间有一种根本差异。相反，一元论

---

① 例如见 Buss（2005）。

者则相信，精神只是物质的一种呈现，源于大脑中的具体物质或类似于一台计算机，不可能脱离物质而存在。二元论者相信，心灵是某种居住于肉体但又独立于肉体的精神，因此可以想象，它能够离开肉体而存在于别处。二元论者很容易把心理疾病解释为"被恶魔附体"，这些恶魔只是暂时寄居于躯体之中，因此它们可以被"驱除"。二元论者竭尽全力把非生命的物理客体人格化，甚至在瀑布和云朵中都能看见精灵与恶魔。

安斯蒂（F. Anstey）1882 年的小说《反之亦然》（Vice Versa）对二元论者而言是说得通的，但对于像我这样的彻头彻尾的一元论者来说，严格说来可谓令人费解。巴尔蒂图德（Bultitude）先生和他的儿子不可思议地发现，他们已经互换了身体。有了儿子身体的父亲，只好去上学，儿子当然对此很高兴；而有了父亲身体的儿子，由于做出不成熟的决策几乎要毁了父亲的生意。沃德豪斯（P. G. Wodehouse）在《笑气》（Laughing Gas）中运用了相似的情节，其中哈弗肖特（Havershot）伯爵和一个童星同时在相邻的牙医椅子上被施以麻醉，苏醒时却已互换了身体。这样的情节仅对一个二元论者来说才有意义。必定有某些与哈弗肖特伯爵相关却并不属于他的身体的东西，否则他如何能够在一个儿童演员的身体里苏醒？

像多数科学家一样，我不是一个二元论者，但我仍然很容易就能够欣赏《反之亦然》和《笑气》这样的文学作品。保罗·布卢姆会说，这是因为，尽管我已经学会成为一个理智的一元论者，但我依然是一个动物意义上的人，因此仍是一个本能的二元论者。无论我们在理智上如何主张一元论，但下述观念却深深地根植于我以及每一个人的心灵深处，这就是，在我眼睛后面的某处栖居着一个"我"，至少在想象中，它能够移居到其他人的头脑里。布卢姆以实验证据来支持他的论点，那就是儿童比成年人更可能倾向于二元论，尤其是幼儿。这表明二元论的倾向深植于大脑，在布卢姆看来，这为宗教观念的流行提供了一种自然的易感体质。

布卢姆还指出，我们也天生倾向于成为一个神创论者。自然选择"在直觉上没有道理"。儿童尤其倾向于赋予一切事物以目的，正如心理

学家德博拉·凯勒曼（Deborah Keleman）在其论文《儿童是直觉上的有
神论者吗？》（*Are children "intuitive theists"?*）中所告诉我们的那样：[①]
云朵是"为了下雨"；尖锐的石头是"为了让动物在痒痒时用来蹭痒"。
给每一样事物都赋予目的，叫作目的论。儿童是天生的目的论者，而许
多人从未因长大而摆脱过它。

我们是天生的二元论者和目的论者，条件适当时，我们就会倾向宗
教，效应正如飞蛾那天生的光罗盘却让它们在无意之中做出"自杀行为"
一样。天生的二元论倾向使我们极易相信有一个"灵魂"，它栖居于躯体
之中而不是躯体内在的一部分。容易想象，这样一种独立于躯体的精神
能够在躯体死亡后移至别处。也很容易想象，神作为一种纯粹的精神而
存在，不是一种复杂物质的自然属性，而是独立于物质而存在。更显而
易见的是，儿童的目的论恰为我们预设了宗教。如果万物都有目的，那
是谁的目的？当然，是上帝的。

但对应于飞蛾光罗盘的用途的又是什么？为什么自然选择会偏爱我
们的祖先及其孩子大脑中的二元论和目的论？至此，我对"天生的二元
论者"理论的说明只是简单地指出，人类生来就是二元论者和目的论者。
但是，它有什么进化上的益处？预判世界上的事物的行为对我们的生存
来说是重要的，可以预料自然选择已经把我们的大脑塑造成可以有效迅
速地行使这一功能。也许二元论和目的论就是服务于这种能力的？借用
哲学家丹尼尔·丹尼特所谓的意向立场（intentional stance）的概念，我
们或许能更好地理解这一假说。

关于"立场"，丹尼特提供了一种有用的分类方式，将它们分为三
类。我们采取这些立场以便试图理解并从而预判诸如动物、机器或我们
彼此之间的行为。[②] 这就是物理立场、设计立场和意向立场。物理立场
总是在原则上起作用的，因为所有的事情最终总得服从物理定律。但是，
用物理立场来处理事情，可能会非常低效。等到我们坐下来计算完毕一

---

① Deborah Keleman, 'Are children "intuitive theists"? 'Psychological Science 15: 5, 2004, 295-301。
② Dennett,（1987）。

个复杂客体处于动态之中的组成部分的所有相互作用时，我们对其行为的预判就有可能已经太迟了。对于一个确实经由设计而成的对象，比如像一台洗衣机或一把石弓，设计立场就是一种经济有效的捷径。通过越过作为原理的物理部分而直接诉诸设计，我们就能够推测客体的行为。正如丹尼尔所说：

只需对外观作最不经意的观察，几乎任何人就都能预判一个闹钟什么时候会响。闹钟是由发条驱动，电池驱动，还是太阳能驱动，是用黄铜齿轮、宝石轴承还是用硅芯片制成的，这些都无须知道或无须操心知道，人们只需认定它是为此而设计的，那么闹铃就会在它被设定的时刻响起。

生命体不是被设计的，但达尔文自然选择理论却允许用某种设计立场来处理它们。如果假设心脏是"被设计"用来泵血液的，我们对它的理解就会方便许多。卡尔·冯·弗里希（Karl von Frisch）被引向研究蜜蜂的色觉（传统的看法认为它们是色盲），因为他假设花的明亮颜色是被"设计"用来吸引蜜蜂的。我在这儿用的引号是被设计用来赶走自欺欺人的神创论者的，要不然他们可能就会宣称这位伟大的奥地利动物学家跟他们是一伙的。不用说，他完全能够把设计立场翻译成恰当的进化论术语。

意向立场是另外一条捷径，它要比设计立场更有效。假设一个实体不只是为一种目的而设计，而且，它还是，或者包含一个有意图的、指导其行为的动因。当看到一只老虎时，你最好迅即对它可能会有的行为作出预判。不要去想它的分子组成，也不要去想它的四肢、利爪和牙齿是如何设计的。当它打算来吃你时，它会用灵活多变的方式来运动它的四肢、利爪和牙齿以便达到这一目的。对其行为的最快速的预判方式就是忘记物理学和生理学，直接切入其捕猎意向。注意，正如设计立场所处置的对象与其实际上是否被设计无关，意向立场所处置的对象也并不都具有实际的意图。

在我看来，意向立场作为一种大脑机制，当个体面对危险的环境和严峻的社会状况时，由于它可迅速作出反应，因而具有生存价值。并非一目了然的是，二元论是这种意向立场的必然共生物。在此我不再深入讨论，但我认为可以展开讨论这样一种情况，即完全可以用二元论来描述的某种关于他人心智的臆测，可以构成意向立场的基础——尤其在复杂的社会情景中，更尤其当更高层级的意向性发挥作用时。

丹尼特说到第三级意向性（男人相信，女人知道他想要她）、第四级意向性（女人意识到，男人相信女人知道他想要她），甚至第五级意向性（巫术师猜测，女人意识到男人相信女人知道他想要她）。非常高层级的意向性可能仅限于虚构，正如迈克尔·弗雷恩（Michael Frayn）在其喜剧小说《罐头人》（*The Tin Men*）中讽刺性地描写的那样，"注视着努挪波洛斯，利克知道，他几乎确定，由于菲德林柴尔德不能理解安娜对他的感觉，安娜对于菲德林柴尔德有一种极度的轻蔑，安娜也知道，尼娜知道她了解努挪波洛斯知道这一情况……"我们会对这样的虚构情节感到好笑，如此曲折地推论他人的想法，可能告诉了我们某些重要的事情，即关于在真实世界中经由自然选择而来的我们心智的运作方式。

至少在较低的层级，意向立场正如设计立场一样，节省了对生存至关重要的时间。于是，自然选择就把大脑塑造成使得意向立场成为一种捷径。我们在生物学上被编程为把意向赋予一个其行为与我们密切相关的实体。布卢姆又一次引用实验证据表明，孩子尤其倾向于采取意向立场。当婴儿看见一个看上去在随另外一个物体而动的物体时（例如，在计算机的屏幕上），他们就会假设自己正在目睹一场追逐游戏，其发起者是一个有意向的行动者，当想象中的行动发起者追逐失败时，他们显露出的惊讶表情证明了这一事实。

设计立场和意向立场都是有用的大脑机制，对于快速预判与生存密切相关的实体，比如掠食者或潜在的交配对象的行为来说极其重要。但是，就像其他的大脑机制一样，这些姿态有可能遭到误用。儿童以及原始人把意向赋予天气、波浪、水流、落石。我们也都倾向于如此对待机器，尤其当它们令我们失望时。许多人都还充满感情地记得，巴兹尔·

弗尔蒂（Basil Fawlty）的汽车中途熄火了，当时他正要完成挽救美食之夜的重要使命。于是，他先是给他的汽车以严正警告，倒数到三，然后走出汽车，弄来一根树枝痛打汽车①。我们大多数人都做过类似的事情，或多或少，不是对汽车的话就是对电脑。贾斯廷·巴雷特（Justin Barrett）发明了缩写词 HADD（hyperactive agent detection device），用于表示这种"亢进的动因探测器"。我们过于敏感地去寻找并不存在的动因，这使得我们倾向在自然界实际上不偏不倚的情形中猜疑恶意或善意。我就发现自己对于某些无辜的无生命物体，比如我自行车的链条，会突然怀有强烈的怨恨。最近见到一则辛酸的报道，一个男人在剑桥菲茨威廉博物馆（Fitzwilliam Museum）行走时被自己松开的鞋带绊倒，于是从楼梯上跌落，打碎了三件价值连城的清代瓷瓶，"他在花瓶中间着地，瓶子碎成了无数片。当管理人员出现时，他依然呆坐在那里。在场的每一个人都因震惊而说不出话来。而这个男人不停地指着他的鞋带说，'是它，它才是肇事者'"。②

欣德、舍默、博耶、阿特兰、布卢姆、丹尼特、凯勒曼以及其他人也都提出了关于宗教作为副产品的其他解释。其中丹尼特提出的一种可能性尤其有趣，在他看来，宗教的非理性是大脑中一种特定的固有的非理性机制的副产品：一种我们可能具有遗传优势的倾向，即坠入爱河。

人类学家海伦·费希尔（Helen Fisher）在《我们为什么爱》中，已经出色地表达了浪漫爱情的疯狂性，以及它与严格意义上的必需相比是何等过火。我们发现，从一个男人的角度来看，他所认识的任何一位女子都不太可能要比她最相近的竞争者更可爱百倍，然而当他坠入"情网"时，他却有可能这样形容她。与我们易于接受的对单配偶制的盲目投入相比，其实某种"多配偶制（polyamory）"倒是更理性的表现。赞成多配偶制或多重伴侣关系的人相信，一个人能够同时爱上几位异性，正像一个人能够爱上不止一类酒、作曲家、书籍或运动一样。我们也愉快地

---

① BBC 情景喜剧《弗尔蒂旅馆》第一季第 5 集中的情节——译者注
② Guardian, 31 Jan. 2006。

承认，我们能够爱许多孩子、父母、兄弟姐妹、教师、朋友或宠物。当你想到这些时，难道不觉得我们期望的婚姻之爱所具有的那种完全的排他性绝对是不可思议的？然而，那正是我们所期望的，也正是我们所要实现的。那么必定有一个原因。

海伦·费希尔及其他人已经表明，恋爱状态与某种独特的大脑状态相伴，包括在这种状态中独有的对神经系统起作用的典型化学物质的出现（在效果上，就是天然毒品）。进化心理学家同意费希尔的观点，非理性的一见钟情（coup de foudre）可能是一种确保合作中的父母彼此忠诚的机制，它要持续一段足够长的时间，以便共同抚育孩子。从进化的角度来看，毫无疑问，有足够的理由和重要性去选择一个出色的搭档。但是，一旦选择完成——即使选得不怎么样——并怀上了后代，在任何情况下忠于那个选择就变得更为重要，至少直到孩子断奶之前。

非理性的宗教会不会是这种非理性机制的副产品，这种机制最初是为了恋爱而被自然选择植入大脑的？宗教信念与恋爱确有某种相同之处（而且两者都有许多类似服用成瘾药物后呈现出的特点[①]）。神经精神病学家约翰·斯迈西斯（John Smythies）警告，这两种狂热激活的大脑区域之间存在重要差别。然而，他也注意到其间有某些相似性：

宗教的诸多表现中的一种就是，对某个超自然的个人，即上帝，集中表现出强烈的爱，同时还膜拜它的象征物。人类的生活在极大程度上是被我们那自私的基因以及心理强化的过程所驱动的。正面的强化许多来自宗教：在一个充满危险的世界上，因为被爱并受到保护而获得温暖和安慰，不再惧怕死亡，在艰难时日通过祷告而得到来自山上的帮助，等等。同样，对一个真实存在的人（通常是异性）的浪漫之爱，也表现为对他者的强烈关注以及与之相关的正面强化。这些感觉可以被其象征物所触发，例如信件、照片，在维多利亚时代甚至还有秘藏的头发。恋

---

① 见我关于危险麻醉品 Gerin Oil 的揭露文章：R. Dawkins, 'Gerin Oil', Free Inquiry 24: 1, 2003, 9~11（Gerin Oil 是道金斯虚构的一种毒品，这个词是对单词 religion 字母顺序的重构。——译者注）

爱的状态有许多生理学上的伴随物，例如发出像火炉那样的叹息。①

1993 年，我曾在恋爱与宗教之间作过比较，我提到，受到宗教感染的个体表现出的症状"令人吃惊地使人联想起那些通常与性爱相关的表现。这是大脑中一种极其有效的力量，因此无须惊讶，已有某些病毒进化出利用它的能力"（在此"病毒"是对宗教的一种比喻：我的文章的题目叫作《心灵的病毒》）。亚维拉的德兰（St Teresa of Avila）著名的性高潮幻觉太过老生常谈，无须再引用。更严肃地说，在一个不那么直接肉体的层面上，也即那些相信圣餐变体论之神秘的人们所能期待的纯粹欢愉，哲学家安东尼·肯尼（Anthony Kenny）提供了动人的证词。作为一个罗马天主教的神父，在圣职授任弥撒上，需要被施以按手礼，在描述了这一仪式后，他又继续生动地回忆道：

最初几个月我沉浸于洋洋得意之中，我有权主持弥撒了。向来有赖床习惯的我，却是早早起床，并且完全清醒，想到我被赋予权力去主持的重大仪式，心中充满兴奋……

最令我着迷的是触碰基督的圣体，神父与耶稣的亲密接触。在祝圣仪式上致辞完毕后，我会凝视圣体，用恋人那种脉脉含情的眼神……初当神父的那些日子留给我的记忆就是那种满足与令人颤抖的幸福感；这种感受是宝贵的，不过也因脆弱而难以持久，就像一段浪漫的热恋在一门不相配的婚事面前戛然而止。

飞蛾光罗盘效应的对应物是表面上非理性但却有用的对于某一异性同类的专一的迷恋。与飞蛾扑火这样的因误用而得到的副产品相对应的，就是爱上耶和华（或者爱上童贞圣母马利亚，或者一块薄饼），并且由于这种爱的激发而做出非理性的行为。

生物学家刘易斯·沃尔珀特（Lewis Wolpert）在《早餐之前六件不可

---

① Smythies，（2006）。

能之事》(*Six Impossible Things Before Breakfast*) 中提出的观点可被看作是
对建设性的非理性这一概念的概括。在他看来，非理性的强烈信念是对变
化无常的心灵的一种保护："在人类的早期进化中，如果不是强烈持有生
存的信念，那也许就是一种不利的性状。例如，在打猎或制造工具时，心
神不定就是严重不利的。"沃尔珀特的观点暗示，至少在某些情况下，持
有一种非理性的信念要比犹豫不定更好，即便新的证据或推理都倾向于作
出改变。"坠入情网"显然可以看作是一种特殊的情形，相应地，沃尔珀
特的"非理性的坚持"也可以看作是另外一种有用的心理学倾向，可以解
释非理性的宗教行为的一些重要方面：不过是另外一种副产品而已。

在《社会进化》(*Social Evolution*) 一书中，罗伯特·特里弗斯
(Robert Trivers) 进一步丰富了他于 1976 年提出的关于自我欺骗的进化
论理论。自我欺骗是指：

将真相掩藏于自己清醒的神志之外，这要比将其掩藏于人前更好。
在我们自己这个物种身上我们意识到，闪烁不定的眼神、出汗的手掌、
低沉沙哑的语调可能提示了伴随对尝试欺骗的清醒意识而出现的压力。
而当欺骗变成一种无意识行为时，欺骗者就能够对观察者隐藏这些迹象。
他或她可以一边撒谎，一边却不表现出有意识的欺骗所伴有的那种紧张。

人类学家莱昂内尔·泰格（Lionel Tiger）在《乐观主义：希望生物
学》(*Optimism: The Biology of Hope*) 中也有相似的表述。与我们刚刚
所讨论的那种建设性的非理性的关联见于特里弗斯关于"知觉防卫"的
段落中：

在人类中存在着一种倾向，即有意识地看见他们所希望看见的东西。
他们确实难以看见具有负面内涵的事物，而对有正面意义的东西则格外
敏感。例如，无论是因为个人经历的缘故，还是因为实验的操纵，人们
总是需要在更多启发之下，才会察觉到那些会唤起焦虑的话语。

而这种倾向与宗教的愿望思维之间的关联自然无须赘言。

宗教作为一种偶然的副产品，作为某些有用的东西的误用，这个一般性的理论就是我想提倡的。其中的细节丰富多彩，尚有讨论的余地。为便于说明，我将继续用我的"易于轻信的儿童"理论作为一般意义上的"副产品"理论的代表。对这一理论，即出于恰当的理由，儿童大脑容易受到精神"病毒"的感染，某些读者会认为不够完善。精神容易受到影响，但为什么是受这种而不是那种病毒所感染？某些病毒是否尤其善于感染脆弱的心灵？为什么感染表现为宗教而不是其他什么东西？在我看来，是何种特定风格的废话感染儿童大脑无关紧要，问题在于一旦感染，儿童就会在长大后用同样的废话影响下一代，无论废话刚巧是什么。

如弗雷泽的《金枝》这样的人类学考察给我们留下的深刻印象就是人类非理性信仰的多样性。非理性的信仰一旦在某一文化中得到确立，它们就会延续、演化并分化，其方式令人想起生物的进化。不过弗雷泽还是洞悉了某种一般性原理，例如"顺势疗法的魔法"，依靠符咒和咒语借用真实世界中他们意图影响的对象的某些象征性的方面。带来悲剧性后果的一个例子就是相信磨成粉的犀牛角具有壮阳的特性。这种传说源于角的形状被假想为与雄壮的阴茎有相似之处，这当然是愚蠢的。"顺势疗法的魔法"如此广为流传的事实表明，感染易受影响的大脑的废话并不完全是随便、任意的废话。

追求生物学上的类比，想弄清某些作用机制是否与自然选择相对应，这是一件吸引人的事情。是否某些观念比其他观念更易扩散，因其具有内在的吸引力或好处，或者与已经存在的心理倾向更兼容，以及这能否用来说明我们所见的现实宗教的性质和特点，就像我们用自然选择来解释生命体？关键是要理解此处的"好处"仅仅意味着生存和扩散的能力。它绝不意味着一种正面的价值判断，即我们作为人类可以引以为豪的东西。

其实即使就某种进化模型而言，自然选择也不是必需的。生物学家承认，基因在一个种群中的扩散，可能并不因为它是一个好基因，而只是简单地因为它运气比较好。我们称此为遗传漂变。与自然选择相比它有多重要，曾是一个有争议的问题。但是它现在以所谓的分子遗传学中性理论这一形式，已得到广泛承认。如果一个基因突变为自身的一个不同版本，但所达到的效应是同样的，这种差异就是中性的，自然选择便不会偏爱其中任何一个。然而，历经数代，通过统计学家所谓的取样误差，在基因库中，新的突变形式可能最终会取代最初的形式。这是一种分子层次上的真实的进化改变（即使在整个生命体的层次上未见有改变）。这是一种与选择优势无关的中性演化变化。

遗传漂变现象在文化上的等价物是一个有说服力的选项，当考虑宗教的演化时，我们不能忽略这一点。语言是以一种准生物学的方式演化的，它的演化方向看起来是无定向的，完全类似于随机漂移。它由遗传学在文化上的等价物传递，在数个世纪中缓慢地改变，直至最后不同的支流分化到彼此无法相互交流的程度。语言的演化有可能是在某种自然选择机制的引导下进行的，但是，这个论点似乎不那么具有说服力。下面我将解释，某种这样的观点已在语言的主要趋势问题上被提出，例如，15～18世纪发生的英语的元音大推移（the Great Vowel Shift）。但是，对于解释我们所观察到的大部分现象来说，这样的功能性假说并不是必需的。语言通常通过随机遗传漂变在文化上的等价形式演化，看起来是可能的。在欧洲各地，拉丁语经漂变成为西班牙语、葡萄牙语、意大利语、法语、罗曼什语和这些语言的不同方言。亦即至少这些演化上的变化并没有明显反映出地区优势或"选择压力"。

我猜测，宗教就像语言一样，以足够的随机性演化，最初它具有充分的任意性，直到产生出了我们所见到的令人困惑、有时是危险的多样性。与此同时，有可能某种形式的自然选择外加人类心理的共性，又确保了多样化的宗教在重要的特征上具有共通性。例如，许多宗教都有这样的教义，它在客观上难以置信但在主观上却颇有吸引力，即我们的人格在躯体死亡后依然存在。灵魂不朽这一观念得以生存和扩散，是因为它迎合了愿望思维。而愿望思维有价值，是因为人类心理中有一种近乎普遍的倾向，它允许信仰被欲望所修饰〔正如《亨利四世：第二部》

（*Henry IV Part II*）中老国王对他的儿子所说的，"你那么想是因为你希望那是真的，哈利"。[1]〕

似乎毫无疑问的是，宗教的许多属性也非常适合于帮助宗教自身的生存，以及人类文化炖锅中的其他有关属性的生存。现在的问题在于，这种适应性是得自"智能设计"还是自然选择。答案可能是两者兼有。就设计而言，宗教领袖们完全能够用语言表达那些有助于宗教生存的策略。马丁·路德（Martin Luther）就充分意识到理性是宗教的大敌，他不断地警告它的凶险性："理性是信仰的最大敌人，它无助于灵性上的事情，反而常常与神的命令相抵触，蔑视来自上帝的声音。"[2] 以及："无论是谁要成为一个基督徒，他就应当卸下理性之眼。"还有："所有基督徒的理性都应被摧毁。"对路德来说，通过智能地设计一种宗教的非智能特点，以有助于宗教的生存，会是一件毫无困难的事。但是，这并不必然意味着，他或任何其他人确实设计了它。宗教也可能由某种（非遗传）形式的自然选择演化而来，路德不是它的设计者，而是一个看出其功效的精明观察者。

尽管传统的达尔文主义基因选择可能偏爱制造了宗教这一副产品的心理天性，但它却不像是塑造了细节。我已经暗示，如果我们打算把某种形式的选择理论应用于那些细节，应当考察的不是基因，而是它们在文化上的等价物。宗教是作为文化基因（meme）的某种元素而存在的吗？

---

[1] 这并不是我原创的笑话：见《1066 *and that*》。

[2] http://jmm.aaa.net.au/articles/14223.htm。

轻轻地踩啊，因为你踩的是我的文化基因 ①

宗教之真理，即幸存之观念。

——王尔德（Oscar Wilde）

本章始于这一观察：达尔文的自然选择憎恶浪费，因而一个物种的普遍特征，比如宗教，就必定具有某种优势，否则它就不可能得以生存。但我又提示，这种优势不是非得有助于个体自身的生存或成功繁殖。正如我们所看到的，对流感病毒有利的基因充分解释了我们这个物种中普遍存在的痛苦疾病。② 而且有益的东西甚至不一定是基因。任何复制子都行。基因仅是复制子中最为明显的例子。其他还有计算机病毒，文化基因——文化传承的单位，以及本节的主题。如果要去理解文化基因，我们必须先要仔细地看一下自然选择的确切作用机制。

就其最一般形式而言，自然选择必须在两个类似复制子之间进行选择。一个复制子就是一段被编码的、可精确复制自身的信息，其间偶尔会出现不正确的拷贝复本或"突变"。这里的意义就是达尔文理论的要义。那些恰好有利于更多复制自身的复制子变异，逐渐取代了其对手亦即更不善于复制自身的变异。就最基本的意义而言，那就是自然选择。最典型的复制子就是一个基因，一段 DNA，它几乎总以极端的精确性进行复制，世代相传。文化基因理论的中心问题就是，是否存在类似的文化单位，像真正的复制子那样行为，像基因那样起作用。我并不是说文化基因必须与基因十分类似，我只是认为，它们越是像基因，文化基因理论就会越有效力。本节的目的在于探讨文化基因理论是否适用于宗教这一例子。

---

① Tread softly, because you tread on my memes. 这个标题取自叶芝的诗《他祈望天国的锦绣》（Aedh Wishes for the Cloths of Heaven），原来的诗句是 Tread softly, because you tread on my dreams，作者将 dreams 改成 memes. meme 又译作模因、迷因、谜因、弥因，最早由道金斯本人在《自私的基因》中提出，这里译为文化基因——译者注

② 尤其是在我的国家，根据自古流传下来的刻板印象："素来冷漠（cold）的英国人。"源于 F. S. Pearson《断裂的法国人》（Fractured French），还有其他的谚语，如"剪草机"，喻对生命的大规模破坏——译者注

　　在基因的世界里，复制中的偶尔差错（突变）确保了在基因库中任何给定的基因都有其可替代的变体，这就是等位基因，因而它们之间就存在着竞争关系。为什么而竞争？为属于那套等位基因的染色体上的特定位置或"基因座"而竞争。如何竞争？不是通过分子之间的直接争斗，而是通过代理人。代理人就是它们的"表型性状"，如腿长或毛色：基因在解剖学、生理学、生物化学或行为上的具体呈现。一个基因的命运在正常情况下与它所栖身的躯体紧密相关。基因通过影响躯体而影响自己在基因库里的生存机会。在世代的更替中，通过其表型的代理人，基因库里的基因在频率上就会增加或减少。

　　文化基因也是通过这样的方式而起作用的吗？文化基因不像基因的一个方面是，文化基因中没有染色体、基因座、等位基因或有性重组的明显对应物。相比于基因库，文化基因库缺少结构性和组织性。不过，认为存在一个文化基因库，其中特定的文化基因可以有一种"频率"，能够作为彼此间存在竞争关系的文化基因竞争互动的结果而变化，这显然也不是毫无道理的。

　　一些人反对文化基因这样的解释，理由各不相同，不过通常都与这一事实相关：文化基因完全不像基因。现在已知基因的确切物理性质（那就是一段DNA链），而文化基因的性质则未知，不同的文化基因论者对其物理媒介各持己见，混淆了视听。文化基因仅存在于大脑中吗？或者每一篇纸质、电子版作品，比如一段打油诗，也都可被称作文化基因？并且，基因以极高的精度进行复制，而文化基因即便能够复制，它们复制的精确度不是很低吗？

　　人们夸大了文化基因中存在的这些所谓问题。最重要的反对意见是主张，文化基因的复制精度远不够高，以致难以实现进化意义上的复制子功能。这种怀疑认为，如果每一代都具有很高的"突变率"，那么，早在自然选择能够对其在文化基因库中的频率起作用之前，该文化基因就已经因突变而不再存在了。但这其实是一个假问题。想象一个木工大师，或是一个史前的磨制燧石的工匠，向一个年轻的学徒示范一项特定的技巧。如果学徒不能忠实地再现师父手上的每一个细微动作，那么你确实可以预料，就在少数"几代"师徒关系传承中，文化基因就会变得面目全非。当然，学徒不可能忠实地再现师父的每一个细微动作，如果要求这样做也是荒谬的。相反，他注意的是师父所要达到的目的，并进行模仿。需要锤打多少次，就锤打多少次，直到把钉头打得齐平。锤打的次数可能与师父的并不一样。历经无数"代"的传承而能够不发生突变的是这种规则，至于其中的实施细节对于每一个体、每一个实例来说都可以有所不同。缝纫中的针脚、绳子或渔网上的结，折纸艺术的折叠方式，木工或陶工中的有用技巧：它们都能被还原成独立的环节，其中的每一环节都有机会历经无数代的传承模仿而不失真。其间细节也许千差万别，但精髓不会在传承中突变，而这就是文化基因像基因那样起作用所需要的全部了。

在为苏珊·布莱克莫尔（Susan Blackmore）的《文化基因机器》（*The Meme Machine*）[1]一书所写的序言中，我阐述了一个关于叠中国平底帆船的折纸手工过程例子。方法还是相当复杂，包含了 32 个折叠（或类似于折叠的）步骤。最终产品（中国平底帆船）是一个令人喜爱的东西，它至少有三个"胚胎学"的中间阶段，即"双体船""有两只盖子的盒子"和"画框"。整个过程真的令我联想到胚胎的膜组织所经历的折叠和内陷，胚胎经此过程从囊胚演变为原肠胚再演变为神经轴胚。孩提时代我就从父亲那儿学会了叠中国帆船，他则是在差不多同样的年岁时从寄宿制学校那儿学到了这种手艺。对叠中国帆船的狂热，发端于学校里的一个女舍监，在他那时候就如同一次麻疹疫情一样在学校里传播开来，随后又逐渐平息。26 年以后我又去了同一所学校，那个女舍监早已不在该校。我再度引发了这种狂热而它又再次传播，就像是另一次麻疹疫情，随后它又再次平息。这样一种可教可学的技艺能够像传染病那样扩散的事实，告诉我们一件重要的事情，这就是文化基因能够高保真地传承。我们可以确信，我父亲那一代（20 世纪 20 年代）的男孩们所叠的折纸帆船，与我这一代（20 世纪 50 年代）所叠的折纸帆船并无本质不同。

通过下述实验，我们可以更为系统地研究这一现象：童年传话游戏

---

[1] 该书中文版由吉林人民出版社于 2011 年 1 月出版，译名为《谜米机器》——编者注

的一种不同玩法（美国儿童称之为打电话）。找 200 个以前从未叠过中国平底帆船的人，把这些人分成 20 组，每组 10 人并列队。让这 20 列的第一个人围拢在一张桌子周围，通过示范折叠方式教授叠中国帆船。现在让他们各自去找同组的排在第二的那个人，单独教，还是使用示范的方式。然后每个第二"代"的人再去教同组的第三个人，以此类推，直至每一组的第 10 个人。保留整个过程的所有帆船成品，标记好其所属组别以及属于第几"代"。

尽管我还没有做这一实验（当然我愿意做），但对结果却有一种强烈确信。我的预测是，20 个组中不是所有的组都能成功地将这一技能原封不动地传递到第 10 位成员，但必定会有相当数量的组能够做到这一点。其中的某些组会出现错误：也许在传承的链条中一个薄弱的节点会忘记折叠过程中的某个关键步骤，于是接下去的每一个人显然都不可避免地会失败。也许第 4 组已折叠到"双体船"这一阶段，但随后的步骤却难以继续。也许第 13 组的第 8 个成员在"有两只盖子的盒子"和"画框"这两个阶段之间制造了一个"突变"，于是，同组的第 9 和第 10 个成员就复制了这一变异的版本。

现在，对那些成功地将技能传承到第 10 代的组，我再作一个进一步的预测。如果你按"代"的顺序来排列这些纸帆船作品，你并不会看到一种品质上的系统退化。相反，如果完全同样地来做这一实验，只是要传递的技能不是折纸手工而是复制一幅帆船的素描，那么经历从第一代传至第 10 代的过程，而"幸存"下来的图案同样在精确度上就一定会有一种系统性的退化。

在后一实验中，每一代的作品都会与第一代有某种轻微的相似。在每一组内，当逐代往后观察时，这种相似性或多或少都会呈现出一种稳定的退化趋势。相反，在折纸手工版本的实验中，错误则会是全有或全无的（all-none）：它们的突变是"数字"式的。要么一个组内不存在错误，相比于第 1 代或第 5 代，第 10 代的纸帆船平均而言都既不更坏，也不更好；要么在某一代产生一个"突变"，其后的几代的努力都将是完全的失败，因为他们通常会忠实地复制这一突变。

那么这两种技能之间的关键差别是什么呢？关键在于，手工折纸技能是由一系列分离的步骤所组成，其中的每一步就其本身而言都不难完成。大多数的步骤都是类似于"将两边都折叠到中间"这样的操作。某个成员也许示范得不够好，但下一个成员总能清楚地知道他要做的是什么。折纸步骤是"自我规范"的，正是这一点让它们成了"数字式的"。这就像我所举的木工大师的例子，对他的徒弟来说，显然明白师父的意图是要使钉头与板面齐平，至于锤子击打的细节就不用管了。在折纸中，你要么学会了一个步骤要么没有。相反，素描则是一种求相似的技能。每一个人都会画出一幅作品，其中的某些人要画得更像，但没有一个人能拷贝得完全一样。复制的精确性还取决于累积次数以及用心的程度，而这些都是连续的变量。此外，某些成员还会对前人的范本进行修饰和"改进"，而不是严格地复制。

词语——至少当它们被理解时——是自我规范的，如同折纸的步骤。在原版的传话（打电话）游戏中，先把一个故事或一个句子告诉第一个孩子，再要求他传给第二个孩子，以此类推。如果这个句子是所有孩子的母语，并且少于 7 个词，它完好无损地传至第 10 个孩子的可能性就非常大。如果它是一种不熟悉的外语，孩子们只能按照发音来模仿而不是逐词传递，信息就难以保存下来。其逐代退化的模式便与素描的例子一样，将变得混乱不清。当用的是母语，意思能被孩子们所理解，且不包含任何如"表型"或"等位基因"这样的生词时，句子就得以生存下来。当传递这些词时，孩子们不是通过模仿发声，而是将每个词识别为自己的词汇表里的词，并选择相同的词，尽管也许在发音时会带有不同的口音。书面语言也是自我规范的，因为纸上的手写词，无论在细节上多么不同，它们都由有限的（比如）26 个字母所组成。

得益于这样的自我规范，文化基因有时能够表现出高保真度，这就足以回答某些针对文化基因与基因的类比的最为普遍的反对意见。无论如何，文化基因理论的主要目的，就其目前所处的发展的早期阶段而言，并不在于提供一个与沃森－克里克遗传学相当的全面的文化理论。我提出文化基因理论的原初目的，是要抵消这一印象，即基因是世上唯一的进化游戏，不然《自私的基因》一书就有造成这种印象的风险。彼得·里克森（Peter Richerson）和罗伯特·博伊德（Robert Boyd）在他们那本富有价值和思想的著作的书名中就点明了这一点：《不只是基因》（*Not by Genes Alone*），尽管他们给出了不采用"文化基因（meme）"一词的理由，而是偏向于使用"文化变型"。斯蒂芬·申南（Stephen Shennan）的著作《基因，文化基因和人类历史》（*Genes, Memes and Human History*）部分地受到了博伊德和里克森早期优秀著作《文化和进化过程》（*Culture and the Evolutionary Process*）一书的影响。关于文化基因的其他著作还包括罗伯特·奥格（Robert Aunger）的《带电的文化基因》（*Electric Meme*），凯特·迪斯汀（Kate Distin）的《自私的文化基因》（*The Selfish Meme*）以及理查德·布罗迪（Richard Brodie）的《心灵病毒：文化基因的新科学》（*Virus of the Mind: The New Science of the Meme*）。

不过正是苏珊·布莱克莫尔在《文化基因机器》（*The Meme Machine*）一书中，比任何人都更为深入地推进了文化基因理论。她再三想象一个充满大脑的世界（或是其他的容器或管道，例如计算机或无线电频段），文化基因们争先恐后地去占领它们。正如基因库中的基因那样，占优势的文化基因就是那些善于自我复制的单元。能够做到这点也许是因为它们有着直接的吸引力，或许正如关于永生的文化基因对于一些人来说的那样。或者也许是因为，文化基因库中的其他文化基因的丰富成就了它们的繁荣。这就产生了"文化基因复合体"（memeplexes）。要理解这一概念，我们照旧还得回到它与遗传基因的类比上。

为方便起见，我把基因当作仿佛是独立行动的孤立单元。当然事实上，它们相互之间并不是独立的，这表现在两个方面。首先，基因在染色体上呈线形排列，因而倾向于与占据着邻近染色体位点的其他特定基因一起遗传到下一代。我们把这种情况称作遗传连锁，对此我不再多说，因为文化基因并没有染色体、等位基因或有性重组。基因并不独立的另一个表现则非常不同于遗传连锁，而这里就恰有一个很好的与文化基因相关的类比。来看胚胎学——这一事实经常被误解——其实它完全不同于遗传学。躯体并不是由单个表现型特征镶嵌而成的拼图，其中的每一特征都与一个基因有关。在基因与解剖学单位或行为之间并不存在一一对应的映射关系。基因与成百上千的其他基因"合作",对最终形成躯体的发育过程进行编程,其方式就像食谱中的文字在烹饪过程中为最终完成一道菜而相互配合一样。食谱中的每一个词和每一口菜并非对应关系。

于是,联合体中的基因相互合作构建躯体,而这是胚胎学的一个重要原理。说自然选择以一种族群选择的方式,偏爱某些基因联合体,这听上去颇有吸引力,但这种说法是混淆视听。实情乃是,基因库里的其他基因组成了环境的主要部分,在这一环境中,每一个基因相对于其等位基因而被选择。因为每一个基因都是在其他基因存在的情况下被选择从而胜出的,而其他基因也以相似的方式被选择,于是就形成了合作基因的联合体。这里的机制更像一个自由市场而非计划经济。已有一个屠夫和一个面包师,但市场里也许独缺一个烛台匠。自然选择这双看不见的手就填补了这一空缺。这不同于存在一个中央计划者,而它偏爱屠夫、面包师和烛台匠的组合。对于我们理解宗教文化基因及其工作原理而言,由看不见的手召集而成的相互合作的联合体这一概念极为重要。

不同类型的基因联合体形成于不同的基因库中。食肉动物的基因库中有一些基因,它们编码了侦测猎物的感觉器官,抓捕猎物用的利爪,撕扯肉食用的裂齿和消化肉食用的酶,以及许多其他基因,所有这些基因都步调一致地彼此配合。同时,在食草动物的基因库里,则有另外一套彼此协调互助的基因,它们配合默契而具有优势。对于这样的概念我们耳熟能详:一个基因的优势体现于它的表现型对该物种所处的外界环境,比如,沙漠、森林或其他的适应。而我现在强调的观点则是,基因的优势还体现于,它与其所属的特定基因库中的其他基因的相互兼容。一个食肉动物的基因在一个食草动物的基因库中就难以生存,反过来同样如此。从长远的基因角度看,物种的基因库,也即通过有性生殖而不断组合、并重组的一套基因,构成了每一个基因所处的遗传环境,身处其中的基因因其合作能力而得到选择。尽管相比于基因库,文化基因库的组成更为松散,不过我们还是能把文化基因库说成是文化基因复合体中每一个文化基因的"环境"的一个重要部分。

一个文化基因复合体就是一套文化基因，其本身不必善于独立生存，而是在复合体中的其他成员在场的情况下善于生存。在前面那节中，我对语言演化的细节受到任何自然选择的影响表示怀疑。相反我倒是猜测，语言的演化受随机漂变控制。可以想象，在多山的地带，某些元音或辅音更有表现能力，于是它们就可能成为瑞士语、藏语和安第斯方言的特征，而其他的发音则适合于在密林中低语，于是就成为俾格米人和亚马孙地区语言的特征。不过之前我所举的关于语言受自然选择的作用的例子，即元音大推移也许有一种功能性的解释，却并不是这种情况，而是恰与文化基因对相互协调的文化基因复合体的适应有关。一个元音的最初漂变出自未知的原因，可能是对某个受尊重或强有力的个人的时尚模仿，正如西班牙咬舌音（Spanish lisp）的起源。无论元音大推移是如何开始的，根据这一理论，一旦第一个元音发生改变，其他元音就不得不随之而改变，以减少发音上的含糊，结果就是一系列的改变随之而来。在这一过程的第二阶段，文化基因是在已经存在的文化基因库的背景中被选择的，它要建立一个彼此协调的、新的文化基因复合体。

现在我们终于准备好转向关于宗教的文化基因理论的讨论了。某些宗教概念，就像某些基因，它们得以生存下来是因为有着绝对的优点。这些文化基因也许能在任何文化基因库中生存，而与周围的其他基因无关（我必须重复至关重要的一点，这里的"优点"仅意味着"在文化基因库中生存的能力"，除此之外并不带有其他价值判断）。某些宗教概念得以生存下来，则是因为它们与文化基因库中已经存在的其他文化基因能够兼容，因而成为文化基因复合体的一部分。下述内容就是在文化基因库中可能具有生存价值的宗教文化基因的一个不完全列表，它们要么是因为具有绝对的"优点"，要么是因为与一个已经存在的文化基因复合体兼容：

· 你将免于自身的死亡。
· 如果你作为一名殉教者死去，你将进入天堂中尤为特别的一个部分，在那里，你将享用到 72 个处女（想想这些不幸的处女吧）。
· 异教徒、亵渎者和背叛者应当被杀死（或者受到处罚，例如放逐）。

· 对上帝的信仰是一种最高的美德。如果你发现自己的信仰有所动摇，那就努力找回它，恳求上帝帮助你（在讨论帕斯卡的赌注时，我曾提及这一古怪的假设，即上帝真正要求我们的就是一件事，信仰它。当时我只谈其古怪。现在我们对此有一种解释了）。

· 信仰（faith，无须证据的相信）是一种美德。你的信仰越是藐视证据，你就越是有德。全然不顾证据和理性，能够相信某些未经证实、毫无根据的怪诞事物的高级信仰者，尤其能够得到高额回报。

· 每一个人，即便是那些不具有宗教信仰的人，必须不假思索地、毫无疑问地给予信仰者尊重，其程度应超过对其他信仰的尊重（在第一章我们讨论过此问题）。

· 我们无须去理解某些不可思议的事情（例如三位一体、圣餐变形和道成肉身），甚至不要试图去理解，因为理解的尝试也许就会破坏它们的存在。学着满足于称其为神秘。

· 美好的音乐、艺术和经典著作都是宗教观念自我表达的符号。[①]

上述所列的某些项目可能有绝对的生存价值，于是，在任何文化基因复合体中都会兴盛。但是正如基因一样，某些文化基因仅在合适的背景下才能生存，结果就是形成另外一个文化基因复合体。两种不同的宗教也许可被看作两种不同的文化基因复合体。也许伊斯兰教可以比作食肉动物的基因联合体，而佛教可以比作食草动物的基因联合体。在任何绝对的意义上，一种宗教不比另外一种更"好"的观点，就好比认为食肉动物的基因并不比食草动物更"好"一样。这一类的宗教文化基因不必具有绝对的生存优势；仅在这个意义上它们是好的，即在它们自己宗教的其他文化基因存在的情况下，而非在其他宗教的文化基因存在的情况下，能够欣欣向荣。根据这一模型，比方说，罗马天主教和伊斯兰教

---

① 艺术的不同流派可以理解为不同的文化基因复合体，因为艺术家从前人那里获得构思和主题，而新的主题仅当它们与其他主题结成一体时才会生存下来。事实上，艺术史上的整个学科领域，及其对图形和符号的精细追溯，可以被看作是对文化基因复合体的一种详尽的研究。各种细节的流行情况受到文化基因库中其他成员的影响，这些因素经常包括宗教文化基因。

不必出自独立的设计，而是作为文化基因的集合而独立演化，它们在同
一文化基因复合体的其他成员存在的情况下得以繁荣兴旺。

宗教是被人为组织起来的，这些人有教士和主教、拉比、阿訇，阿亚
图拉等。但是，正如在说到马丁·路德时我所强调的，这绝不意味着宗教
是被人所构思和设计的。即便有时宗教已被强有力的个人所利用和操纵，
但依然存在这一强烈的可能性：每一种宗教的具体形式极大程度上是由无
意识的演化所塑造。与遗传有关的自然选择，对于宗教的迅速演化和分化
来说，速度太慢，难以说明问题。在此，与遗传有关的自然选择的作用
仅提供具有先天倾向和偏见的大脑，它相当于硬件平台与低层次的系统软
件，构成了文化基因得以选择的背景。在我看来，有了这一背景，某种文
化基因的自然选择就可以为某种特定宗教的具体演化提供合理的解释。在
一种宗教演化的早期阶段，在它尚未系统化的时候，若干简单的文化基因
凭借它们对人类心理的普遍吸引力得以生存下来。这就是宗教的文化基因
理论与宗教的心理学副产品理论的重叠之处。之后的阶段，宗教趋向系统
化、精细化，各个不同宗教产生了截然的差异，对这一过程文化基因复合
体理论——彼此兼容的文化基因联合体，能够给予很好的说明。这里并不
排除神职人员和其他人的有意操纵行为所扮演的附加角色。宗教至少在一
定程度上，可能是智能设计的，正如艺术中的流派和风格那样。

有一种几乎可以说是完全由智能设计而成的宗教，就是山达基教
（Scientology），不过我怀疑它并不是唯一的。另外一种纯粹被设计出来
的宗教是摩门教。约瑟夫·史密斯（Joseph Smith），一个大胆的说谎者，
就是它的创立人，他甚至杜撰了一本全新的圣书《摩门经》，其内容是胡
编乱造的美国历史，用的还是伪造的 17 世纪英语。然而，自从 19 世纪
创立以来，摩门教已经发展演化，现在已经成为美国颇有声望的主流宗
教之一。事实上，据说它是成长最为迅速的一门宗教，并在讨论推举总
统候选人。

大多数的宗教都会演化。无论我们接受什么样的宗教演化理论，它
必须能够解释宗教在演化过程中，在条件适当的情况下能够达到的那种
惊人的速度。下面就是一个研究案例。

船货崇拜

在《万世魔星》（*Life of Brian*）中，巨蟒剧团（Monty Python）所表现的许多情节都是真实的，其中之一就是一门新宗教兴起时能够达到的那种惊人速度。它几乎可以在一夜间爆发，随后与一种文化结成一体，并在其中扮演一种令人不安的支配角色。太平洋美拉尼西亚群岛和新几内亚的"船货崇拜"就提供了真实生活中最为著名的例子。这些信仰中的一些历史，从兴起到终结，都还保留在现世人们的记忆中。耶稣崇拜的起源没有可靠的证据，船货崇拜发端的整个过程还历历在目（不过我们将看到，即使是这样，某些细节现在也已经遗失）。我们可以饶有趣味地想象一下，基督教崇拜几乎肯定是以类似的方式开始的，并且最初也是以同样快的速度传播的。

关于船货崇拜，我的权威资料主要就是戴维·阿滕伯勒的《探索天堂》（*Quest in Paradise*），他极为友善地送了我这部作品。船货崇拜的模式可谓千篇一律，从 19 世纪最早的那些，到在"二战"的余波中成长起来的更为著名的那些。每一个案例似乎都是，原住民被白人移民带到岛上的各种不可思议的物品惊呆了，这些移民包括行政人员、士兵和传教士。这些岛民也许是克拉克第三定律的牺牲品，我在第 2 章里曾有过引用："任何足够先进的技术都与魔法无异。"

岛民们注意到，享用这些奇异之物的白人们从不亲手制造它们。当有东西需要修理时，它们就会被送走，而新的东西则作为"船货"（Cargo）通过船只、后来则是通过飞机源源不断地被送来。从未有人看见白人制作或是修理过任何东西，事实上，他们根本不做任何能被看作是有用的工作（坐在桌子后面翻弄纸张显然是某种宗教仪式）。于是可以认定，"船货"必定具有超自然的来源。就像是对这一推断的确证，白人的确会做出某些只可能是宗教仪式的事情：

他们立起高高的桅杆，上面还连有金属丝；他们坐在那里聆听小盒子，小盒子会发光且发出奇怪的噪音和窒息似的声音；他们劝说当地人穿上相同的服装，让他们来回行军——几乎不可能再有一种比这更为无用的工作了。然后，土著人领悟到，他已经偶然发现了这些神秘事物的答案：这些不可理喻的行为正是白人用来说服神送来船货的仪式。如果土著人想得到船货，那么他也必须做这些事情。

令人惊讶的是，相似的船货崇拜在各个岛上独立地涌现，而这些岛在地理和文化上都相距遥远。大卫·阿腾伯勒告诉我们：

人类学家已经注意到，在新喀里多尼亚有过两次独立爆发，在所罗门有过四次，在斐济也有四次，在新赫布里底群岛有过七次，在新几内亚则有超过五十次，其中的大多数都是相当独立、彼此没有关联的。这些宗教中的大多数都宣称，一个特定的救世主将会在天启之日到来时为人们带来船货。

如此之多独立且又相似的船货崇拜的繁荣表明，人类心理具有一般意义上的共性。

新赫布里底群岛（1980年起改称为瓦努阿图）的坦拿（Tanna）岛上有一种著名的船货崇拜现在依然存在。它以一个叫作约翰·弗鲁姆（John Frum）的救世主形象为核心。政府的官方档案对此人的记录可以追溯至1940年，即便是如此晚近时代的一个传说中的人物，我们都难以断定他是否真实存在过。有一个传说把他描述为一个身材矮小的男人，声音高亢，一头白发，穿着一件扣子闪闪发光的外衣。他会作出奇特的预言，并不遗余力地要人们与传教士作对。在承诺将带着丰盛的船货第二次胜利降临之后，他最终回到了祖先那里。他带来的天启景象包括："大洪水；山脉将夷成平地，而谷地将会被填满；[①]老人会返老还童，疾

---

① 与《以赛亚书》40：4比较："一切山洼都要填满，大小山冈都要削平。"这一相似性并不必然表明人类心智的任何基本特征，或荣格的"集体无意识"。因为这些岛屿长期以来就遍布了传教士。

病会消失；白人被赶出岛屿再也不会回来；巨量的船货会降临，多到每一个人想要多少就有多少。"

政府最为担忧的是，约翰·弗鲁姆还预言，在他第二次回归时，他会带来一种新的货币，上面印有椰子的图案。因此人们必须先抛弃所有白人的流通币。这就导致了 1941 年发生的一场无节制的消费狂欢。人们不再工作，岛上的经济受到严重破坏。殖民当局逮捕了闹事的首领，但对于取缔这种信仰，他们却完全无能为力，结果传教士的教堂和学校一片凋零。

此后不久，一种新的教义出现，约翰·弗鲁姆成了美国的国王。凑巧的是，美国人的军队恰在那段时期到达新赫布里底群岛，而且奇迹中的奇迹是，军队中还包括黑人，他们不像岛上居民那么贫穷。

而是像白人士兵那样拥有大量的船货。狂热的兴奋在坦拿岛上弥漫。天启的日子就要来临。每一个人似乎都在准备迎接弗鲁姆的到来。一个首领说，弗鲁姆将会坐飞机从美国过来，于是，数百个人开始清除岛上中心处的灌木，以便飞机可以有一个着陆的跑道。

跑道还带有一个竹子搭成的控制塔，上面有戴着用木头做的假耳机的"航空调度员"。"跑道"上还有作为诱饵的假飞机，以吸引弗鲁姆的飞机降落。

在 20 世纪 50 年代，年轻的戴维·阿滕伯勒带着一名摄影师杰弗里·马利根（Geoffrey Mulligan）坐船来到坦拿岛，调查约翰·弗鲁姆信仰。他们发现了充足的关于该宗教的证据，最后他们还被引荐给一位高级神职人员，名叫那姆巴斯（Nambas）。那姆巴斯亲切地把他的救世主称作约翰，并声称经常与他通过"无线电"通话。这个"属于约翰的无线电"就是一名腰缠电线的老年妇女，她会进入神魂颠倒的状态并且口中念念有词，而那姆巴斯则把这些胡言乱语翻译成约翰·弗鲁姆的话。那姆巴斯声称事先已经知道阿滕伯勒要来看他，因为约翰·弗鲁姆已经通过"无线电"告诉了他。阿滕伯勒请求要看这个"无线电"，但遭拒绝（可以理解）。于是，他转换话题，询问那姆巴斯是否见过弗鲁姆：

那姆巴斯用力地点头："我多次见过他。"

"他看上去长什么样？"

那姆巴斯指着我说："他看上去像你。他有着一张白人的脸。他是高个子。他长期生活在南美。"

这个细节与上面提及的传说不符，传说中弗鲁姆是矮个子。不过这正是传说演化的方式。

人们相信约翰·弗鲁姆回归的日子将是 2 月 15 日，但具体哪一年却是未知的。每年的 2 月 15 日，他的信徒就会聚集起来，举行一种宗教仪式来欢迎他。迄今他还未归来，但他们仍未丧失信心。戴维·阿滕伯勒对一个叫沙姆（Sam）的虔诚信徒说：

"但是，沙姆，自从约翰承诺船货将会到来，已有 19 年过去了。他不断地承诺，但船货始终没有到来。19 年的等待是不是太久了？"

沙姆从地面上抬起眼睛望着我："如果你们能够为耶稣基督的降临等待两千年，而他却还没有来，那么我就能够为约翰等待比 19 年更长的时间。"

罗伯特·巴克曼（Robert Buckman）在《没有上帝，我们能够行善吗？》（*Can We Be Good without God？*）一书中引用了同样绝妙的、来自弗鲁姆信徒的反驳，这次是针对一名加拿大的新闻记者，他比阿滕伯勒晚去了差不多 40 年。

1974 年，女王和菲利普亲王访问该地，随后亲王在一次约翰·弗鲁姆型的信仰的重演中被尊奉为神（又一次地，我们注意到宗教演化中的细节能够多么迅速地发生变化）。亲王是一个英俊的男人，当他身着白色海军制服，头戴羽毛装饰的头盔时，能够给人留下威严的印象，所以并不奇怪，是他，而不是女王，得到了这样的抬举，更何况岛民的文化使得他们难以接受一个女性的神。

我不想对南太平洋的船货崇拜小题大做。但它们确实为宗教从无到有的涌现方式提供了一个有趣的当代模型。尤其是，就宗教一般意义上的起源而言，它们提供了四项启示，在此我作一简要的陈述。首先是一种信仰的涌现所能达到的惊人速度。其次是起源过程掩盖其真实路径的速度。约翰·弗鲁姆，如果他确实存在过，就在活生生的记忆中消失了。即使是如此晚近时代的事情，却无法确定他是否存在过。第三项启示，来自在不同的岛上相似的信仰分别独立出现的事实。对这些相似性的系统研究可以告诉我们关于人类心理及其对于宗教的易感性的知识。第四，船货崇拜是相似的，不只是彼此相似而且与早期的宗教相似。基督教和其他世界性的古老宗教，有可能刚开始就是类似于约翰·弗鲁姆这样的地方信仰。确实，如格扎·弗米斯（Geza Vermes）这样的学者，他是牛津大学犹太学教授，曾经指出，耶稣是许多具有这种超凡魅力的人物之一，他们出现于当时的巴勒斯坦地区，都具有相似的传说。大多数这样的崇拜后来都消失了。其中生存下来的那个，从这一观点看来，就是我们今天所面对的这个。经历了数个世纪，它被进一步的演化过程（文化基因选择，如果你愿意这样称呼它的话；如果你不愿意这样称呼，就不是）磨砺，渐渐成为复杂精致的系统——或者说是几套分离的派生系统——从而统治了今天世界上的大部分地区。当代一些具有超凡魅力的人物的死亡，例如海尔·塞拉西（Haile Selassie）、猫王（Elvis Presley）、黛安娜王妃等，则为研究崇拜的迅速兴起及其后继的文化基因的演化提供了另一种机会。

关于宗教本身的起源，这就是我想说的全部内容，此外，在第 10 章中我还会有一个简短的重述，是在宗教所满足的心理学"需要"的话题之下，讨论儿童时期"想象中的朋友"这一现象。

道德常被认为根源于宗教，在下一章，我要质疑的就是这一观点。我将指出，道德的起源本身就可能是一个进化意义上的问题。正如我们曾经问过：宗教在进化意义上的生存价值是什么？我们也能对道德提出同样的问题。实际上，道德有可能先于宗教。正如我们对待宗教那样，我们撤销问题，并重新表述它，所以我们将会发现，道德最好也被看作是某些其他事物的副产品。

第 6 章　道德的根源：为何我们行善？

我们在地球上的处境是奇怪的。我们每个人都
是匆匆过客，不知为何要来此走一遭，有时又
似乎领悟到了某种目的。不过，从日常生活的
角度来看，有一件事情是我们确定知道的：我
们此行正是为了他人——首先是为了那样一些
人，我们自身的幸福取决于他们的笑容和健康。

——阿尔伯特·爱因斯坦

许多宗教徒认为，若是没有宗教的话，难以想象人们会行善，或者
甚至仍会有行善的意愿。在本章，我将讨论这些问题。不过这种疑问进一
步深入，就会迫使某些宗教徒产生对与自己信仰不同的人们的憎恨。这
是重要的，因为宗教徒对其他话题的态度背后隐藏着道德考量，而其实这
些话题与道德并无真正关联。许多反对讲授进化论的意见，其实与进化
论本身无关，甚至与科学也无关，而是为道德激愤所驱使。从天真的反
对理由"如果你教给孩子他们是从猴子进化而来，那么他们就会表现得
像猴子"，到更为诡辩圆滑的关于"智能设计"的整个"楔子"战略的潜
在动机，正如芭芭拉·福里斯特（Barbara Forrest）和保罗·格罗斯（Paul
Gross）在《神创论的特洛伊木马：智能设计论的楔子》（*Creationism's
Trojan Horse:The Wedge of Intelligent Design*）中所无情揭露的那样。

由于我的著作，我收到大量的读者来信，[①] 这些来信大多数热情而友

---

① 我本希望能够更多地回复，只能在此表示歉意。

好，有些提出了有用的批评，少数则恶劣甚至恶毒。我不得不抱歉地指出，其中最恶劣的那些，一定是受到了宗教的驱使。这种反基督精神的辱骂通常针对那些被认为是基督教敌人的人们。例如，这里有一封在网上贴出的发送给布赖恩·弗莱明（Brian Flemming）的信，他是《神不在那里》（*The God Who Wasn't There*）的作者和导演，① 这是一部真诚和感人的倡导无神论的影片。该信的标题为"我们笑着看你燃烧"（Burn while we laugh），写于 2005 年 12 月 21 日，内容如下：

你必定是疯了。我很想拿起一把刀，切开你这个傻瓜的肚子，当你的内脏在你面前流出时，我要高兴地尖叫。你正试图挑起一场神圣的战争，届时，我以及像我一样的人，会乐于采取上述行动。

写到这儿，信的作者似乎终于后知后觉到他的语言不那么基督徒，因此接着仁慈了起来：

然而，上帝教导我们，对于你们这样的人，不要寻求复仇，而是要为你们祈祷。

不过，他的仁慈是短暂的：

我将得到宽慰，因为我知道上帝降临于你的惩罚，其程度将是我能对你施加的任何惩罚的 1000 倍。最棒的是，你必将因为对这些罪孽的完全无知而遭受永恒的折磨。上帝的愤怒将毫不留情。为你着想，我希望在刀子碰着你的躯体之前，真理已向你呈现。圣诞快乐！

又及，你们这些人完全不知道等着你们的是什么……感谢上帝，我不是你们。

① 电影本身非常精彩，见下述网址：http://www.thegodmovie.com/index.php。

　　而我发现仅仅是神学观点上的差异，也能够导致这样的恶意，着实令人困惑。这里就有一个文本（引用保留了文本原始的拼写），来自《今日自由思想》（*Freethought Today*）杂志编辑收到的邮包，该杂志由"免于宗教的自由基金会"（FFRF, Freedom from Religion Foundation）出版，针对危害宪法政教分离原则的企图，FFRF 曾发起和平抗议活动：

　　喂，吃奶酪的卑鄙家伙。我们这些基督徒要比你们这些失败者多得多。政教是不可能分离的，你们异教徒必将失败……

　　跟奶酪有什么关系？美国的朋友们告诉我，这可能与威斯康星州是著名的自由主义者的地盘有关——那里是 FFRF 的大本营以及奶制品工业的中心——不过必定还会有比这更多的含义吧？讽刺法国人是"吃奶酪的投降猴子"（cheese-eating surrender-monkeys）又是怎么回事？奶酪的符号学象征是什么？

　　继续往下：

　　崇拜撒旦的人渣……请你去死吧，下地狱去……我希望你们患上一种痛苦的疾病，比如直肠癌，在折磨中慢慢死去，这样你们就能朝见你们的神：撒旦……嗨，伙计，你们那套什么免于宗教的自由烂透了……你们这些男男女女的同性恋者别着急，看看你们要去哪里，因为就在你最不希望的时候，上帝会抓住你……如果不喜欢这个国家，以及它的立国之本和宗旨，他妈的滚出去直接下地狱吧……

　　又及，操你，你们这群共产婊子……带着你的黑屁股滚出美国……你得不到饶恕。我主耶稣基督有全能的力量，创世就是足够的证据。

　　为什么安拉不是全能的力量？或梵天？甚至耶和华？

　　我们不会平静地走开。如果未来需要暴力，请记住是你带来的。我的子弹已经上膛。

我不由得疑惑，为什么上帝需要以如此残忍的方式来捍卫？也许人们应该认为上帝完全有能力照顾好自己。记住，承受这一切侮辱和威胁的编辑，是一位温柔迷人的年轻女性。

也许因为我不生活在美国，所以我收到的大多数攻击性的信件并没有表现出这种风格，不过也没有显示出对基督教的创始人所为之著称的那种仁慈的促进。下述信件来自一位英国医生，日期是 2005 年 5 月，当然它是可憎的，比起恶劣更令人痛苦，它揭示了整个道德问题是如何成为针对无神论者的敌意的根源的。这封信先是责难了进化论（并且以讽刺的口气质问，一个"黑鬼"是否"依然处于进化的过程之中"），从人格上侮辱了达尔文，把赫胥黎当作是反进化论者而进行了错误引用，还鼓励我去读一本书（我已读过），该书认为世界仅存在了 8000 年（他真的能当一个医生吗？）。然后他总结道：

> 你自己的书，你在牛津的声望，你生命中热爱的一切，你曾取得的成就，全是无价值的徒劳……加缪①的质问变得无法逃避：为何我们不去自杀？的确，你的世界观对学生和许多其他人就会造成这样的影响……我们都是通过盲目的偶然进化而来，来自虚无，又将回归虚无。即便宗教不是真实的，但去相信一个高贵的虚构的事，比如像柏拉图的那种，如果能给我们的生活带来安宁的话，则会好得多。但是你的世界观带来的却是焦虑、药物成瘾、暴力、虚无主义、享乐主义，弗兰肯斯坦②式的科学、人间地狱和第三次世界大战……我不知道你在你的人际关系中有多快乐。离婚了？丧偶？同性恋？那些像你一样的人绝不会幸福，否则就不会那么执着地想去证明在任何事物中都既没有幸福也没有意义了。

这封信所流露的情绪，如果不是指它的基调的话，可谓很有代表性。这个人相信，达尔文主义在本质上是虚无主义，是宣扬我们通过盲

---

① 加缪（Albert Camus, 1913—1960），法国小说家、剧作家，曾获 1957 年诺贝尔文学奖——译者注
② 弗兰肯斯坦是玛丽·雪莱（Mary Shelley）一部幻想作品中的主人公亲手创造的怪物，最后创造者却毁于自己的作品——译者注

目的偶然进化而来（我已无数次地强调，自然选择恰恰与一种偶然的过程相反），并且当我们死亡时则是一了百了。作为这样一种所谓的消极性的直接后果，所有的罪恶都接踵而至。估计他不是有意将丧偶与我的达尔文主义直接联系起来的，但是他的信，至此已经达到了那种我在基督教徒的来信中习见的狂乱恶意的程度。我已经用一整本书《解析彩虹》（*Unweaving the Rainbow*）讨论过终极意义，科学中的诗意，并明确而详尽地反驳了所谓虚无主义消极性的指控，所以在此我将不再展开。本章是关于恶及其反义词善，关于道德：它来自哪里？为何我们应当信奉它？我们是否需要宗教才能做到这一点？

我们的道德观有达尔文主义的起源吗？

不少书，包括罗伯特·欣德的《为何善是善》（*Why Good is Good*）、迈克尔·舍默的《善和恶的科学》（*The Science of Good and Evil*）、罗伯特·巴克曼的《没有上帝我们能行善吗？》（*Can We Be Good Without God？*）以及马克·豪泽（Marc Hauser）的《道德的心灵》（*Moral Minds*），都主张我们的是非观可能来自我们的进化史。在本节中我来说说我自己的版本。

就表面来看，达尔文理论关于进化受自然选择所推动这样的说法，似乎不太适合解释我们所拥有的善良，或我们的道德感、礼貌、对他人的体谅和同情。自然选择能够容易地解释饥饿、恐惧和性欲，所有这些都直接有助于我们的生存或是保护我们的基因。但是，当我们看到一个孤儿在哭泣，一个寡居老人陷于孤独的绝望之中，或一只动物在痛苦地哀鸣，此时在我们心头涌起的揪心怜悯，又该如何解释呢？是什么唤起了我们的强烈冲动，向海啸中的灾民匿名捐献金钱或衣物，尽管他们生活在世界的另一端，与我们素昧平生，也难以给予我们回报？我们心中那个善良的撒马利亚人从何而来？善良与"自私的基因"理论难道不冲突吗？这是一种常见的对该理论的误解———种令人苦恼的（在事后看来可以预料的）误解。① 把重音放到正确的词上是很有必要的。"自私的基因"，应当重读的是"基因"而不是"自私"，这样才能与自私的生物个体，或者自私的物种形成对照。让我来解释一下。

达尔文主义的逻辑结论是，在生命界的等级体系中，经过自然选择的筛选而生存下来的单位将倾向于表现出自利。在地球上生存下来的将是这样的单位：它们的成功生存以等级体系中与它们同级的竞争对手的淘汰为代价。严格地说来，那才是在此语境之中自私的含义。问题在于：自然选择的作用是在什么层次上发生的？自私的基因的全部含义，如果重点正确地放在了基因一词上，那么自然选择的单位（也就是利己主义的单位）就不是自私的生命个体，也不是自私的群体、自私的物种或自私的生态系统，而是自私的基因。正是基因，以信息的形式，要么历经许多世代而生存下来，要么没有。与基因（以及很可能包括文化基因）不同，生命个体、群体以及物种都不是充当这一意义上的单位的正确实体，因为它们并不精确地复制自身，也不在这样一种自我复制的实体的库中竞争。而那恰恰正是基因所做的，于是顺理成章地，就特定的达尔文主义意义上的自私而言，这就是把基因作为"利己主义"的单位的理由。

相对于其他基因，基因要确保自己得以"自私"地生存的最明显的策略就是将独立的生物个体编程为自私的。在许多情况中，生物个体的生存确实有利于其体内基因的生存。但是策略会根据情况而变。在某些情况中（这些情况并不特别罕见），基因确保自己自私生存的策略是让个体表现出利他行为。对这样的情况如今已有了相当好的理解，它们可分为两大类型。一个指令生物个体去帮助其近亲的基因，在统计学上很可能让自己的复本受益。这样一种基因的频率在基因库中就有可能增加至这一程度，以至亲缘利他主义成为准则。疼爱自己的孩子就是一个明

---

① 我极其不快地读到《卫报》上的一篇文章《动物本能》（2006 年 5 月 27 日），文章提及，《自私的基因》是杰夫·斯基林（Jeff Skilling）喜爱的一本书。他是声名狼藉的安然公司（Enron Corporation）的 CEO，他从该书中汲取了一种社会达尔文主义的灵感。该杂志的记者理查德·康尼夫（Richard Conniff）对这种误解给出了一个极好的解释（http://money.guardian.co.uk/workweekly/story/0,1783900,00.html.）。在为《自私的基因》30 周年纪念版（牛津大学刚出版）新写的序言中，我已试着对类似的误解打了一剂预防针。

显的例子，但并不是唯一的例子。蜜蜂、黄蜂、蚂蚁、白蚁，以及在较小的程度上，某些脊椎动物，例如裸鼹鼠、猫鼬，还有橡树啄木鸟，都已进化出社会性群体，其中兄姐会照料弟妹（与那些可能和它们共享基因的个体一同照料）。一般而言，正如我已故的同事汉密尔顿（W. D. Hamilton）所表明的那样，动物倾向于对其近亲表现出各种利他行为，如照看、保护、共享资源、警告危险或诸如此类，这是因为近亲之间在统计学的意义上极有可能共享相同的基因复本。

利他主义的另外一种主要类型，我们在进化的原理上已经有了很好的理解，那就是互惠利他主义（投桃报李）。这一理论最早是由罗伯特·特里弗斯引入进化生物学的，通常以博弈论的数学语言来表达，并不依赖于共享的基因。确实，该理论表现出色，尤其在涉及两个大不相同的物种间的成员时，它更有解释力，而这种情况通常被称作共生关系。这一原理也是人类所有贸易和交换现象的基础。猎人需要一支矛，而铁匠则需要一餐肉，这种不对称的需求促成了一笔买卖。蜜蜂需要花蜜，而花朵则需要授粉，花朵不能飞行，于是它们用花蜜作为货币付款给蜜蜂，以租用其翅膀。有一种名叫响蜜䴕（honeyguide）的鸟儿能够发现蜜蜂的巢，但不能破巢而入。蜜獾（ratel）能够破巢而入，但却没有翅膀去发现蜜蜂的巢。响蜜䴕通过一种别无他用的特殊的飞行方式来引导蜜獾（有时是人类）找到蜜源。双方都从这场交易中获得好处。一个装满金子的坛子也许就在一块大石头下面，但对它的发现者来说，石头太沉了难以挪动。于是，他谋求其他个体的帮助，即便他不得不与他们分享金子，因为没有他们的帮助，他就什么都得不到。生命界里存在大量这样的互利关系：水牛与牛椋鸟，红色的管状花与蜂鸟，石斑鱼与裂唇鱼，牛与其消化道里的微生物。互惠利他关系之所以能够成立，是因为双方在需要和能力上存在着不对称的关系。这就是为什么在不同物种之间它尤其有效：这种不对称性更大。

在人类中，借条和货币就是允许交易延迟进行的凭据。交易的当事人不是同时交付货物，而是可以持有一笔未来兑现的债务，或者甚至可以将债务交易给其他人。就我所知，野生状态下没有一种非人类的动物拥有任何相当于货币的等价物。但是，对个体身份的记忆以更为非正式的方式起到了相同的作用。吸血蝠知道，它们的社会群体中的哪些个体是能够被信赖的，它们会偿还债务（以反刍血液的形式），而哪些个体却是会欺骗的。自然选择会偏爱这样的基因，当面临不对称的需要和机会时，它们使个体倾向于在有能力时进行给予，在没有能力时则恳求得到施舍。自然选择也偏爱这样的行为倾向：牢记债务，牢记各啬，保持正常的交换关系，惩罚在轮到它们时却只取不予的骗子。

因为总会有欺骗行为，因而在互惠利他主义的博弈论难题的稳定解决方案中，总是离不开惩罚欺骗者的元素。对于这种类型的"博弈"，数学理论允许有两大类稳定的解决方案。"总是表现出无赖行为"是一种稳定的方案，如果每个人都以无赖的方式行事，那么一个单独的好人，不可能会有更好的命运。但还有另外一种策略，它也是稳定的（"稳定"的意思是，一旦它在总数中超过了一个临界频率，就不会有比它更好的策略）。这种策略就是，"从一开始就行善，给予他者无罪推定。接下来以善报善，但对作恶者则给予报复"。在博弈论的语言中，这种策略（或相关策略的集合）有各种不同的名字，包括"投桃报李"（Tit-for-Tat）、"以牙还牙"（Retaliator）或是"报答者"（Reciprocator）。在某些条件下，假设一个群体中投桃报李者占据支配地位，没有无赖个体也没有无条件行善的个体，那么它可以做得更好，在这个意义上它在进化上就是稳定的。还有其他更为复杂的"投桃报李"的不同版本，它们在某些情况下可以运作得更好。

我已提到亲缘和互惠是达尔文世界中利他主义的两大支柱，但是，在主要支柱的顶部还有次级结构。尤其是在拥有语言和闲话的人类社会中，名声是重要的。一个人也许会因其善良和慷慨而美名远扬；另一个人则也许因其不可靠、欺骗以及交易中的违约而声名狼藉。还有人可以因信任关系建立后的慷慨，以及对欺骗的无情惩罚而出名。朴素的互惠利他理论期待，任何物种的动物的行为会建立在对其同伴的相同品质的无意识反应之上。在人类社会中，我们还通过语言的力量来传播名声，通常是以流言传闻的形式。你无须亲自经受酒吧里轮流请客时 X 的赖账，你会从小道消息听说"X 是一个吝啬鬼"；或者再给这一例子添上讽刺性的复杂性——"Y 是一个专爱说人闲话的人"。名声极其重要，生物学家会承认，一种进化意义上的生存价值不只在于成为一个好的投桃报李者，而且还要树立起自己是一个好的投桃报李者这样的名声。马特·里德利在《美德的起源》（*The Origins of Virtue*）中对整个进化论的道德领域作了清晰的说明，尤其是名声问题。①

挪威经济学家维布伦（Thorstein Veblen）以及以色列动物学家赞哈维（Amotz Zahavi），以相当不同的方式添加了一种更为有趣的概念。利他性的付出也可以是一种炫耀支配地位或优势地位的广告，人类学家称之为"炫财冬宴效应（Potlatch Effect）"。该名称源于西北太平洋印第安部落中的一种习俗，当地各部落的酋长不惜任何代价，以大摆宴席这样的方式进行部落间的相互比拼。在极端的情况下，直至一方贫穷潦倒再也拿不出任何东西，这种比拼式的款待才会结束，而胜者的境遇其实也好不了多少。维布伦提出的"炫耀性消费"这一概念，引起了许多当代观察者的共鸣。赞哈维的贡献是为"炫财冬宴"提供了一种进化论的版本，但直至多年后格拉芬（Alan Grafen）那出色的数学模型支持了赞哈维的理论之后，它才受到生物学家的重视。赞哈维研究阿拉伯鹩鹛（Arabian babblers），一种棕色小鸟，群居且合作繁育。像许多小型鸟一样，鹩鹛通过鸣叫来报警，还彼此赠送食物。对于这样一种利他行为的标准的进化论研究的第一步，就是寻找鸟群中的互惠关系和亲缘关系。当一只鹩鹛给它的同伴喂食时，它是期待日后自己也被同样喂食吗？还是这种喂食仅在近亲中发生？赞哈维的解释完全出乎意料。占据支配地位的鹩鹛恰恰是通过给位居下位的鸟喂食来彰显这种优势的。用赞哈维喜欢的那种拟人化的语言来说，那只占据支配地位的鹩鹛相当于是在说："看看与你相比我是多么优越，

---

① 名声并不仅限于人类。最近有研究表明，它还适用于动物中的互惠利他行为的经典例子之一，即小型清洁鱼和它们那大型的清洁对象之间的共生关系。在一个精细的实验中，被一条潜在的客户观察过的勤于清洁的裂唇鱼个体，要比其被观察到疏于清洁工作的同类竞争者更易被客户所选中。参见 R. Bshary 和 A. S. Grutter *Image scoring and cooperation in a cleaner fish mutualism*，Nature 441, 22 June 2006, 975～978。

我有能力给你提供食物。"或者在说："看看我是多么优越，我能够独占高枝，为在地面上取食的群鸟放哨，敢于把自己暴露给鹰隼。"赞哈维及其同事的观察表明，鸫鹛之间会积极争当那个危险的哨兵角色。而当一只地位低下的鸫鹛试图给占支配地位的个体喂食时，这种表面上的慷慨会遭到暴力拒绝。赞哈维理论的实质在于，为优越性所做的广告是以其付出的代价为证的。只有真正优越的个体才能负担得起昂贵的广告费。个体通过代价高昂的对自己的优越性的展示，包括炫耀式的慷慨和甘为集体冒险等，来换取成功，比如吸引到配偶。

对于个体的利他、慷慨或彼此间表现出的"道德"，现在我们有了四种合理的进化论上的理由。首先，是遗传上的亲缘关系这一特殊情况。其次，是互惠交换：报答曾得到的馈赠，以及为"预期"中的回报而付出。由此推出第三种理由，赢得慷慨仁慈的好名声在进化上的好处。第四，如果赞哈维是对的，那么，引人注目的慷慨作为购买无法作假的可信广告的一种方式，有着特别的额外好处。

在史前时期的大部分时间里，人类生活的环境可能非常有利于这四种类型的利他行为的进化。我们生活于村落中，在更早的时期或许像狒狒那样，生活在离散的游荡着的群体中，与邻近的群体或村落不完全地隔离着。群体内的伙伴也许彼此之间都沾亲带故，之间的关系要比与其他群体的成员的关系近得多——这就为亲缘利他的进化提供了充分机会。并且，无论是否有亲属关系，在一生中，你都会与同一个体经常相遇——这正是互惠利他得以进化的理想条件。对于建立一个利他的好名声，以及炫耀自己的慷慨来说，这也同样是一种理想的条件。经由其中一种或全部这四种路径，早期人类中利他主义的遗传倾向可能就受到了自然选择的青睐。很容易就能明白，为什么我们的史前祖先对于他们自己群体内的伙伴表现出善意，而对其他群体则表现出恶意，直至仇外的程度。但是，为什么现在我们大多数人都生活在大城市里，不再被近亲所包围，每天遇见的个体也许以后再也不会相见，我们却依然能够友好相处，甚至有时对一个被认为是群体外的人也能做到这一点？

这里的关键是不能错误地表述自然选择的影响。选择并不是要进化

出一种对于什么对你的基因有利的认知意识。这种有意识的认知，直到
20 世纪才出现，即便现在，一种完全的意识理解依然仅限于少数科学专
家。自然选择偏爱的是经验法则，它的工作实际上就是促进编制它们的
那些基因。就其本性来说，经验法则，有时会失效。在一只鸟儿的大脑
中，"照看巢内正在叫唤的小东西，把食物放进它们那张开的红色的嘴
里"这条法则，一般能够起到保护建立这条规则的基因的效果，因为在
一个鸟巢里正在叫唤的、张大嘴巴的东西，通常是成鸟自己的后代。但
如果有别的雏鸟通过某种方式进入了巢中，这条法则就失效了，被误用
了，杜鹃利用的正是这种情况。苇莺（reed warbler）为了一只杜鹃幼鸟
而拼命工作，是父母本能的误用，我们行善的冲动是否与此类似，也是
一种误用呢？更为类似的例子就是人类领养孩子的冲动。我必须立刻指
出，"误用"是仅就严格的进化上的意义而言的，绝不带有贬损含义。

我所支持的诸如"错误"或"副产品"这类概念，也与此类似。远
古的时候，当我们如狒狒那样生活在一个小型稳定的群体中时，除了性
冲动、饥饿感、仇外冲动等等，自然选择也为我们的大脑编制了利他冲
动的程序。一对聪明的夫妻能够读懂达尔文，知道他们性冲动的终极原
因是生殖。他们知道女方不会怀孕，因为她正在服避孕药。不过他们发
现，他们对性的欲望并不因此有所减弱。性欲就是性欲，就个体心理学
层面而言，它的力量与驱动它的终极进化压力无关。那是一种强大的冲
动，它独立于其最终的原理而存在。

我所要表达的是，对于仁慈、利他、慷慨、同情、怜悯的冲动，事
情也是一样的。在远古时代，当我们表现出利他行为时，对象仅仅针对
近亲以及潜在的回报者。如今这种限制不再存在，但是经验法则依然留
存。为什么不呢？正如性欲一样。当我们看见一个正在哭泣的不幸者时，
尽管他与我们没有沾亲带故的关系，也不可能日后有所回报，我们还是
忍不住会心生怜悯，正如我们忍不住会对异性产生欲望，尽管他（她）
也许不能生殖。两者都是误用的例子，进化意义上的错误：值得庆幸的、
宝贵的错误。

决不要把这种进化论上的还原看作是对诸如同情、慷慨这样的高贵

情感的贬低或减损，性欲也是一样。性欲，当通过语言文化作为媒介来表达时，就显现为伟大的诗篇和戏剧：比如约翰·多恩（John Donne）的爱情诗，或者《罗密欧与朱丽叶》。当然，以亲缘和互惠为基础的同情发生误用时，情况同样如此。超出语境来看，对于债务人的怜悯，与收养别人的孩子一样，都是非进化的：

慈悲之心不是出于勉强。
如同甘霖从天而降。

性欲是人类诸多野心和争斗背后的推动力，多数都构成了一种误用。没有理由认为，慷慨和同情的冲动与此有什么不同，如果这就是祖先的村落生活所引出的误用的结果的话。对于自然选择来说，在祖先的时代内建这两类冲动的最好方式就是在大脑中安装经验法则。这些法则至今还在影响我们，尽管如今的环境已使它们与它们的原初功能不再相称。

这些经验法则还在影响我们，不是通过一种加尔文主义的决定论的方式，而是渗透进了文艺与习俗、法律与传统，当然还有宗教的潜移默化。正如大脑中原始的肉欲法则通过文明的过滤，呈现为《罗密欧与朱丽叶》中的爱情戏那样，大脑中原始的"我们与他们"的世仇的法则，在凯普莱特家族（Capulets）和蒙太古家族（Montagues）之间就以持久战的形式呈现①；而大脑中原始的利他和同情法则，则以莎翁最后一幕中令人欣慰的和解这样的误用而得到呈现。

对于道德根源的一个案例研究

如果我们的道德感，就像我们的性欲一样，确实深深植根于遥远的过去，与自然选择有关，并且早于宗教，那么我们应当预期，对于人

---

① 朱丽叶和罗密欧分属这两大家族——译者注

类心灵的研究可以揭示存在某些道德的普遍性，跨越了地理和文化的屏障，尤其重要的是，跨越宗教的屏障。哈佛生物学家豪泽，在其《道德的心灵：自然如何设计我们普遍的是非观》（*Moral Minds: How Nature Designed our Universal Sense of Right and Wrong*）一书中，丰富了最初由伦理学家所提出的一系列思想实验的成果。豪泽的研究起到了介绍伦理学家的思考方式的额外作用。当面对一个假设的道德两难困境时，我们在取舍中经验的困难会告诉我们有关我们的是非观的一些东西。豪泽对于伦理学家的超越在于，他作了统计学的实际调研，又做了心理学实验，在网上发送问卷，调查现实生活中人们的道德感。从现在的观点来看，有意思的是，当面对这些两难困境时，大多数的人作出了相同的选择，他们容易就选择达成一致，但却难以明确地表达选择的理由。这正是我们预料中的结果，如果我们有一种被植入了大脑的道德感，正如我们的性本能或恐高症，或如豪泽本人偏爱的说法，我们的语言能力（细节因文化而不同，但语法的深层结构却是普遍的）。正如我们将看到的，人们对于这些道德测试的回应方式以及在明确说明理由上的困难，看起来很大程度上与他们的宗教信念无关。豪泽的研究结果带来的信息，用他自己的话来说就是，"驱使我们的道德判断的是一种普遍的道德语法，一种心灵的能力，它是历经上百万年而演化出的以建立一系列可能的道德体系为目标的一套原则。正如语言一样，构成道德语法的原则难以被我们的意识所觉察"。

豪泽的道德困境中的典型，是以下情形的各种变体：一辆失控的卡车或轨道上的电车，正要撞向一群人。最简单的版本是想象有一个人，比如丹尼斯，他正站立在某个位置上，恰巧有可能把电车扳向一条岔道，从而挽救困在前面主道上的 5 个人的生命。不幸的是，在岔道上恰巧有 1 个人。但既然主道上的 5 个人要多于岔道上的 1 个人，大多数人都认为，丹尼斯扳下道闸挽救 5 个人而牺牲 1 个人，在道德上是允许的（如果不是必须的话）。当然我们忽略了这种假设的可能性，比如岔道上这个人正好是贝多芬，或是一个要好的朋友。

对这一思想实验的细化加工更是引出了一系列更加恼人的道德难题。

如果通过在轨道上方的一座桥梁向下面的轨道投下一块重物就能阻止电车的运动，该怎样办？很简单：显而易见，我们必须投下重物。但如果此时唯一可用的重物恰好是坐在桥上正在欣赏日落的一个大胖子，那又该怎么办？几乎每个人都同意，把这个胖子推下桥是不道德的，尽管从某个角度来看，这个困境似乎与丹尼斯所面对的困境相似，也即扳下道闸牺牲 1 个挽救 5 个。我们大多数人都有一种强烈的直觉，在这两种情况间有一种关键性的不同，尽管我们可能无法明确地表达出来。

把胖子推下桥，令人想起豪泽所举的另外一个两难困境。在医院里有 5 个病人濒临死亡，其中的每个人都分别有一个损坏的器官。如果能有捐献者捐出某个特定的器官，那么，相应的病人就能得救，但都没有合适的捐献者。这时，外科医生发现，在候诊室有一个健康人，他身上所有这 5 个器官都是正常的，并适合移植。在这种情况中，几乎没有一个人会说，此时杀死这 1 个人挽救另外 5 个人是道德的行为。

就桥上的胖子来说，我们大多数人共同的直觉是，一个无辜的路人甲在没有经过本人同意的情况下，不应当突然被扯进一个糟糕的局面中并为了其他人的利益而被利用。众所周知，康德表达过这一原则：一个理性的生物永不应当在未经同意的情况下，被仅仅当作实现某一目的的手段，哪怕该目的有益于他人。这似乎就为上述两种情形提供了关键性的差别：一种是桥上的胖子（或者医院候诊室里的那个人）；另一种是丹尼斯所面对的岔道上的那个人。桥上的胖子无疑被用作了阻止电车前进的手段，这显然违背了康德的原则。岔道上的人并不是被用于挽救主道上的 5 个人的生命的，被利用的只是岔道，而他只是不幸刚好站在了岔道上。但是，当这种区别被指出后，为何就能令我们感到满意？对于康德来说，它是一种道德上的绝对性。对于豪泽来说，它是被进化植入进了我们内部的东西。

失控电车的假想情形变得越来越精巧，其中的道德困境也相应变得更为棘手。作为对照，豪泽引入了两个假想的人物，内德和奥斯卡。内德正站在轨道边上。但他不能像丹尼斯那样扳动道闸使电车驶向岔道，不过内德可以扳动道闸让它驶向边上的回路，这条回路会在前方重新连接主道，重新连接的位置刚好在那 5 个人之前。仅仅扳动道闸无济于事：当电车重新回到主道时仍会撞向这 5 个人。然而，在回路上刚巧有一个极重的胖子，他的重量足以阻止电车继续前行。那么内德应该让电车改变方向吗？大多数人的直觉是，他不应该这样做。但内德的困境与丹尼斯的困境有何区别？也许人们直觉地应用了康德的原则。丹尼斯使电车改道避开这 5 个人，岔道上那个不幸的意外受害者，用拉姆斯菲尔德的话来说，属于"附带损害"。他不是被丹尼斯用来挽救其他人的。但内德实际上是利用了胖子来阻止电车前行，大多数人（也许不假思索地）同康德一道（康德则作了详尽的思考），把这看作是一种关键性的差别。

这一差别被奥斯卡的困境再次凸显。奥斯卡面对的情形类似于内德，不同之处仅在于在回路上是一块巨大的钢铁，其重量足以阻止电车。显然，奥斯卡可以毫不犹豫地扳动道闸让电车改道。不过还有一个情况却是，在钢铁的前面恰好有一个徒步旅行者。如果奥斯卡扳动道闸的话，这个人必死无疑，正如内德面对的那个胖子。区别在于奥斯卡面对的步行者不是用于阻止电车的：他是附带损害，正如丹尼斯困境中的那个人。像豪泽一样，也像豪泽的大部实验对象那样，我感到可以允许奥斯卡扳动道闸，但却不能允许内德这样做。但我同时发现为我的直觉做出辩护是非常困难的。在豪泽看来，诸如此类的道德直觉通常都是未经深思熟虑的，但我们却仍强烈地感受到它们，因为那是进化赋予我们的遗产。

在对人类学领域的一次有趣探索中，豪泽和他的同事们一起把他们的道德测试用于库那（Kuna）人，他们是生活于中美洲的一个小型部落，与西方人少有接触，也没有正式的宗教。研究者把"轨道上的电车"这一思想实验改编为适应当地情况的等价的例子，例如正在游向独木舟的鳄鱼。虽有相应的微小差异，库那人表现出了与我们同样的道德判断。

在豪泽的书中我尤为感兴趣的是，他同样想要知道，在道德直觉方面，宗教徒与无神论者是否有所不同。确实，如果我们是从宗教中得到了我们的道德，那么两者应当有所不同。但情况似乎是并无不同。与伦理学家辛格合作，豪泽集中关注三个假设性的困境并且把无神论者的判断与宗教徒的判断进行比较。[①] 在每一种情况中，都要求实验对象作出选择，一个假想的行为在道德上是"必须的""可以允许的"还是"禁止的"。三个困境分别是：

1. 丹尼斯的困境。90% 的人说，使电车改道，牺牲 1 个人而拯救 5 个人，是允许的。

2. 你看见池塘里有一个快要溺死的孩子，视野所及没有其他营救的办法。你能够去救这个孩子，但是你的裤子会遭到损坏。97% 的人同意，应当去救这个孩子（令人不可思议的是，有 3% 的人看起来选择了保护他们的裤子）。

3. 前述的器官移植困境。97% 的被问者认为，去抓候诊室里的那个健康人，杀死他以取走他的器官，从而救活另外那 5 个人，在道德上是禁止的。

豪泽和辛格的研究的主要结论就是，在作出这些判断时，无神论者和宗教信仰者之间没有统计学上的显著差异。这看起来与我和其他许多人所持有的观点一致，即为了行善或作恶，我们并不需要上帝。

如果没有上帝，为什么还要行善？

这样的提问听起来当然显得无耻。当一个宗教徒以这样的方式来对我提问（他们中的许多人会这样做）时，我的直接反应就是提出这样的反诘："你是真想告诉我，你行善的唯一理由就是要赢得上帝的认可和奖励，或者避免他的责难和惩罚吗？那不是道德，那只是奉承拍马，是为了时刻提防天上那个伟大的监视摄像头，或是你头脑中微小的窃听器，

---

① 《没有宗教的道德》（*Morality without religion*，Free Inquiry 26: 1, 2006, 18～19）。

因为它们监测着你的一举一动，甚至你的每一个念头。"正如爱因斯坦所说："如果人们行善仅仅是因为害怕惩罚，期望回报，那么我们实在是可悲。"迈克尔·舍默在其《善和恶的科学》（*The Science of Good and Evil*）中，称之为辩论终结者（debate stopper）。如果你同意，在上帝缺席的情况下，你就会"抢劫、强奸、谋杀"，你就会表现为一个道德败坏的人，"那么我们最好离你远一点"。另一方面，如果你承认，即便没有神的监督，你依然会做一个好人，那么，你就完全颠覆了自己的主张：上帝对于我们行善来说是必要的。我猜测相当多的宗教徒确实认为，宗教是促使他们行善的动机，尤其是当他们所属的宗教信仰系统地利用了个人的负罪感时。

在我看来，仅限于在自尊相当低下的时候，人们才会相信，上帝若是突然从世界上消失，我们就都会变成无情和自私的享乐主义者，没有善心，没有仁慈，不懂施舍，总之，没有任何可以称得上是善的东西。人们普遍认为，陀思妥耶夫斯基就持这样的观点，也许跟他借伊凡·卡拉马佐夫之口发出的议论有关：

（伊凡）郑重声明，世界上根本没有什么能使人们爱自己的同类；所谓"人爱人类"的那种自然法则是根本不存在的，世界上到现在为止，如果有过爱，并且现在还有，那也并不是由于自然的法则，而唯一的原因是人们相信自己的不死。伊凡·费多罗维奇还特别加以补充，说整个的自然法则也仅仅在于此，所以人们对自己不死的信仰一被打破，就不仅是爱情，连使尘世生活继续下去的一切活力都将立即灭绝。不但如此，那时也将没有所谓不道德，一切都是可以做的，甚至吃人肉的事情也一样。这还不算，他最后还下结论说，对于每个像我们现在这样既不信上帝，也不信自身不死的人，道德的自然法则应该立刻变到和以前的宗教法则完全相反的方向去，而利己主义，即使到了作恶的地步，也不但应该容许人去实行，而且还应该认为这在他的地位上是必要的，最合理的，几乎是最高尚的一种出路。①②

也许是天真了，相比于伊凡·卡拉马佐夫，我倾向于对人性持有较少的愤世嫉俗的看法。我们是否真的需要监管——无论是来自上帝还是来自我们彼此之间——以便阻止我们做出自私和犯罪的行为？我由衷地愿意相信我不需要这样的监视，并且，亲爱的读者，但愿你也不需要。另一方面，为了削弱一下我们的信心，请听史蒂文·平克在其《白板》（*The Blank Slate*）一书中描述的一段发生于蒙特利尔警察罢工期间的令人幻灭的经历：

20 世纪 60 年代的加拿大相当太平，作为那段浪漫时期的一个青少年，我是巴枯宁无政府主义的忠实信徒。我对父母一旦政府放下武器就会天下大乱的看法一笑置之。1969 年 10 月 17 日上午 8 时整，蒙特利尔警察举行罢工，于是我们各自的预测有了验证的机会。上午 11 时 20 分，第一家银行被抢。中午，市区的大多数商店因抢劫而关门。在数小时之内，出租车司机烧毁了一个专线巴士车库，因为那是他们机场客源的竞争对手，一个屋顶上的狙击枪手杀死了一名地方警官，暴徒们闯入了数家旅馆和饭店，一名医生在其郊区的住宅里杀死了一个窃贼。一天之内，有 6 家银行遭劫，100 家店铺被抢，12 处地方被烧，40 车的店面玻璃被砸，并造成300 万美元的财产损失，在市政当局不得不招来军队当然还有骑警之后，蒙特利尔才恢复秩序。这一决定性的实证检验击碎了我的政治理念……

也许，我也是个过分乐观的人，相信没有上帝的注视和监管，人们依然是善的。另一方面，料想蒙特利尔的大多数人是信仰上帝的。但为什么，当世俗的警察暂时消失时，对上帝的恐惧却不足以约束人们的行为？蒙特利尔的罢工事件难道不是一个足够好的自然实验，可用来检验

① 陀思妥耶夫斯基（Dostoevsky）1994: bk 2, ch. 6, p. 87。

② 本段引自《卡拉马佐夫兄弟》，译文采用了耿济之先生的译文，人民文学出版社，1981 年 8 月第 1 版——译者注

对上帝的信仰使我们成为好人这一假说吗？或者是否正如 H. L. 门肯的辛辣讽刺："人们说我们需要宗教，其实真正的意思是我们需要警察。"

　　显然，并不是蒙特利尔的每一个人都趁警察罢工而为非作歹。知道这一点也许是有趣的，也即是否存在着任何统计学上的倾向，无论多么轻微，显示宗教信仰者要比无信仰者更少做出抢劫和破坏行为。我个人的臆测是情况恰恰相反。人们常常讽刺说，散兵坑里没有无神论者。我倾向于猜想（有某些证据，但据此下定论也许过于轻率），监狱里少有无神论者。我无意声称，无神论会提升道德，尽管人文主义，作为一种经常与无神论相伴的伦理系统，可能确实会提升道德。另外一种比较大的可能性就是，无神论与某些第三类因素密切相关，诸如更高的教育程度、智力或反思的习惯，它们也许能够阻止犯罪的冲动。诸如此类的研究证据恰恰不支持这一普遍的观点：笃信宗教与道德具有密切的正相关性。相关性的证据从来不是结论性的，但萨姆·哈里斯在《给一个基督教国家的信》（*Letter to a Christian Nation*）中记述的以下数据，却令人震惊。

　　尽管美国的政党派别不是宗教虔诚度的良好指示剂，不过路人皆知的是，"红色的"（共和党）州之所以是红色，主要是由于保守派基督教徒的巨大政治影响力。如果基督教保守主义和社会的健康之间存在一种强烈的相关性，那么我们可以期待在美国的"红色州"中看出些端倪。但我们并没有看到。在暴力犯罪率最低的 25 个城市中，62% 属于"蓝色的"（民主党）州，38% 属于"红色的"（共和党）州。在 25 个最危险的城市中，76% 处在"红色州"，24% 处在"蓝色州"。事实上，美国最危险的 5 个城市中，有 3 个位于虔诚的得克萨斯州。入室盗窃发生率最高的 12 个州是"红色州"。偷窃发生率最高的 29 个州中有 24 个是"红色州"。谋杀发生率最高的 22 个州中的 17 个是"红色州"。[①]

---

① 注意，这些颜色在美国的含义恰与英国相反，在英国，蓝色是保守党的象征；而红色，正如世界其他地方一样，在传统上与左派相关。

系统的研究反倒倾向于支持这样的负相关数据。丹尼特在《破除魔咒》（*Breaking the Spell*）中，不是特别针对哈里斯的书，而是一般地针对这类研究，辛辣地评论道：

毋庸赘言，这些结果给宗教徒有着更高的德性标准的主张带来了巨大的打击，以至于宗教组织掀起了一场声势浩大的研究浪潮，试图反驳上述结果……我们能够确信的一件事情就是，如果在道德行为和宗教的归属、实践或信仰之间存在着显著的正相关性，那么它很快就会被发现，既然有如此之多的宗教组织渴望科学地确证他们的传统信念（他们对于科学发现真理的力量具有深刻印象，每当这种发现支持他们相信的东西的时候）。月复一月，这样一种证明的缺失只是在强化这一怀疑：情况恰恰不是如此。

大多数有头脑的人会同意，相比于警察一旦罢工或是监视摄像头一旦关闭（无论它是存于警署的真实设备，还是位于天上的想象中的东西），就会消失的那种虚假的道德，没有监管但依然存在的道德是一种更真切的道德。但用这样一种讥讽的方式来诠释"如果没有上帝，为何还要费力行善？"这一问题，也许有欠公平。[①] 一个具有宗教信仰的思考者可能会提供一种更为认真的道德解释，以一位假想的护教论者的如下陈述来表达。"如果你不相信上帝，就意味着你不相信存在任何绝对的道德标准。有着世上最良好的愿望，你也许愿意成为一个好人，但是你又如何才能界定善恶？只有宗教能够提供终极的善恶标准。没有宗教，你就只能靠自己边走边编。那就成了一种没有规则的道德：凭感觉而行的道德。如果道德只是一个关于选择的问题，那么，希特勒根据他自己那受优生学启发的标准就是道德的，无神论者所能做的一切，只是依据各自标准自行作出选择。相反，基督教徒、犹太教徒或穆斯林则能够宣称，

---

① 门肯再次以那种特有的讥讽口气，把道德心定义为警告我们"有人也许正在监视着我们"的一种内心的声音。

恶有一种绝对的含义，适用于一切时间地点，据此就能判断，希特勒绝对是恶的。"

即便我们确实需要上帝才能有道德，那也绝不意味着上帝的存在就更具可能性，而只是意味着上帝的存在更值得向往（许多人不能区分这两者）。但这并非此处要讨论的问题。我想象中的护教论者无须承认正是上帝就是行善的宗教动机。他的主张是，无论行善的动机来自哪里，没有上帝就没有了定义何为善的标准。我们每一个人都可以各自决定自己对善的定义并且据此而行动。完全建立在宗教（与之相对照的，比如说"黄金律"，经常与宗教联系在一起，但却可以源自其他地方）基础上的道德原则可以被称为绝对主义。善就是善，恶就是恶，我们并不浪费时间通过比如说某人是否痛苦来决定每个情况，我所说的护教论者会声称，只有宗教才能为决定何为善提供基础。

某些哲学家，著名的如康德，已试图从非宗教的源头导出绝对道德准则。尽管他本人是个宗教徒，在他那个时代这几乎是不可避免的事情，[①] 康德试图把道德义务建立在以义务自身为目的的基础之上，而不是为了上帝。他那著名的绝对命令（categorical imperative，又称定言命令）告诫我们要"只按照你同时认为也能成为普遍规律的准则去行动"。这在撒谎的例子上非常有效。想象这样一个世界，人们把撒谎当作原则，撒谎被认为是善和道德的事情。在这样一个世界中，撒谎本身就不再有任何意义。撒谎在定义上恰恰需要以真话作为前提。如果道德原则是我们希望每一个人都能遵守的东西，那么，撒谎就不可能成为一种道德原则，因为撒谎这一原则本身会因其无意义而消解。撒谎，作为一种生活规则，具有内在的不稳定性。更广泛地说，自私，或利用他人的好意而不劳而获的寄生生活，就我作为一个孤立的自私的个体而言是有效的，个人确实能从中得到满足。但是，我却不可能希望每一个人都把这种自私的寄生生活当作是一种道德准则，因为那样的话我就无人可以寄生了。

---

① 这是对康德观点的标准解释。不过，著名哲学家 A. C. Grayling 已经可信地论证（New Humanist, July–Aug. 2006），尽管康德在公开场合不违反他那个时代的宗教习俗，但他实际上是一个无神论者。

康德的绝对命令似乎适用于说真话以及一些其他情况，但要把它拓展到一般的道德领域却不是一目了然的。尽管有康德，但我那设想中的护教论者的观点是诱人的，即绝对主义的道德通常由宗教驱使。根据他自己的请求，让一个晚期病人摆脱痛苦的折磨，总是错的吗？与一个相同性别的个体做爱总是错的吗？杀死一个胚胎总是错的吗？有那么一些人，他们相信这总是错的，其理由是绝对的，不能容忍任何争议。任何持不同意见的人都该杀：当然这是比喻而非真正的字面含义——除了在美国的堕胎诊所中某些医生的遭遇（见下章）。然而，幸运的是，道德并非必须是绝对的。

当考虑是与非的问题时，伦理学家们是专家。正如欣德所指出的那样，他们同意"道德诫命，不必由理性所构建，但应可以被理性所辩护"[①]。伦理学家以多种方式标榜自己的派别，不过在现代的术语中，这些派别主要有两大类："义务论者（deontologists）"（如康德）和"结果论者（consequentialists）"〔包括功利主义者，如边沁（Jeremy Bentham,1748—1832）〕。义务论相信，道德在于对规则的遵从。它在字面上是关于义务的科学，源自希腊语中的"有约束力的"。义务论与道德绝对主义不完全相同，不过在一本关于宗教的书中，就没必要详述了。绝对主义者相信，有着绝对的是非之分，道德诫命的正确性与其结果无关。结果论者则更为实用地认为，一个行为的道德性应当由其结果来判断。结果论的一个版本是功利主义，这种哲学与边沁、他的朋友詹姆斯·密尔（James Mill）及其儿子约翰·斯图尔特·密尔有关。不幸的是，功利主义常常被概括为边沁那句不够准确的名言："最大多数人的最大幸福是道德和立法的基础。"

不是所有的绝对主义都源于宗教。不过，若非以宗教为理由，绝对主义的道德是很难得到辩护的。我能够想到的唯一例外就是爱国主义，尤其是战争时期的爱国主义。正如著名的西班牙电影导演路易斯·布努埃尔所说："上帝和国家是一个无敌的组合，它们创造了所有压迫和杀戮

---

① Hinde（2002）。还见 Singer（1994），Grayling（2003），Glover（2006）。

的纪录。"征兵部门主要依赖的就是他们的牺牲品的爱国责任感。在第一次世界大战期间，妇女们向那些没有穿军服的年轻人分发白色羽毛（象征懦夫）。

噢，我们不愿失去你，但我们认为你应当去，因为你的国王和你的国家都需要你这样做。

人们蔑视那些（因道义或宗教原因）拒服兵役的人，即便是敌国的反战者也一样遭蔑视，因为爱国主义被认为是一种绝对的美德。很难再有比职业军人口中的"无论是对是错，祖国就是祖国"更绝对的了，因为这样的口号就是要责成你去杀死由政客们在将来某天所选定的任何被冠以敌人之名的人。结果论的推理或许会影响开战的政治决策，但是，一旦宣战，绝对的爱国主义就会以一种除宗教之外罕见的强力接管一切。一个士兵，若是允许自己结果论的思想说服自己不要跃出战壕，那么等待他的很可能是军事法庭，甚至是处决。

这场关于道德哲学的讨论的出发点是一个假定的宗教主张，即如果没有上帝，道德就会是相对的和任意的。撇开康德以及其他老练的伦理学家，并给予爱国狂热以应有的认识之后，绝对的道德的首要来源通常就是某一类的圣书，这些圣书被解释为有一种远超其历史能力所能证明的权威。事实上令人不安的是，圣经权威的拥护者对他们的圣书的历史渊源（通常是极其可疑的）几乎全无好奇之心。下一章将证明，无论如何，即便人们宣称其道德来自圣经，实际上并非真的如此。如果经过慎重反思，他们也应当同意，其实这正是一件好事。

第 7 章　"善"之书和变迁着的道德风尚

政治已经谋杀了数千人，而宗教则已谋杀了上万人。

——肖恩·奥凯西（Sean O'casey）

通过两种方式，圣经中的话成为生活中道德规范的来源。一种是通过直接指导，例如通过摩西十诫，在美国蛮荒时期的文化冲突中，十诫就是这些激烈争论的主题。另外一种是通过实例：以上帝或某些其他的圣经人物，作为——用当代的术语来讲——道德楷模。这两种方式，如果虔敬地（religiously，这个副词是在比喻意义上使用的，但又着眼于它的起源）加以贯彻，则催生了一种道德系统，任何一个文明的现代人，无论其是否是宗教徒，都会发现那是——以最温和的用词来说——令人厌恶的（obnoxious）。

公正地说，圣经中大量有害的内容都不是体系化的，而只是一般怪异，这对于一部由支离破碎的文献胡乱拼凑出来的文集而言实属正常。这些文献历经数百个佚名作者、编辑和抄写人员的撰写、修订、翻译、曲解以及"改进"，我们不知道那是些什么人，他们相互之间也大多不认识，整个过程横跨 9 个世纪。[①] 这也许就解释了圣经的那种十足的奇异性。但不幸的

---

① Lane Fox（1992）；Berlinerblau（2005）。

是，面对这一如此离奇的文集，宗教狂热者却要我们相信，那是我们生活中道德规范的绝对正确的来源。那些希望把他们的道德完全建立在圣经基础上的人，要么是没有读过它，要么就是根本没有读懂它，斯庞主教（Bishop John Shelby Spong）在其《经文的原罪》（*The Sins of Scripture*）一书中就正确地指出了这一点。顺便提一句，斯庞主教是信奉自由主义的主教的一个极好例子，他的信仰是如此开明先进，以至对于大多数自称是基督教徒的人们来说，几乎无法认同他是个基督徒。他在英国的同道是理查德·霍洛韦（Richard Holloway），最近刚以爱丁堡主教的身份退休。霍洛韦主教甚至称自己是一个"改过的基督教徒"（recovering Christian）。我与他在爱丁堡有过一次公开讨论，那是我曾经历过的最为刺激和有趣的会面。[1]

《旧约》

《旧约·创世记》始于挪亚那深受欢迎的故事，它源于乌塔那匹兹姆（Uta-Napisthim）与大洪水的巴比伦神话，在其他若干文化的神话传说中也可以找到。方舟上载有成对的动物这一情节极富吸引力，但挪亚故事的道德说教则骇人听闻。上帝对人类极度失望，所以他淹死了几乎所有人，包括儿童（唯有一个家庭除外），还包括余下的动物，这些动物应该是清白的吧。

当然，恼怒的神学家会抗议说，我们不再以字面的意思解读《旧约·创世记》这一文本了。然而，这恰恰正是我的全部重点所在！我们该挑选圣经中的哪些片段去相信，哪些片段又该被当作象征或寓言来解读呢？这种挑选是个人的选择，正如无神论者对道德规范的取舍是个人的选择一样，并没有一个绝对的根据。如果两者中有一种是"凭感觉而

---

[1] 霍洛韦（1999, 2005），霍洛韦的"改过的基督教徒"说法见 *Guardian*, 15 Feb. 2003 上面的书评，http://books.guardian.co.uk/reviews/scienceandnature/0,6121,894941,00.html. 苏格兰记者 Muriel Gray 就我与霍洛韦主教在爱丁堡的对话写过一篇出色的文章，见（Glasgow）Herald: http://www.sundayherald.com/44517。

行的道德",那么,另一种一定也是。

无论如何,尽管训练有素的神学家有良好的意愿,但是仍有数量惊人的人依然按照字面意思来解读圣经,包括其中挪亚的故事。根据盖洛普民意测验,约 50% 的美国选民就是这样做的。另外无可怀疑,也包括许多亚洲的信徒,他们把 2004 年的海啸归结为人类的罪孽,而不是地质板块的运动,[①]这些罪孽包括在酒吧里喝酒跳舞、不遵守琐碎的安息日规定。这些人沉浸于挪亚故事中,对所有圣经之外的知识一无所知,谁又能责怪他们呢?他们所受的全部教育令他们将自然灾害看作与人类事务密切相关,归咎于人类的行为不端而非诸如板块构造这样的非人类的因素。顺便说一句,相信以神(或构造板块)的尺度才能引起的惊天动地的事件必定总是与人类有关,是一种多么傲慢的自我中心主义啊。为什么心中装着创造和永恒的神圣存在,会在乎人类那些微不足道的琐碎过失?我们人类可真能往自己脸上贴金,竟然能把我们那点可怜的"罪孽"夸大到对宇宙有重要意义的程度!

我为电视节目采访了迈克尔·布雷(Michael Bray)牧师,他是美国著名的反堕胎活跃分子。我问他,为何福音派基督教徒如此关注私人的性取向,如同性恋等,尽管那并不妨碍其他人的生活。他在回答中引用了诸如自我保护这样的说法。当上帝通过降临一场自然灾害的方式来惩罚一个其中居住着犯罪者的城镇时,无辜的居民就有成为附带损害的风险。2005 年,著名的新奥尔良市在卡特里娜飓风的余波中受到了洪灾的严重打击。据报道,帕特·罗伯逊(Pat Robertson)牧师,美国最著名的电视传道者之一、前总统竞选人,就把这次飓风归因于一个女同性恋喜剧演员,她恰好住在新奥尔良。[②]你不禁会想,一个全能的神是不是应

---

① 美国的神职人员也把飓风卡特里娜令人恐惧地归为人类的"罪孽",有关布道辞的总集见 http://universist.org/neworleans.htm。

② 不清楚这一源于 http://datelinehollywood.com/archives/2005/09/05/robertson-blames-hurricane-on-choice-of-ellen-deneres-to-hostemmys/ 的故事是否真实,不过它被广为相信,毫无疑问,因为它典型地反映了福音派神职人员对诸如卡特里娜飓风这样的灾难的表达方式,包括罗伯逊在内。例如参见:www.emediawire.com/releases/2005/9/emw281940.htm。说卡特里娜故事不真实的网站(www.snopes.com/katrina/satire/robertson.asp)也引用了罗伯逊在佛罗里达的奥兰多针对一场较早的同性恋者示威游行所说的话,"我要警告奥兰多,你正走在通往一场严重的飓风袭击的路上,如果我是你们的话,我不认为我会当着上帝的面挥舞那些旗帜"。

该采用命中率稍高一些的方式去干掉罪人，比如一次高明的心脏病发作，而不是仅仅因为一个女同性恋喜剧演员正好住在那里，就给整个城市带来大规模的破坏。

2005 年 11 月，宾夕法尼亚州多佛镇的居民投票否决了当地教育董事会候选人中的所有基督教基要主义者，这些基要主义者试图强制开设"智能设计论"（intelligent design）课程，令这个小镇蒙羞。当帕特·罗伯逊听说基要主义者在民主选举中被击败时，他严厉地警告多佛：

> 我要对多佛善良的居民说，如果你们的地区遭遇一场灾难，不要责怪上帝。你们刚刚把他赶出了你们的城镇，当麻烦来临时，不要奇怪上帝为何不帮助你们，如果灾难来临，我并没有说即将来临。但若是灾难果真来临，请记住你们刚刚投票把上帝逐出了你们的城镇。如果面临这样的情况，不要请求上帝的帮助，因为他可能已不在那里。[1]

如果帕特·罗伯逊在那些今天在美国掌握着权力和有影响的人中不那么典型的话，兴许会是个无害的笑话。

在罪恶之城所多玛和蛾摩拉[2]的毁灭中，一个相当于挪亚的居民及其家庭被选中得以赦免，因为唯有他才是正直的人，那就是亚伯拉罕的侄子罗得。上帝差使两个男性天使来到所多玛，警告罗得在硫磺袭来之前要离开该地。罗得亲切地把这两位天使迎进家里，于是该城所有的人都聚集在房子周围，要求罗得应当交出这两位天使以便他们能够与之交媾，"今日晚上到你这里来的人在哪里呢？把他们带出来，任我们所为"[3]（《旧约·创世记》19:5）。是的，"know（交媾）"这一用词有着钦定版圣经一贯的委婉，不过在这里的语境中显得非常滑稽。罗得拒绝这

---

① Pat Robertson，据 BBC 报道，见 http://news.bbc.co.uk/2/hi/americas/4427144.stm。
② 据《圣经·创世记》记载，两城居民因罪孽深重而被上帝毁灭——译者注
③ 钦定版圣经（Authorized Version）中"任我们所为"的原文是"we may know them"，在新国际版圣经中是"we can have sex with them"。希伯来语本来的用词是"yada"，意为"亲密关系"——译者注

一要求时表现出的勇气，显示上帝在所多玛仅挑中他这唯一的好人时，也许确实对情况有所了解。但是，罗得的光环却被他为拒绝而提出的条件所玷污："众弟兄，请你们不要做这恶事。我有两个女儿，还是处女，容我领出来任凭你们的心愿而行，只是这两个人既然到我舍下，不要向他们做什么。"（《旧约·创世记》19:7～8）

无论这个奇怪的故事还意味着什么，它确实告诉了我们某些关于这种强烈的宗教文化对女性给予的尊重方面的事情。正如所发生的，罗得以其女儿的贞洁作为交易筹码本是不必要的，因为天使成功地通过奇迹使众人致盲从而击退了他们。于是，天使警告罗得立即带着他的家人以及牲畜逃走，因为这个城市就要毁灭。全家人得以逃脱，除了罗得那不幸的妻子，她被上帝变成了一根盐柱，因为犯下了过失——人们会认为那只是一个小小的过失——只是回头看了一眼背后的大火而已。

罗得的两个女儿在这个故事中还有简短的重现。在她们的母亲被变成了一根盐柱之后，她们与父亲一起住在一个山洞里。由于缺少男人，她们决定灌醉父亲然后与其同房。罗得不知道他的大女儿何时来到他的床上或何时离去，但他却没醉到不能使她怀孕。第二天晚上，两个女儿商定该轮到小女儿进去。罗得再次因为喝醉而没注意到发生的事，并使小女儿也怀孕了（《旧约·创世记》19:31—6）。如果这个不正常的家庭就是所多玛所能提供的最好的道德楷模，也许人们会和上帝以及他那正义的硫磺开始产生某种共鸣。

罗得以及所多玛城的故事在《旧约·士师记》的第 19 章再次令人恐惧地出现，说的是一个不知名的利未人（祭司）与他的妾一起在基比亚赶路，傍晚他们在一个好客的老人屋子里过夜。就在他们吃晚饭时，城里的匪徒来敲门，要求老人交出男性客人，"我们要与他交合"。这位老人说的几乎是与罗得同样的话："弟兄们哪，不要这样作恶。这人既然进了我的家，你们就不要行这丑事。我有个女儿，还是处女，并有这人的妾，我将她们领出来，任凭你们玷辱她们，只是向这人不可行这样的丑事。"（《旧约·士师记》19：23—24）再一次，这种歧视女性的风气冒了出来，一清二楚。我发现"任凭你们玷辱"这个短语尤其令人心悸。通过羞辱以及强奸我的女儿和祭司的妾来让你们自己快活，而对我的客人，毕竟他是一个男人，则表现出应有的尊重。尽管这两个故事有相似性，但利未人的妾的结局则要比罗得的女儿更悲惨。

利未人把她交给这群暴徒，他们整晚轮奸她："他们便与她交合，终夜凌辱她，直到天色快亮才放她去。天快亮的时候，妇人回到她主人住宿的房门前，就仆倒在地，直到天亮。"（《旧约·士师记》19：25—6）早晨，利未人发现他的妾仆倒在房门前，便说——他所用的语气在今天的我们看来是多么的冷漠粗鲁——"起来，我们走吧！"但是她没有动，她死了。于是他"用刀将妾的尸身切成十二块，使人拿着传送以色列的四境"。是的，你读得没错。请在《旧约·士师记》19：29中查找。让我们权且再次宽恕地把这归因于圣经中无所不在的怪诞吧。这个故事与罗得的故事是如此相似，以至我们禁不住会怀疑是否是手稿的一个残片偶然被误放到了某个长久被人遗忘的缮写室里：神圣文本的出处难以确定的一个例证。

罗得的叔叔亚伯拉罕是全部三个"伟大的"一神论宗教的奠基者。他那族长的身份赋予他一种楷模的角色，其地位仅次于上帝。但是现代的道德家希望向他看齐吗？在他那漫长生涯的较早期，亚伯拉罕曾与他的妻子撒拉一起去埃及躲避饥荒，他意识到这样一个美丽妇女的姿色也许会让埃及人垂涎三尺，因而，作为她的丈夫，他自己的生命就会处于危险之中。于是他决定让她冒充成自己的妹妹。以这一身份，她被带入法老的后宫，结果亚伯拉罕因为法老对撒拉的宠幸而变得富裕。上帝不能认同这种舒适的安排，于是给法老以及他的全家降下灾祸。（为什么不降灾于亚伯拉罕？）理所当然受到委屈的法老想要知道为什么亚伯拉罕不告诉他撒拉是他的妻子。于是，他把她交还给亚伯拉罕并把他俩赶出埃及（《旧约·创世记》12：18—19）。不可思议的是，这对夫妇后来又故伎重演，不过这回对象是基拉耳的王，亚比米勒。他也被亚伯拉罕劝诱与撒拉结婚，再次被误导相信她是亚伯拉罕的妹妹而不是妻子（《旧约·创世记》20：2—5）。他也表达了他的愤慨，措辞几乎与法老相同，人们禁不住会同情这两个人。这种相似性岂不是圣经文本不可靠性的另一个例子?

亚伯拉罕故事中的这一令人厌恶的情节与另一丑闻相比,还算是轻的,那就是他以儿子以撒作为祭品的故事。上帝命令亚伯拉罕将他深爱的儿子作为祭品。亚伯拉罕造好了祭坛,堆好了柴火,又将以撒捆绑在柴上。正当他拿起刀要杀儿子时,一个天使戏剧性地介入,在最后关头带来一个消息:上帝只是开了一个玩笑而已,是为了"试探"亚伯拉罕,考验他的忠诚。一个现代的道德家忍不住会质疑,一个孩子怎么才能从这样的心理创伤中复原。以现代的道德标准来看,这一可耻的故事同时构成了虐待儿童、恃强凌弱以及纽伦堡辩护的首次运用:"我只是服从命令而已。"然而这一故事却是三大一神论宗教最基础性的神话之一。

现代的神学家会再一次这样反驳,亚伯拉罕牺牲以撒的故事不应当被当作事实。同样,恰当的回应是双重的。首先,甚至在今天还有许多许多人,确实把整部圣经中的内容当作是确凿的事实,而且这些人还对我们其余人有着政治上的强势力量,尤其是在美国。其次,如果不当作事实,我们应当如何看待这个故事? 当作一个寓言? 那么寓意是什么?但其中确实没有什么值得称颂的意义。当作一个道德教训? 然而人们从这样一个骇人听闻的故事中又能得出什么样的道德? 记住,此时此刻我所要证明的是,事实上,我们的道德并不是源于圣经。或者,就算是这样的话,我们也是对圣经的内容做了精心挑选,保留了好的片段,剔除了肮脏的情节。但是在这样做的时候,我们必定已有某种独立的标准以便决定哪些片段是道德的:这一标准,不管它来自哪里,都不可能来自圣经本身,而且想必它还适合于我们所有人,无论我们是不是宗教徒。

然而,护教论者甚至试图从这一可悲的情节中为上帝的角色挖掘出一点宽容,在最后一刻饶了以撒一命难道不正因为上帝的善? 虽然不太可能,但是假若我的读者中真有任何人被这种特殊的可耻申辩所说服,我请他们参看另一则以人牺牲的故事,其结局更为不幸。在《旧约·士师记》第 11 章中,军事首领耶弗他与上帝做了一笔交易,如果上帝保证他在与亚扪人的战争中取胜,耶弗他就必将以"先从我家门出来迎接我"的无论什么人献上为燔祭。耶弗他确实打败了亚扪人("大大杀败他们",如

《旧约·士师记》中所言），胜利归来。并不奇怪，是他的女儿，唯一的孩子，走出家门来迎接他（还拿着鼓跳着舞）。唉，她正是那第一个人。可以理解耶弗他此时的心情，他撕裂衣服，但却无能为力。上帝显然在盼望已承诺过的燔祭，在这一情况下，女儿懂事地同意成为祭品。她只请求用两个月的时间去山里为她终为处女哀哭。两个月结束，她温顺地回来，耶弗他便烧了她。这一次上帝却没有干预。

无论何时，只要他的选民对别的神暗送秋波，上帝就会暴跳如雷，其表现无异于那种最糟糕的性嫉妒。其距离好的道德楷模的遥远程度将令一个现代的道德家感到震惊。出轨的诱惑甚至对那些不屈服于诱惑的人来说，都很容易理解，从莎士比亚到闺房闹剧，它是小说和戏剧的常见要素。但是，看起来难以抗拒的外邦神的诱惑，则令我们现代人比较难以理解。以我天真的眼光看来，"除了我以外，你不可有别的神"似乎是极易遵守的戒律：与"不可贪恋人的妻子"（或牛驴）相比，人们会觉得这是一件轻而易举之事。然而，整部《旧约》从头到尾，如同闺房闹剧中可以预见的套路那样，上帝只要转身片刻，以色列的子民就立即与巴力纠缠不清，或是开始崇拜偶像。[1] 有一次是灾难性地崇拜了一只金牛犊……

摩西，甚至超过亚伯拉罕，更适合成为三大一神论宗教追随者的道德楷模。亚伯拉罕也许是最初的族长，但若要说有资格被称为犹太教及其派生宗教的教义创始人，那就非摩西莫属。在以金子铸造牛犊这段情节中，摩西自己安全地待在西奈山上，与上帝交流，并得到了上帝给予的刻有律法诫命的石板。山下的百姓（他们因为强忍触碰西奈山的冲动而感到十分痛苦）没有浪费任何时间：

> 百姓见摩西迟延不下山，就聚集到亚伦那里，对他说："起来，为我们做神像，可以在我们前面引路，因为领我们出埃及地的那个摩西，我

---

[1] 这一富于喜剧性的想法是乔纳森·米勒（Jonathan Miller）提醒我的，令人惊讶的是，他从未在《超越边缘》（*Beyond the Fringe*）的短剧中使用过这个主题。我还要感谢他推荐作为该想法的基础的学术书：*Halbertal and Margalit*（1992）。

们不知道他遭了什么事。"（《旧约·出埃及记》32：1）

　　亚伦让每个人都拿出黄金，熔化后打造了一头金牛犊，随后又为这个新造的神建了一个祭坛，以便他们开始向它献祭。

　　好吧，他们本应比在上帝背后干这样的蠢事聪明些。上帝也许是在山上，但是，毕竟他是全知的，上帝立马就差遣摩西作为他的执法者。摩西火速赶下山，随身还带着石板，上面刻有上帝写下的十诫。当他下山看到黄金塑成的牛犊时，他是如此震怒以至扔下石板摔碎了它们（上帝后来又给他一块再造的石板，万事大吉）。摩西将金牛犊用火焚烧，磨得粉碎，撒在水面上，让人们喝这水。随后他告诉作为祭司的利未部落的每一个人，佩上剑，去尽可能多地杀人。这就导致那天被杀的人约有三千。也许人们会觉得，这已足以抚平上帝因嫉妒而生的怒气。但是不，上帝的报复还没完。在这可怕一章的最后一节，上帝的临别赠言是降祸于余下的人们，"因他们同亚伦做了牛犊"。

　　《旧约·民数记》述说上帝如何煽动摩西去攻击米甸人。他的军队迅速杀死了所有的男人，他们还焚烧了米甸人所有的城市，但是他们并未杀死妇女和儿童。士兵们这一仁慈的克制行为激怒了摩西，他下令把所有的男孩和所有已不是处女的女子都杀死。"但女孩子中，凡没有出嫁的，你们都可以（为自己）存留她的活命"（《旧约·民数记》31：18）。不，摩西绝不是现代道德的伟大榜样。

　　就现代宗教诠释者以象征或寓言的方式来解读对米甸人的屠杀而言，这种象征恰恰是误入歧途。不幸的米甸人，就圣经的叙述来看，恰是在他们自己的国家里成了大屠杀的牺牲品。而他们的名字只因基督教中一段受人欢迎的赞美诗而留传下来（我还能凭50年前留下的记忆来唱，以两种不同的但同样阴郁的小调）：

基督徒，你可看见了他们

在神圣的土地上？

米甸人的军队如何

在四处潜伏？

基督徒，起来击败他们，

计得不计失；

击败他们，

以神圣十字架的功德。

唉，可怜的受诽谤遭屠杀的米甸人，仅在一首维多利亚时代的赞美诗中作为一般的恶的象征才被人们记住。

对于反复无常的敬神者来说，敌对的神巴力似乎一直是一个永久的诱惑者。在《旧约·民数记》第25章中，许多以色列人被摩押妇女引诱去祭拜巴力。上帝的反应还是典型的狂怒。他命令摩西"将百姓中所有的族长在我面前对着日头悬挂，使我向以色列人所发的怒气可以消了"。我们忍不住再次感到不可思议，只因与别的神套近乎就会招来如此严厉的责罚。以我们现代的价值观和正义观来看，比方说与将自己的女儿供别人轮奸相比，这样的过失是微不足道的。这是圣经文本和现代（也可以说是文明的）道德观脱节的又一个例子。当然，用文化基因的理论来解释，这就非常容易理解了，即神需要这样的品质以便在文化基因库中生存下来。

上帝对其他神疯狂嫉妒的闹剧在《旧约》中通篇频繁地反复出现。正是这种嫉妒引发了十诫（刻在摩西摔碎的石板上：《旧约·出埃及记》第20章和《旧约·申命记》第5章）中的第一条，而在上帝提供的、用以替代那块已碎的石板的诫律（《旧约·出埃及记》第34章）中，这一点则更加明显。在承诺把不幸的亚摩利人、迦南人、赫人、比利洗人、希未人、耶布斯人赶出他们的家园后，上帝开始着手于真正重要的事情：别的神！

……却要拆毁他们的祭坛，打碎他们的柱像，砍下他们的木偶。不可敬拜别神：因为耶和华是忌邪的神，名为忌邪者。只怕你与那地的居民立约，百姓随从他们的神，就行邪淫，祭祀他们的神，有人叫你，你便吃他的祭物，又为你的儿子娶他们的女儿为妻，他们的女儿随从他们的神，就行邪淫，使你的儿子也随从他们的神行邪淫。不可为自己铸造神像。(《旧约·出埃及记》34：13—17)

当然，我知道，时代改变了，今天没有一个宗教领袖（除了像塔利班这样或与之类似的美国基督教徒）会像摩西这样去思考。但这正是我的重点所在。我所要论证的就是，现代的道德，无论它来自哪里，绝不是来自圣经。护教论者无法为这种说法找到辩护借口：宗教为他们提供了某种优先权，以区分善恶——而这种特权是无神论者不能拥有的。即便利用他们热爱的把戏将圣经中某些内容解读为"象征性的"而非字面上的，他们仍然无法找到借口。你根据什么标准来决定哪些段落是象征性的而哪些段落又是字面上的？

始于摩西时代的种族清洗到了《旧约·约书亚记》则结出了血腥的果实，里面引人注目地记载了残忍的大屠杀，充满了仇外的味道。正如一首老歌尽情歌唱的那样，"约书亚在耶利哥开战，城墙塌陷……在耶利哥的战场上，没人能像约书亚那样老练善战"。直至他们"将城中所有的，不拘男女老少、牛羊和驴，都用刀杀尽"(《旧约·约书亚记》6：21)，这位老练善战的约书亚才罢休。

不过，神学家将再次抗议，事情不是这样的。好吧，没有这样的故事——城墙居然在人们的呼喊声和吹角声中塌陷，确实，这样的事情不会发生——但那不是重点。重点在于，无论这些故事是否真实，圣经被认为我们的道德的来源。而圣经中约书亚毁灭耶利哥以及入侵应许之地迦南等类似的故事，在道德上与希特勒入侵波兰，或萨达姆·侯赛因针对库尔德人和沼泽阿拉伯人(Marsh Arabs)的大规模屠杀没什么两样。圣经也许是一部令人印象深刻、有诗意的虚构作品，但它绝不是那种应当推荐给你的孩子以便形成他们的道德观的读物。恰巧，约书亚在耶利哥的故事是关于儿童道德观的一个有趣实验的主题，本章后面还要对此进行讨论。

顺便要说的是，不要以为在这个故事中，对于在应许之地上所发生的大屠杀和种族灭绝，上帝曾有过任何的迟疑或不安。相反，比如在

《旧约·申命记》第 20 章，他的命令残酷而明确。他清楚地区分了这两类人：一类人生活在他需要的土地上，另一类人则远离这些土地。后者被要求和平地屈服，若是他们拒绝投降，则要把他们的男人都斩尽杀绝，女人则抢来用于繁衍。与这一相对仁慈的做法相对照，看看等待不幸已经居住在应许的"生存空间"（Lebensraum）的那些部落的人是什么吧："但这些国民的城，耶和华你神既赐你为业，其中凡有气息的，一个不可存留。只要照耶和华你神所吩咐的，将这赫人、亚摩利人、迦南人、比利洗人、希未人、耶布斯人都灭绝净尽。"

那些把圣经看作正直道德的来源的人，对于圣经中实际写了些什么是否有哪怕一点点概念？根据《旧约·利未记》第 20 章，下述的过失要判死刑：咒骂父母；通奸；与继母或儿媳同房；同性恋；娶妻并娶其母；兽交（还要连累动物共同治罪，那头不幸的动物也要被处死）。当然，若在安息日工作，你也得被处决：在《旧约》中，这一条被通篇再三重复。在《旧约·民数记》第 15 章中，以色列人在旷野的时候，遇见一个男人在安息日捡柴。他们就逮住了他并问上帝该如何办他。结果是，那天上帝全无姑息的心情。"耶和华吩咐摩西说，总要把那人治死：全会众要在营外用石头把他打死。于是全会众将他带到营外，用石头打死他。"这个无害的捡柴者，他的妻子和孩子是否要为他伤心欲绝？当第一块石头落下的时候，他是否会因恐惧而求饶？当石头纷纷砸向他的头时，他是否会因痛苦而尖叫？今天令我对这样的故事感到震惊的，倒不是它们真的发生过。它们也许没有发生过。令我瞠目结舌的是，今天的人们居然还会把如耶和华这样的骇人听闻的榜样，当作是自己生活的道德基础；而且更糟的是，他们还试图专横地把这一邪恶的怪物（无论是事实还是虚构）强加于我们其他人。

我在此的主要目的不是为了强调，我们不应当从圣经中得到我们的道德观（尽管这的确是我的观点）。我的目的是要证明，我们（包括最虔诚的宗教徒）事实上并不是从圣经中得到我们的道德观的。如果是的话，我们就会严格监视安息日并认为处决任何不守安息日的人是正当合理的；我们就会对无法证明自己是处女，而丈夫宣称对他表示不满的新娘施以石刑；我们就会处决不顺从的孩子；我们就会……但是，等一下。也许我有欠公正了。一个严谨的基督教徒或许对本节始终都在提出抗议：每个人都知道《旧约》是相当令人不愉快的。耶稣的《新约》就取消了这种伤害，让一切转好了。是这样么？

《新约》要好一点吗？

好吧，无可否认，从道德视角来看，耶稣相对于《旧约》中那个残忍的怪物而言确实是一个巨大的进步。耶稣，如果存在过（或者有谁写下了他的事迹，或者他并不存在），那他确实是历史上伟大的伦理革新者之一。"登山宝训"是一种领先于其时代的教训。他那"连左脸也转过来（由他打）"的教训比甘地和马丁·路德·金早了两千年。我写过一篇题为《支持耶稣的无神论者》（*Atheists for Jesus*）的文章（后来这一标题被印在了 T 恤上，我很高兴），而我这么做并不是无缘无故的。①

但是，耶稣的道德优越性恰恰证实了我的观点。耶稣并不满足于从教养他长大的经文中获得道德观。他明确地背离了它们，例如，他在打压关于不遵守安息日的可怕警告时说："安息日是为人设立的，人不是为安息日设立的。"这一说法已经成为一句明智的谚语。既然本章的主旨就是我们不是也不应当从圣经文本中推出我们的道德观，那么，耶稣就必须被尊为这一论点的模范。

必须承认，耶稣的家庭观不是人们愿意集中关注的主题。他对自己的母亲是有所怠慢的，并且到了无礼的程度，他鼓励自己的门徒抛弃家庭来追随自己。"人到我这里来，若不恨自己的父母、妻子、儿女、弟兄、姐妹和自己的性命，就不能作我的门徒。"美国喜剧演员朱莉娅·斯威尼在其单人舞台秀《让上帝去吧》（*Letting Go of God*）中表达了她

---

① R. 道金斯，"*Atheists for Jesus*"，Free Inquiry 25:1, 2005, 9～10。

的困惑 ①："那不正是邪教所做的事情吗？让你抛弃自己的家庭以便给你洗脑？" ②

尽管耶稣的家庭观多少有点逃避的性质，他的伦理教训——至少与《旧约》的伦理灾难相比，则还是值得赞美的。但是，没有一个善良的人会支持《新约》中的一些其他的教导。我在这里尤指基督教的中心教义：关于"原罪"的"赎罪"。这一教义是《新约》神学的核心，它几乎与亚伯拉罕打算牺牲以撒的故事一样在道德上是可憎的。而正如格扎·弗米斯在《变化中的耶稣面貌》（ *The Changing Faces of Jesus* ）中所阐明的，这绝非偶然。原罪本身直接源于《旧约》中亚当和夏娃的神话。他们的罪——偷吃禁果——其程度之轻只需一顿呵斥即可。但禁果的象征性（知道善恶，实际上原来是知道他们是裸体的）足以令他们的这一偷尝行为成为一切罪的始由。③ 他们以及他们的后代被永远地逐出了伊甸园，被剥夺了永生之福，男人被惩罚要在田里辛勤劳作，而女人则要痛苦地分娩，世代如此。

到目前为止的惩罚：《旧约》是意料之中的。《新约》神学增加了一种新的不公，一种邪恶程度连《旧约》都难望其项背的新的施虐受虐关系达到了极致。当你想到这一点的时候就会觉得很不寻常，某种宗教居然会用一种折磨和处死人的刑具作为神圣的符号，并经常把它挂在脖子上。伦尼·布鲁斯（Lenny Bruce）正确地讽刺道，"如果耶稣是在 20 年前被处死的，天主教学校的儿童就会在脖子上佩戴小电椅而不是十字架"。但是，

---

① 当她简短地提及佛教时，斯威尼也说到了点子上。佛教经常被吹捧为所有宗教中最善良温和的一种。但是，因为前世的罪孽而在转世时要降级的教义则是相当令人不愉快的。斯威尼说："我去泰国并恰好访问了一位妇女，她正在照料一个畸形的男孩。我对这位看护者说：'照料这么一个可怜的孩子，你是多么的善良。'她说：'不要说"可怜的孩子"，他必定是在前世作了可怕的孽才会在今世这样出生。'"

② 关于邪教所用的技巧的一种深刻分析，见 Barker（1984）。现代邪教的更多新闻资料见 Lane（1996）和 Kilduff 和 Javers（1978）。

③ 我知道"偷尝"（scrumping）这一说法对于美国读者来说不那么熟悉。但我享受阅读不太熟悉的美国用语并且查它们的含义，使我的词汇量因此而得以拓展。为此，我特意使用了其他一些地区性的词汇。scrumping 这个词本身就是一个异常简洁的贴切字眼。它不只是指偷窃，还尤指偷窃苹果且仅仅是苹果。很难有比这更贴切的了。无可否认，《旧约·创世记》故事并未具体指明禁果就是一个苹果，但长期以来约定俗成的看法就是这样认为的。

这种做法背后的神学以及惩罚理论甚至更为糟糕。根据奥古斯丁的说法，亚当和夏娃的罪被认为是通过男性谱系亦即是通过精液进行传递的。判每一个孩子有罪，甚至在它出生之前，因为它继承了一个遥远祖先的罪，这是一种什么样的道德哲学？顺便要说的是，奥古斯丁正确地自认为是原罪说的个人权威，"原罪"（original sin）这一术语正是他创造的。在他之前，它被称作"始祖传下的罪"（ancestral sin）。在我看来，奥古斯丁的宣言和论述是早期基督教神学家对罪的病态关注的典型。他们本可以使他们的著作和布道专注于赞美星空，或是歌颂高山、森林、大海和黎明。这些确实也被偶尔提及，但基督教的焦点则完全放在了罪孽、罪孽、罪孽、罪孽、罪孽、罪孽、罪孽上。于是，这样一种肮脏的关注就支配了你的全部生活。哈里斯在其《给一个基督教国家的信》中精彩地痛斥道："你心心念念的似乎就是，宇宙的创造者会对人们在裸体时所做的事情生气。你们的这种假正经每天都在加剧人类的苦难。"

但是现在，这种教义已演变成了施虐受虐狂。上帝使自己化身为人，也即耶稣，以便让他通过受尽折磨和被处死来为亚当那世袭的罪进行赎罪。自保罗详述了这一教理开始，耶稣便作为我们所有人的罪孽的赎罪者而被崇拜。不只是亚当过去的罪孽，还有未来的罪孽，无论未来的人们是否决定去犯罪！

此外，很多人想到，包括罗伯特·格雷夫斯（Robert Graves）在其史诗体小说《耶稣王》（*King Jesus*）中所提示的：可怜的加略人犹大在历史上可以说是遭受了很恶劣的对待，既然他的"背叛"是宇宙计划的一个必要组成部分，对那些耶稣所谓的谋杀者，也可以这么说。如果耶稣自己要求遭到背叛然后被处死，以便为我们所有人赎罪，那么，那些自认获得了救赎的人们从古至今一直拿犹大和犹太人出气，岂不是严重不公正？我已经提到过一系列的非正典福音书。一份被认为是佚失的《犹大福音》的手稿最近已被译出并受到了关注。[4] 它的发现过程有些争

---

[4] Paul Vallely and Andrew Buncombe，《基督教历史：来自犹大的福音》（*History of Christianity: Gospel according to Judas*），《独立报》（*Independent*），7 April 2006。

议，不过似乎是在 20 世纪 60 或 70 年代于埃及被发现的。这份手稿写在莎草纸上，有 62 页的篇幅，用的是古柯普特文，碳同位素测定表明年代约在公元 300 年左右，不过有可能是基于更早的希腊手稿。无论作者是谁，该《福音书》是从加略人犹大的视角来写的，它说明，犹大背叛耶稣仅仅是因为耶稣要求他扮演这个角色，这完全是使耶稣被钉上十字架以便他能为人类赎罪的整个计划的一部分。正如教义本身令人作呕一样，这似乎使得犹大自此之后一直受到诋毁更加令人不快。

我已把赎罪这一基督教的中心教义描述为是邪恶的、施虐受虐倾向的以及令人憎恶的。要不是它的无处不在已使我们见怪不怪，麻木了我们的客观判断力，我们还应该因为它的疯狂到极点而摒弃它。如果上帝要赦免我们的罪，为什么不直接赦免就好，何必要以折磨并处死他自己为代价——由此还附带地令遥远未来的世代的犹太人以"耶稣杀害者"（Christ-killers）的名义遭到集体屠杀和迫害：难道这种世袭的罪也是通过精液传递的？

正如犹太学者弗米斯所指出的，保罗完全沉浸于传统犹太神学"不流血则无赎罪"的信条之中。[1] 的确，在他的《希伯来书》（9：22）中，关于流血和赎罪他说了不少。[2]。今天改革派的伦理研究者发现，为任何报复性的惩罚理论进行辩护都是困难的，更不用说替罪羊理论了——处决一个无辜者为有罪者赎罪。无论如何（我们忍不住要问），谁才是上帝想要打动的人？或许就是上帝自己吧——集法官、陪审员以及被处决的牺牲者于一身。更有甚者，亚当，原罪假定的案犯，本来就不曾存在过：一个令人尴尬的事实——保罗对此一无所知尚可原谅，但一个无所不知的上帝（以及耶稣，如果你相信他就是上帝的话）总应该知道吧——而这就完全颠覆了扭曲的、令人厌恶的整个理论的前提。噢，不过当然，亚当和夏娃的故事只是一种象征，不是吗？象征？所以，为了打

---

[1] Vermes，2000。

[2] 保罗是耶稣的门徒之一，早期他以犹太教徒（那时他的名字是扫罗）的身份强烈反对基督教，就在通往大马士革的路上，他发生了信仰转变，成为一名基督教徒，此后他是最为得力的基督教传教者，在尼禄皇帝时代列教——译者注

动他自己，耶稣令自己受尽折磨并被处死，为了一个不存在的人所犯下的象征性的罪而代人受过吗？正如我所说的，荒唐透顶，并且极其令人厌恶。

在结束关于圣经的讨论之前，我还必须提醒大家注意其伦理教义中一个尤其糟糕的方面。基督教徒很少意识到，表面上受到《旧约》和《新约》同时鼓励的许多对于他人的道德考量，原本的意图只是应用于一个狭窄定义的内部群体。"爱你的邻舍"（Love thy neighbour）并不是指现在我们所认为的意思。它只是指"爱另一个犹太人"。美国的医师和进化人类学家约翰·哈通（John Hartung）讥讽地指出过这一点。他写了一篇出色的论文，论述进化和圣经中的历史的群体内道德，同样也把重点放在了反面——对群体外的敌意（out-group hostility）。

爱你的邻舍

从一开始，哈通就表现出他那种黑色幽默，[①] 他说到一个美国南方浸信会教徒自发地去计算地狱里亚拉巴马州人的人数。根据《纽约时报》以及《新闻日报》（Newsday）的报道，最后的总数是 186 万，是用一种秘密的加权公式估算出来的。根据这个公式，卫理宗教徒要比罗马天主教徒更有可能获得拯救，而"不属于任何教会组织的人实际上都被计为无法得到拯救"。如今这种人的超自然状的自鸣得意反映在形形色色的"被提"（rapture）网站上，那些网站的作者总是理所当然地认定，当"末日"来临时，他必将是"消失"而升入天堂的那批人之一。这里有一个典型例子，来自"准备被提"（Rapture Ready）网站的作者，属于极度令人讨厌的假装神圣的类型之一："如果被提发生，使得我高升离开俗世[②]，那么苦难的圣人们为本站制作镜像或是在财政上支持本网站就成为

---

① 哈通的论文最初发表于《怀疑论者》（Skeptic）3:4，1995，但现在更容易在网上找到 http://www.lrainc.com/swtaboo/taboos/ltn01.html。

② 无法继续管理网站——译者注

一种必要。"①

哈通对圣经的解释表明，圣经从未给基督徒的这种沾沾自喜的优越感提供基础。耶稣把拯救对象严格地限定于他的族群，即犹太人，在这件事上他遵循的是《旧约》的传统，他所知道的全部，也就是这些。哈通还清楚地表明，"你不可杀人"从不含有我们今天理解的意思。它只是特定性地指，你不可杀犹太人。而那些提到"邻舍"的所有诫命也都具有同样的排外性。"邻舍"的意思是犹太人同伴。摩西·迈蒙尼德（Moses Maimonides），这位 12 世纪受到高度尊敬的拉比和医生，详细解释了"你不可杀人"的完整意思："如果某人杀死了一个以色列人，他就违背了一条诫命，因为圣经说，你不可杀人。如果某人在有证人在场的情况下执意杀人，他就要被用剑处死。不用说，某人如果杀死的是一个异教徒，他就无须被处死了。"不用说！

哈通还以相似的口吻引用了犹太教公会（犹太教最高法院，被高级神职人员所把持）为一个人开释时的说法，此人被假定为在试图杀死一只动物或一个异教徒时误杀了一个以色列人。这一恼人的道德小难题很好地提示了一点。如果他向一群人扔石头，其中有 9 个异教徒，1 个以色列人，而石头却不幸砸死了以色列人，怎么办？嗯，好一个难题！但答案倒是现成的。"基于这一事实他可免责，即其中的大多数人是异教徒。"

哈通所用的许多圣经的例子与我在本章中所引用的相同，涉及摩西、约书亚和士师们对应许之地的征服。我已谨慎地承认，宗教徒已不再用圣经中的方式来思考。在我看来，这恰恰证明我们的道德，无论我们是不是宗教徒，都有其他的来源。而这一来源，无论它是什么，都适用于我们全体，不管是信教的还是不信教的。但哈通还讲到了由以色列心理学家乔治·塔马林（George Tamarin）所做的一项令人震惊的研究。塔马林向 1000 多个年龄在 8~14 岁之间的以色列学童，讲述了《旧约·约书亚记》中耶利哥之战的故事：

---

① 你也许不知道在这一句子中"苦难的圣人们"（tribulation saints）是什么意思。不必为此多虑：你有更好的事情可做。

约书亚吩咐百姓说:"呼喊吧,因为耶和华已经把城交给你们了!这城和其中所有的都要在耶和华面前毁灭……唯有金子、银子和铜铁的器皿都要归耶和华为圣,必入耶和华的库中。"于是百姓完全毁坏了城中所有,不拘男女老少、牛羊和驴,都用刀杀尽……他们又用火将城和其中所有的都焚烧了;唯有金子、银子和铜铁的器皿都放在耶和华殿的库中。

随后塔马林问了孩子们一个简单的道德问题:"你认为约书亚和以色列人的行为是正确的还是错误的?"他们必须在 A(完全正确)、B(部分正确)和 C(完全错误)之间进行选择。结果是两极分化的:66% 的孩子选择了完全正确;26% 选择了完全错误;只有 8% 给出了中间选择。下述三个典型回答来自选择了完全正确的 A 组:

在我看来,约书亚和以色列的子民做得很好,理由是:上帝许给他们这块土地,给了他们去征服的许可。如果他们不据此采取行动或杀人的话,那么以色列的子民就会面临被异邦人同化的危险。

在我看来,约书亚这样做是对的,一个理由是,上帝命令他去杀灭这些人,这样以色列部落才不会被他们同化并被他们带坏。

约书亚做得好,因为居住在这块土地上的人们信仰的是另一种宗教,约书亚杀死他们,也就从地球上铲除了他们的宗教。

在上述的每一种回答中,将约书亚的种族屠杀正当化的理由都是宗教的理由。即便在选择了答案 C,即完全不赞同约书亚的行为的案例中,也有一些是基于间接的宗教理由。例如,一个女孩不同意约书亚对于耶利哥的征服,因为这样做的话,他就不得不进入该地区:

我认为那是不好的,既然阿拉伯是不洁的,如果一个人进入一块不洁的土地,他也会变得不洁并像他们一样受到诅咒。

还有两个选择了完全错误的孩子，他们的理由是，约书亚毁坏了所有的东西，包括动物和财产，从而没有为以色列人保留一些战利品：

我认为约书亚做得不好，因为他们本可以为自己留下些动物。

我认为约书亚做得不好，因为他本可以留下耶利哥的财产。如果他没有破坏这些财产的话，它们就可以属于以色列人。

再一次地，那位因其学者的智慧而经常被人们引用的圣贤迈蒙尼德，在这一问题上的立场是坚定的："消灭七个民族的命令是肯定性的，即上帝所说的：'你要把他们灭绝净尽。'如果一个人不把落入手中的任何人置于死地，那么他就违背了一条否定性的命令，也就是：其中凡有气息的，一个不可存留。"

和迈蒙尼德不同，塔马林实验中的孩子们因年幼而天真无邪。料想他们所表述的那种残忍观点是来自他们的父母，或是来自他们所成长于其中的文化。我推测，同样成长于饱受战火摧残的国家的巴勒斯坦的孩子们，对于类似的问题未必不会在一个相反的方向上持有同样的观点。当我想到这些时就充满绝望。那似乎显示了宗教无边的力量，尤其是儿童的宗教成长环境，它把人们进行分割，灌输长久以来的敌意和世代仇杀。我无法不注意到，塔马林引用的 A 组的三个代表性回答中，有两个提到了同化的罪恶性，而第三个则强调了为清除异族人的宗教而杀人的重要性。

塔马林在他的实验中还设立了一个有趣的对照组。168 个以色列儿童被给予了选自《约书亚记》的相同的文本，但里面约书亚的名字被"林将军"所代替，而"以色列"则被"3000 年前的中国的一个王国"所代替。现在实验就得到了相反的结果。仅仅只有 7% 的孩子赞同林将军的行为，而有 75% 表示反对。换言之，当他们对犹太教的忠诚从他们的考量中被去除时，大多数儿童都认同了大部分现代人所共有的道德判断。约书亚的行为是一种残忍的种族灭绝行径。但是从宗教的角度来看就大相径庭了。这种差别在人生中很早就产生了。正是宗教决定了儿童们对于种族屠杀采取了不同的态度：谴责或是宽恕。

在哈通论文的后半部分，他转向《新约》。简要说来，他的论文的主旨是，耶稣同样是群体内道德的信奉者——与之相伴的就是对群外的敌意——这是《旧约》视为理所当然的事情。耶稣本是一个忠诚的犹太人。正是后来的保罗发明了这一理念，即让非犹太人接受犹太人的上帝。对此，哈通要比我说得更坦率："耶稣要是知道了保罗将他的计划用到了猪身上，他在坟墓里都不会安宁。"

对于《新约·启示录》，哈通有不少趣味横生的嘲讽，那确实是《圣经》中最怪异的部分之一。据说其作者是圣约翰，正如《肯的圣经指南》（*Ken's Guide to the Bible*）中所巧妙地指出的，如果写使徒书信的约翰可以看作是抽了大麻的约翰的话，那么写《新约·启示录》的约翰则是嗑了迷幻药的约翰。[①]哈通注意到《新约·启示录》里有两节提到那些"受印的"人的人数（某些教派，例如耶和华见证人教派，把受印诠释为"被拯救的"）被限制为 14.4 万人。哈通认为，他们只能全都是犹太人：共有 12 个部落，每个部落有 1.2 万人。肯·史密斯（Ken Smith）则更进一步，指出这 14.4 万个选民"没有让自己被妇女玷污"，这可能意味着他们当中没有一个会是女人。好吧，那正是我们意料之中的情况。

哈通那篇有趣的论文还有很多内容，在此我再推荐一次，以下仅引用一段作一概括：

> 圣经是一个群体内道德的设计蓝图，包括了针对群体外的种族大屠杀、奴役以及统治世界的指令。但是，圣经并不由于对杀人、残忍和强奸的谋求甚至赞美的价值观因而是邪恶的。许多古代的书都是这样的——比如《伊利亚特》、冰岛传奇、古代叙利亚传说以及古代玛雅人的碑文等等。但是没有人会以道德基础的名义来兜售《伊利亚

---

① Smith，1995。

特》，这才是问题所在。圣经是被当成人们应当如何生活的一本指南而售卖和购买的。而它是世界上迄今为止最畅销的书。

为了避免有人认为在所有的宗教中传统犹太教的排外性独一无二，请看下述由艾萨克·瓦茨（Isaac Watts，1674—1748）所创作的圣诗中的充满自信的一段：

> 主啊，我把这归因于你的荣耀，
> 而不是运气，如其他人所为，
> 即我恰恰出生于基督教的种族，
> 而不是一个异教徒或犹太人。

让我感到迷惑的不是诗文中流露的排外性本身，而是其逻辑。既然许许多多的其他人生来恰好不是基督教徒，那么，上帝如何决定未来的哪些人应当接受这种受优待的出身呢？为什么要优待艾萨克·瓦茨以及那些他想象中的唱他的圣诗的个体呢？无论如何，在艾萨克·瓦茨还没有被怀上的时候，什么才是受到优待的实体的本质特征呢？这里面的水太深，不过也许对一个与神学相和谐的头脑来说不算太深。艾萨克·瓦茨的圣诗让人想起三句日常祷告词，那是男性正统派和保守派（但不是改革派）的犹太人被教会要背诵的内容："蒙你的赐福，我没生为一个异教徒；蒙你的赐福，我没生为一个女人；蒙你的赐福，我没生为一个奴隶。"

宗教毫无疑问是一种分裂性的力量，而这正是针对它的主要责难之一。不过，一种常见且正确的说法是，不同宗教群体或教派之间的战争和宿怨，实际上很少是因神学上的分歧所造成。当一个阿尔斯特新教徒以准军事的方法去谋杀一个天主教徒的时候，他并不会对自己喃喃自语："接招吧，圣餐变体论者，崇拜圣母马利亚的散发着焚香味儿的杂种！"①他更可能只是要为一个死于天主教徒手下的新教徒复仇，也许是持久的跨代仇杀过程的一部分。宗教只是内群体／外群体之间敌意和仇杀的一种标签，相比于其他的标签，比如肤色、语言或喜爱的足球队等等，它不见得更糟，只是在其他标签不方便用的时候，经常可以使用罢了。

是的，是的，当然，北爱尔兰的麻烦是政治上的。确实存在一个群体对另一个群体的经济和政治压迫，并且持续了好几个世纪。确实存在真正的冤屈与不公，而这些似乎与宗教没多大关系。但重要而又被普遍忽视的一点却是，没有宗教也就没有了可用来决定压迫谁和报复谁的标签。北爱尔兰的真正问题是这些标签已传承了许多世代。天主教徒，其父母、祖父母和曾祖父母，都上天主教学校，又送他们的孩子上天主教学校。新教徒，其父母、祖父母和曾祖父母，则上新教学校，又送他们的孩子上新教学校。这两类人有着同样的肤色，说同样的语言，喜欢同样的东西，但他们也可能属于不同的物种，历史上的分歧就是如此之深。没有宗教，没有以宗教进行隔离的教育，这种分歧就不会存在。从科索沃到巴勒斯坦，从伊拉克到苏丹，从阿尔斯特到印度次大陆，仔细考察世界上的任何宗教，在你发现敌对群体之间存在着顽固的敌意和暴力的地方，我不能保证你一定能发现宗教是内群体和外群体的决定性标签，但这一推断有很大的胜算。

在分治时期的印度，在宗教暴动中，有超过 100 万人遭到屠杀（还有 1500 万人流离失所）。除了宗教的标签外没有别的标志可以用来杀人。终究，除了宗教外没有其他东西可以用来划分他们。萨尔曼·拉什迪被最近在印度发生的一场宗教屠杀所触动，写了一篇名为《宗教，向来是印度血液中的毒药》的文章。②下面是他的总结性段落：

在这些或当今世界上几乎每天都在发生的种种以宗教的恐怖之名

---

① 这些内容是新教与天主教在教义上的一些差异——译者注

② 《卫报》，12 March 2002: http://books.guardian.co.uk/departments/politicsphilosophyandsociety/story/0,,664342,00.html。

犯下的罪行中，我们要考虑的究竟是什么？宗教竖起的图腾造成了多么毁灭性的后果，而我们又是多么心甘情愿地为之去杀人！而当我们经常这样做时，其结果所带来的麻木使得再次行恶变得更加容易。

可见印度的问题其实也是世界的问题。在印度所发生的事情，是以神的名义发生的。

问题的名字就是神。

我不否认，即便在没有宗教的情况下，人性中也会存在那么一种强烈的倾向，即忠诚于内群体，同时对外群体有一种敌意。敌对足球队的球迷们就是这种现象的一个小小佐证。甚至足球队的支持者们有时也会以宗教来划分，正如在格拉斯哥流浪者队（Glasgow Rangers）和格拉斯哥凯尔特人队（Glasgow Celtic）之间。语言（比如在比利时）、种族和部落（尤其在非洲）可以是重要的分歧标志。但宗教至少以三种方式放大并加剧了伤害：

· 给儿童贴上标签。儿童从很小的时候起就被描述为"天主教的儿童"或"新教的儿童"等，对他们自主决定自己对宗教的看法而言更是太早了（在第9章我会回到这一对童年的伤害的问题）。
· 隔离的学校。常常从很小的时候起，儿童就与宗教内群体的其他成员一起接受教育，与来自追随其他信仰的家庭的孩子不相往来。一旦废除这种隔离的学校教育，北爱尔兰的麻烦就将在一代人的时间内消失，这么说并不是夸大其词。
· 通婚禁忌。通过阻止世代结仇的群体之间的融合，世代相传的争执和仇杀得以永久化。而通婚如果被允许的话，就会自然地倾向于平息敌意。

北爱尔兰的格莱纳姆（Glenarm）村是安特里姆郡伯爵的宅邸所在地。在世人的记忆中曾经有一次，当时的伯爵做了一件令人难以置信的事情：他与一个天主教徒结了婚。随即，该村的每户人家都拉上窗帘以示悲恸。对族外婚姻的恐惧也广泛流行于虔诚的犹太教徒中间。前面引用过的几个以色列孩子在为约书亚的耶利哥之战辩护时都首要提及了被"同化"这一可怕的危险。当信仰不同宗教的人真的结婚时，双方都预感这是一种不祥的"异族通婚"，并且常常会有一场关于如何培养孩子的长时间的斗争。当我还是一个孩子时，我对英国圣公会仍有摇曳不定的感情，我记得自己曾被这样一条规则惊得目瞪口呆：当一个罗马天主教徒与一个英国国教徒结婚，孩子总是接受天主教培养。我容易理解为何双方各自教派的神职人员要坚持这一条件。但我不能理解（现在依然不能）这种不对称性。为什么圣公会牧师不以相反的规则进行报复？我猜也许只是出于更多的仁慈吧。我的老牧师以及贝奇曼诗中的"我们的牧师"都太过和善了。

社会学家就宗教上的同型婚姻（homogamy）（与同一宗教的人结婚）和异型婚姻（heterogamy）（与不同宗教的人结婚）做过统计学调查。奥斯汀得克萨斯州大学的格伦（Norval D. Glenn）收集了直到 1978 年的一些这样的研究，并把它们放在一起进行分析。[①] 他得出结论，在基督教徒中，有一种对宗教同型婚姻的重要倾向（新教徒与新教徒结婚，天主教徒与天主教徒结婚，超出了通常的"邻家男孩效应"），但在犹太人中这更为明显。在全部 6 021 位已婚的问卷应答者中，有 140 人称自己是犹太人，他们中 85.7% 的人的配偶也是犹太人，远远超出随机预期的同型婚姻的百分比。当然这对任何人而言都不至于构成一条新闻。恪守教规的犹太教徒强烈排斥"族外通婚"。这一禁忌在犹太人的笑话中也体现了出来，母亲们警告她们的儿子，金发碧眼的非犹太姑娘正埋伏着想要诱骗他们呢。下面是三个美国拉比的典型声明：

· 我拒绝为不同信仰者之间的婚姻主持仪式。

· 当夫妇双方言明他们打算把孩子培养成犹太教徒时，我才为他们

---

① 《美国的跨宗教婚姻：模式和最近趋势》（*Interreligious marriage in the United States: patterns and recent trends*），Journal of Marriage and the Family 44: 3, 1982, 555～566。

主持结婚仪式。

· 如果夫妇双方同意婚前协议，我才为他们主持仪式。

同意与一个基督教牧师共同主持仪式的拉比非常之少，也非常受欢迎。

即便宗教本身没有其他的危害，它的荒唐与恶心滋养的分歧——它对人性中亲近内群体而疏远外群体的自然倾向的蓄意利用和培养，已足够使它成为世界上一种重要的邪恶力量。

道德的时代精神

本章一开始就表明，我们，即便是我们中的宗教徒，并不是从圣书中引出我们的道德观的，无论我们盲目轻信什么。那么，我们是如何分辨是与非的呢？无论我们怎样回答这一问题，关于我们事实上是如何考虑对与错的，存在一种共识：这种共识有着令人惊讶的广泛性，它与宗教没有明显的关系。然而，它却涵盖了大多数的宗教徒，无论他们是否认为他们的道德观来自宗教经典。除了显然的例外，比如阿富汗塔利班和美国基督教中与之相似的组织，大多数的人们至少会在口头上赞同一个伦理原则的宽容的自由主义共识。我们中的大多数人不会制造不必要的痛苦；我们相信言论自由，即便我们不同意一种说法，我们也要保护它的存在；我们纳税；我们不欺诈，不杀人，不乱伦，不对别人做那些我们不希望发生在自己身上的事情。这些良好的原则中的一些可以在宗教经典中找到，但宗教经典中还有更多的原则却是任何正派人都不愿遵守的：并且圣书并不提供任何区分善的原则与恶的原则的规则。

我们共同的伦理观可以借助"新十诫"来表达。许多个人和组织已尝试过这一途径。重要的是这些个人和组织会趋向于得出相当相似的结果，而这些结果又带有他们所处的时代的典型特征。这里就有一套今天的"新十诫",我是偶然在一个无神论网站上发现的。[①]

1．己所不欲，勿施于人。

2．无论做什么，尽力不造成伤害。

3．待人类、生灵及世间万物始终以爱、正直、诚实和尊重。

4．直面罪恶，勇于坚持正义，但对真诚悔过者总是待以宽容之心。

5．常怀喜悦之情，常有好奇之心。

6．常习新知，与时俱进。

7．求证一切；实事求是，对于观念，勿因己爱者而不弃，勿因己恶者而蔽。

8．开放而坦诚地面对不同意见，永远尊重别人发表异议的权利。

9．自主独立，理性思维，绝不盲从。

10．质疑一切。

这十诫不是出自伟大的圣人或是先知或是职业的伦理道德研究者。它只不过是出自一个平凡的博客主人与圣经相对照的对今天善的生活的原则进行概括的可爱尝试。当我在搜索引擎上输入"新十诫"时，首先跳出的就是它，于是我也就故意不再往下搜索了。重点在于，这些条目是今天任何一个普通的正派人士都能够想到的。不是每一个人都会导出完全相同的十条原则。哲学家约翰·罗尔斯（John Rawls）也许还会加上类似这样的内容："在设计规则的时候，要总是假设你不知道你会处于社会等级的顶端还是底部。"一个据称的因纽特人分配食物的系统就是罗尔斯原则的一个实际例子：分配食物的人得到最后一份食物。

在我自己修订的十诫中，我会选择上述条目中的一些，但还会加上以下内容：

---

① http://www.ebonmusings.org/atheism/new10c.html。

- 享受自己的性生活（只要它不损害其他任何人），同时让别人享受他们私下里的性生活，无论他们的倾向是什么，那与你无关。
- 不要歧视或压迫别的性别、种族以及（尽可能地）物种。
- 不要向你的孩子进行灌输。教他们如何自己思考，如何评估证据，如何与你争论。
- 以比自身更长的时间尺度去评估未来。

但无须在意这些次序上的小小不同。关键在于自圣经时代以来，我们已有了长足的进步。在圣经中以及大部分的历史时期中，曾被当作天经地义的奴隶制，在19世纪的文明国家中已被废除。现在所有的文明国家都接受了直至20世纪20年代还被广泛拒绝的东西，也即在选举或陪审团中，妇女具有与男人平等的投票权。在今天的开明社会中，妇女不再被认为是一种财产，而那显然是她们在圣经时代所处的地位。任何现代法律系统都会控告亚伯拉罕虐待儿童。如果他实际上已经完成了牺牲以撒的计划，我们就会定他一级谋杀罪。只不过，根据当时的道德观，他的行为却完全是值得赞美的，服从了上帝的诫律。无论是否是宗教徒，对于什么是对什么是错的问题，我们的态度都发生了巨大的改变。这种变化的性质是什么？又是什么促使了这种改变？

在任何社会中，总存在着一种说来有些神秘的共识，数十年就会经历变化，用德语外来词"时代精神"（Zeitgeist）来表达该不会显得做作。我说过，女性参政权在如今的民主国家中已经相当普遍，但这一改革事实上发生得相当之晚。下面所列就是妇女获得选举权的一些时间：

新西兰，1893；

澳大利亚，1902；

芬兰，1906；

挪威，1913；

美国，1920；

英国，1928；

法国，1945；

比利时，1946；

瑞士，1971；

科威特，2006。

这一贯穿了 20 世纪的时间表就是一种变化着的时代精神的量度。另外就是我们对种族的态度。在 20 世纪的早期，几乎每一个英国人（还有许多其他国家的人）以今天的标准来判定都是种族主义者。大多数白人相信，黑人（这一范畴也许包括了非常多样化的非洲人，以及与此无关的群体，如印度人、澳大利亚原住民和美拉尼西亚人）几乎在所有的方面都要劣于白人，除了节奏感之外，而指出这一点时也带着一种傲慢。在 20 世纪 20 年代，相当于詹姆斯·邦德（James Bond）的人物，"斗牛犬"德拉蒙德（Bulldog Drummond）是男孩们心中快乐而优雅的英雄。在《黑人帮》（*The Black Gang*）这一小说中，德拉蒙德提及"犹太人、外国人，以及其他没有洗干净的人"。在《物种中的雌性》（*The Female of the Species*）的高潮场景中，德拉蒙德聪明地假扮成佩德罗（Pedro），一个反派头目的黑人仆从。他向读者以及书中反派展露真实身份，"佩德罗"其实就是德拉蒙德自己时，他本可以这样说："你认为我是佩德罗。你知道什么，我是你的死敌德拉蒙德，只是抹上了黑色的油彩。"然而，他却选择了这样的说法："每一根胡须都不是假的，但每一个黑鬼都闻得出来。胡须是不假，宝贝，但这个黑鬼却没有味道。所以我正在疑惑，一定是哪里有什么不对。"我是在 20 世纪 50 年代读到这本书的，那是在它完成后的 30 年，对于当时的一个男孩来说，因其中的戏剧性而激动，而没有注意到其中的种族主义是可能的。但要是放在今天，却是不可想象的。

托马斯·亨利·赫胥黎，以他那个时代的标准而言是一个启蒙的、自由主义的进步论者。但是他的时代不是我们的时代，在 1871 年，他写道：

没有一个理性的人，在知道事实的情况下，会相信普通的黑人能够与白人等同，或只是稍稍逊色。如果确是如此，那这就是难以置信的，即只要去除他所有的无能，我们那下巴突出的亲戚，被给予了平等的比赛条件，没有偏袒也没有压迫，他（黑人）就能在与他那脑袋更大、下颌更小的对手（白人）的一场凭智力而非拼体力的竞赛中取得胜利。我们那黑黝黝的表亲无疑不可能达到文明等级的最高点。[①]

好的历史学家不会以自己时代的标准去评价过去时代的言论，这已是老生常谈。亚伯拉罕·林肯（Abraham Lincoln），像赫胥黎一样，是领先于他的时代的人物，不过他对种族问题的看法，在今天听起来依然像是一个落后的种族主义者。下面是他在 1858 年与道格拉斯（Stephen A. Douglas）的一场辩论中的话：

那么，我要说，我不会，也从未赞同以任何方式实现白人和黑人在社会和政治上的平等。我不会，也从未赞同使黑人成为选民或是陪审员，或有资格担任公职，或与白人通婚。除此之外，我还要说，在白人和黑人之间有一种体质上的差异，我相信，这种差异将永远阻止这两个种族在社会和政治生活中得以平等相处。既然他们绝不可能如此生活，而两者又仍在一起生活，就必定要有优劣之分，我与任何其他人一样，赞同白人应获得优等的地位。[②]

如果赫胥黎和林肯在我们的时代出生和接受教育，他们说不定会是我们当中最先对他们自己那种维多利亚时代的情操和虚情假意感到厌恶的人。我引用他们的例子只是想表明时代精神是如何发生变迁的。即便是赫胥黎，那个时代伟大的自由主义头脑之一；即便是林肯，他解放了奴隶，如果连他们都能说出这样的话，可见维多利亚时代的普通人会持

[①] Huxley（1871）。

[②] http://www.classic-literature.co.uk/american-authors/19th-century/abraham-lincoln/the-writings-of-abrahamlincoln-04/。

有怎样的想法。再追溯至18世纪，当然，众所周知，华盛顿、杰斐逊以及启蒙时代的其他人都拥有奴隶。时代精神在变迁，那是如此的无情，以至于我们有时把那看作是理所当然，忘记了这种变迁本身是一种真实的现象。

还有许多其他例子。当水手们首次在毛里求斯登陆并看见性情温和的渡渡鸟时，他们除了想到用棒子打死它们外没想到做任何别的事情。他们甚至都不想吃它们（据说味道不可口）。也许，用棍棒去击打这种无防卫能力的、温顺的、不会飞行的鸟类的头部只不过是没事找乐。但如今这种行为却是难以想象的，如果渡渡鸟那样的灭绝发生在今天，就算是出于偶然，更不用说出于人类的有意杀害，都会被认为是一种悲剧。

类似的一个悲剧，用今天文化氛围的标准来看，就是更为晚近的袋狼（*Thylacinus*，Tasmanian Wolf）的灭绝。最晚直到1909年，这些如今被当作一种标志而受到哀悼的生物的头颅仍是人们悬赏的对象。在维多利亚时代关于非洲的小说中，"大象""狮子"和"羚羊"（请注意意味深长的单数形式）都是"游戏"中的对象，这类游戏没有第二种玩法，除了猎杀。不是为了获取食物，也不是为了自卫，而是作为一种运动。但是现在，时代精神已经改变。无可否认，富裕的、习惯于久坐的"运动家"们也许会安全地坐在路虎越野车上射杀非洲的野生动物并把处理过的头颅带回家。但他们为了这么做必须付出巨款，并且受到人们的普遍蔑视。野生动物保护以及环境保护已经成为被人们普遍接受的价值观，其道德地位与曾经的严守安息日以及禁止雕刻偶像所获得的道德地位相当。

放纵的20世纪60年代以其自由主义的现代性而著称。但是在这个年代的开端，在《查泰莱夫人的情人》（*Lady Chatterley's Lover*）一书淫秽案的审判中，一位控方律师仍向陪审团问道："你愿意允许你那少不更事的儿子或女儿——因为女孩像男孩一样也能阅读（你能相信他居然说出这种话吗？）——去看这本书吗？它是一本你愿意在自己家里随处放置的书吗？它是一本你甚至愿意让妻子或仆人去看的书吗？"最后这个夸张的问题尤其是时代精神变迁速度之快的一个极好的例证。

美国对伊拉克的入侵因其造成的平民伤亡而受到普遍谴责，尽管伤亡人数比起"二战"的伤亡人数要低上好几个数量级。可见人们在道德上可接受的标准似乎存在某种稳定的变化。拉姆斯菲尔德（Donald Rumsfeld）的言论在今天听起来是如此的无情和可憎，不过如果他是在"二战"期间说同样的话，那听起来就是一个富有同情心的自由主义者。数十年间，有些东西发生了转变。这种转变发生在我们所有人中，而且这种转变与宗教无关。如果有的话，那就是这种转变的发生是弃宗教于不顾的，而不是因为宗教。

变迁有一种可以觉察的一致方向，我们大多数人都会视之为一种进步。即便是希特勒，人们普遍认为他将邪恶的理念推向了极致，但若放在卡利古拉①或成吉思汗的时代，他也并没有什么突出的。毫无疑问，希特勒比成吉思汗杀死了更多的人，但他在这样做时却拥有20世纪的技术。而希特勒又何尝像成吉思汗公然所做的那样，从看着受害者的"亲人和爱人们以泪洗面"（near and dear bathed in tears）当中获得人生的最大乐趣呢？我们是以今天的标准来评价希特勒的罪恶程度的，而自从卡利古拉时代以来，道德的时代精神早已变化，正如技术发生了变化一样。仅以我们时代的更为仁慈的道德标准来评判，希特勒才显得尤其邪恶。

就在我生活的年代中，许多人曾不假思索地传播带有贬损意义的绰号和民族刻板印象：Frog（法国佬）、Wop（移居美国的南欧人，尤指意大利人）、Dago（对意大利人、西班牙人、葡萄牙人的蔑称）、Hun（德国佬）、Yid（贬义犹太人）、Coon（黑鬼）、Nip（日本人）、Wog（阿拉伯人蔑称）。我不能说这些词现在已经消失了，但在有教养的圈子里现在它们已普遍作古。"negro"一词，虽然本不含有侮辱的意思，但现在可以用来确定一篇英语文本的写作时间。偏见确实能够泄露一部作品的年代。在他那个年代，一位受尊重的剑桥神学家布凯（A. C. Bouquet）在

---

① 罗马皇帝——译者注

其《比较宗教学》（*Comparative Religion*）一书中论及伊斯兰的一章能够以这样的句子开头："正如人们在 19 世纪中叶所认为的那样，闪米特人并非天生的一神论者。他们是一个万物有灵论者。"对种族的着迷（与文化相对）以及意味深长地使用单数（"The Semite……He is an animist"）从而将一整群复数的人还原成一种"类型"，以任何标准看来都谈不上可恶。但它们正是变迁着的时代精神的另一种小小的指示器。今天没有一个剑桥神学教授或任何其他学科的教授会使用那些词语。变化着的习俗的这些微妙的暗示告诉我们，布凯的写作时间不会晚于 20 世纪中叶。事实上，那是在 1941 年。

往前再回溯 40 年，标准的变化就变得明白无误。在先前的一本书中，我曾引用过韦尔斯（H. G. Wells）的乌托邦式的"新共和国"（*New Republic*），这里我需要再引用一下，因为它是我正在论述的观点的一个惊人的例证。

新共和国将如何对待劣等种族？如何对待黑人？……黄种人？……犹太人？……那一大群黑色、棕色、肮脏的白色、黄色的无法适应新的效率需要的人？好吧，世界就是世界，不是一个慈善机构，我猜他们将不得不离开……新共和国的伦理体系，一个将支配整个世界国家（the world state）的伦理体系，其塑造将首先有利于人类优秀、有效率和美丽的属性——美丽和强壮的身体，清晰而健全的心智……而迄今为止自然塑造世界所遵循的方式，使缺陷不再代代相传的方式……就是死亡……于是，新共和国的人们……将会有一种理念，使得杀人成为一件值得做的事。

它写于 1902 年，而在他的时代，韦尔斯还被看作是一个进步论者。1902 年，这样的观点即便未得到普遍认可，却也还能作为茶余饭后可以接受的谈资。相比之下，现代的读者看到这些话时，简直会吓得透不过气来。我们不得不意识到，希特勒尽管是可怕的，但他对他所在的时代的时代精神的偏离并不像我们以今天的观点看来的那么远。时代精神的变化是如此之快——并且它是平行地、大范围地发生在整个有教养的世界。

那么，社会意识中的这些一致而稳定的变化来自何处？我并没有义务回答这个问题。就我的目的而言，指出它们确实不是来自宗教就足够了。如果不得不提出一个理论，我也许会采取下述的思路。我们需要解释为什么道德的时代精神会在如此之广的人群范围中同步变化，我们还需要解释其变化的相对一致的方向。

首先，这种变化是怎样在如此之广的人群中同步进行的？它是通过酒吧和宴会中的交谈，通过书籍和书评，通过报纸和广播，如今还通过互联网，从而在一个个头脑之间进行传递扩散的。道德气候改变的信号体现在报纸的社论、广播的脱口秀、政治演说、单人喜剧的贯口和肥皂剧的剧本中，还体现在国会制定法律的投票规则以及法官对法律的解释中。换言之就是以文化基因库中变化着的文化基因的频率来表示，但是我不会进一步展开阐述。

我们中的一些人会滞后于这种道德时代精神变迁的浪潮，而一些人则会稍稍超前。但21世纪的大多数人则比较接近，并且远远领先于我们中世纪的同胞，或是亚伯拉罕时代的人们，甚至生活于20世纪20年代的人们。整个浪潮在持续地推进，即便是上个世纪的弄潮先锋（赫胥黎就是一个明显的例子）也会发现自己已远远落后于下个世纪的落伍者。当然，进展并不是一条光滑的斜线，而是一条曲折的锯齿线。会有局部和暂时的挫折，例如美国在21世纪之初因其政府所遭受的痛苦。但是从更长远的时间尺度上看，进步的趋势是明确的、持续的。

是什么促使它保持了一致的方向？我们绝不能忽略个人领袖的推动作用，这些人领先于时代，挺身而出并且引导其余的人追随他们。在美国，种族平等理念的形成是由像马丁·路德·金这样的有才干的政治领袖促进的，还有演艺界人士、运动员以及其他公众人物和楷模，如保罗·罗伯逊（Paul Robeson）、西德尼·波蒂埃（Sidney Poitier）、杰西·欧文斯（Jesse Owens）和杰基·鲁滨逊（Jackie Robinson）。奴隶和妇女的解放在很大程度上要归功于具有超凡魅力的领袖。他们中的一些人是宗教徒，一些人则不是。是宗教徒的人中有一些人的善举是因为信仰。而在其他情况中，他们是宗教徒纯属偶然。尽管马丁·路德·金是一个基督教徒，但他的非暴力公民不服从哲学则直接得自甘地，而甘地不是宗教徒。

还须提及的就是教育的改善，以及尤其是人们日益认识到不同种族和性别的人们有着共同的人性——这种认识完全是非圣经的，来自生物科学，尤其是进化论。黑人和妇女，在纳粹德国的犹太人和吉普赛人，他们受到恶劣对待的原因之一就是他们不被看作是完全的人类。在《动物解放》（*Animal Liberation*）中，哲学家彼得·辛格（Peter Singer）非常雄辩地提倡一个观点，我们应当转向一个后物种歧视（post-speciesist）的立场，人道待遇的边界应当延展到所有拥有察知这种待遇的智能的物种身上。也许这暗示了未来几个世纪道德时代精神的可能的转变方向。也许这是诸如废除奴隶制和妇女解放这样的早前的改革的一种自然外推。

作为一个心理学和社会学外行，我无法在解释为什么道德的时代精神会以一种广泛一致的方式变迁的问题上走得更远。不过就我的目的而言，指出这一点已经足够：已观察到的事实表明，道德时代精神确实在变迁，而这种变迁不是由宗教推动的，当然也不是由宗教经典推动的。推动它的也许不是像重力一样的单一力量，而是一种不同力量的复杂的相互作用，就像推进摩尔定律（Moore's Law）的那种力量，它描述了计算机能力的指数级增长。无论原因是什么，时代精神发展的明显现象绰绰有余地在根本上否定了我们需要上帝才能行善或决定什么是善的主张。

希特勒是怎么回事？ 他是无神论者？

时代精神在变迁，一般来说，这种变迁向着进步的方向，但正如我已说过的，它是一条锯齿线而不是平滑上升的，其间必会有一些糟糕的倒退。那些严重而可怕的倒退，是由 20 世纪的独裁者们造成的。

重要的是，要把希特勒这样的人的邪恶意图与他们作恶时所运用的强大力量区别开来。我已说过，希特勒的理念和意图并不显然比卡利古拉或奥斯曼帝国的一些苏丹更邪恶，后者令人惊愕的肮脏壮举，诺埃尔·巴伯（Noel Barber）在《金角湾的君主》（*Lords of the Golden Horn*）一书中有过描述。希特勒有 20 世纪的武器、20 世纪的通讯技术供其支配。尽管如此，就任何标准来看，希特勒仍旧是个罪恶滔天的人物。

"希特勒是无神论者，对此你有何评价？"每当做完一场与宗教有关的公开讲座，总是会引来这一问题，我的许多广播访谈者也会提出这样的问题。人们以一种挑衅的口吻提出这一问题，愤愤不平中带着这两个假设：①希特勒不仅是无神论者，②而且他作恶多端就因为他是个无神论者。就算我们假定希特勒是无神论者，但假定①正确并无任何意义，因为②是错误的。认为②是①的必然推论，无疑是不合逻辑的。希特勒留有小胡须，正如萨达姆那样。那能说明什么呢？有意义的问题不在于恶人（或善人）是宗教徒还是无神论者。我们并不是要清点恶人然后编出两个竞争性的罪孽名录。纳粹的皮带搭扣上刻着"上帝与我们同在"（*Gott mit uns*），这一事实并不证明任何事情，至少在缺乏大量讨论的情况下。重要的不是希特勒是否是无神论者，而是无神论是否系统地影响人们去做坏事。没有哪怕一丁点证据证明这一点。

希特勒是个无神论者的传说一直在受到精心培植，其力度之猛以至令许多人不假思索地就相信了，那些护教论者经常动不动就肆无忌惮地搬出这一说法来夸示。事情的真相远非如此。希特勒出生于一个天主教家庭，儿童时期上的是天主教学校，去的是天主教堂。显然这本身并不重要：他可以很容易就放弃信仰。但希特勒从未公开宣称放弃天主教信仰，在他的整个人生中，倒是有迹象表明他依然是个宗教徒。就算不是天主教徒，他似乎也保留了对某种神意的信念。例如，他在《我的奋斗》（*Mein Kampf*）中写道，当他听说第一次世界大战宣战的消息时："我双膝跪下，心中充满对神的感激之情，因为有幸被允许生活在这样一个时代。"① 但那是 1914 年，他还只有 25 岁。也许之后他变了？

1920 年，希特勒 31 岁，他的亲密伙伴鲁道夫·赫斯（Rudolf Hess），后来成为副元首，在给巴伐利亚总理的信中写道，"我极其熟悉希特勒先生，与他有着密切的个人交往。他具有一种非凡的高贵性格，仁慈善良、虔诚，是一个优秀的天主教徒"。② 当然，人们可能会说，既然赫斯所说的"高贵性格"和"仁慈善良"都是大错特错，那么，也许他所说的"优秀的天主教徒"也是错的！希特勒身上几乎不可能有能被说成是"好"的品质，这就令我想起我曾听到的最为滑稽蛮横的支持希特勒必定是一个无神论者的论证：许多证据表明，希特勒是一个坏人，而基督教教人行善，因此希特勒不可能是一个基督教徒！戈林（Goering）对希特勒的评论，"只有一个天主教徒能够团结德国"，我想，意思莫非是某个在天主教环境中长大而不是信仰天主教的人。

在 1933 年柏林的一次演说中，希特勒说："我们确信，人们需要并且要求这一信仰。因此我们已经开始了一场反对无神论运动的战争，那可不只是一些理论上的宣言：我们已经消灭了它。"③ 那也许仅仅表明，像许多其他人一样，希特勒"相信信仰"。但迟至 1941 年，他告诉他的副官，格哈特·恩格尔（Gerhard Engel）将军，"我将永远是一个天主教徒"。

即使不是一个真诚的基督教徒，希特勒也一定是无比的非同寻常，才会不受悠久的基督教传统的影响，谴责犹太人是基督的杀害者。在 1923 年慕尼黑的一次演说中，希特勒说道："当务之急是把（德国）从毁坏我们国家的犹太人手中拯救出来……我们要防止我们的德国遭受痛苦，遭受另一次十字架上的死亡。"④ 在《阿道夫·希特勒：权威性的传

① Bullock，（2005）。

② http://www.ffrf.org/fttoday/1997/march97/holocaust.html）该文出自史密斯（Richard E. Smith），最初发表于《今日自由思想》（*Freethought Today*）March 1997，其中大量引用希特勒及其他纳粹党人的话语，并有出处。除非另外说明，我的引用均来自史密斯的文章。

③ http://homepages.paradise.net.nz/mischedj/ca_hitler.html。

④ Bullock（2005: 96）。

记》（*Adolf Hitler: The Definitive Biography*）一书中，约翰·托兰提及了在"最终解决方案"（final solution）时期希特勒的宗教立场：

> 尽管憎恶其神职阶级制度，他仍是罗马公教名声良好的成员，他牢记天主教的教导，即犹太人是杀害上帝的凶手。因此，灭绝行动不会带来良心上的不安，因为他只不过是在扮演上帝的复仇之手——只要不是亲自去做，只需做得不残忍。

基督教徒对犹太人的敌意并不只是天主教的传统。马丁·路德就是一个充满敌意的反犹主义者。在沃木斯议会（Diet of Worms）上，他呼吁："所有的犹太人都应当被赶出德国。"他还写了一整本书，《论犹太人及其谎言》（*On the Jews and Their Lies*），有可能影响了希特勒。路德把犹太人说成是"一窝毒蛇"，而希特勒在 1922 年的一次著名演说中也用了同样的说法，其间他多次重申，他是一个基督教徒：

> 作为一个基督教徒，我的情感向我指明，我的上帝和救主是一个斗士。它还向我指明，这个曾在孤独中被一小群信徒所包围的人，认清了这些犹太人是些什么样的人，并且号召人们与他们作战，向我指明他，上帝的真理啊！他的伟大并不是仅因他是一个受难者，还因他是一个斗士。在无尽的爱中，作为一个基督教徒并且也作为一个人，我通读了那个段落，它告诉我们，上帝最终如何在他的威力中升起，抓起鞭子将那窝毒蛇赶出了圣堂。为了世界，上帝与犹太毒物的战斗是多么令人赞叹。今天，两千年之后，在事实面前，以最深切的情感，我从未如此深刻地认识到，正是为了这，上帝才不得不将他的血流到十字架上。作为一个基督教徒，我决无责任放任自己受到欺骗，但是我有责任为了真理和正义成为一个斗士……如果有任何事情能够证明我们的行动是正确的，那就是每天滋生着的悲痛。因为作为一个基督教徒，我对我自己的人民也

负有一种责任。①

难以确定希特勒是不是从路德那儿获得了"一窝毒蛇"这个说法，或者他是不是直接从《马太福音》3:7 中学来的，路德有可能是。关于对犹太人的迫害是上帝意志的一部分，在《我的奋斗》中，希特勒回到了这一主题，"因此今天，我相信我正依照全能的创造主的意志而行动：通过保卫自己抵抗犹太人，我正是在为上帝的作为而战"。那是 1925 年。在 1938 年德国国会的一次演说中他再次提及，他在他整个生涯中一直在说类似的话。

这样一些引用有必要以其他一些引用来平衡，见他的《席间闲谈》（*Table Talk*），其中希特勒恶毒地表达了他的反基督教观点，正如他的秘书所记录的。下述内容的时间都是 1941 年：

> 人类所遭受过的最沉重的打击就是基督教的问世。布尔什维克主义是基督教的私生子。两者都是犹太人的发明。宗教上的蓄意撒谎正是被基督教引入这个世界的⋯⋯
>
> 古代世界如此纯净、明亮、宁静的原因在于，对于这两种深重的灾难它一无所知：梅毒和基督教。
>
> 归根结底，我们没有理由希望意大利人和西班牙人他们自己摆脱基督教的毒害。就让我们成为唯一对疾病具有免疫力的人吧。

希特勒的《席间闲谈》包含更多类似上述内容的句子，经常把基督教与布尔什维克主义相提并论，有时还会在卡尔·马克思与圣保罗之间进行类比，而且总是强调两者都是犹太人（尽管希特勒总是固执地认为耶稣本人不是犹太人，说来奇怪）。有可能在不晚于 1941 年，希特勒经历了某种对基督教的信仰崩塌或理想破灭，或者这种明显的矛盾只是因为他是一个机会主义的说谎者，他的话无论正反两方面都

---

① 阿道夫·希特勒，Adolf Hitler, speech of 12 April 1922. In Baynes（1942: 19～20）。

不可信？

　　人们也可以说，无论他自己以及他的同事说了些什么，希特勒并不真的是宗教徒，而只是玩世不恭地利用了他的听众的宗教虔诚。他也许同意拿破仑的"宗教是让普通人保持平静的好东西"，以及塞内卡（Seneca the Younger）的："宗教被普通人当作真的，被智者当作假的，被统治者当作有用的。"没人会否认希特勒能够做到这种不诚实。如果这就是他伪装成宗教徒的真实动机，这就提醒我们，希特勒绝不是单枪匹马实施暴行的。那些可怕的罪行是由士兵及其长官共同完成的，而他们中的大多数无疑是基督教徒。确实，德国人的基督教信仰正是我们正在讨论的假说的基础——它要解释希特勒公开宣称自己是宗教徒的这种不诚实行为！或者，也许希特勒感到，他必须表现出对于基督教的某种象征性的同情，否则他的政权就不会受到来自教会的支持。这种支持有多种形式的表现，包括教皇庇护十二世一直拒绝表明反对纳粹的立场——对于现代教会来说，这是一个相当尴尬的话题。要么希特勒表白自己是一个基督教徒是出于真诚，要么他伪装成基督教徒以便成功地赢得与德国的基督徒以及天主教教会的合作。无论是哪种情况，希特勒政权的罪恶都难以被认为是来自无神论。

　　即便是在责骂基督教的时期，希特勒也都从未停止使用与神有关的语言：他相信，一种神秘的力量已选中了他，让他承担起领导德国的神圣使命。有时他称之为神，在其他时候又称之为上帝。在完成对奥地利的吞并之后，希特勒于 1938 年凯旋回到维也纳，在洋洋得意的演说中，他以这种上天宠儿的姿态提到了上帝："我相信正是上帝的意志，把一个来自此地的男孩送到了帝国，让他成长为国家的领袖，以便他能够将他的家乡带回帝国。"[①]

　　1939 年 11 月，当他勉强逃过了发生在慕尼黑的那次暗杀后，希特勒将幸运归功于神的干预，令他改变行程计划从而躲过了一劫："现在

---

① Bullock（2005: 43）。

我完全心满意足。我比往常更早地离开贝格勃劳凯勒啤酒馆[①]的事实，是神意欲让我达到我的目标的确凿证据。"[②] 在这场失败的暗杀之后，慕尼黑总主教、红衣主教迈克尔·福尔哈伯（Michael Faulhaber）下令要求在他的大教堂里朗诵感恩赞美诗（Te Deum），"以总主教辖区的名义为元首的幸运逃脱而感谢天意"。在戈培尔的支持下，希特勒的一些追随者直言不讳地宣称要将纳粹主义本身发展成一种宗教。以下文字由联合工会（united trade unions）的领导人所作，给人一种祷告的感觉，甚至带有一种基督教主祷文（"我们的父"）或使徒信条的韵律：

阿道夫·希特勒！我们只团结在你周围！我们在此刻要重申我们的誓言：在这个地球上，我们只相信阿道夫·希特勒。我们相信国家社会主义是我们人民的唯一得救的信心。我们相信天上有一个上帝，他创造了我们，领导我们，指引我们，显然还祝福我们。我们相信上帝为我们送来了阿道夫·希特勒，于是，德国就可以挺立千秋万载。[③]

希特勒可能不是无神论者。但即便他是一个无神论者，争议点的关键依然非常简单。个别的无神论者也许会作恶，但他们不是以无神论的名义去作恶的。希特勒做了极端邪恶的事情，是以一种愚蠢的、非科学的、带有一丝准瓦格纳式狂暴的优生学理论的名义。宗教战争确实是以宗教的名义发动的，它们在历史上有着可怕的发生频率。但我却想不出有任何战争是以无神论的名义发动的。为什么要这么做呢？一场战争可能会由下列因素引起：经济上的贪婪，政治上的野心，民族或种族上的偏见，积怨或复仇，或者民族命运问题上的爱国信念。比这些更煞有介事的战争动机就是一种不可动摇的信念：自己所信的宗教才是唯一真实

---

① 德国慕尼黑的一个啤酒馆。1939年11月8日，希特勒在此遭遇暗杀，因为比原计划早离开数分钟而侥幸生存，当时有7人丧生，63人受伤——译者注

② 本句以及下句引用均来自安妮·尼科尔·盖洛（Anne Nicol Gaylor）论述希特勒的宗教的文章 http://www.ffrf.org/fttoday/back/hitler.html

③ http://www.contra-mundum.org/schirrmacher/NS_Religion.pdf

的信仰，又有一部圣书强化这种信念，它明确地将所有的异教徒以及对立宗教的追随者定为死罪，同时又明确承诺上帝的战士将直接升入殉教者的天堂。哈里斯在《信仰的终结》（*The End of Faith*）一书中一如既往地一语中的：

宗教信仰的危险在于，它允许那些本应是正常人的人们去收割疯狂的果实，并将他们视为神圣的。因为每一代新生的儿童都被教导说，宗教命题无须如其他命题那样被证明为正当，于是，文明便仍旧被大片的荒谬所包围。甚至现在，我们仍在为古代的文学作品而自相残杀。谁可曾想到过，如此悲惨荒谬的事情竟然是可能的？

相比之下，谁会因为没有信仰而发动战争呢？

第8章　宗教错在何处？

> 宗教实际上已经使人相信：存在一个看不见的人——生活在天上——他时刻注视着你的一言一行。这个看不见的人还制定有十条特殊的诫律，是他不想让你去做的事情。如果你违背了其中任何一条，他就会送你去一个特殊的地方，那儿充满熊熊大火以及烟雾，还有炙烤、折磨、痛苦，在那儿你得遭受灼烧、窒息，任凭你惨叫、痛哭，永无尽头……但是，他爱你！
>
> ——乔治·卡林（George Carlin）

出于天性，争论不会使我斗志焕发。我不认为对抗的形式适合于接近真理，因此我常常拒绝参加正式辩论的邀请。有一次我被邀请与当时的约克郡（York）大主教在爱丁堡进行辩论，我深感荣幸并接受了邀请。辩论之后，身为宗教徒的物理学家拉塞尔·斯坦纳德在其《废除上帝？》（*Doing away with God？*）一书中，引用了他写给《观察家报》（*The Observer*）的一封信：

先生，在令人愉快的标题"在科学的权威面前，上帝退居次席"之下，你们的科学记者报道了（恰是在复活节）在一场科学与宗教的辩论中，理查德·道金斯如何对约克郡大主教"造成了严重的智力伤害"。我们被告知的情况是"带着得意微笑的无神论者"以及"勇者10分，基督教徒0分"。

斯坦纳德接着指责《观察家报》没有报道后来他和我在皇家学会

的一次交锋，在场的还有伯明翰主教以及杰出的宇宙学家赫尔曼·邦迪（Hermann Bondi）爵士，这次交锋没有上演成一次敌对的辩论，而结果却更加富有建设性。我仅能认同的是他对对抗性辩论形式的含蓄非难。出于在《魔鬼的牧师》（*A Devil's Chaplain*）中解释过的原因，我从不参加与神创论者的辩论。①

　　尽管我不喜欢火药味十足的争论，但不知怎么的我还是获得了一个对宗教充满敌意的名声。我的那些同事们，他们认可不存在上帝，认可我们的道德不需要宗教，同意我们能够用非宗教的术语来解释宗教和道德的根源，但仍然对我抱有温和的困惑。你为什么那么不友好？宗教究竟错在何处？它是否真的那么有害以至我们应当积极地与它斗争？为什么不各顾各随它去，就像我们对待"金牛座"和"天蝎座"，水晶能量与地球灵线（ley lines）的态度那样？那些东西只不过就是些无害的废话而已，不是吗？

　　我可以反驳说，这种敌意，即我或其他无神论者偶尔对宗教所表达的看法，仅限于字句。我不会仅仅因为一种神学上的分歧去炸死任何人，将他们斩首，对他们施以石刑，在火刑柱上烧死他们，在十字架上钉死他们，或开飞机撞进他们的摩天大楼。但是我的对话者通常却不会到此为止。他会继续说出类似这样的话："你的敌意难道没有表明你是一个原教旨主义的无神论者，你所表现出的那种原教旨主义不正像圣经带（Bible Belt）②上的那些极端主义者一样吗？"我必须应对这种关于原教旨主义的非难，因为它是如此令人苦恼地常见。

原教旨主义及其对科学的颠覆

　　原教旨主义者认为自己是对的，因为他们已经在一本神圣的书中读

---

① 我没有勇气拒绝我的一个极其杰出的科学界同僚提供的出场机会，无论何时，假如有神创论者试图安排一场与他之间的正式辩论。我不提及他的名字，但是他的话应当以一种澳大利亚的口音来说："那会给你的履历增光添彩，而不是我的。"

② 指美国基督教福音派占主导地位的地带，多位于美国南部，是保守派的根据地——译者注

到过真理，并且他们提前知道，不会有任何东西会动摇他们的信仰。圣书中的真理是不证自明的公理，而不是推理过程的产物。这本书是真的，如果有证据看起来与它发生冲突，那么，必须抛弃的是证据，而非圣书。与此对照，我，作为一个科学家，相信我所相信的（比如进化论），不是因为读过了一本圣书，而是因为我已研究过有关的证据。这真的是两件非常不同的事。关于进化论的书被人相信，不是因为它们是神圣的。它们被人相信是因为它们出示了压倒性数量的彼此相互支持的证据。原则上，任何读者都能去检验那些证据。一旦一本科学著作有错，错误迟早会被人发现并在以后的书中得以纠正。而这对于一本圣书来说则显然是不可能发生的事情。

哲学家，特别是没有多少学问的业余哲学家，尤其是那些感染了"文化相对主义"的人，对此也许会提出一种转移视线的无聊说法：一个科学家对于证据的信念本身就是一种原教旨主义的信仰。对于这样的说法，我已在其他地方有过讨论，在此只作简短重复。我们所有人都相信自己生活中的证据，无论我们套上的是何种业余哲学家的帽子。如果我被指控谋杀，起诉方严厉地问我，案发当晚我人在芝加哥是否是真的，我不能用一种哲学的借口来开脱："那取决于你所说的'真的'是什么意思。"我也不能以一种人类学上的相对主义来辩解："那仅仅只是从你的西方科学的意义上看，我是'在'芝加哥。而邦戈人（Bongolese，虚构的民族）有一种完全不同的'在'的概念，仅当你是一个受过涂油礼的长者，有资格从一个干燥的山羊阴囊中吸气时，你才真实地'在'一个地方。"①

就以某种抽象的方式来定义什么是"真理"而言，科学家也许是原教旨主义者。但在这件事上每一个人也都是原教旨主义者。当我说进化是真的时，我并不比当我说新西兰在南半球是真的时更原教旨主义。我们相信进化论，是因为有证据支持它，如果新出现的证据否定了它，我们也许就会在一夜之间放弃它。绝不会有真正的原教旨主义者曾说过类似这样的话。

---

① 见《什么是真》（*What is true ?*），ch. 1. 2 道金斯（2003）。

我们太容易把原教旨主义与激情混为一谈。当我反对原教旨主义的神创论者，捍卫进化论时，我看上去充满激情，但这不是出于我本人是个有敌意的原教旨主义者。那是因为进化的证据无可辩驳地强大，我对我的对手的视而不见感到十分苦恼，或者更一般的情况是，他们拒绝正视证据，只因为这些证据与他们的圣书相冲突。当我想到那些可怜的原教旨主义者，以及受其影响的人错过了多少世界的精彩时，我的激情就会增加。进化的真理以及许多其他的科学真理，是如此引人入胜、令人着迷、美丽无比，在有生之年错失这些，岂不是真正的悲剧！想到这些，我当然会激动起来，怎么可能不激动呢？但我对进化的信念绝不是原教旨主义式的，它不是信仰，因为我知道什么能让我改变看法，如果出现必要的证据，我就会乐于改变我的观点。

这种情况确实发生过。我以前曾经讲过牛津大学动物学系一位受人尊敬的元老的故事，那时我还是一个大学生。多年来，他充满热情地相信并且教授别人，高尔基体（细胞内部的一种显微构造）不是真实的，而是一种人为的假象，一个幻象。按惯例，每周一的下午，全系人员都会去听由一个访问学者所做的研究报告。某个星期一，来访者是一个美国细胞生物学家，他出示了令人信服的证据表明，高尔基体是真实存在的。在讲座结束时，这位老人大步走上前台，与美国人握手，并充满激情地说："我亲爱的朋友，我想感谢你。这15年来我一直是错的。"我们都使劲鼓掌直至把手都拍红了。没有一个原教旨主义者曾这样说过。实际上，也不是所有的科学家都会这样做。但所有的科学家至少都会在口头上把它认作是一种理想典范，而不像政治家，倒有可能指责它是一种反复无常。这件事的记忆仍旧会使我感动哽咽。

作为一个科学家，我对原教旨主义的宗教怀有敌意，因为它会主动地去败坏科学事业。它教导我们不要改变自己的思想，不要去知道那些可以被知道的激动人心的事情。它颠覆科学并且侵蚀智力。我知道的最令人痛心的例子就是美国地质学家科特·怀斯（Kurt Wise）的故事，现在他是田纳西州代顿（Dayton）布赖恩学院起源研究中心的主任。布赖恩学院的起名绝不是偶然的，布赖恩正是1925年发生于代顿的"猴子审判案"中科学教师斯科普斯（John Scopes）的起诉人。怀斯本可以实现儿时的梦想，成为一个真正意义上的大学的地质学教授，这个大学的校训也许本该是"批判性地思考"（Think critically），而非布赖恩学院网站上那句自相矛盾的"批判性和圣经式地思考"（Think critically and biblically）。确实，他在芝加哥大学获得了一个真正的地质学学位，接着（竟然）又在哈佛分别获得了地质学和古生物学的更高学位，在哈佛的指导教师（竟然）是斯蒂芬·杰伊·古尔德。他本是一个高素质的、前途无量的年轻科学家，正有望实现他在一所正规大学里讲授科学和从事研究的梦想。

然而悲剧降临。不是来自外界而是来自他的内心，原教旨主义的宗教教养经历对他的心智造成了致命的破坏和削弱，这一宗教让他相信地球——他在芝加哥和哈佛接受地质学教育时的主要研究对象——的年龄小于 1 万年。他太聪明了，以至不会不意识到，他的宗教和他的科学之间有着不可调和的冲突，他内心的矛盾使他越来越不安。一天，他再也忍受不了这种压力，于是，他用一把剪刀了结了这件事。他拿起一部圣经并从头到尾过了一遍，逐字逐句剪去了其中如果科学的世界观是真实的，那么则必须去除的内容。经过这番诚实到残酷且又耗时耗力的劳作之后，他的圣经所剩无几。

尽管我尽我所能，我发现，即使有那些完好无损的页边空白的帮助，也无法在拿起圣经时避免让它裂成两半。我不得不在进化和圣经之间做出一个抉择。要么圣经中的话是真的而进化论是错的，要么进化是真的而我必须丢弃圣经……正是在那个晚上，我接受了上帝之道，拒绝了所有与它对立的东西，包括进化。怀着一种巨大的悲哀，我把我所有的科学梦想和希望都丢进了火里。

我觉得那是极度悲哀的，关于高尔基体的故事让我因为钦佩和喜悦而流泪，而科特·怀斯的故事则是十足的悲哀——悲哀而又可鄙。他的职业和幸福生活的创伤是他自己造成的，如此不必要，如此容易避免。

他要做的只是扔掉圣经。或者象征性地，寓言式地去解释它，正如神学家们所做的那样。然而，他却做了原教旨主义者做的事情，抛弃了科学、证据和理性，连同他所有的梦想和希望。

也许在原教旨主义者中，怀斯的诚实是独特的——不可救药地、无比痛苦地、令人震惊地诚实。若是授予他邓普顿奖，他也许是第一位真诚的获得者。怀斯将原教旨主义者深埋于心底的、当科学证据与他们的信仰相冲突时的一般内心活动，暴露无遗。请听他的高论：

> 尽管有科学的理由去接受年轻地球的说法，但我成为一个年轻地球神创论者，却是基于对圣经的理解。正如多年前当我还在读大学时我对我的教授们所说的，如果宇宙中所有的证据都反对神创论，我会毫不犹豫地承认这一点，但我仍会是一个神创论者，因为那是上帝之道所指示的。我必须坚持。①

他似乎正在引用路德的论纲，路德曾在维滕贝尔格教堂的门口贴出他的论纲，但是可怜的科特·怀斯，更多让我想起的却是《1984》中的温斯顿·史密斯（Winston Smith）——只要老大哥这样说的话，他就会拼命挣扎去相信二加二等于五。然而，温斯顿正在经受拷问。怀斯的双重思想却不是来自肉体折磨的强迫，而是来自宗教信仰的强迫——显然对于某些人来说那也一样是不可抗拒的：可以认为那是一种心灵折磨。我对宗教有敌意，是因为它对怀斯所做的。如果它能够这样折磨一个受过哈佛教育的地质学家，可以想象，它能够对其他天赋更少、更缺乏防卫能力的人们做什么。

原教旨主义的宗教正在不顾一切地破坏无数个天真无知、本性良好、充满渴望的年轻心灵的科学教育。非原教旨主义的、"通情达理"的宗教也许并没有这么做。但是，它从孩子很小的时候起就教导他们，不加怀

---

① 我对怀斯的两次引用都来自他出版于 1999 年的《六日之内》（*In Six Days*）这本书，该书是一部年轻地球神创论者（young-Earth creationists）的文选（Ashton，1999）。

疑的信仰是一种美德，而通过这么做，它就为原教旨主义创造了一个安全的滋生环境。

信仰与同性恋

在塔利班控制下的阿富汗，对同性恋的官方惩罚是死刑，执行的方式是独具一格的活埋，把一座墙推倒至犯人身上。该"罪行"本身是一种私人行为，涉及的是自觉自愿的成年人，它不会伤害任何旁人，从中我们再次领略到宗教绝对主义的特点。我自己的国家没有资格在这方面感到自鸣得意。在英国，令人吃惊的是，直至1967年，私人间的同性恋行为都一直是一种刑事犯罪。1954年，与冯·诺伊曼共同被视为计算机之父的英国数学家艾伦·图灵（Alan Turing），在被认定为私人生活中有同性恋行为而被判有罪后自杀。无可否认，图灵不是被一辆坦克推倒的墙活埋的。他被提供了两个选择：两年的牢狱生活（你可以想象其他犯人会怎样对待他），或是一套注射激素的疗程，据说相当于化学阉割，可能会导致他长出乳房。最终他的个人选择是一只他注射了氰化物的苹果。①

作为在破译德国人的密码中起过关键性作用的知识分子，图灵有理由被认为在打败纳粹方面做出了比艾森豪威尔或丘吉尔更大的贡献。正是因为图灵以及他在布莱切利园（Bletchley Park）的"Ultra"同事们，盟军的将领们才得以在战争的相当长的一段时期内，早在德军行动之前，就已秘密获悉他们的详细计划。战后，图灵的角色不再是最高机密，他理应被封爵，并享有民族救星的荣誉。然而，这位温文尔雅、有些口吃的古怪天才，却因一项私人的、对任何人无害的"罪行"被毁掉了。我们又一次看到，以信仰为基础的道德说教者的如假包换的商标就是满怀热情地关心其他人在私下里所做（甚至所想）的事情。

---

① Hodges（1983）。

从"美国塔利班"对同性恋的态度可以看出他们的宗教绝对主义。请听自由大学（Liberty University）的创立者杰里·福尔韦尔（Jerry Falwell）牧师所说的话："艾滋病不只是上帝对同性恋者的惩罚，它是上帝对容忍同性恋的社会的惩罚。"[①] 对于这些人，我首先注意到的就是他们那令人称奇的基督教徒的博爱。什么样的选区，才能一届又一届地，选出如北卡罗来纳州共和党参议员杰西·赫尔姆斯（Jesse Helms）那样孤陋寡闻、顽固不化的人来？这个人居然如此嘲讽："《纽约时报》和《华盛顿邮报》本身就已充斥着同性恋者。那里几乎每一个人要么是男同性恋者，要么是女同性恋者。"[②] 我设想的答案就是，这类选区的选民必定是在狭隘的宗教意义上看待道德的，他们将任何不与他们一样持有绝对主义信仰的人都视为威胁。

我已引用过美国基督教联盟的创立者帕特·罗伯逊的话，他曾是1988年共和党提名的总统候选人，他在竞选运动中募集了多达300万名志愿者，加上相当数量的金钱：这是一种令人不安的支持力度，考虑到下述的引语完全代表了他的典型立场："（同性恋者）要进入教堂就会破坏教堂的一切，他们会把血弄得到处都是，试图让人们都感染艾滋病，还会朝神职人员的脸上吐口水。""（计划生育）就是教孩子们通奸，教人们去通奸、兽交，同性恋——教人们去做圣经上所有谴责的行为。"罗伯逊对妇女的态度，也会温暖阿富汗塔利班的黑色心脏："我知道听到这些女士们会感到痛苦，但如果你结婚，就意味着你接受了男人、你的丈夫的领导地位。基督是家族的领导，而丈夫是妻子的领导。就是这么回事。"

加里·波特（Gary Potter），是天主教徒支持基督教政治行动（Catholics for Christian Political Action）组织的会长，他曾这样说："当基督教徒作为多数接管了这个国家，将不再会有撒旦的教堂，不再会有自由传播的色情出版物，不再会有关于同性恋权利的讨论。在基督教徒作为多数取得控制权之后，多元主义就将被看作是不道德的和邪恶的，

① 本节中此处及其余的引用均来自下述美国塔利班网站：http://adultthought.ucsd.edu/Culture_War/The_American_Taliban.html。

② http://adultthought.ucsd.edu/Culture_War/The_American_Taliban.html。

而国家将不会允许任何人有权去作恶。"上述的引文中所说的"恶"，显然并不是指去做会给人们带来不利后果的事情，而是指不符合"作为多数的基督教徒"的私人口味的个人思想和行为。

弗雷德·菲尔普斯（Fred Phelps）牧师，威斯特布路浸信会（Westboro Baptist Church）的创立者，是另一位对同性恋者持有强烈厌恶的强硬布道者。当马丁·路德·金的遗孀去世时，弗雷德牧师在其葬礼上组织的示威活动中宣称："上帝憎恨同性恋者以及允许同性恋的人！因此，上帝憎恨科丽塔·斯科特·金（Coretta Scott King），现在正在用烈火和硫磺折磨她，在那里，蛆虫从不死亡，烈火从不熄灭，她受痛苦的烟往上冒，直到永永远远。"[①] 把菲尔普斯当成疯子嗤之以鼻很容易，但他确实获得了许多人的支持以及他们的金钱。根据他自己的网站所说，自 1991 年以来，他已经在美国、加拿大、约旦和伊拉克组织了 22 000 次反同性恋示威（那相当于平均每 4 天 1 次），打出像"感谢上帝送来艾滋病"这样的标语。他的网站上一个尤为吸引人的功能是自动记录某个特定的有名有姓的去世了的同性恋者在地狱中被炙烧的天数。

对同性恋者的态度揭露了那种从宗教信仰中得到启示的道德的面目。类似的例子还有对堕胎以及人类生命神圣性的看法。

信仰和人类生命的神圣性

人类胚胎是人类生命的一个实例。因此，在绝对主义的宗教看来，堕胎只能是错误的：不折不扣的谋杀。我不能确定是什么令我产生这样有趣而又无可否认的印象，即那些热心反对夺去胚胎生命的人，似乎同时也是尤其热心于夺去成年人的生命的人（公正地说，作为一个规则，

---

① 见菲尔普斯牧师的威斯特布路浸信会的官方网站 godhatesfags.com. http://www.godhatesfags.com/fliers/jan2006/20060131_coretta-scott-king-funeral.pdf。

它不适用于罗马天主教，他们也是最强烈反对堕胎的群体之一）。然而，重生的布什①，则典型地反映了今天宗教的权势。他，以及他们，是人类生命的坚定捍卫者，只要那生命是胚胎生命（或者是得了绝症的生命），他们的坚定甚至到了阻止医学研究的程度，而那本来无疑是可以挽救许多生命的。②反对死刑的明显理由是对人类生命的尊重。自从1976年，最高法院取消了对死刑的禁令以来，在全美50个州中超过1/3的死刑处决发生于得克萨斯州。布什在得克萨斯州签署执行的死刑要超过该州历史上任何一位州长，平均每9天就有一例死刑。也许他只是在完成自己的职责，履行本州的法律？③但若是如此，我们又如何理解CNN记者塔克·卡尔森（Tucker Carlson）的著名报道呢？卡尔森本人是支持死刑的，但他还是对布什的举动感到震惊，布什"幽默地"模仿一位女死刑犯恳求州长暂缓执行。"求求你"，布什呜咽着，嘬起嘴嘲弄般地模仿那种绝望，"不要杀我"。④如果这位妇女强调指出她曾经是一个胚胎的话，也许就会博得更多的同情。对胚胎的关注确实似乎对许多有信仰的人造成了最为特殊的影响。加尔各答的特蕾莎修女在接受诺贝尔和平奖的致辞中就这样说："和平的最大破坏者是堕胎。"什么？具有这样荒唐判断的一位妇女怎么能够在任何话题的讨论中被严肃对待，何况是获得诺贝尔奖？任何有可能被这位假装神圣的、伪善的特蕾莎修女所欺骗的人都应当去读克里斯托弗·希钦斯的书《传教立场：理论和实践中的特蕾莎修女》(*The Missionary Position：Mother Teresa in Theory and Practice*)。

再说美国塔利班，听听兰德尔·特里（Randall Terry）的说法，他是"援救行动"（Operation Rescue）的创立者，这是个专门恐吓为堕胎提供服务的医生的组织，"当我以及像我这样的人掌握国家的时候，你最好逃走。因为我们将找到你，我们将审判你，我们将处死你。我说的每

---

① 指小布什从青年时期的花花公子后来成为一个虔诚的基督教徒——译者注

② 见Mooney（2005）。还有Silver（2006），但它到手太迟以至没法在这里进行充分讨论。

③ 对是什么使得克萨斯州在这方面如此特别的一个有趣分析，见 http://www.pbs.org/wgbh/pages/frontline/shows/execution/readings/texas.html。

④ http://en.wikipedia.org/wiki/Karla_Faye_Tucker。

一个字都是认真的。这将是我的使命的一部分，确保那些人被审判，被处死。"在此，特里针对的就是那些提供堕胎服务的医生，他的基督教灵感清楚地表现在下面的陈述中：

我要你们让不宽容的波浪涌进你们的头脑。我要你们让仇恨的波浪涌进你们的头脑。是的，仇恨是好的……我们的目标就是建立一个基督教的国家。我们有一种圣经赋予的责任，我们受到上帝的召唤，来征服这个国家。我们不想要平等的时代。我们不想要多元主义。

我们的目标必须是简单的。我们必须根据上帝的律法，根据十诫来建立一个基督教国家。没有任何权宜的替代品。

这种建立一个只能被称作基督教法西斯国家的野心完全是美国塔利班的典型表现。幸好特里目前还没有取得政治权力。但是，在写这些话时（2006 年），没有任何一位美国政治局势的观察者能够对此表示乐观。

一个结果论者或功利主义者可能会以一种非常不同的方式来看待堕胎问题，他会尝试去衡量痛苦。胚胎会痛苦么（在神经系统发育之前实施堕胎也许不会；即便胚胎发育到具有神经系统，它的痛苦也一定小于，比方说，在屠宰场里的一头成年奶牛）？而如果不堕胎的话，怀孕的妇女，或她的家庭会痛苦么？极有可能会。而且无论如何，鉴于胚胎缺乏神经系统，那么，母亲那发育良好的神经系统难道不该有选择的权利？

但这绝不意味着结果论者就没有任何理由反对堕胎。结果论者可能会采用"滑坡"（slippery slope）论证（尽管在这个例子上我不会这么做）。也许胚胎不会感知痛苦，但是一种容忍夺去人类生命的文化可能会滑向更远：它的界限在哪里？杀婴？对于制定规则来说，出生的时刻提供了一条自然的界线，可以说，很难在胚胎发育的过程中再找出另外一条界线。因此，"滑坡"论证就可以把我们引向赋予出生的时刻以更大的重要性，而这是狭义理解的功利主义不愿同意的。

反对安乐死的论证也可以套用"滑坡"理论。让我们虚构一段假想的伦理学家的话："如果你允许医生出于解除绝症病人痛苦的目的结束他们的生命，那么，你要知道，接下来的事情就是每个人都会为了得到祖母的遗产而进行谋杀。我们哲学家也许已经摆脱了绝对主义，但社会却需要绝对的规则作为纪律，例如"不可杀人"，否则它就不知道该在哪儿刹车。在某些情况下，绝对主义，在一个不够理想的世界中，出于一切错误的理由，也许要比天真的结果论有着更好的结果！我们哲学家也许在阻止人们去吃已经死去的无名死人上会遇到很大困难，比方说，因车祸死去的流浪汉。但是基于滑坡原理，反对食人的绝对主义禁忌却是太重要了，以至于不可失去。"

滑坡论证也许可以被看作一条途径，借此结果论者得以重新引入一种间接形式的绝对主义。但是宗教徒对于堕胎的反对却不会为滑坡论证劳神。对他们来说，问题要简单得多。一个胚胎就是一个"婴儿"，杀死它就是谋杀，就是这样，讨论结束。由这种绝对主义立场可引出诸多问题。首先，胚胎干细胞研究就必须中止，尽管它在医学研究上有着巨大的潜力。因为它必然伴有胚胎细胞的死亡。鉴于社会已经接受体外人工授精的技术，这种矛盾就显而易见了。医生通常会刺激妇女进行排卵，以便在体外实施授精。多至十二个可发育的受精卵可能被制造出来，然后其中只有两至三个会被植入子宫，而期望能够存活的只有一个，或可能会有两个。因此人工授精就会在其过程中的两个阶段杀死胚胎，而社会通常对此没有异议。25 年来，人工授精已经成为给不能生育的夫妇带来生活中的欣喜的一种标准做法。

然而，宗教绝对主义者对于人工授精却会提出质疑。2005 年 6 月 3 日的《卫报》在《基督徒夫妇回应上帝召唤，挽救人工授精中弃置的胚胎》这样的大标题下登载了一个离奇的故事。故事说到一个叫作"雪花"（Snowflakes）的组织，寻求"援救"在人工授精诊所被弃置的胚胎。"我们确实感到好像上帝正在召唤我们，让我们尝试给予这些胚胎——也就是这些孩子中的一个——以生存的机会。"一位华盛顿州的妇女这样说。她的第四个孩子就源于这一"保守派基督教徒与试管婴儿界达成的出乎意料的联盟"。出于对这种性质的联盟的担忧，她的丈夫咨询了一位教会的长者，后者告诉他，"如果你想要解放奴隶，有时你就不得不与奴隶贩子做生意"。我不知道如果这些人知道多数受孕的胚胎无论如何也会自然夭折的话，他们会说什么。那也许最好被看作是一种自然的"质量控制"。

某种类型的宗教头脑看不出这两者之间的道德区别：一方面，是杀死显微镜下的一团细胞群；另一方面，是杀死一个成熟的医生。我曾经引用过兰德尔·特里及其"援救行动"的例子。马克·于尔根斯梅耶（Mark Juergensmeyer），在他那本令人心悸的书《上帝心灵中的恐怖》（*Terror in the Mind of God*）中配有一幅照片，迈克尔·布雷牧师与他的朋友保罗·希尔（Paul Hill）牧师正高举一个横幅："阻止谋杀无辜的婴儿是错的吗？"两人看上去都是和蔼正派、学生面孔的年轻人，有着动人的微笑，穿着整齐而平常，与瞪着眼的疯子截然相反。然而他们以及他们的朋友都是上帝军（the Army of God）的成员，他们的使命就是放火去烧堕胎诊所，并且毫不掩饰想要杀死医生的愿望。1994 年 7 月 29 日，保罗·希尔在佛罗里达的彭萨科拉（Pensacola）的布里顿（Britton）诊所外面，枪杀了约翰·布里顿（John Britton）医生以及他的保镖詹姆斯·巴雷特（James Barrett）。随后他向警察自首，说他杀死了医生以便阻止未来"无辜婴儿"的死亡。

当我在科罗拉多斯普林斯（Colorado Springs）的一个公园就我关于宗教的电视纪录片采访布雷时，我发现他头头是道地为这样的行为辩护，并摆出一副为了更高的道德目标的姿态。① 在论及堕胎问题之前，我先问了他几个预备性的问题，以便弄清他那基于圣经的道德观。我指出，圣经的律法判处通奸者死刑，以石刑处决。我期待他会拒绝接受这一明显出格的特定例子，但是他的回答让我吃惊。他愉快地同意，在经过正当的法律程序之后，通奸者应当被处决。于是我指出，在布雷的全力支持下，保罗·希尔并没有遵循正当的程序而是滥用私刑杀死了一位医生。布雷则以与于尔根斯梅耶采访他时他所说的

---

① 那些以暴力威胁反对科学家把动物用于医学研究的动物解放论者，也会宣称同样的高道德目标。

同样的理由为他的牧师伙伴辩护，对报复性的杀人，比方说杀死一个退休医生，与杀死一个执业中的医生进行了区分，后者是为了阻止医生"经常性地杀死婴儿"。于是我向他指出，尽管希尔的信仰毫无疑问是真诚的，但如果每个人都诉诸自己的信念以便自行执法，而不是遵从国家的法律，那么，社会就会陷入一种可怕的混乱。正确的方式难道不是通过民主的方式使法律发生改变吗？布雷回答："这就是当我们没有真正可靠的法律时出现的问题；我们已有的法律是被处于决断地位的人们任意制定的，例如我们已经看到的所谓的堕胎权利的法律，那是法官强加于人们头上的……"然后我们陷入了一场关于美国宪法和法律来自何处的争论。

2003 年，保罗·希尔因为谋杀布里顿医生和他的保镖而被处死。他说，为了挽救未出生的生命，他依然会如此去做。他直率地期待自己的死亡，他如此告诉媒体："我相信，通过处死我，这个国家将使我成为一名烈士。"在他被处死的时刻，右翼反堕胎者与左翼反死刑人士结成了奇怪的抗议联盟，后者敦促佛罗里达州州长杰布·布什（Jeb Bush）"阻止保罗·希尔殉教"。他们认为依法处死希尔，实际上会鼓励更多的谋杀，恰恰走向了死刑期望达到的威慑性效果的反面。希尔本人则一路微笑地前往死刑室，声称"我期待着天堂中的丰厚回报……我盼望着荣耀"。[①] 他还建议其他人继续他的暴力事业。由于担心出现为保罗·希尔"殉教"而发起的报复性攻击，当他被处决时，警察加强了警卫等级，而与此案有关联的若干人士还收到了夹有子弹的恐吓信。

整个可怕的事件就源于一个简单的认识上的差异。有些人因为其宗教信念而认为堕胎是谋杀，并准备为了保护胚胎而去杀人，他们将胚胎称作"婴儿"。另一方是同样真诚的堕胎支持者，他们要么有着与前者不同的宗教信念，要么并不信仰宗教，而是出于深思熟虑的结果论的道德观。他们同样把自己看作是理想主义者，为有急切需要的病人提供医学

---

① 见福克斯（Fox）新闻报道：http://www.foxnews.com/story/0,2933,96286,00.html。

服务，否则那些病人就会去找那些没有资质的危险的非法黑医生。双方都把对方看作是谋杀者或是谋杀的支持者。双方从其自身的立场上看是同样真诚的。

另一家堕胎诊所的女发言人将保罗·希尔描述成一个危险的精神病人。但像他一样的人并不认为自己是危险的精神病人；他们倒认为自己是善良的有道德的人，听从上帝的指引。确实，我不认为保罗·希尔是一个精神病人。他只是笃信宗教。危险，是的，但不是精神病人。他是危险地笃信着宗教。从他的宗教信念上看，希尔枪杀布里顿医生完全是正确并且道德的。希尔的问题出在他的宗教信念本身上。迈克尔·布雷也是。当我见到他时，我一点都没觉得他是一个精神病人。实际上我相当喜欢他。我觉得他是一个诚实和真诚的人，语调平静，深思熟虑，但是他的头脑已不幸被有害的宗教胡言所俘获。

堕胎的强烈反对者几乎全都是笃信宗教的人。而堕胎的真诚支持者，无论是否是宗教徒，可能遵循的都是一种非宗教的结果论的道德哲学，也许诉诸了边沁的问题："他们痛苦么？"保罗·希尔和迈克尔·布雷在杀死一个胚胎和杀死一个医生之间看不出道德上的区别，除了对他们来说，胚胎是一个无可责备的、无辜的"婴儿"之外。而结果论者则看到了各种差异。早期胚胎在知觉甚至外形上都与一只蝌蚪近似。一位医生则是一个成熟的有意识的个体，具有希望、爱、渴望和恐惧，还拥有大量的人类知识，并承载着他人的深沉情感——很可能来自一位悲痛的寡妇、失去父亲或母亲的孩子、疼爱他的长辈。

对于具有能够感受痛苦的神经系统的个体来说，保罗·希尔给他们造成了真正的、深沉的、持久的痛苦。而死于他手的医生则完全没有造成这些痛苦。没有神经系统的早期胚胎几乎肯定不会感受痛苦。即便具有神经系统的晚期胚胎能够感受到痛苦，尽管所有的痛苦都是不幸的，但它们所遭受的不是人类才有的痛苦。绝不存在一般的理由可以认为，任何阶段的人类胚胎所遭受的痛苦要超过相同发育阶段的牛羊胚胎。倒是有充分的理由可以认为，所有的胚胎，无论是否是人类，它们所能感受到的痛苦要远远小于屠宰场里的成年牛羊，尤其是为宗教仪式所用的那些。出于宗教目的，当它们的咽喉被按照仪规割断时，它们必须处于完全清醒的状态。

痛苦难以衡量，[①] 细节多有争议。但是这不会影响到我的要点，也即关于世俗的结果论与宗教上的绝对道德哲学之间的区别。[②] 其中一派关心的是胚胎是否有痛苦。另一派关心的是它们是否是人类。宗教卫道士喜欢争论的是："发育中的胚胎何时成为一个人——一个人类个体？"世俗的道德家则更有可能问的是："不管它是否是人类（对于一小团细胞，那究竟算是什么意思？）任何物种的任一发育中的胚胎，在什么阶段才能开始感知痛苦？"

伟大的贝多芬谬论

在这场口水战中，反堕胎者的下一步棋通常会这样来下。重点不是一个人类胚胎现在能否感知痛苦，重点在于它的潜能。堕胎剥夺了它将来作为人类经历整个生命历程的机会。这一看法被概括为一种修辞性的论证，其极端的愚蠢性在于它对关于它的严重的不诚实性的指控所给出的唯一辩护。我所说的就是伟大的贝多芬谬论，它有几种不同的表达形式。彼得（Peter）和琼·梅达沃（Jean Medawar）[③]，在《生命科学》（*The Life Science*）一书中将下述的版本归功于诺曼·圣·约翰·斯特瓦斯（Norman St John Stevas，现在的圣约翰勋爵），他是英国国会议员，以及著名的罗马天主教普通信徒。而他又是从莫里斯·巴林（Maurice Baring，1874—1945）那里听说的，巴林是一个著名的罗马天主教皈依者，与忠诚的天主教信徒切斯特顿（G. K. Chesterton）和希莱尔·贝洛

---

① M. Stamp Dawkins（1980）。

② 当然，这绝不意味着不存在其他的可能性。大多数的美国基督教徒对于堕胎并不持有绝对主义的态度，并主张堕胎合法（pro-choice）。见"生殖选择的宗教联盟"（the Religious Coalition for Reproductive Choice），www. rcrc. org/。

③ 彼得·梅达沃爵士获得了 1960 年的诺贝尔生理学和医学奖。

克（Hilaire Belloc）有着密切的交往。他以一段虚构的两位医生之间的对话来表达这一想法：

> "关于妊娠的中止，我想知道你的看法。若父亲是梅毒感染者，母亲是结核病人。在已有的 4 个孩子中，老大是盲人，老二夭折了，老三又聋又哑，老四也得了结核病。你会怎么做？"
>
> "我也许早就中止妊娠了。"
>
> "那么你就谋杀了贝多芬。"

　　网上充斥着重复这个可笑的故事的所谓的"反堕胎"（pro-life）网站，而且偶尔还随心所欲地胡乱改写事实前提。下面是另一个版本："如果你认识一个怀孕妇女，她已有 8 个孩子，其中 3 个是聋子，2 个是盲人，1 个是智障（这一切都是因为她有梅毒），你会建议她堕胎么？若是这样，你就杀掉了贝多芬。"[1] 这一版本的传说，把这位伟大作曲家的出生次序从前述的第 5 个降至第 9 个，把先天聋子的数量增加至 3 个，先天盲人的数量增加至 2 个，又将母亲而不是父亲设定为梅毒患者。在搜索这个故事的不同版本的过程中，我找到的 43 个网站中的大多数没有把故事的出处归于巴林而是归于加州大学洛杉矶分校医学院的某位阿格纽（L. R. Agnew）教授。据说他向学生们提出了这个两难困境，并告诉他们："祝贺你，你刚刚谋杀了贝多芬。"我们或许可以慷慨地不去怀疑这位阿格纽教授是否存在——这些市井传说的快速流传是令人惊异的。我难以确定是巴林原创了这个传说，还是比这更早就已有人虚构了它。

　　没错，它当然是虚构的，而且完全是假的。真相是，路德维希·范·贝多芬既不是父母的第 9 个孩子也不是第 5 个孩子。他是最大的孩子，严格地说，是第二个孩子，但他的哥哥在婴儿期就夭折了，在那个年代这是比较常见的，但据目前所知道的，也并不是个瞎子、聋子或智障。没有证据表明，他的父母之一有梅毒，尽管他的母亲最后确实死于

---

[1] http://www.warroom.com/ethical.htm。

肺结核。不过在当时那也是常见病。

　　事实上，这完全是一则虚构的市井传说，经别有用心的人的故意传播而流传开来。不过无论如何，它是一个谎言的事实，其实与它所要强调的论点也完全无关。即便它不是一个谎言，由它所引出的论证也实在是个相当糟糕的论证。彼得和琼·梅达沃根本就不需要怀疑这个故事的真实性就指出了这一论证的谬误："这一令人厌恶的论证背后的推理是一个惊人的谬误，因为除非有什么证据证明，一位得了结核病的母亲与一位得了梅毒的父亲，同生出一个音乐天才之间有着某种因果关系，否则这个世界就不可能因堕胎而比贞洁禁欲失掉更多的贝多芬。"[1] 梅达沃那简洁而又不失轻蔑的驳斥无可辩驳（借用罗尔德·达尔[2] 短篇黑暗故事中的一个情节，1888 年某个同样偶然的不堕胎的决定，给了我们一个阿道夫·希特勒）。但你确实需要一点智力——或者也许是摆脱某种宗教熏陶的一点自由——才能抓住要点。我在写作那天搜索 Google 时发现的 43 个引用了某种版本的贝多芬传说的"反堕胎"网站中，没有一个发现该论证的不合逻辑之处。它们（顺便提一句，这些都是宗教网站）都被那个谬论欺骗，不折不扣地上了当，其中有一个还把故事的来源归于梅达沃（把名字错拼成了 Medavvar）。这些人如此热切地去相信一个与他们的信仰臭味相投的谬论，甚至都没注意到梅达沃引用这个例子仅是为了彻底驳倒它。

　　正如梅达沃完全正确地指出的那样，"人类潜能"论的逻辑结论就是，每当我们未能抓住任何性交的机会时，我们就潜在地剥夺了一个人类灵魂的存在天赋。根据这一糊涂至极的"反堕胎"逻辑，任何一次对一位有繁殖能力的个体的任何交合提议的拒绝，都等同于谋杀了一个潜在的孩子！甚至反抗强奸都可能被说成是正在谋杀一个潜在的婴儿（而且，附带要说的是，有大量"反堕胎"的积极支持者甚至反对因残酷强奸而怀孕的妇女进行堕胎）。显而易见，"贝多芬论证"确实逻辑性非常

---

① Medawar and Medawar（1977）。

② Roald Dahl，英国儿童文学作家，《查理与巧克力工厂》的作者——译者注

糟糕。它的超级白痴性在那首由迈克尔·帕林（Michael Palin）所唱的绝妙颂歌中得到了最好的概括，"每一个精子都是神圣的"，这首歌还伴有数百个儿童的合唱声，出现于巨蟒剧团（Monty Python）的影片《人生七部曲》（*The Meaning of Life*）中（如果你还没看过，请务必去观赏）。伟大的贝多芬谬论是一个典型的例子，当我们的头脑被由宗教激发的绝对论所迷惑时，我们就会跌入这样一种逻辑混乱。

现在请注意"反堕胎"的意思根本不是确切意味着生命优先。[①] 它意味的是人类生命优先。赋予智人种的细胞以独一无二的特殊权利难以与进化的事实相协调。无可否认的是，对于那些反堕胎者来说，他们不会认识到这种不妥，因为他们不理解进化的确是一个事实！但是出于为某些也许对科学没那么无知的反堕胎活跃分子考虑，让我简短地把这一问题说清楚。

进化的观点其实非常简单。一个胚胎细胞绝不可能因其来自人类便获得任何绝对的、连续的道德地位。那是因为我们在进化上不仅与黑猩猩有着连续性，并且更远地说，与这个星球上的每一个物种都有着连续性。为了明白这一点，让我们想象一个中间物种，比方说，南方古猿阿法种（*Australopithecus afarensis*），有机会生存了下来并且在非洲的一个偏远的地方被发现。这些生物是否能够"被看作是人类？"对于一个像我这样的结果论者来说，这个问题不值得回答，因为它无从谈起。我们因为能够见到一个新的"Lucy（露西）"（南方古猿阿法种的著名化石）而感到着迷和荣幸，这就足够了。而另一方面，绝对论者必须回答这一问题，以便判断道德原则是否适用于它们，而这种原则就是赋予人类以独一无二的特殊地位，"因为他们是人类"。如果到了紧要关头，他们就有可能需要建立一个法庭，就像种族隔离时的南非那样，以裁定一个特定的个体是否应当"被当作人类。"

即使对于南方古猿来说，可以试着给出一个确切的答案，渐进的连

---

① 反堕胎运动写作"pro-life"，字面意思是"生命优先"；支持堕胎合法化的"pro-choice"字面意思是"选择优先"——译者注

续性作为生物进化的一项不可避免的特征，却告诉我们，必定存在某种中间类型，它们是如此接近"边界"以至会模糊道德原则并破坏其绝对性。对此更好的说法是：在进化中不存在自然的边界。边界的错觉来自这一事实，即进化的中间类型碰巧灭绝。当然，有人会说人类比其他物种更能够感知痛苦。可能的确是这样，所以据此我们就可以正当地赋予人类以特殊的地位。但进化的连续性表明，并不存在绝对的差异。绝对论的道德差别待遇在进化的事实面前只能彻底败下阵来。确实，对于这一事实的某种不安意识，也许潜藏在神创论者反对进化论的一个主要动机之中：他们害怕他们所相信的东西会引发的道德后果。他们这么做是错误的，但不管怎么说，关于真实世界的一个真相可以被关于什么在道德上值得向往的考量所颠倒，这种想法是十分奇怪的。

第9章　儿童时期，虐待以及摆脱宗教

> 每一个村庄里都有一把火炬——教师；还有一只
> 灭火器——教士。
>
> ——维克多·雨果（Victor Hugo）

让我从发生于19世纪意大利的一个故事开始。我并不是在暗示，像这样可怕的事情在今天仍可能发生。但是，这个故事暴露出来的态度在今天依然可悲地流行着，尽管其实践中的细节有所不同。19世纪的这一人间悲剧无情地提示了当今的宗教对待儿童的态度。

那是在1858年，埃德加多·莫塔拉（Edgardo Mortara），一个6岁的孩子，父母是生活在博洛尼亚（Bologna）的犹太人，一天居然被教会的警察根据来自宗教裁判所的命令而合法地抓走了。埃德加多·莫塔拉在他那哭泣的母亲以及发狂的父亲面前被强行拖走，被带至罗马的慕道者教堂（Catechumens），那是专门为犹太人和穆斯林的改宗皈依而准备的地方。自那以后，他就被作为罗马天主教徒而养大。除了在神父密切监控之下的偶尔且短暂的几次探访之外，他的父母就再也没能见到他。这一故事由克泽（David I. Kertzer）在他的非凡著作《埃德加多·莫塔拉的绑架》（*The Kidnapping of Edgardo Mortara*）中讲述。

在那时的意大利，埃德加多·莫塔拉的遭遇绝非罕见，而这些由神职人员实施的绑架，都是出于同样的理由。在每一案例中，被诱拐的孩子在早前已被秘密施洗，通常是被一个天主教徒的育婴保姆，随后宗教裁判所听说了这一洗礼。罗马天主教信仰系统的一个核心部分是：一旦一个孩子已受洗礼，无论是如何地非正式以及不公开，他就不可逆转地变成了一个基督教徒。在他们的内心世界中，根本就不能容忍一个"基督教孩子"与其犹太父母生活在一起，他们以无比的真诚，不顾全世界的义愤，顽固地坚持这一不可思议的、残忍的立场。顺便说一句，面对普遍的义愤，天主教在罗马发行的权威性半月刊《天主教文明》（*Civiltà Cattolica*）的态度却是将其归结为富有的犹太人的国际影响力——听起来似曾相识，不是吗？

除了唤起了公众的注意，埃德加多·莫塔拉的经历只是许多其他类似情况的一个典型代表。他曾经由一个当时才 14 岁、未受过教育的信仰天主教的女孩安娜·莫里西（Anna Morisi）照看。当他生病时，她惊慌失措，担心他会死掉。她盲目接受的那种信仰认为，一个未受洗礼而死去的孩子会永远经受地狱的折磨，于是她去求教一个天主教邻居，后者告诉她该如何做洗礼。她回到房间，从一个水桶里倒出一些水洒在小埃德加多·莫塔拉的头上，并说："我以圣父圣子和圣灵的名义为你施行洗礼。"仅此而已。但从那一时刻起，埃德加多·莫塔拉在法律上就成了一个基督教徒。当宗教裁判所的神父们几年后听说了此事，他们就迅速而果断地采取行动，丝毫没想这一举动带来的不幸后果。

令人吃惊的是，对于这样一个可能对整个家庭造成严重影响的宗教仪式，天主教教会却允许（现在依然允许）任何人给任何其他人施洗。施洗者不必是一个神职人员，不必经过孩子、父母或任何其他人的同意。无须签署任何书面文件，无须任何正式的见证人。所需要的只是洒上几滴水，说几句话，一个无助的孩子，和一个被教理问答洗过脑的迷信的保姆。实际上，上述事项中只有最后一项才是必要的，因为，既然受洗的孩子太小不可能作证，又有谁能知道发生了什么呢？一个作为天主教徒而长大的美国同事曾在信中这样告诉我："我们习惯于为我们的玩具娃娃施洗。我不记得我们是否曾为我们的新教徒小伙伴做过洗礼，不过毫无疑问，这样的事情会发生而且如今仍在发生。我们把玩具娃娃变成小天主教徒，带它们去教堂，给它们圣餐，等等。我们从小就被洗脑要当一个天主教的好妈妈。"

　　如果 19 世纪的女孩与我现在的这位同事多少有点像的话，像埃德加多·莫塔拉这样的案例如此常见就毫不奇怪了。事实上，在 19 世纪的意大利，这样的故事令人痛苦地经常发生，这就留给我们一个显而易见的问题：既然明知这么做可能带来的可怕风险，为何身在教皇辖区的犹太人还非要雇用信仰天主教的保姆呢？为什么他们不当心一点，雇用犹太人呢？答案再一次地与理智的判断无关，而完全是因为宗教。犹太人需要的是这样的仆人——他们的宗教不禁止他们在安息日工作。当然可以相信一个犹太女仆绝不会对你的孩子施洗，从而把他变成一个灵性上的孤儿。但她也绝不会在星期六为你点亮火烛、打扫房屋。这就是为什么，当时博洛尼亚雇得起仆人的犹太家庭大多雇用了天主教徒。

　　在本书中，我已谨慎地克制自己不去详细描述十字军东征、西班牙征服者以及西班牙宗教裁判所的恐怖。在每一个世纪、每一种信条中都能发现残忍和恶毒的人。但是，这个意大利宗教裁判所的故事及其对待儿童的态度，尤其揭露了宗教徒的心智，以及明确地源自宗教的邪恶。首先是宗教心智中的那种惊人的认识：洒上几滴水，念上一句短短的咒语，就能完全改变一个孩子的生活，它高于父母的准许、孩子自己的同意、孩子自身的幸福和精神上的健康……它凌驾于普通的常识及人类情感视之为重要的一切事情之上。红衣主教安东内利（Antonelli）当时就此事回信给莱昂内尔·罗思柴尔德（Lionel Rothschild），后者是英国议会的第一位犹太议员，曾就埃德加多·莫塔拉的被绑架一事写信向他提出抗议。红衣主教在回复中明确表示他无力干预，并补充道："这也许正是天赐良机，使我们得以看到，如果自然之声是强大的，宗教的神圣职责却要更加强大。"是的，好吧，这差不多说明了一切，不是吗？

　　其次是这一惊人的事实：神父、红衣主教和教皇似乎都真诚地从未认识到，他们对可怜的埃德加多·莫塔拉所做的是一件多么可怕的事情。此事超出了所有合理的理解，但他们却由衷地相信，将他从自己的父母身边带走，把他培养成基督教徒，是在帮助他。他们觉得有一种保护的责任！一家美国的天主教报纸就埃德加多·莫塔拉事件为教皇的立场进行辩护，争辩说一个基督教政府"把一个基督教孩子交由一个犹太人来抚育"是难以想象的，并且还援引宗教自由原则，"一个孩子成为一名基督教徒而不被强迫地成为一名犹太教徒的自由……面对不信神者的所有凶暴的狂热和偏见，教皇对这个孩子的保护，正是许久以来这个世界所看到的最为崇高的道德奇观"。对于诸如被"强迫""凶暴""狂热"和"偏见"这些词，可曾有过比这更加明目张胆的误用？然而，所有的迹象都表明，天主教的护教论者，自教皇以降，都真诚地相信他们所做的事是正确的：在道德上绝对正确，对孩子的幸福来说也是正确的。这就是（主流、"温和"的）宗教的力量，它能够扭曲判断力，败坏正常的人类尊严。《天主教》报（*Il Cattolico*）对于人们普遍不能理解这件事感到困惑，即教会把他从犹太人家庭中解救出来，对埃德加多·莫塔拉来说是帮了多么慷慨的一个忙：

> 我们中无论是谁，只要对这件事略作严肃的思考，对比一下犹太人的处境——没有一个真正的教会，没有一个国王，没有一个国家，四散地生活着，无论在地球上的任何地方都只是异乡人；此外，还因带着杀害耶稣的凶手的污点而声名狼藉……立刻就能明白，教皇为男孩埃德加多·莫塔拉提供了多么大的现世的好处。

第三就是自以为是，凭借它，一个宗教徒无须证据便"知道"，他出生于其中的信仰就是唯一正确的信仰，而所有其他的信仰都是邪路或完全错误的。上述的引文就生动地说明了基督教一方的这种态度。在这一案例中，把当事双方的地位视为平等，将是极不公正的，但这却是一个好机会，使我们可以注意到，埃德加多·莫塔拉的家人只要接受神父们的恳求，同意自己也接受洗礼的话，那么他们就有可能立刻要回埃德加多·莫塔拉。埃德加多·莫塔拉本来就是因为几滴水和十来个无意义的词而被掠走的。这就是受了宗教灌输的心智所表现出的昏庸，只需要另外两次洒水，就可以逆转这个过程。[①] 对于我们中的一些人来说，他的父母拒绝这样做表明了他们的顽固和不负责任。

---

① 指埃德加多·莫塔拉的父母受洗改信基督教，他们的儿子就可以留在身边了——译者注

而对于另一些人来说，他们坚持原则的立场，则将他们提升进了从古至今为所有宗教牺牲的殉教者的行列之中。

"振作起来，里德利大人，像个男子汉：今天我们将凭上帝的恩典在英格兰点亮这支蜡烛，我相信它将永不会熄灭。"① 毫无疑问，为了某一些主张而死，可以是高尚的。但这些殉教者，如里德利、拉蒂默（Latimer）和克兰默（Cranmar）竟然宁可让自己被活活烧死也不愿放弃新教徒小头主义（Little-endianism）而支持天主教大头主义（Big-endianism）——从哪一头敲开一只熟鸡蛋真的就那么重要吗？② 宗教头脑的信念就是这样顽固——或者换个说法，值得钦佩，如果你是这样认为的话，而使得莫塔拉的父母无法鼓起勇气抓住由无意义的洗礼仪式提供的要回孩子的机会的也是这种顽固。难道他们不可以在接受洗礼时两指交叉为自己祈祷，或者偷偷默念"不"吗？不，他们不会这样做，因为他们自小就受到一种（温和的）宗教的熏陶，因而对整个荒谬的看手势猜字游戏信以为真。至于我，我只关心可怜的小埃德加多·莫塔拉——无奈生于一个被宗教头脑支配了的世界，在宗教间的交火中遭遇不幸，在一项出自好意，却对一个年幼的孩子惊人地残酷的行动中差不多变成了一个孤儿。

第四，继续同一个主题，就是竟然一个年仅 6 岁的孩子就能理所当然地被声称是拥有某种宗教信仰的，无论那是犹太教还是基督教或是任何其他宗教。或者换句话说，给一个无知的、不明所以的孩子施洗就能一下子把他从一种宗教改变到另一种宗教的想法看来是荒谬的；但给一个很小的孩子贴上属于任何一个特定宗教的标签，显然一开始就更加荒谬。对埃德加多·莫塔拉来说，重要的不是"他的"宗教（他太小了，不可能拥有经慎重考虑后得出的宗教观），而是他父母和家庭所给予的爱和关怀，他被那些过着独身生活的神职人员们剥夺了本该拥有的爱和关怀，

---

① 在绰号为"血腥玛丽"的玛丽女王统治期间（1553—1558），超过 270 名新教徒殉道士被烧死在火刑柱上，其中有工匠和普通人，也有主教，如作者提到的里德利、拉蒂默和克兰默（此三人被称为"牛津殉道者"，Oxford Martyrs）。当火刑用的柴火准备就绪时，拉蒂默对同伴里德利说了这么一段著名的话——译者注

② 小头主义、大头主义指主张从小头或大头敲开熟鸡蛋的两派观点，作者借此讽刺新教与天主教的对立本身就很荒诞——译者注

他们那怪诞的冷酷仅因他们对正常人类情感的迟钝麻木才有所减轻——而这种迟钝麻木轻易就能占据一个被宗教信仰劫持了的心灵。

即便没有对身体的绑架，给孩子贴上某种他们太小而无法思考的信仰的标签，这种做法难道不是虐待孩子的一种形式吗？然而，这种做法今天依然还在继续，几乎完全没有受到质疑。而对此提出质疑，正是本章的主要目的。

身心上的虐待

如今提起神职人员对儿童的虐待便意味着性侵犯，我觉得有必要从一开始就掌握恰当分寸来对待性侵犯问题并把它解决掉。已经有人注意到，我们生活在一个歇斯底里地对待恋童癖的时代，这种群氓心理令人想起 1692 年的塞勒姆猎巫事件（Salem witch-hunts）。2000 年 7 月，在英国最令人厌恶的报纸的激烈竞争中获得很高呼声的《世界新闻报》（News of the World）组织了一场"点名羞辱"运动，来势汹汹难以遏制，只差没有召集警察志愿者对有恋童癖的人采取直接的暴力行动了。一家医院的一位儿科医师的房子遭到一群分不清儿科医师（pediatrician）与恋童癖（pedophile）的区别的狂热分子的袭击。[①] 这种群氓歇斯底里、泛滥成灾，以至于令父母们陷入了恐慌。于是，如今的威廉们、费恩们，还有如今的燕子与鹦鹉，[②] 他们都被剥夺了溜达闲

---

① 见 BBC 新闻报道：http://news.bbc.co.uk/1/hi/wales/901723.stm。

② 威廉（Just William），是 20 世纪 20 年代 Richmal Crompton 的系列儿童读物中的主人公，该读物后被改编成影视作品。威廉是一个 11 岁的脏兮兮的男孩，与他的伙伴们常在外流浪。费恩（Huck Finn）是马克·吐温小说《哈克贝利·费恩历险记》中的主人公（也译《顽童流浪记》）（1884 年）。费恩的父亲从不管他，但为了拿到母亲留给他的遗产，居然开始照料他了，但最终父亲是要害死费恩。于是，费恩离家出走，后在路途中与一位逃亡的黑人结伴，历经艰险，在许多好心人的帮助下，最终化险为夷。《燕子与鹦鹉》（Swallows and Amazons）是英国儿童文学作家阿瑟·兰瑟姆（Arthur Ransome，1884—1967）的著名作品。描写一群孩子在湖区乘船游玩的奇遇，这群孩子分属两组，分别命名为燕子与鹦鹉。据说作者的母亲酷爱游湖，每年夏天都要举家在湖区度夏——译者注

逛的自由，而那正是早年儿童时代的乐趣之一（实际上，与人们所认为的相反，被骚扰的风险可能不见得更少）。

公平起见，在《世界新闻报》的这场运动期间，人们的盛怒是由一桩出自性的动机并导致一个 8 岁女孩在萨塞克斯[①]被诱拐和杀害的真实的可怕谋杀案引起的。不过因此便加罪于所有的恋童癖显然是不公正的，一种恰当的复仇应该仅针对他们中间极个别的杀人凶手。我曾经上过的三个寄宿制学校全都雇用过对小男孩的喜爱超过了正当界限的教师，这确实应该受到谴责。不过，如果 50 年过去了，他们还在被当作儿童谋杀者而受到警察或律师的追逼，我就觉得有责任为他们说话，即便我也曾是一个受害者（曾有一次尴尬不安的经历，但并未造成伤害）。

罗马天主教会已经承担了很大部分像这样的过去的丑事。出于各种原因，我厌恶罗马天主教会。但是我更厌恶不公正，所以我忍不住想知道，在这个问题上，这么一个机构是否已被不公正地妖魔化了，尤其是在爱尔兰和美国。我推测，一部分额外的公众愤恨其实源于神职人员的伪善，本来他们的职业生涯在极大程度上就是要唤起对于"罪"的内疚感。孩子们自幼就被教导要尊敬他们，然而权威人物却辜负了这一份信任。这种额外的愤恨其实应当使我们更为小心，不要急于去作出判断。我们应当意识到，头脑的一项突出能力就是编造错误的记忆，尤其是在不负责任的精神治疗师和唯利是图的律师的恣意煽动之下。心理学家伊丽莎白·洛夫特斯（Elizabeth Loftus）面对既得利益者的恶意，以极大的勇气表明，要编造完全虚假的记忆是多么容易，在受害者看来，每一个细节都同真正的记忆一样真实。[②]这一现象是如此的违反直觉，以至于陪审团很容易被证人的这种真诚却是虚假的证词所打动。

尤其是在爱尔兰，即便没有性侵犯，但基督教兄弟会（Christian Brothers）的残忍却是臭名昭著的事实。[③]它应该为这个国家中很大一部分男性所受到的教育负责。与此类似的还有管理爱尔兰许多女子学校

---

① Sussex，英国一郡——译者注

② Loftus and Ketcham，（1994）。

③ 参见 John Waters 在《爱尔兰时报》（*Irish Times*）：http://oneinfour.org/news/news2003/roots/。

的修女们，她们常常是虐待狂般的冷酷无情。声名狼藉的抹大拉收容所（Magdalene Asylums），彼得·穆兰（Peter Mullan）的电影《抹大拉的姐妹们》（*The Magdalene Sisters*）的主题，竟一直存在到 1996 年。40 年过去了，因为受鞭打而得到赔偿反而要比受到性骚扰更难，不乏律师积极地向那些也许不会去翻陈年旧账的受害者兜揽生意。在尘封已久的教堂小房间里的摸弄中有金子可淘呢——其中的一些，时间的确已过去太久，以至所谓的侵犯者可能已经死去，从而无法从自己的视角讲述当年的故事。全世界的天主教会已付出超过 10 亿美元用于赔偿。[1]你几乎都会开始同情他们，直到你想起他们的钱最初来自何方。

一次，在都柏林的一个讲座后的提问时间，我被问及对于广为人知的爱尔兰天主教神职人员性侵案有何看法。我的回答是，毫无疑问性侵犯是极其可憎的，但比起孩子在天主教环境下被培养长大这件事本身所带来的长期的心理伤害，性侵犯造成的伤害可以说还算是相对较轻的。这一评论只是我一时激动下的即兴发挥，想不到它却赢得了爱尔兰听众们的热烈掌声（不可否认，这批听众大多来自都柏林的知识阶层，或许并不能代表这个国家一般人的意见）。但是当我后来收到一封来自一位从小在罗马天主教环境中长大的 40 岁的美国妇女的信时，我又想起了这一场景。她告诉我，在 7 岁时，她遭遇了两件不愉快的事：受到教区神父在其车上对她进行的性侵犯；大约同时，学校里的一个要好的小朋友悲惨地死去，由于她是一个新教徒而只能下地狱。大约我的这位来信人当时被引导相信了她父母所属教会的官方教义。现在她作为一个成熟的成年人对此的看法是，罗马天主教对儿童的这两种虐待，一种是身体上的，一种是心灵上的，后者才是最糟糕的。她写道：

被神父抚弄（对于一个 7 岁孩子的心灵来说）只是留下了"讨厌"的印象，而我的朋友要下地狱这一记忆带来的却是一种冷酷的、永久的恐惧。我从未因为那个神父而睡不着——但我却有许多夜晚是在对我爱

---

[1] Associated Press, 10 June 2005: http://www.rickross.com/reference/clergy/clergy426.html。

的人要下地狱的恐惧中度过的。它带给我的是许多噩梦。

不可否认，相比于一个祭台侍童受到鸡奸的那种痛苦和厌恶，她在神父的车上所遭遇的性侵犯相对而言则要轻得多。如今，天主教会据说也不再像过去那样拼命渲染地狱。但是这个例子表明，儿童的心理受侵害的程度超过生理，这种可能性至少是存在的。据说，希区柯克（Alfred Hitchcock）这个伟大的惊悚电影艺术大师，曾在驱车穿越瑞士的途中突然指向窗外说，"那是我见过的最恐怖的景象"。只见一个神父正在与一个小男孩谈话，他的手放在男孩的肩上。希区柯克身体探出车窗大喊道："快跑，小朋友！快逃命啊！"

"棍子和石头可以打断我的骨头，但话语却绝不可能伤害我。"确实，只要你并不真正相信话语，这句谚语就是成立的。但如果你的整个成长环境，你的父母、老师及神父告诉你的每一件事情已经让你相信，真正地相信，绝对彻底地相信，罪人会在地狱中被炙烧（或某些其他可憎的教义，比如妇女是其丈夫的财产），那么话语带来的持久的伤害效果就完全可能甚于行为。我不得不相信，当被用来描述教师和神父对儿童们所做的那些事，比如鼓励他们相信永恒的地狱对不可饶恕的大罪的惩罚这一类事时，"虐待儿童"这个词并不为过。

在我此前提到的电视纪录片《万恶之源？》（Root of All Evil？）中，我采访了若干宗教界领袖，舆论批评我偏偏去挑美国的极端分子而不是值得尊敬的主流人物，比如大主教之类。[①] 听起来这像是一种客观的批评——不过要知道，在 21 世纪初的美国，那些在外部世界看来似乎是极端分子的人士，实际上正是主流人物。我的采访对象之一，科罗拉多斯普林斯的特德·哈格德牧师（Pastor Ted Haggard），是最让英国听众感到可怕的。但是在布什时期的美国，他却远非极端分子，"特德牧师"是拥有 3000 万成员之多的"全国福音派教徒联合会"（National Association

---

① 坎特伯雷大主教、威斯敏斯特红衣大主教以及英国大拉比都曾接到我的采访请求，但都拒绝了，无疑他们有正当的理由。牛津主教同意了，而他如他们本来应当的那样令人愉快，与极端主义者相去甚远。

of Evangelicals）的会长，他声称自己享有在每周一接受布什总统的电话咨询的待遇。如果我要按照现代美国的标准去采访真正的极端分子，我就得去找那些以"主权神学（Dominion Theology）"公然鼓吹在美国建立一个基督教的神权国家的"重建主义者（Reconstructionist）"了。一个忧虑的美国同事写信给我：

欧洲人需要知道，在美国有一种巡回的神学怪诞秀（theo-freak show），真实地鼓吹恢复《旧约》中的律法，比如杀死同性恋等，以及只有基督教徒才能担任公职甚至才能拥有选举权。中产阶级人群对此大声叫好。如果世俗主义者不加警惕，国教论者和重建主义者不久就会在一个真实的神权政体的美国成为主流。①

我的另一位电视采访对象是基南·罗伯茨牧师（Pastor Keenan Roberts），与特德牧师一样来自科罗拉多州。罗伯茨牧师的招牌式的狂热是他称之为"地狱屋（Hell House）"的设计。父母或教会学校把儿童带到地狱屋，用惊吓让这些儿童认识到他们死后可能会发生在他们身上的事情。演员们生动地演出某些可怕的"罪孽"，比如堕胎和同性恋行为等，旁边还有一位身着猩红色衣服的幸灾乐祸的恶魔。这些是重头戏的序幕，而地狱本身则配有真实的燃烧着的硫磺的气味以及永受诅咒之人极度痛苦的尖叫声。

在这出剧中，演员以维多利亚音乐剧式的浮夸恰到好处地表现了恶魔的穷凶极恶，在观看彩排后，我当着剧组人员的面采访了罗伯茨牧师。

---

① 下述内容似乎是真实的，尽管我最初怀疑那是一种讽刺性的恶搞（《洋葱新闻》www.talk2action.org/story/2006/5/29/195855/959）：那是一款电脑游戏，叫 Left Behind: Eternal Forces。P. Z. Myers 在其出色的 Pharyngula 网站上总结道："想象一下，你是一个准军事小组中的一名步兵，该小组的目的就是将美国再造为一个基督教的神权国家并且在生活的所有方面确立基督的统治地位……你肩负一项使命，不仅是宗教的使命而且还是军事的使命——要么使之改宗要么杀死天主教徒、犹太教徒、穆斯林、佛教徒、同性恋者以及任何主张教会和政府分离的人……"参见 http://scienceblogs.com/pharyngula/2006/05/gta_meet_lbef.php。评论参见 http://select.nytimes.com/gst/abstract.html?res=F1071FFD3C550C718CDDAA0894DE404482。

他告诉我，参观地狱屋的儿童的最佳年龄是 12 岁。这让我有些震惊，我问他，如果一个 12 岁的孩子在看了某场表演之后产生了梦魇，他是否会感到不安。他也许是诚实地这样回答：

> 我宁可要他们懂得，地狱是一个他们绝对不想去的地方。我宁可在这些孩子 12 岁时向他们传递这一信息，而不是不让他们知道这些，使他们过一种有罪的从未找到我主耶稣基督的生活。如果最终他们因这一体验而产生梦魇，我认为，在他们的生命中存在一种更高的、最终能够被实现和完成的善，那要比仅仅做几个噩梦重要得多。

我想，如果你确实并且真正地相信罗伯茨牧师所说的他所相信的东西，那么，你就也会同意威吓孩子是对的。

我们不能就此把罗伯茨牧师当作一个极端主义死忠而否定。就像特德·哈格德一样，他在今天的美国属于主流我会感到奇怪，甚至如果他们也相信他们的一些宗教狂伙伴们所相信的东西，比如如果你在火山口上倾听，就能听见地狱里的尖叫声，以及在深海热泉周围发现的巨型管虫（giant tube worm）验证了《马可福音》9：43—44 所说的："倘若你一只手叫你跌倒，就把它砍下来。你缺了肢体进入永生，强如有两只手落到地狱，入那不灭的火里去：在那里，虫是不死的，火是不灭的。"①无论他们相信地狱实际上如何，所有这些地狱之火的爱好者似乎都得意地共享着这份幸灾乐祸（Schadenfreude），而这些知道自己是得救者中的一员的人们的那种自鸣得意，作为最重要的神学家之一的圣托马斯·阿奎那在《神学大全》中对之作了很好的传达："圣徒们被允许看到地狱中受诅咒者受到的惩罚，就能更多地享受他们的至福和上帝的恩典。"真是

---

① 科学家于 1977 年首次发现生活于太平洋深层 1524 米处的巨型管虫，分类学上属于隐居亚纲缫鳃虫目，它们以深海热泉提供的热量为能源，成虫体内无消化系统，故能量在体内的转换又依赖寄生于它体内的一种共生细菌。基督徒认为此发现验证了圣经上的说法，有不死的虫和不灭的火——译者注

个好人。[①]

对于地狱之火的恐惧即便在相当理性的人们心中也可以非常真实。在我关于宗教的电视纪录片播出之后，我收到许多来信，其中一封来自一位显然是聪明诚实的女性：

从 5 岁起，我就上天主教学校，被那些挥动着皮带、手杖和藤条的修女们灌输。在十几岁时，我读了达尔文，他所说的关于进化的思想，让我头脑中逻辑的那部分觉得十分有理。然而，至今我已饱受生活中的诸多矛盾带来的痛苦，以及被频繁触发的对地狱之火的深深的恐惧。通过心理治疗，我已能够对付某些早年的问题，但似乎依然不能克服这种深层的恐惧感。

所以，我写信给你的原因是想问，你能否将本周的节目中你采访的那位专门对付这种特殊的恐惧的心理治疗师的姓名和地址发给我。

我被她的信感动了，并且（压抑住一种瞬间涌起的恶意的惋惜，即对于那些修女来说，竟没有地狱等着她们去）回复说，她应当信任她的理性，那是一种伟大的天赋，她显然拥有这份理性，而不似某些不够幸运的人。我告诉她，被神父和修女们所描绘的那种地狱的极度恐怖，是因其不可信才只得以渲染夸大来加以补救。如果地狱看似可信，它就只需适度的可憎便能起到威慑作用。正因它是如此的不可能，它才不得不被渲染成非常非常骇人，以抵消它的不可信，并挽回一些威慑作用。我也帮她与她提及的那位心理治疗师吉尔·米顿（Jill Mytton）取得了联系，她是一位令人愉快的、极其真诚的女性，我在拍摄过程中访问过她。吉尔本人曾成长于一个远超一般的丑恶教派，名叫闭关弟兄会（Exclusive Brethren），它是如此令人厌恶，以至于有一个网站，www.peebs.net，专门致力于为那些逃离了此教派的人提供服务。

---

① 对照 Ann Coulter 那迷人的基督徒的慈悲："我的任何同道如果告诉我他们不会对道金斯在地狱中被炙烧的说法一笑置之的话，我都会予以蔑视。"（Coulter 2006：268）

在成长过程中，吉尔自己也一直被灌输对地狱的恐惧，她成年后摆脱了基督教，现在则为那些在儿童时期具有相似经历从而心灵受到创伤的人提供咨询和帮助："我的童年是完全被恐惧所支配的。那是一种在当下不被承认，而且永世受到诅咒的恐惧。而对于一个孩子来说，地狱之火和咬牙切齿的痛苦景象实际上是异常真实的。它们根本就不是一种比喻。"然后，我请求她清楚地描述，作为一个孩子，她被确切告知的关于地狱的情形。她最终的回答与她在回答之前经历的一段长长的停顿中真情流露的面孔一样令人动容："很奇怪，不是吗？已过去如此之久，到现在它还有力量……影响我……当你……当你问起我这个问题。地狱是一个可怕的地方。它完全被上帝所抛弃。它是最终的判决，有真正燃烧着的火，有真正折磨人的痛苦，有真正的酷刑，而且它会永远持续，永无停歇。"

她继续告诉我关于她所管理的一个与她有相似童年经历的逃离者的互助小组的情况，并详细讲述了对于他们中的许多人来说，这种逃离又是多么地困难："脱离的过程是超乎寻常地困难。啊，你正丢下的是一整个社交网络，一整个你事实上成长于其中的系统；你正丢下的是一个你已持有多年的信仰体系。经常的情况是，你离开的是家庭与朋友……对于他们来说，你不再真正存在了。"我插话以我自己的经验应和她的说法，我收到许多来自美国的信件，信中说，他们已经读了我的一些书，并已因此放弃了他们的宗教。但令人不安的是，许多人接着说，他们不敢告诉自己的家人，或者已经告诉了自己的家人，但却有了极其糟糕的后果。下面就是典型的一例，作者是一位年轻的美国医科学生。

我感到必须要写一封电子邮件给你，因为我赞同你关于宗教的观点，但正如我确信的那样，你该知道，这种观点在美国是孤立的。我成长于一个基督教家庭，尽管宗教观念从未有力地占据我的心灵，但我直到最近才鼓起勇气告诉某个人。这个人就是我的女友，而她被我……吓坏了。我知道公开我的无神论会令人震惊，但现在的情况却是，她将我好像看作了一个完全不同的人。她说，她无法信任我，因为我的道德观不是源于上帝。我不知道我们能否渡过这一关。我尤其不愿向其他亲近的人公开我的信念，因为我害怕会引起同样的嫌恶反应……我不祈求你的回复。我写信给你，仅仅是因为我希望你会同情并分担我的挫折。想象一下因宗教的缘由失去那些你曾爱的人和曾爱你的人。若不是她有这一想法，即现在我是一个不信神的异教徒，我们本是天生一对。这让我想起你曾说过的，人们会以其信仰的名义做出愚蠢的事情。谢谢倾听。

我回复这个不幸的年轻人，提醒他，在他的女朋友发现了一些关于他的事情的同时，他也发现了关于她的一些事情，她对他来说真的足够好吗？我对此表示怀疑。

我曾经提到过美国喜剧演员朱莉娅·斯威尼以及她那顽强的、令人忍俊不禁的幽默式抗争，为的是在宗教中寻找某些可取之处，并将她童年的上帝从她不断增长的成年的怀疑中解救出来。最终她的探求有了一个幸福的结局，现在对于各地的年轻无神论者来说，她是一个令人钦佩的榜样。在她表演的单人舞台秀《让上帝去吧》（*Letting Go of God*）中，结尾部分也许是最感人的场景。她作出种种努力。然后……

……当我正从后院里我的办公室走向我的房间时，我意识到，在我的头脑里有一个极其轻微的低语声，我不确定它在那里多久了，但是，它只是突然提高了一个分贝。它轻语，"没有上帝"。

我试图忽略它。但是它又提高了一丁点儿。"没有上帝。没有上帝。噢，我的上帝啊，没有上帝。"……

于是我发抖了。我感到自己正从救生筏中滑出。

然后我想："但是我不会啊。我不知道自己是否能够不相信上帝。我需要上帝。我是指，我们之间有一段过往。"……

"但是我不知道如何才能不相信上帝。我不知道你是如何做的。你如何起床，你如何挨过这一天？"我感到失去了平衡……

我想，"OK，平静下来，就让我们试着戴一会儿不相信上帝眼镜，就一秒钟。戴'没有上帝'眼镜，迅速瞥一下四周，随后立即扔掉它"。

于是我戴上这副眼镜，环顾四周。

不好意思地说，起初我感到晕眩。实际上我有个想法，"好吧，地球如何停留在空中？你是说，我们只是在太空中疾驰？那也太脆弱了！"。我要飞奔出去，当地球从太空中掉落时，我要将它接到我的双手中。

随后我记起，"哦耶，引力和角动量会在一段也许很长很长的时间里维持我们围绕太阳转动"。

当我在洛杉矶的一个剧院观看《让上帝去吧》时，我深深地被这一幕所打动。尤其当朱莉娅接着告诉我们她的父母从一则媒体报道中得知她不再信仰宗教后的反应时：

我的第一个电话来自我的母亲，更像是一阵尖叫。"无神论者？无神论者？！？！"

我的爸爸打电话说，"你已经背叛了你的家庭、你的学校、你的城市"。那敢情就像是我已把秘密出卖给了俄国人一样。他们俩都说，他们不会再理我了。我爸还说，"我甚至都不希望你来参加我的葬礼"。挂断之后我想，"到时候你阻止我一个看看啊"。

朱莉娅·斯威尼的天赋之一就在于她能让你同时又哭又笑：

我认为，当我说我不再相信上帝时，我的父母只是一般的失望；但是成为一个无神论者，则全然是另一回事了。

丹·巴克（Dan Barker）的《对信仰失去信仰：从传道者到无神论者》所讲述的，是他从一个虔诚的基要主义牧师和狂热的游行传道者渐渐转变为如今的坚强而自信的无神论者的故事。意味深长的是，在他成为一个无神论者之后，有一阵子，巴克仍继续从事基督教的布道工作，因为那是他唯一熟悉的职业，并且他感到自己已经受困于一个社会责任的网络。如今他知道有许多其他的美国神职人员，他们与他以前的处境相同，但在读过他的书之后也只敢对他一人吐露实情。他们甚至对自己的家人都不敢承认自己的无神论，预想中的反应就是如此可怕。巴克自己的故事则有一个更为快乐的结局。一开始，他的父母被深深地痛苦地震惊了。但是，在听了他平静从容的推理论证之后，最终他们自己也成了无神论者。

美国某个大学的两位教授各自分别写信给我，都是关于他们的父母。其中一位说，他的母亲陷入了持久的悲伤，因为她为儿子的灵魂不朽问题而担心害怕。另一位说，他的父亲宁愿他从未出生过，因为他十分确信他的儿子将永世在地狱里煎熬。这两位都是高学历的大学教授，对自己的学识和成熟有着足够的自信，他们大概在才智的各个方面都要超过其父母，而不只是在宗教问题上。设想一下，对于那些在才智上没那么高、在文化程度和修辞技巧上也都不如这两位教授，或不如朱莉娅·斯威尼的人们来说，面对顽固的家人，想要说清楚他们的困境和立场，将会是一种怎样的严酷考验。也许，吉尔·米顿的病人就身处这样的情形。

在电视访谈中稍早的地方，吉尔把这种宗教灌输下的抚育描述为一种心理上的虐待，于是我回到这一点上，说道："你用了这个词，宗教的虐待（religious abuse）。如果你把这视为一种侵犯虐待，即让一个孩子在成长过程中真正地去相信地狱的存在……那么，如果和性侵犯相比较的话你如何看待这两者所造成的创伤？"她回答说："这是一个很难的问题……我认为实际上两者有许多的相似之处，因为它们都涉及对信任的辜负，涉及拒绝给予孩子以自由、开放的心态以及以正常的方式与这个世界建立关系的能力的权利……那是一种贬损，两者都是对真实自我的一种否定。"

保护儿童

我的同事，心理学家尼古拉斯·汉弗莱（Nicholas Humphrey）于1997年在牛津的"特赦讲座"（Amnesty Lecture）中一开始就引入"棍子和石头"这一谚语。① 汉弗莱指出，这一谚语并不总是正确的，他以海地的伏都教信仰者作为例子，有些教徒死了，显然是死于恐吓所引起的身心效应，因为在几天内他们被施以一种恶毒的"咒语"。接着，他问"大赦国际"成员，也就是他正在做的系列讲座的听众，是否应当发起一场运动来反对伤人的或有害的言论或出版物。对此，他的回答是斩钉截铁的，要对一般意义上的审查制度说不："言论自由是一种太珍贵的自由，以至于绝不能受到干预。"但随后他又通过提倡一项重要的例外来撼动他自己的自由主义立场：为了儿童这一特殊情况而赞成审查制度……

……道德和宗教的教育，尤其是一个孩子在家里受到的教育，父母被允许——甚至被期待——替他们的孩子决定，什么是真理什么是谬误，什么是对什么是错。我会主张，儿童有一种人权，他们的心智不能因旁人的错误观念的影响而被摧残——无论这些旁人是谁。相应的，父母并没有上帝赋予的特权，以他们个人所选择的任何方式来使他们的孩子适应某种文化：没有权利限制孩子在知识上的眼界，使他们在教条和迷信的气氛中成长，或者坚持要求孩子遵从他们自己的信仰的条条框框。

简而言之，儿童有权不使他们的心智被荒唐的言行搅乱，作为社会，我们有责任保护儿童免受此害。所以，正如我们不应允许父母打掉他们孩子的牙齿或把孩子禁闭在地牢中一样，我们也不应允许父母教自己的孩子去相信如圣经的字面真理或星宿掌控着他们的命运之类的东西。

当然，这样一种强硬的陈述，需要，也接受了许多限定条件。什么是荒唐无意义的，难道不是一个见仁见智的问题吗？正统科学的观点不是经常被颠覆以至足以强烈提醒我们得小心谨慎才对？科学家也许会说，教授占星术以及圣经的字面真理是荒唐的，但是也有其他人观点与此相反，后者难道就没有资格把这些教给他们的孩子吗？坚持儿童应当只学

---

① N. Humphrey, "What shall we tell the children?" in Williams(1998)；repr. in Humphrey(2002)。

科学，不也是一种傲慢？

我要感谢我的父母所持的观点：儿童应当被更多教授的不是思考什么，而是如何去思考。如果，在儿童的成长过程中，他们得以完全和彻底地接触到所有的科学证据，并在此基础上决定认可圣经在字面上确实为真，或星宿的运动掌控了他们的命运，那就是他们的特权。关键在于，决定要思考什么，是他们的特权，而不是他们的父母由于不可抗力而施加的特权。当然，当我们想到孩子将会变成下一代的父母，能够将塑造他们的无论任何教导传递下去时，这就显得格外的重要。

汉弗莱指出，只要孩子还是年幼的、脆弱的、需要得到保护的，真正的道德守护便体现在：诚实地尝试去猜测当儿童长大后能为自己做主时，他们自己将会选择什么。他感人地引用了一个印加女孩的例子，她那已有 500 岁的冰封的遗骸于 1995 年被发现于秘鲁的山中。发现她的人类学家写道，她是一场宗教祭祀中的牺牲品。据汉弗莱说，一个与这位年轻的"冰处女"有关的纪录片在美国的电视中播出，观众被引导对印加祭司的精神祭品感到惊异，并分享这个女孩在最后的人生历程中对于自己被选中作为祭品这一杰出的荣誉所表现出来的骄傲和兴奋之情。电视节目所传达的信息实际上是，活人献祭活动就其本身来看，是一种荣耀的文化发明——是多元文化主义王冠上的另一颗明珠，如果你愿意这么理解的话。

这让汉弗莱震惊，我也是。

然而，他们怎么敢如此来述说此事？他们怎么敢引导我们——我们在起居室里，看着电视——通过注视一场宗教仪式的谋杀行为而感到振奋：一伙愚不可及、盛气凌人、迷信无知的老头对一个无助的孩子的谋杀？怎么敢引导我们，通过注视一项针对他人的不道德的行为，从中找到我们自己的善？

再一次，正派的无偏见的读者也许会感到一种不安的刺痛。用我们的标准来看，那当然是不道德的，而且是愚蠢的。但以印加人的标准去看呢？对于印加人来说，这种牺牲当然是一种道德的行为而且远非愚蠢，得到了他们尊崇的一切的认可？毫无疑问，这个小女孩是一个虔诚的信仰者，她就在这一宗教的熏陶中成长。我们算是什么人，竟以我们自己的标准而非他们的标准，用"谋杀"这个词去评判印加人的祭司？也许这个女孩对她的命运感到快乐狂喜：也许她确实相信，她将直奔永恒的天堂，被太阳神的光辉所温暖。或者也许——看起来可能性要大得多——她在恐惧中尖叫。

汉弗莱以及我本人的观点是，无论她是否是自愿的牺牲品，有强烈的理由可以推测，如果她知道的事实足够多的话，也许就不会愿意。例如，假设她已知道太阳确实是一个主要由氢组成的球体，温度超过 100万开氏度，正通过核聚变将氢转换成氦，它最初是由一团盘状的气体形成的，这团气体的其余部分浓缩成了包括地球在内的太阳系的其余部分……那么可以推测，她就不会再把它当作神来崇拜，因此对于自己被作为祭品而去安抚它的做法，她就会有不同的看法。

不能因为他们的无知而去指责印加祭司，也许把他们说成是愚不可及和盛气凌人也是一种苛刻的评价。但是，他们把自己的信仰强加于一个年幼的无法决定是否要崇拜太阳的孩子身上，这种做法就该受到谴责。汉弗莱的另外一个观点就是，今天的纪录片制作者以及我们这些观众，也应当受到指责，因为我们在这个小女孩的死亡中看到了美——"某种丰富了我们的集体文化的东西"。同样的倾向一再出现，比如从异族文化稀奇古怪的宗教习俗中获得乐趣，并以他们的名义为其中的残忍辩护。在正直宽容的人们心中，它引起令人不安的内在冲突：一方面，他们不能容忍痛苦和残酷；但另一方面，因为受到过后现代主义者和相对主义者的熏陶，他们要像尊重自己的文化一样去尊重其他文化。毫无疑问，女性割礼的痛苦是极其可怕的，它严重损坏女性的性快感（当然，这可能正是它不可告人的目的所在）。对此，有一半正派宽容的人想要废止这种习俗，然而另一半却主张"尊重"民族文化，不该去干预，如果"他

们"想要毁伤"他们的"女孩的话。^① 当然，问题在于，"他们的"女孩
实际上是女孩们自己的女孩，因而她们的愿望不应当被忽略。狡猾的
人的回答是，如果一个女孩说她愿意被施行割礼呢？但是，如果有了一个
对事情有了充分了解的成年人的后见之明，她会不会希望那从未发生过
呢？汉弗莱证明，在儿童时期出于某种原因逃过了割礼的女性，没有一
个在成年后又自愿去接受这一手术。

在讨论了阿米什人（Amish）^② 及其以"他们自己"的方式抚养"他
们自己"的孩子的权利后，汉弗莱严厉批评了我们的社会对保持文化多
样性的热情。

好，你也许要说，对于阿米什人的孩子，或者哈西德派犹太教徒的孩
子，或者吉卜赛人的孩子来说，被其父母以他们的方式塑造是严酷的——
但至少结果是，这些有趣迷人的文化传统得以延续。如果它们消失了，我
们的整个文明不就变得贫瘠了吗？如果不得不牺牲个体以维持这种多样性
的话，也许，很遗憾。不过，事实是：那是我们作为一个社会所付出的代
价。只不过，我感到有责任提醒你，付出代价的不是我们，而是他们。

1972 年，当美国联邦最高法院裁决一起威斯康星州对约德尔
（Yoder）的判例案件时，这一问题开始受到公众关注。案件涉及出于宗
教理由，父母是否有权利让孩子从学校退学。阿米什人生活在美国不同
地区的封闭社区中，大多数人说一种古老的德语方言，被称为宾夕法尼
亚荷兰语，他们还在不同程度上远离电力、内燃机、纽扣以及其他现代
生活的代表物。确实，以今天的眼光来看，一座 17 世纪生活的孤岛作为
一个奇观，有着某种古雅迷人的东西。为了丰富人类文化的多样性，难

---

① 在今天的英国这是一种常规的做法。一位资历较深的学校督察告诉我，2006 年就有一些伦敦
女孩被送至布拉德福德的一个"叔叔"那里做割礼。当局对此视而不见，唯恐在"共同体"
中被视为种族主义。

② 主要生活在美国的一支基督教的少数教派，源于宗教改革后诞生于苏黎世的再洗礼派，他们
遵循自己独特的生活方式——译者注

道它不值得保护吗？保护它的唯一方式就是允许阿米什人以他们自己的方式来教育自己的孩子，使他们免受现代化的腐蚀。但是，我们当然要问，对此孩子们自己难道不该有发言权吗？

1972 年，当威斯康星州的一些阿米什人从中学领回自己的孩子时，最高法院被请求对此作出裁决。对于阿米什人来说，超过特定年龄的教育，尤其是科学教育，背离了他们的宗教价值观。于是，威斯康星州把这些父母告到法庭，声称孩子们被剥夺了受教育的权利。经过层层上诉，该案最终到达美国最高法院，法院以 6∶1 的非一致性决定判决父母们胜诉。[①] 首席大法官沃伦·博格（Warren Burger）写下代表多数意见的判词，其中包括如下内容："根据记录显示，义务制学校就学至 16 岁这一年龄，对于阿米什的孩子来说，带有一种相当真实的威胁，它会颠覆存在至今的阿米什人的社区和宗教活动。他们不得不要么放弃信仰并被更大的社会所同化，要么被迫迁移至其他某些更为宽容的地方。"

法官威廉·O. 道格拉斯（William O. Douglas）的少数派观点是，应当征求孩子们自己的意见。他们是否真的愿意缩短他们的受教育时间？他们是否的确真的愿意留在阿米什人的宗教中？汉弗莱的观点也许会走得更远。甚至即便已经询问过孩子们的意见，他们也表达了对于阿米什人宗教的偏爱，但我们能否假设，如果他们已受过教育，并且已被充分告知了其他可能的选择时，他们还会这么做？如果这是可信的，难道不该有来自外部世界的年轻人用脚来投票，自愿加入阿米什人的例子吗？道格拉斯法官在一个稍有不同的方向上更进一步。他认为，没有特定的理由可给予父母的宗教观以特殊的地位，以决定他们在何种程度上应当被允许剥夺自己孩子的受教育权利。如果宗教是免除义务教育的理由，那么世俗的信念难道就不可以有同样的资格吗？

最高法院的多数派以修道士制度的某些正面价值进行类比，可以认为这一制度的存在丰富了我们的社会。但是，正如汉弗莱所指出的，这里有一个关键的区别。修道士自愿过修道生活是出于自己的自由意愿，

---

① http://www.law.umkc.edu/faculty/projects/ftrials/conlaw/yoder.html。

而阿米什儿童从未自愿成为阿米什人，他们只是出生于其中而没有选择的权利。

关于在"多样性"的祭坛上和保护种种宗教传统的价值观下牺牲任何人，尤其是儿童，这里面有着某种令人透不过气的优越感，以及残忍无情。我们其余人心满意足地拥有汽车和计算机、疫苗和抗生素。但是你们这一小群离奇有趣的人，用你们的软帽马裤，你们的四轮马车，你们的古老方言和你们的撒土厕所，丰富了我们的生活。当然必须允许你们将你们的孩子和你们一起困在你们那 17 世纪的时间隧道里，否则我们就会失去某些无可挽回的东西：奇妙的人类文化多样性中的一部分。我的一小部分可以理解这里面的某些东西，但我更大的部分只是对此感到极度恶心。

教育界的一桩丑闻

英国首相托尼·布莱尔，在议会下院回应议员珍妮·汤奇（Jenny Tonge）的质疑时，引用"多样性"来为政府对英格兰东北部的一个学校提供补助的行为进行辩护。该校（在英国几乎是独一无二的）讲授字面意义上的圣经神创论。布莱尔先生的回答是，如果考虑到这一争议会影响我们"尽可能恰当地建立一套多样性的学校系统"，那么将是令人遗憾的。[①] 所说的学校，就是位于盖茨黑德（Gateshead）的伊曼纽尔（Emmanuel）学院，是在布莱尔政府引以为豪的倡导下设立的"城市学院"之一。政府鼓励富裕的赞助者投入一笔相对少的金钱（在伊曼纽尔的例子中是 200 万英镑），用以换取一大笔政府资金（2000 万英镑给学校，外加日常管理费用和永久的薪水开销），同时还可获得控制学校办学理念、任命学校大部分董事、规定学生进出政策等许多权力。

伊曼纽尔的 10% 赞助者是彼得·瓦迪（Peter Vardy）爵士，他是一

---

① Guardian,15 Jan. 2005: http://www.guardian.co.uk/weekend/story/0,,1389500,00.html。

个财大气粗的汽车销售商。他有一个令人钦佩的愿望，就是让今天的孩子们接受他自己曾希望却未能接受到的那种教育；但他还有一个不值得赞扬的愿望，那就是把他个人的宗教信念强加于学生。^① 瓦迪已经不幸地卷入受美国影响的持基要主义立场的教师派系之中，其主导者是麦克伊德（Nigel McQuoid），他曾经担任过伊曼纽尔的校长，现在则是整个瓦迪学校联盟的主管。麦克伊德对科学的理解水平能从他的下述信念中得到判断：地球的年龄要小于一万年，以及"当你看到人体的复杂性时，那种认为我们只是从大爆炸中演化而来，我们曾是猴子的说法看起来就难以置信了……如果你告诉孩子们，他们的生活没有目的——他们不过只是一种化学突变——那无法帮他们建立自尊"。^②

没有一个科学家曾经表示过，一个孩子是一种"化学突变"，在这一语境中使用这样一个短语，是无知的胡说八道。与此相似的还有韦恩·马尔科姆（Wayne Malcolm）"主教"的声明，根据 2006 年 4 月 18 日的《卫报》，他"对进化的科学证据提出质疑"。马尔科姆是伦敦东部海克尼（Hackney）的基督教生活城市教会的领袖。他对于他所质疑的证据的理解，能从他的这一陈述中得到推断："就发展的中间环节而言，化石记录显然是缺乏的。如果一只青蛙变成了一只猴子，难道不该发现有大量的蛙猴吗（'fronkies'）？"

好吧，既然科学也不是麦克伊德的专业，公平起见，我们应当转向斯蒂芬·莱菲尔德（Stephen Layfield），他的科学主管。2001 年 9 月 21 日，莱菲尔德先生在伊曼纽尔学院举办讲座，"科学的教学：一种圣经视角"。讲座的文本曾在一个基督教网站（www. christian. org. uk）上发表，但是现在在那儿你却看不到该文本了。当我于 2002 年 3 月 18 日在《每日电讯》（*Daily Telegraph*）的一篇文章中唤起对该讲座文本的注意，并对它作了一番批评性的剖析之后，^③ 文本当天就被基督教学院撤下了。不

---

① 被门肯（H. L. Mencken）的这句话说中了："每一个福音传道者的内心深处，都躺着一具汽车推销员的遗骸。"

② Times Educational Supplement, 15 July 2005。

③ http://www.telegraph.co.uk/opinion/main.jhtml?xml=/opinion/2002/03/18/do1801.xml。

过想要从万维网上永久性地删去某样东西，可不那么容易。搜索引擎得以实现如此之快的速度，部分原因就在于它会保留信息的缓存，于是，即使在原始信息已被删除后的一段时间里，这些内容依然有迹可循。一位警觉的英国新闻记者，安德鲁·布朗（Andrew Brown），《独立报》（the Independent）关于宗教事务的第一位通讯员，从 Google 的缓存中迅速找到并下载了这篇讲座文本，又安全地将它在自己的网站上贴了出来，不会再遭删除（http://www.darwinwars.com/lunatic/liars/layfield.html）。你会注意到，布朗为此文本的 URL 地址所选择的用词本身就令人捧腹，但是，当我们读到讲座本身的内容时，却笑不起来了。

顺便提一下，当一个好奇的读者写信给伊曼纽尔学院，询问为何讲座文本已从网站上被删除时，学校给出的是下述虚伪的答复，布朗再次记录了下来：

关于在学校里讲授神创论这一问题，伊曼纽尔学院已处在争论的中心。实际上，伊曼纽尔学院已接到数量巨大的媒体来电。这已占据了学院校长和高级主管们的大量时间。而这些人都有其他工作要做。为了有所帮助，我们从网站上暂时删去了斯蒂芬·莱菲尔德的一篇讲座内容。

当然，学校当局很可能是太忙而没时间向记者们解释他们关于讲授神创论的立场。但是，为何要从网站上删除这一恰恰能替他们做这件事的讲座文本，本来不正好可以通过把它提供给记者们作为参考，从而省下大量的时间吗？不，删除其科学主管的这一讲座文本，是因为他们意识到需要遮掩某些东西，下述段落就摘自该讲座的开头部分：

让我们从一开始就明确表态，我们拒绝这一通俗的说法，它也许是在 17 世纪由弗兰西斯·培根不经意地引入的：有"两本书"（也即《自然之书》和《圣经》）各自分别蕴藏着真理。相反，我们牢牢坚守的是这一纯粹的立场：上帝已在圣经的书页中权威地、绝对正确地表达了他的意思。无论从表面上看起来，尤其是对于不信教的、沉溺在电视中的现代文化而言，这一断言是多么的脆弱、过时或幼稚，我们都可以确信，它是我们最值得依赖和依靠的坚实基础。

你不得不掐自己一把，提醒自己这可不是在做梦。这番话不是出自亚拉巴马①一个帐篷里的某个布道者之口，而是出自英国政府斥资建立的一个学校的科学主管之口，那还是托尼·布莱尔的骄傲和得意之作呢。作为一个虔诚的基督教徒，2004 年，布莱尔曾主持瓦迪系列学校中的一所学校的开幕式。②多样性也许是一种优点，但在这里我们看到的是失去了理智的多样性。

莱菲尔德接着在科学与圣经文本之间进行详细比较，结论是，在每一处看来有冲突的地方，圣经总是正确的。鉴于如今地球科学已属于国定课程，莱菲尔德说，"对于所有讲授这一课程的教师来说，尤其需要谨慎，他们必须让自己熟悉惠特科姆（Whitcomb）与莫里斯（Morris）的洪水地质学论文。"③是的，"洪水地质学"意味着：我们正在这里谈论诺亚方舟。诺亚方舟！一边是诺亚的方舟，而另一边，孩子们可能正在学习这一令人激动的事实：非洲和南美洲曾经连为一体，它们以手指甲生长的速度分离开来。这里有更多的内容，关于莱菲尔德（科学主管）将诺亚的洪水这种晚近才迅速"发生"的事情当作一些现象的解释，而根据真实的地质学证据，这些现象需要数亿年的时间才能缓慢地完成：

我们必须在我们巨大的地球物理学框架内承认，一场世界范围的洪水正如《旧约·创世记》6～10 所描述的那样，确有其事。如果圣经的叙述是可靠的，所列出的系谱（如创世记 5；历代志上 1；马太福音 1 和路加福音 3）是大体完整的，那么，我们必能推算出这场全球性的灾难发生在相对晚近的过去。它造成的影响俯拾即是。主要证据见于布满化

---

① 美国的一个州——译者注

② *Guardian*，15 Jan. 2005：http://www.guardian.co.uk/weekend/story/0,,1389500,00.html。

③ 惠特科姆和莫里斯在地质学上都持神创论的观点——译者注

石的沉积岩、具有丰富储量的碳氢化合物燃料（煤、石油和天然气）以及"传说"的叙述中，这样一场大洪水对于广布于世界各地的不同人群来说是一种共同的遭遇。约翰·伍德莫拉普（John Woodmorrappe）等人已经很好地证明，将满载代表性的生物体的方舟维持一年，直至洪水完全退去，是完全可行的。

在某种意义上，这甚至比完全的无知更糟，如前述引用过的麦克伊德或马尔科姆主教的发言，毕竟莱菲尔德是受过科学教育的。下面是另外一段令人吃惊的内容：

正如我们在开头所说的，关于我们要相信什么，基督教徒具有充分的理由把圣经《旧约》和《新约》作为可靠的指南。它们并不只是宗教文献，它们为我们提供了地球历史的真实报告，对此的忽略将让我们付出代价。

暗示圣经文本提供了地质史的真实报告，这会让任何一位有声望的神学家唯恐避之不及。我的朋友牛津主教理查德·哈里斯（Richard Harries），和我联名写信给托尼·布莱尔，我们还得到了8位主教和9位资深科学家的签名。[①]9名科学家中包括当时的皇家学会会长（曾是布莱尔的首席科学顾问）、皇家学会的生物学和物理学秘书、皇家天文学

---

① 我们的信，由牛津主教起草，内容如下：
　亲爱的首相：
　　作为科学家和主教，我们写信向你表达对位于盖茨黑德的伊曼纽尔城市技术学院中有关科学课程的担心。进化论是一种具有强大解释力的科学理论，能够以若干原理说明许多不同的现象。它能够通过研究证据被改进、证实甚至作出根本性的改变。它绝不是如该学院的发言人所坚持主张的，是一种与圣经中对创世的记载相当的"信仰立场"，后者具有完全不同的功能和目的。
　　该争议不只涉及在某一个学院中现在正在教什么的问题。针对在如今所谓的信仰学校中教什么和如何教这样的问题，存在一种日益增长的忧虑。我们相信，这些学校中的课程，与伊曼纽尔城市技术学院中的课程一样，需要得到严格的监督，以便科学与宗教各自的原则都能得到恰当的尊重。

　　　　　　　　　　　　　　　　　　　　　　你真诚的（签名）

家（曾是皇家学会的会长）、自然历史博物馆馆长，以及戴维·阿滕伯勒
爵士，他也许是英格兰最受尊重的人。主教中一个来自罗马天主教，其
余 7 个来自英国国教，他们都是英格兰宗教界的资深领袖。我们收到了
一份来自首相办公室的敷衍的、不够充分的答复，回信中提及该校有着
不错的考试成绩以及来自官方学校监察机构教育标准办公室（OFSTED）
的不错的评价报告。显然布莱尔先生没有想到，如果 OFSTED 视察员对
于这样一所学校给出了一份赞扬的报告，而该校的科学主管却讲授着整
个宇宙开始于狗的驯化之后的理论，那么，视察员的标准大概是出了那
么一点儿小问题了。

莱菲尔德的讲座中也许最令人不安的部分是其结论性的"我们能做
什么？"，他考虑了那些希望把基要主义的基督教引入科学课堂的教师可
以采用的策略。例如，他力促科学教师：

把握每一个时机，当教科书、考试题目或来访者明确提及或暗示
到进化论／古老地球范式（百万或十亿年）时，有礼貌地指出该陈述
的不可靠性。无论在什么情况下，只要有可能，对于同样的资料，我
们都必须把圣经上的解释作为另外一种（且总是更好的一种）解释给
出来。我们应当及时着眼于从物理学、化学、生物学每个学科中寻找
几个例子。

莱菲尔德的讲座的其余部分完全是一本传教手册，它为那些讲授生
物学、化学和物理学课程的、具有宗教信仰的教师提供一种方法，让他
们能在刚好不违背国家规定的课程的指导方针的同时，用圣经文本来颠
覆并取代以证据为基础的科学教育。

2006 年 4 月 15 日，詹姆斯·诺蒂（James Naughtie），BBC 最资深
的新闻节目主持人之一，在广播节目中采访了瓦迪爵士。采访的主题是
一项警方调查的指控，瓦迪否认了这一指控，即布莱尔政府向富人们提
供贿赂——爵位头衔和贵族名号——试图以此让他们给城市学院计划捐
款。诺蒂还向瓦迪问起了关于神创论的争议，瓦迪断然否认伊曼纽尔

学院向学生推销年轻地球神创论观点。但伊曼纽尔学院的一个毕业生彼得·弗伦奇（Peter French），则同样态度鲜明地作证说，[①]"我们被教导的就是地球只有 6000 年的历史"。[②] 这里谁说的才是真话？好吧，我们不知道。但是，莱菲尔德的讲座相当坦率地展示了他讲授科学的策略。瓦迪从未读到过莱菲尔德那十分明确的宣言吗？他真的不知道他的科学主管一直在做些什么吗？瓦迪靠出售二手车来赚钱。你会从他那儿买一辆吗？你愿意像托尼·布莱尔一样，以 10% 的价格卖给他一所学校——再额外奉送全部的日常管理费用，以此成交？让我们对布莱尔仁慈些，假设，至少他没有读过莱菲尔德的讲座文本。我猜，指望他现在的注意力被这件事所吸引，是要求太高了。

在麦克伊德校长为其学校的开明态度所作的辩护中，某种居高临下的得意姿态引人注目：

我对学校里的情形能举出的最好例子就是我正在给六年级学生所做的哲学讲座。沙奎尔（Shaquille）坐在那儿，他说，"《古兰经》是正确真实的"。一旁的克莱尔（Clare）说，"不，《圣经》才是正确的"。于是，我们讨论了两者内容的相似之处和有争议的地方。我们同意它们不可能都是正确的。最后我说，"抱歉，沙奎尔，你错了，正确的是《圣经》"。他说，"抱歉，麦克伊德先生，你错了，正确的是《古兰经》"。然后他们去吃午饭，在那儿继续讨论。那就是我们想要的。我们要让孩子们知道，为什么他们相信他们所相信的东西，并且为之作出辩护。[③]

多么迷人的画面啊！沙奎尔和克莱尔一起去吃午饭，兴致勃勃地进行争论，捍卫他们互不相容的信念。但这真的那么迷人吗？实际上，这难道不是麦克伊德先生一手描画的一幅相当可悲的场景吗？沙奎尔和克

---

① British Humanist Association News, March–April 2006。

② 这一说法的荒谬，就如同相信从纽约到旧金山只有 700 码（640 米）的距离。

③ *Observer*, 22 July 2004: http://observer.guardian.co.uk/magazine/story/0,11913,1258506,00.html。

莱尔究竟把他们的争论建立在了什么基础之上呢？在这场激烈的建设性的争论中，谁曾举出过令人信服的证据支持自己的观点呢？沙奎尔和克莱尔都只是各自断言，他们的圣书才是至高无上的，仅此而已。显然这就是他们所说的全部，而当你一直被教导真理源于圣书上的文字而非证据时，你所能说的实在也无非就是这些。沙奎尔和克莱尔以及他们的同伴并不是在接受教育。他们正在被他们的学校辜负、耽误，而他们的校长正在虐待他们，不是他们的身体，而是他们的心灵。

再次提升意识

现在，这儿还有另一幅迷人的画面。某一年的圣诞节时分，我日常阅读的报纸《独立报》正在寻找节日美图，他们在一个学校的基督诞生剧的海报上发现了一个温馨感人的普世主义的景象，海报标题醒目地写明，圣诞剧中的东方三博士（Three Wise Men）分别由沙德伯利特（Shadbreet，一个锡克教徒）、穆沙拉夫（Musharaff，一个穆斯林）以及阿黛尔（Adele，一个基督教徒）扮演，他们都是 4 岁。

迷人？温馨感人？不，不是，都不是。那是怪异的。任何一个有分寸的人怎么可能认为给 4 岁的孩子贴上其父母的神学与世界观的标签会是正确的？为了理解这一点，想象一张同样的照片，只是标题被改成："沙德伯利特（一个凯恩斯主义者）、穆沙拉夫（一个货币主义者）、阿黛尔（一个马克思主义者），都是 4 岁。"这不惹来愤怒的抗议信才怪呢。然而，由于宗教奇怪的特殊地位，照片的标题没有惹来任何抗议之声，即便任何相似的情况也没有。如果人们读到这样的标题："沙德伯利特（一个无神论者）、穆沙拉夫（一个不可知论者）、阿黛尔（一个世俗的人文主义者），都是 4 岁。"想象一下这会引来什么样的强烈抗议。父母们难道不需要被实际调查一番，以便确定他们是否适合培养孩子吗？在我们英国，政府和教会之间缺少一种宪法规定上的分离，无神论的父母通常随大流让学校给他们的孩子灌输文化中占优势的任何一种宗教。

"The-Brights. net"（一项美国人倡导的行动，目的是赋予无神论者一个新的名称"Bright"，正如同性恋者成功地把自己说成"gay"一样）网站在儿童注册该网站时即被确认是一个 Bright 这件事上，制定了极为谨慎的规则："成为一个 Bright 的决定必须由儿童自己来作出。任何青少年若被告知，他或她必须或应当成为一个 Bright，那就不能成为一个Bright。"你能够想象教会或清真寺会发布这样一种克己的条令吗？然而，他们难道不应当被强迫如此去做吗？顺便说一下，我在 Brights 网站注册了，部分原因是我真心好奇，这样一个词是否能够作为文化基因被人为地植入语言中。我不知道，并且希望知道，"gay"这个词的演变是出自有意的人为设计还是仅仅碰巧偶然地发生了。[①]Brights 运动陷入了一个不稳定的开端，因为它受到了某些无神论者的猛烈抨击，他们害怕因此沾上"傲慢自大"的污名。幸运的是，同性恋自豪（Gay Pride）运动没有因这其中做作的谦逊而遭受损害，也许这就是它成功的原因。

在前面的章节中，我是从女权主义者所达到的成就入手，概括出"提升意识"这一主题的，女权运动使得我们在听到类似 men of goodwill 而不是 people of goodwill 的说法时感到不适。在这里，我要在另一个方面上提升意识。我认为，当我们听到一个儿童被归为某种特定的宗教时，我们都应当表示不快。年幼的孩子太小以至于不能决定他们对宇宙、生命、道德起源的看法。当听到如"基督教孩子"的说法时，我们理应产生如听见指甲刮过黑板时那种刺耳的感觉。

下面是 2001 年 9 月 3 日来自爱尔兰电台 KPFT-FM 的一个报道：

当天主教女学生试图进入位于贝尔法斯特北部阿多恩（Ardoyne）路上的神圣十字女子小学（Holy Cross Girls' Primary School）时，她们面对来自保皇派的抗议，皇家阿尔斯特警察部队和英国军队不得不驱散正试图封锁学校的抗议者，立起防撞护栏以便让孩子们穿过抗议人群进入

---

① 牛津词典将"gay"这个词溯源至 1935 年美国监狱犯人中流行的黑话。1955 年，Peter Wildeblood 在其名著 *Against the Law* 中，认为有必要把"gay"定义为"美国对于同性恋的一种委婉说法"。

学校。当这些儿童，有的才 4 岁，在父母的护送下进入学校时，那些保皇派对其进行嘲弄并高呼宗教侮辱言词。当孩子和家长们进入学校前门后，保皇派还向其投掷瓶子和石块。

面对这些不幸女生的严酷遭遇，任何一个正直的人自然会有不快的反应。我要鼓励人们的是，对于给这些女生贴上"天主教女生"的标签这件事本身，我们就应当感到不快。（正如我在第一章中指出的，"保皇派"是北爱尔兰人对新教徒的委婉说法，正如"民族主义者"是对天主教徒的委婉说法一样。那些毫不犹豫地把孩子们标记为"天主教的"或"新教的"的人，却已不再把这些宗教标签应用在成人中的恐怖分子和暴徒身上，而其实用在后者身上要恰当得多。）

我们的社会，包括非宗教徒的部分，早已接受了一种荒谬的观念，这就是认为向幼小的孩子灌输其父母的宗教，并给他们贴上宗教的标签是正常并且正确的——天主教孩子、新教孩子、犹太教孩子、穆斯林孩子——尽管从未有过其他类似的标签：没有保守主义的孩子、没有自由主义的孩子、没有共和党的孩子、没有民主党的孩子。对此，请提升你的意识，无论何时只要听到这样的说法，请表达你的愤怒。一个孩子不是一个基督教孩子，不是一个穆斯林孩子，而是有着基督徒父母的孩子，或者有着穆斯林父母的孩子。顺便要说的是，后面这种命名方法对于孩子们自己会是一种很棒的意识提升。一个孩子当被告知，她是一个"穆斯林父母的孩子"，她立刻就会意识到，宗教是某种当她长到足够大时可以自行选择或者加以拒绝的东西。

在教育中有一种好的做法值得一提，那就是讲授比较宗教学。当然，我本人最早对宗教产生怀疑大约是在 9 岁那年，我得到了这一教诲（不是来自学校而是来自父母），也即，我成长于其中的基督教只是许多彼此不相容的信仰系统中的一个。宗教护教论者当然也会意识到这一点，并且常常因此感到害怕。在《独立报》推出那个基督诞生剧的故事之后，编辑没有收到过任何抱怨给 4 岁孩子贴上宗教标签这一做法的信件。唯一的一封持否定态度的信件来自"真正教育运动"，它的发言人尼克·西顿（Nick Seaton）说，多重信仰的宗教教育是极其危险的，因为"今天的儿童被教导说，所有宗教具有平等的价值，那就意味着他们自己的宗教没有特殊的价值"。对啊，确实如此，那正是它的确切意思。这位发言人的担忧是对的。在另外一个场合，还是这位发言人说："将所有的信仰说成是同等有效的，这是错的。每一个人都有资格认为，他的信仰要高于其他的信仰，印度教徒、犹太教徒、基督教徒都是如此——否则的话又何必要有信仰？"[1]

确实啊，何必呢？并且这是多么明显的废话啊！这些信仰彼此是互不相容的。否则认为你的信仰更高的意义是什么？正因为如此，其中的大多数信仰就不可能是"高于其他的信仰"的。让儿童了解不同的信仰，让他们注意到它们之间的不相容性，并让他们就这种不相容性的后果得出自己的结论。至于是否有任何一种信仰是"有效"的，等到他们长到有能力的年龄时，让他们自己去决定吧。

作为文学文化组成部分的宗教教育

必须承认，对于那些近几十年里接受教育的人们普遍表现出来的比我更甚的对圣经的无知，我是有点吃惊。或者它也许还不是一个仅只几十年的事情。罗伯特·欣德有一本思想深刻的书《为何神们依旧还在》（*Why Gods Persist*），其中提到，早在 1954 年，在美国所做的一次盖洛普民意测验中发现：3/4 的天主教徒和新教徒说不出《旧约》中任何一个先知的名字；超过 2/3 的人不知道是谁宣讲了登山宝训[2]；相当数量的人认为摩西是耶稣的 12 个门徒之一。强调一遍，这是在美国，而戏剧性的是，美国的宗教氛围恰恰要比其他发达国家更加浓厚。

1611 年出版的詹姆士国王钦定版圣经，包含了本身就有着突出文学

---

[1] http://uepengland.com/forum/index.php?showtopic=184&mode=linear。

[2] 登山宝训（*The Sermon on the Mount*），指耶稣在山上对其门徒的训示，主要内容见于《新约·马太福音》——译者注

价值的段落，例如雅歌，以及卓越的传道书（据说它的希伯来原文也是极其出色的）。但英文版圣经有必要成为我们教育的一部分的主要原因，在于它是文学文化的重要原始资料。这同样也适用于古希腊神话和古罗马诸神的传说，我们学习这些，但并没有被要求去相信它们。在这里我列出一份经常出现在英语文学作品或日常谈话中的来源于圣经或取材于圣经的惯用语句的快速清单，其中有伟大的诗句也有陈词滥调，有谚语也有俗话。

- 滋生繁多；生养众多。（Be fruitful and multiply，见《旧约·创世记》，1：22：神就赐福给这一切，说："滋生繁多，充满海中的水。雀鸟也要多生在地上。"）
- 伊甸园之东。（East of Eden，见《旧约·创世记》，4：16：于是该隐离开耶和华的面，去住在伊甸东边挪得之地。）
- 亚当的肋骨。（Adam's Rib，指女人。）
- 我岂是我兄弟的看守？（Am I my brother's keeper？见《旧约·创世记》4：9：人类始祖为亚当、夏娃，他们生了两个孩子，一个叫该隐，一个叫亚伯。该隐因为敬拜神的事迁怒他的兄弟，把亚伯杀了，神来找该隐谈话，问他弟弟哪去了，但当时该隐不但没有悔意，还相当傲慢，他顶了一句"我岂是看守我兄弟的吗？"。）
- 该隐的记号。（The mark of Cain，见《创世记》，4：15：耶和华对他说："凡杀该隐的，必遭报七倍。"耶和华就给该隐做一个记号，免得人遇见他就杀他。）
- 寿比彭祖。（As old as Methuselah，见《创世记》5：27：玛土撒拉享年969 岁。）
- 为了一碗红豆汤而出卖了长子继承权。（A mess of potage，见《创世记》25：33：犹太族长以撒的妻子利百加生下一对孪生兄弟，哥哥叫以扫，弟弟叫雅各。两兄弟长大后，以扫好动，常外出打猎；雅各则常在家里帮助料理家务。有一天，以扫打猎回来，又饥又渴，看见弟弟雅各在熬红豆汤，就对他说："我饿极了，给我喝点红豆汤吧！"雅各说："你要喝汤，就把你的长子继承权卖给我。"以扫说："我都要饿死了，要这长子继承权有什么用呢？"于是，他便按雅各的要求，对天起誓，把长子继承权卖给雅各，换来饼和红豆汤。以扫吃饱喝足后，起身走了。他哪里想到，为了这碗红豆汤，他的后裔便注定要服侍雅各的后裔。）

- 出卖长子继承权。（Sold his birthright，见上面注解。）

- 雅各的天梯。（Jacob's ladder，见《创世记》29：12，意为天梯，喻指通向神圣和幸福的途径。）

- 彩衣。（Coat of many colours，见《创世记》37：3：以色列原来爱约瑟胜过爱他的众子，因为约瑟是他年老生的，他给约瑟做了一件彩衣。喻恩宠。）

- 在异邦的麦田。（Amid the alien corn，见《路得记》第2章：路得是年轻寡妇，来到异乡，在人家地里捡麦穗为生，她凄苦怀乡，后来一富人娶了她。）

- 迦萨失明人。（Eyeless in Gaza，见《士师记》16章：迦萨失明人是指参孙。参孙得耶和华的恩典，力大无穷使他可以击败非利士人。他下到迦萨地，先和妓女亲近，后又看上一个名叫大利拉的非利士妇人。大利拉欺哄参孙说出他神力的缘由，但参孙对大利拉一连说了三次不实的答案，使非利士人都失败而回。到第四次，大利拉对参孙说："你既不与我同心，怎么说你爱我呢？你这三次欺哄我，都没有告诉我，你因何有这么大的力气。"这一次，参孙告诉大利拉他神力的秘密，结果，参孙被非利士人捉了，他们剜了他的一双眼睛，用铜链拘禁他，把他监在迦萨狱中受尽折磨。）

- 富饶的土地；这地肥美的出产。（The fat of the land，见《创世记》45：18：将你们的父亲和你们的眷属都搬到我这里来，我要把埃及地的美物赐给你们，你们也要吃这地肥美的出产。如今意为生活奢侈，锦衣玉食。）

- 热烈的款待；用最好的东西待客。（The fatted calf，见《新约·路加福音》第15章耶稣讲道时用的一个比喻：某人有二子，幼子不肖，把分得的财产在远方耗尽，沦为牧猪奴。后醒悟，到父亲面前请罪，父亲宽恕了他，宰杀肥牛以庆浪子回头。）

- 异乡异客。（Stranger in a strange land，见《旧约·出埃及记》2：22：西坡拉生了一个儿子，摩西给他起名叫革舜，意思说：因我在外邦作了寄居的。）

- 燃烧的灌木丛；烈焰下的荆棘丛。（Burning bush，见《旧约·出埃及记》3：2：耶和华的使者从荆棘里火焰中向摩西显现。摩西观看，不料，荆棘被火烧着，却没有烧毁。）

- 流奶与蜜之地。（A land flowing with milk and honey，见《旧约·出埃及记》3：8：我下来是要救他们脱离埃及人的手，领他们出了那地，到美好宽阔流奶与蜜之地。今喻富饶之地，鱼米之乡。）

- 容我的百姓去。（Let my people go，见《旧约·出埃及记》5：1：后来摩西、亚伦去对法老说："耶和华以色列的神这样说：'容我的百姓去，在旷野向我守节。'"）

- 埃及的肉锅。（Flesh pots，见《旧约·出埃及记》16：3：以色列全会众在旷野向摩西、亚伦发怨言，说："巴不得我们早死在埃及地耶和华的手下，那时我们坐在肉锅旁边，吃得饱足；你们将我们领出来，到这旷野，是要叫这全会众都饿死啊。"喻奢侈的生活，物质享受；鄙劣的肉欲。）

- 以眼还眼，以牙还牙。（An eye for an eye and a tooth for a tooth，圣经中多次出现这样的说法，如《旧约·申命记》19：21：摩西受上帝之命，成为在埃及做奴隶的以色列人的领袖。他发布法令：要以命偿命，以眼还眼，以牙还牙，以手还手，以脚还脚。）

- 要知道你们的罪必追上你们。（Be sure your sin will find you out，见《旧约·民数记》32：23：倘若你们不这样行，就得罪耶和华，要知道你们的罪必追上你们。喻恶有恶报。）

- 眼睛中的瞳仁；掌上明珠。（The apple of his eye，源于《旧约·申命记》32：10：耶和华遇见他在旷野荒凉野兽吼叫之地，就环绕他、看顾他、保护他如同保护眼中的瞳仁。表示特别珍视的东西。）

- 星宿在其轨道。（The stars in their courses，见《旧约·士师记》5：20：星宿从天上争战，从其轨道攻击西西拉。）

- 宝贵盘子中的奶油。（Butter in a lordly dish，见《旧约·士师记》5：25：西西拉求水，雅亿给他奶油，用宝贵的盘子，给他奶油。喻最珍贵的东西。）

- 米甸营；米甸的主人。（The hosts of Midian，见《旧约·士师记》7：8：这三百人就带着食物和角；其余的以色列人，基甸都打发他们各归各的帐棚，只留下这三百人。米甸营在他下边的平原里。）

- 暗号语、口令、行话。（Shibboleth，《圣经》中考验用词。见《旧约·士师记》12：6：就对他说："你说示播列。"以法莲人因为咬不真字音，便说西播列。基列人就将他拿住，杀在约旦河的渡口。那时以法莲人被杀的，有四万二千人。）

- 甜的从强者出来。（Out of the strong came forth sweetness，见《旧约·士师记》14：14：参孙对他们说，吃的从吃者出来，甜的从强者出来。他们三日不能猜出谜语的意思。）

- 大大击杀。（He smote them hip and thigh，见《旧约·士师记》15：8：参孙就大大击杀他们，连腿带腰都砍断了。他便下去，住在以坦磐的穴内。）

- 缺乏品味；短视的人。（Philistine：《旧约》中有一支民族叫非利士人Philistines。）

- 正合心意。（A man after his own heart，见《旧约·撒母耳记》上13：14：现在你的王位必不长久。耶和华已经寻着一个合他心意的人，立他做百姓的君，因为你没有遵守耶和华所吩咐你的。）

- 情同手足。（Like David and Jonathan，见《旧约·撒母耳记》上18：1：大卫对扫罗说完了话，约拿单的心与大卫的心深相契合。约拿单爱大卫，如同爱自己的性命。）

- 同性之爱；朋友之间坚贞的爱。（Passing the love of women，见《旧约·撒母耳记》下1：26：我兄约拿单哪，我为你悲伤！我甚喜悦你，你向我发的爱情奇妙非常，过于妇女的爱情。）

- 大英雄何竟死亡。（How are the mighty fallen？见《旧约·撒母耳记》下 1：19：歌中说：以色列啊，你尊荣者在山上被杀。大英雄何竟死亡！）

- 小母羊羔。（Ewe lamb，《旧约·撒母耳记》下 12：3：穷人除了所买来养活的一只小母羊羔之外，别无所有。羊羔在他家里和他儿女一同长大，吃他所吃的，喝他所喝的，睡在他怀里，在他看来如同女儿一样。喻最珍贵的东西。）

- 无赖，堕落者。（Man of Belial，见《旧约·撒母耳记》上 25：25：我主不要理这坏人拿八，他的性情与他的名相称，他名叫拿八，就是"愚顽"的意思，他为人果然愚顽。）

- 恶毒的女人。（Jezebel，以色列王亚哈之妃，一个邪恶的女人。）

- 示巴女王。（Queen of Sheba，见《旧约·列王记》上第 10 章：示巴女王朝觐所罗门王以测其智慧。圣经中提到她有巨额财富。今喻花钱如流水的巨富。）

- 所罗门王的智慧。（Wisdom of Solomon，见《旧约·列王记》上 4：34：天下列王听见所罗门的智慧，就都差人来听他的智慧话。）

- 人所告诉我的还不到一半。（The half was not told me，见《旧约·列王记》上 10：7：我先不信那些话，及至我来亲眼见了，才知道人所告诉我的还不到一半。你的智慧和你的福分，越过我所听见的风声。）

- 准备就绪。（Girded up his loins，见《旧约·列王记》上 18：46：耶和华的灵降在以利亚身上，他就束上腰，奔在亚哈前头，直到耶斯列的城门。）

- 随便开弓。（Drew a bow at a venture，见《旧约·列王记》上 22：34：有一人随便开弓，恰巧射入以色列王的甲缝里。喻指瞎猜。）

- 约伯的安慰。（Job's comforters，见《旧约·约伯记》16：2："这样的话我听了许多。你们安慰人，反叫人愁烦。"喻不擅安慰者，反增加对方痛苦的安慰者）。

- 约伯般的忍耐。（The patience of Job，见《新约·雅各书》5：11：那先前忍耐的人，我们称他们是有福的。你们听说过约伯的忍耐，也知道主给他的结局，明显主是满心怜悯，大有慈悲。喻非常有耐心。）

- 九死一生，虎口脱险。(I am escaped with the skin of my teeth，见《旧约·约伯记》19：20：我的皮肉紧贴骨头，我只剩牙皮逃脱了。)

- 才智胜于珠宝。(The price of wisdom is above rubies，见《旧约·约伯记》28：18：珊瑚、水晶都不足论。智慧的价值胜过珍珠（或作"红宝石"）。又见《箴言》31：10：才德的妇人谁能得着呢？她的价值远胜过珍珠。)

- 利维坦。(Leviathan，圣经中象征邪恶的海中怪兽，巨物。)

- 懒汉与蚂蚁。(Go to the ant thou sluggard；consider her ways, and be wise，见《旧约·箴言》6：6：懒惰人哪，你去察看蚂蚁的动作，就可得智慧。)

- 孩子不打不成器；省下了棍子，惯坏了孩子。(Spare the rod and spoil the child，见《旧约·箴言》13：24：不忍用杖打儿子的，是恨恶他，疼爱儿子的，随时管教。)

- 因势利导；合时宜的话；及时的劝告。(A word in season，见《以赛亚书》50：4：主耶和华赐我受教者的舌头，使我知道怎样用语言扶助疲乏的人。主每天早晨提醒，提醒我的耳朵，使我能听，像受教者一样。)

- 万事皆空。(Vanity of vanities，见《旧约·传道书》1：2：传道者说：虚空的虚空，虚空的虚空，凡事都是虚空。)

- 万物皆有期，万事皆有时。(To everything there is a season, and a time to every purpose，见《旧约·传道书》3：1：凡事都有定期，天下万物都有定时。)

- 快跑的未必能赢，力战的未必得胜。(The race is not to the swift, nor the battle to the strong，见《旧约·传道书》9：11：快跑的未必能赢，力战的未必得胜，智慧的未必得粮食，明哲的未必得资财，灵巧的未必得喜悦；所临到众人的，是在乎当时的机会。喻"胜负乃天命"。)

- 汗牛充栋。(Of making many books there is no end，见《旧约·传道书》12：12：我儿，还有一层，你当受劝戒：著书多，没有穷尽；读书多，身体疲倦。)

- 我是沙仑的玫瑰花。(I am the rose of Sharon，见《旧约·雅歌》2：1：

我是沙仑的玫瑰花，是谷中的百合花。）

- 关锁的园。（A garden inclosed，见《旧约·雅歌》4：12：我妹子，我新妇，乃是关锁的园，禁闭的井，封闭的泉源。喻超世乐园。）

- 小狐狸。（The little foxes，见《旧约·雅歌》2：15：要给我们擒拿狐狸，就是毁坏葡萄园的小狐狸。因为我们的葡萄正在开花。）

- 再多的海水也不能浇灭爱情。（Many waters cannot quench love，见《旧约·雅歌》8：7：爱情，众水不能熄灭，大水也不能淹没，若有人拿家中所有的财宝要换爱情，就全被藐视。）

- 化剑为犁。（Beat their swords into plowshares，见《旧约·以赛亚书》2：4：他必在列国中施行审判，为许多国家断定是非。他们要将刀打成犁头，把枪打成镰刀；这国不举刀攻击那国，他们也不再学习战事。）

- 压榨贫民。（Grind the faces of the poor，见《旧约·以赛亚书》3：15：主万军之耶和华说："你们为何压制我的百姓，搓磨贫穷人的脸呢？"）

- 豺狼与绵羊羔同居、豹子与山羊羔同卧。（The wolf also shall dwell with the lamb, and the leopard shall lie down with the kid，见《旧约·以赛亚书》11：6：豺狼必与绵羊羔同居，豹子与山羊羔同卧，少壮狮子与牛犊并肥畜同群；小孩子要牵引它们。喻大同世界。）

- 今朝有酒今朝醉。（Let us eat and drink；for tomorrow we shall die，见《旧约·以赛亚书》22：13：谁知，人倒欢喜快乐，宰牛杀羊，吃肉喝酒，说："我们吃喝吧！因为明天要死了。"喻及时行乐。）

- 理顺就绪，收拾后事。（Set thine house in order，见《旧约·列王纪》下 20：1：那时希西家病得要死。亚摩斯的儿子先知以赛亚去见他，对他说："耶和华如此说：'你当留遗命与你的家，因为你必死，不能活了。'"）

- 旷野呼告；无人理睬的警告或主张。（A voice crying in the wilderness，见《新约·马太福音》3：1：那时，有施洗的约翰出来，在犹太的旷野传道，说："天国近了，你们应当悔改！"）

- 恶人不得平安；生来劳碌苦命。（No peace for the wicked，见《旧约·以赛亚书》48：22：耶和华说："恶人必不得平安。"）

- 意见完全一致。（See eye to eye，见《旧约·以赛亚书》52：8：听啊，你守望之人的声音，他们扬起声来，一同歌唱，因为耶和华归回锡安的时候，他们必亲眼看见。）

- 离开人世。（Cut off out of the land of the living，见《旧约·以赛亚书》53：8：因受欺压和审判，他被夺去，至于他同世的人，谁想他鞭打、从活人之地被剪除，是因我百姓的罪过呢？）

- 乳香。（Balm in Gilead，见《旧约·耶利米书》8：22：在基列岂没有乳香呢？在那里岂没有医生呢？我百姓为何不得痊愈呢？喻安慰物。）

- 花豹岂能改变它身上的斑点？（Can the leopard change his spots？喻本性难改。）

- 在十字路口；重要抉择；背水一战。（The parting of the ways，见《旧约·以西结书》21：21：因为巴比伦王站在岔路那里，在两条路口上要占卜。他摇签求问神像，察看牺牲的肝。）

- 狮子坑里的但以理。（A Daniel in the lions'den，见《旧约·但以理书》6：16：王下令，人就把但以理带来，扔在狮子坑中。王对但以理说："你所常侍奉的神，他必救你。"喻经受考验。）

- 召风者得暴风。（They have sown the wind, and they shall reap the whirlwind，见《旧约·何西阿书》8：7：他们所种的是风，所收的是暴风；所种的不成禾稼，就是发苗，也不结实；即便结实，外邦人必吞吃。喻恶有恶报。）

- 罪恶之地。（Sodom and Gomorrah，见《旧约·创世记》19：24：所多玛与蛾摩拉城的居民因罪恶深重而遭毁灭。）

- 人活着不单靠食物。（Man shall not live by bread alone，见《新约·马太福音》4：4：耶稣却回答说："经上记着说：'人活着，不是单靠食物，乃是靠神口里所出的一切话。'"）

- 撒旦，退我后边去罢！（Get thee behind me Satan，见《新约·马太福音》16：23：耶稣转过来，对彼得说："撒旦，退我后边去吧！你是绊我脚的，因为你不体贴神的意思，只体贴人的意思。"）

- 世上的盐。（The salt of the earth，见《新约·马太福音》5：13："你

们是世上的盐。盐若失了味，怎能叫它再咸呢？”喻精英分子，社会
中坚。）

- 不露锋芒。（Hide your light under a bushel，见《新约·马太福音》5：
  15：人点灯，不放在斗底下，是放在灯台上，就照亮一家的人。喻指
  谦逊和不露自己的才干。）

- 以德报怨；容忍；不愿反抗。（Turn the other cheek，见《新约·马太
  福音》5：39：只是我告诉你们：不要与恶人作对。有人打你的右脸，
  连左脸也转过来由他打。）

- 多多益善；加倍努力。（Go the extra mile，见《新约·马太福音》5：
  41：有人强逼你走一里路，你就同他走二里。）

- 有虫蛀，也会生锈。（Moth and rust doth corrupt，见《新约·马太福
  音》6：19：不要为自己积攒财宝在地上，地上有虫子咬，能锈坏，也
  有贼挖窟窿来偷。）

- 明珠暗投；对牛弹琴。（Cast your pearls before swine，见《新约·马太
  福音》7：6：不要把圣物给狗，也不要把你们的珍珠丢在猪前，恐怕
  它践踏了珍珠，转过来咬你们。）

- 披着羊皮的狼。（Wolf in sheep's clothing，见《新约·马太福音》7：
  15：耶稣对门徒说的话：你们要防备假先知，他们到你们这里来，外
  面披着羊皮，里面却是残暴的狼。）

- 哀哭切齿。（Weeping and gnashing of teeth，见《新约·马太福音》
  13：41～42：人子要差遣使者，把一切叫人跌倒的和作恶的，从他国
  里挑出来，丢在火炉里，在那里必要哀哭切齿了。）

- 格拉森的猪。（Gadarene swine，见《新约·路加福音》8：26～39：耶
  稣在格拉森救了一个被鬼附身的人。这些鬼随即来到猪群里，于是，
  被鬼附身的猪群便闯下山崖，投在湖里淹死了。喻指横冲直撞。）

- 旧瓶装新酒。（New wine in old bottles，见《新约·路加福音》5：
  37：也没有人把新酒装在旧皮袋里。若是这样，新酒必将皮袋裂开，
  酒便漏出来，皮袋也就坏了。）

- 愤然离去。（Shake off the dust of your feet，见《新约·马太福音》

10：14：凡不接待你们、不听你们话的人，你们离开那家或是那城的时候，就把脚上的尘土跺下去。）

- 不站在我这一边的就是反对我的。（He that is not with me is against me，见《新约·马太福音》12：30，不与我相合的，就是敌我的；不同我收聚的，就是分散的。）

- 所罗门王的判决。（Judgement of Solomon，见《列王纪》上3：16～28记载，有两个妓女同住一房，都生了孩子，其中一个夜间睡着的时候压死了自己的孩子，她半夜起来，趁另一个睡着时，抱了人家的孩子放在自己怀里，把她的死孩子放在另一个女人怀里。她们在王面前如此争论："死孩子是你的，活孩子是我的。"王说："拿刀来，将活孩子劈成两半，一半给那妇人，一半给这妇人。"活孩子的母亲为自己的孩子心里急痛，就说："求我主将活孩子给那妇人吧！万不可杀他。"那妇人说："这孩子也不归我，也不归你，把他劈了吧！"王说："将活孩子给这妇人，万不可杀他，这妇人实在是他的母亲。"喻公正而又机智的判决。）

- 落在石头上的种子。（Fell upon stony ground，见《马可福音》4：5：有落在土浅石头地上的，土既不深，发苗最快，日头出来一晒，因为没有根，就枯干了。）

- 远来的和尚好念经。（A prophet is not without honour, save in his own country，见《马太福音》13：57：大凡先知，除了本地本家之外，没有不被人尊敬的。）

- 桌子上的面包屑。（The crumbs from the table，见《马太福音》15：27：妇人说："主啊，不错，但是狗也吃它主人桌子上掉下来的碎渣儿。"喻拾人牙慧。）

- 征兆；趋势。（Sign of the times，见《马太福音》16：3：早晨天发红，又发黑，你们就说："今日必有风雨。"你们知道分辨天上的气色，倒不能分辨这时候的神迹。）

- 贼窝。（Den of thieves，见《马太福音》21：13：耶稣对他们说："经上记着说：'我的殿必称为祷告的殿'，你们倒使它成为贼窝了。"）

- 法利赛人。（Pharisee，圣经中的伪信徒，喻伪君子、伪善者。）

- 白色石墓。（Whited sepulchre，见《马太福音》23：27：你们这假冒为善的文士和法利赛人有祸了！因为你们好像粉饰的坟墓，外面好看，里面却装满了死人的骨头和一切的污秽。暗指"伪君子"或"被掩饰的坏事"。）

- 打仗的风声。（Wars and rumours of wars，见《马太福音》24：6，《马可福音》13：7：你们也要听见打仗和打仗的风声，总不要惊慌，因为这些事是必须有的，只是末期还没有到。）

- 良善又忠心的仆人。（Good and faithful servant，见《马太福音》25：21：主人说："好，你这又良善又忠心的仆人，你在不多的事上有忠心，我要把许多事派你管理，可以进来享受你主人的快乐。"）

- 区分山羊和绵羊。（Separate the sheep from the goats，见《马太福音》25：32：万民都要聚集在他面前。他要把他们分别出来，好像牧羊的分别绵羊、山羊一般。喻分清良莠，区别善恶，区分好人和坏人。）

- 洗手不干。（I wash my hands of it，见《马太福音》27：24：彼拉多见说也无济于事，反要生乱，就拿水在众人面前洗手，说："流这义人的血，罪不在我，你们承当吧！"）

- 安息日是为人设立的，人不是为安息日设立的。（The sabbath was made for man, and not man for the Sabbath，见《马可福音》2：27。）

- 不要禁止小孩。（Suffer the little children，见《马太福音》19：14：耶稣看见就恼怒，对门徒说："让小孩子到我这里来，不要禁止他们，因为在天国的，正是这样的人。"）

- 寡妇的小钱。（The widow's mite，见《马可福音》12：42：有一个穷寡妇来，往里投了两个小钱，就是一个大钱。喻微小而可贵的捐献。）

- 郎中医不好自己的病。（Physician heal thyself，见《路加福音》4：23：耶稣对他们说："你们必引这俗语向我说：'医生，你医治自己吧！我们听见你在迦百农所行的事，也当行在你自己家乡里。'"喻正人先正己。）

- 乐善好施者或见义勇为者。（Good Samaritan，见《路加福音》10：31～37：撒玛利亚人抢救一个过路伤员的故事。）

- 从那边过去。（Passed by on the other side，见《路加福音》10：31～32：

偶然有一个祭司从这条路下来，看见他，就从那边过去了。又有一个利未人来到这地方，看见他，也照样从那边过去了。喻冷漠，不帮助。）

- 愤怒的葡萄；愤怒或暴乱的根源。（Grapes of wrath，见《启示录》14：18～19：又有一位天使从祭坛中出来，是有权柄管火的，向拿着快镰刀的大声喊着说："伸出快镰刀来，收取地上葡萄树的果子，因为葡萄熟透了。"那天使就把快镰刀扔在地上，收取了地上的葡萄，丢在神愤怒的大酒醡中。）

- 迷途的羔羊；误入歧途的人。（Lost sheep，见《马太福音》18：12：一个人若有一百只羊，一只走迷了路，你们的意思如何？他岂不撇下这九十九只，往山里去找那只迷路的羊吗？若是找着了，我实在告诉你们：他为这一只羊欢喜，比为那没有迷路的九十九只欢喜还大呢！本意为走错的羔羊，转义指失而复得的东西。）

- 回头的浪子。（Prodigal son，见《路加福音》15：11～32。见之前"热烈的款待"，The fatted calf 后的注解。）

- 不可逾越的鸿沟。（A great gulf fixed，见《路加福音》16：26：不但这样，并且在你我之间，有深渊限定，以致人要从这边过到你们那边是不能的；要从那边过到我们这边也是不能的。）

- 我不配弯腰给他解鞋带。（Whose shoe latchet I am not worthy to unloose，见《马太福音》3：11："我是用水给你们施洗，叫你们悔改；但那在我以后的，能力比我更大，我就是给他提鞋也不配。"那后来者，指耶稣。）

- 先拿石头打她。（Cast the first stone，见《约翰福音》8：7：众人欲拿石头砸向一位在行淫时被逮住的妇人，耶稣直起腰来，对他们说："你们中间谁是没有罪的，谁就可以先拿石头打他。"喻欲责他人，先思己过。）

- 耶稣哭了。（Jesus wept，见《约翰福音》11：35，整本圣经里就只有这一处说到耶稣哭了。）

- 没有比这个更大的爱心。（Greater love hath no man than this，见《约翰福音》15：13，人为朋友舍命，人的爱心没有比这个大的。）

- 多疑之人。（Doubting Thomas，见《约翰福音》20：25，那些门徒就对他说："我们已经看见主了。"多马却说："我非看见他手上的钉痕，用指头探入那钉痕，又用手探入他的肋旁，我总不信。"）

- 大马士革之路。（Road to Damascus，见《使徒行传》9：3～8，圣保罗在前往大马士革途中舍犹太教而改信基督教的故事。喻洗心革面。）

- 我行我素；一意孤行。（A law unto himself，见《马太福音》19：11：耶稣说："这话不是人都能领受的，唯独赐给谁，谁才能领受。"）

- 对着镜子观看模糊不清。（Through a glass darkly，见《哥林多前书》13：12：我们如今仿佛对着镜子观看，模糊不清，到那时，就要面对面了。我如今所知道的有限，到那时就全知道，如同主知道我一样。喻指只能看到片面的信息；只能掌握部分信息而不能看见真相。）

- 死啊，你的毒钩在哪里？（Death，where is thy sting？见《哥林多前书》15：55：死啊，你得胜的权势在哪里？死啊，你的毒钩在哪里？）

- 肉中刺。（A thorn in the flesh，见《哥林多后书》12：7～8：又恐怕我因所得的启示甚大，就过于自高，所以有一根刺加在我肉体上，就是撒旦的差役要攻击我，免得我过于自高。为这事，我三次求过主，叫这刺离开我。他对我说，"我的恩典够你用的，因为我的能力是在人的软弱上显得完全"。所以，我更喜欢夸自己的软弱，好叫基督的能力覆庇我。今喻棘手的事，不断使某人烦恼的根源。）

- 堕落的人。（Fallen from grace，《加拉太书》5：4：你们这要靠律法称义的，是与基督隔绝，从恩典中坠落了。）

- 不义之财。（Filthy lucre，《提摩太前书》3：3：不因酒滋事、不打人，只要温和，不竞争、不贪财。）

- 万恶之根源。（The root of all evil，《提摩太前书》6：10：贪财是万恶之根。有人贪恋钱财，就被引诱离了真道，用许多愁苦把自己刺透了。）

- 为真理而战。（Fight the good fight，见《提摩太前书》6：12：你要为真道打那美好的仗，持定永生。）

- 凡有血气的尽都如草。（All flesh is as grass，见《以赛亚书》40：6：有人声说："你喊叫吧！"有一个说："我喊叫什么呢？"说："凡有血气的尽都如草，他的美容都像野地的花。"）

- 女人；柔弱气质的人。（The weaker vessel，见《彼得前书》3：7：你们作丈夫的也要按情理和妻子同住，因她比你软弱，与你一同承受生命之恩，所以要敬重她，这样，便叫你们的祷告没有阻碍。）

- 我是初，我是终；自始至终，囊括一切。（I am Alpha and Omega，见《启示录》1：8：主神说："我是阿拉法，我是俄梅戛，是昔在、今在、以后永在的全能者。"在希腊语和闪族语字母表里 Alpha 是首字母，Omega 是尾字母，此语本来喻指上帝，后人用它喻指全部或始终。）

- 世界末日善恶决战的战场。（Armageddon，见《启示录》16：16：那三个鬼魔便叫众王聚集在一处，希伯来语叫作哈米吉多顿。）

- 自深渊之中；从苦难的深渊中发出的呼喊声。（De profundis，见《诗篇》130：1：耶和华啊，我从深处向你求告。）

- 主往何处去。（Quo vadis，耶稣遇害后，彼得在罗马任首任主教。但好景不长，教徒遭受罗马皇帝尼禄迫害。相传彼得此时拟逃离罗马，途遇显灵之耶稣而问道："主往何处去？"耶稣答以为救教徒欲赴罗马再受酷刑，彼得闻之而惊，遂在罗马殉教。）

- 降雨给义人，也给不义的人。（Rain on the just and on the unjust，见《马太福音》5：45：这样，就可以做你们天父的儿子。因为他叫日头照好人，也照歹人；降雨给义人，也给不义的人。）[1]

　　上述成语、惯用短语或俗语，每一条都直接来自詹姆士国王钦定版圣经。对于圣经的无知必定会使一个人的英语文学鉴赏能力大大弱化，而且还不限于严肃的文学作品。下面这首小诗出自贾斯蒂斯·鲍恩勋爵（Lord Justice Bowen），充满机智诙谐：

　　倾盆大雨降落至义人，
　　也降落至不义之人。
　　但主要降落至了义人，因为

---

[1]　上述圣经短语中的出处及注解均由禹宽平提供——译者注

不义之人得到了义人的雨伞。

但是如果你不熟悉《新约·马太福音》5：45（因为他叫日头照好人，也照歹人；降雨给义人，也给不义的人），你就无法完全领会其中的趣味。在《卖花女》①中，如果不知道施洗约翰的结局，②就无法领会伊莉莎·多莉特（Eliza Dolittle）那段白日梦的梗：

> "非常感谢您，国王，"我用一种相当有教养的口气说，
> "但是我想要的只是亨利·希金斯的脑袋。"③

在我看来，沃德豪斯是最伟大的英语轻喜剧作家，我敢打赌，我所列出的来自圣经的短语中有一半会在他的作品中出现。然而，在 Google 上搜索并不能帮你找到这些引用。搜索引擎不会告诉你他的短篇小说《姨妈与懒汉》的这一名称是来自《旧约·箴言》6：6 里的"蚂蚁与懒汉"。沃德豪斯的作品中还富有其他圣经短语，其范围超出我上述的圣经短语清单以及日常用语中的成语或谚语。听听伯蒂·伍斯特（Bertie Wooster）对从一场糟糕的宿醉中醒来的感觉的回忆："我一直在做梦，梦见某个无赖正

---

① 故事取材于英国作家萧伯纳的作品《皮革马里翁》（PYGMALION），是一部经典浪漫的爱情电影。亨利·希金斯（Henry Higgins）是一名固执傲慢的语言学教授。有一天他遇到了言语粗俗的卖花女伊莉莎·多莉特（Eliza Dolittle），告诉她一个人的语音标志着这个人的社会地位，如果她改进发音就可能会有一份体面的工作。教授回家后，遇到了同行皮克林（Pickering）上校，他告诉上校他能在 6 个月内把一个下层社会的女子培养成为上流社会的淑女。上校与教授打赌此事不可能。第二天恰好伊莉莎来了，在上校的帮助下，她成了教授的学生。经过刻苦学习，她取得了巨大进步，变得谈吐高雅，仪态端庄。最后在一次大型舞会上，她被介绍给上层社会，赢得了众人的赞美，并被皇家语音专家认为是某国的公主。教授回家后，兴高采烈地向上校索要赌金，完全忽视了伊莉莎，伊莉莎一怒之下，愤然离去。此时若有所失的教授才感到伊莉莎已成为自己生活的一部分——译者注

② 施洗约翰是圣经中的一位人物，他先于耶稣而传道，后被当时的希律王关押。一次希律王举行生日宴会，期间撒罗米，也就是希律王的侄女进来献舞，希律王一时大为高兴，他承诺可以满足撒罗米提出的任何要求。于是，撒罗米去问她的母亲，她应该要求什么礼物。撒罗米的母亲是希罗底，当时希律王的情妇，她一直仇恨被关押着的约翰。于是，她要女儿告诉希律王，希望得到的礼物就是约翰的头。撒罗米回到大厅，告诉希律王，她要的只是约翰的头。约翰因此被杀——译者注

③ 原文用的是 "'Enry 'Iggins 'ead"，应该是 Henry Higgins 'Head，暗示女主人公的发音带有口音——译者注

往我的脑袋里敲大钉子——可不是希百（Heber）之妻雅亿（Jael）用的那种平常的橛子，而是火红炽热的那种。"[1] 伯蒂对自己取得过的唯一学术成就骄傲万分，他曾经因为圣经经文知识而获奖。

对于英语喜剧作品来说是如此，严肃文学就更是如此了。在莎士比亚的作品中，沙欣（Naseeb Shaheen）统计到了超过 1300 个圣经典故，这件事被广泛地引用并且非常可信。[2] 弗吉尼亚的 Fairfax（无可否认，被名声不佳的邓普顿基金会所资助）出版的《圣经修养报告》（*The Bible Literacy Report*）提供了许多例子，引用了众多英语文学教师的一致意见：圣经修养对于充分欣赏文学作品而言必不可少。[3] 无须怀疑，同样的情况对于法语、德语、俄语、意大利语、西班牙语和其他伟大的欧洲语言文学作品而言也是成立的。而对于阿拉伯语和印度诸语的使用者来说，要充分欣赏他们的文学经典，对《古兰经》或《薄伽梵歌》[4] 的了解或许也同样是必不可少的。最后不如再补一套：如果不熟悉北欧神话，你就无法欣赏瓦格纳（他的音乐，正如有人机智地评价的，要比它听起来更好）。

我就不再啰唆了。为了至少让我的年长一些的读者们信服，我可能已说得够多了：一种无神论的世界观并不意味着主张应当从我们的教育中删去圣经或其他的圣书。而且我们当然可以对诸如犹太教、英国国教等保留一层情感上的归属感，甚至也可以参与婚礼和葬礼这样的宗教仪式，只要不去相信历史上与这些传统相伴的超自然信念就好。我们能够放弃对上帝的信仰，同时又保留一份对宝贵文化遗产的亲近。

---

[1] 沃德豪斯，1881—1975，英国著名小说家，1955 年入美国籍。以塑造"绅士中的绅士"吉福斯（Jeeves）这一形象而闻名。《吉福斯》是他著名的系列小说。书中的主角是迷迷糊糊的英国绅士伯蒂·伍斯特和他那聪明机灵、花样百出的男仆吉福斯。几乎在每一个故事中主人的荒唐行为都导致不可收拾的困境，但是最后总是由男仆出人意料地机智地解决了。文中所引用的希百之妻雅亿所用的橛子，见《旧约·士师记》4：17 中的故事。西西拉逃到雅亿的帐篷，趁他睡着之际，雅亿用锤子将橛子从他鬓边钉进去，从而杀死了他——译者注

[2] 沙欣已经写了三本书，分别收录了莎士比亚的喜剧、悲剧和历史著作中的圣经典故。1300 个典故的统计可见于 http://www.shakespearefellowship.org/virtualclassroom/StritmatterShaheenRev.htm。

[3] http://www.bibleliteracy.org/Secure/Documents/BibleLiteracyReport2005pdf。

[4] 印度教经典《摩诃婆罗多》的一部分——译者注

第 10 章 一种必要的空白？

> 还有什么能比这更震撼人心：透过 100 英寸望远镜凝视一个遥远的星系；手握一块 1 亿岁的化石或是一件 50 万年前的石制工具；伫立于大峡谷这样浩瀚无比的时空裂隙前；或者聆听一位科学家的演说，他曾注视宇宙创生的面貌，连眼都未眨一下。那正是深邃而又神圣的科学。
>
> ——迈克尔·舍默

"本书填补了一个亟待填补的空白"这样的俏皮说法之所以有诙谐的效果，是因为我们能同时在两种相反的意义上进行理解。[①] 顺便提一句，我原以为那是一个虚构的说法，但令我惊讶的是，它实际上已被出版商们不经意地使用起来了。请看网页 http://www.kcl.ac.uk/kis/schools/hums/French/pgr/tqr.html 中关于一本书的说法，"在关于后结构主义运动的著述中填补了一个亟待填补的空白"。这一说法似乎相当恰如其分，因为这本显然多余的书完全是关于米歇尔·福柯（Michel Foucault）、罗兰·巴特（Roland Barthes）、朱丽娅·克里斯蒂娃（Julia Kristeva）以及其他时髦的法语圈主义（francophonyism）偶像的。

宗教填补了一种亟待填补的空白吗？一种常见的说法是，在大脑中存在一个需要被填补的、上帝形状的空白，即我们有一种对于上帝的心

---

① （fills）a much-needed gap，双关语，可以理解为一个空白急需被填补，也可以理解为一个空白很有存在的必要——译者注

理学需要——想象中的朋友、父亲、兄长、聆听告解的神父、知己——而无论上帝是否真的存在，这种需要都必须得到满足。但有没有可能是上帝弄乱了一个空白，而我们本来若是用其他东西来填补，反而更好？比如说，科学？艺术？人类的友谊？人文主义？在真实世界中对于此生的爱，不去相信死后的那些遭遇？一种对自然的热爱，或者是伟大的昆虫学家威尔逊（E. O. Wilson）所说的"热爱生命的天性（Biophilia）"？

　　宗教曾被认为在人类生活中扮演了四种主要的角色：解释，劝诫，抚慰和激励。历史上，宗教曾致力于解释我们自身的存在以及我们身处其中的宇宙的性质。这一角色现在已完全被科学所取代，我在第 4 章中已经讨论过这个问题。至于劝诫，我是指关于我们应当如何行动的道德训导，我在第 6 章和第 7 章中也已涉及。至此尚未处理的就是抚慰和激励，最后这一章将简要地讨论它们。关于抚慰，我就从儿童时期的"想象中的朋友（imaginary friend）"这一现象开始，我相信它与宗教信仰密切相关。

宾克（Binker）①

　　我推测，克里斯托弗·罗宾（Christopher Robin）并不相信小猪皮杰（Piglet）和小熊维尼（Winnie the Pooh）②真的会与他说话。但是宾克会有所不同吗？

　　宾克——这是我对他的称呼——是属于我的一个秘密，
　　宾克是我从不感到孤独的缘由。

---

① 　下面的诗里小孩心目中想象的类似于保护神的人物——译者注
② 　英国作家 A. A. Milne 的儿子克里斯托弗·罗宾喜欢上了动物园里一头美洲黑熊维尼，常常跑到笼子里去与它一起消磨时光。妈妈以儿子和熊为蓝本写出一系列故事，迪士尼公司又把它改编成动画片，这就是小熊维尼的故事。故事中还有一头小猪皮杰，和维尼是要好的朋友。至今伦敦动物园还塑有纪念维尼与克里斯托弗的雕像——译者注

在我的小房间玩耍，或是坐在楼梯上，

无论我在做什么，宾克总在那儿。

噢，爹地是聪明的，他是一个聪明的男人，

妈咪是有史以来世上最棒的，

娜妮①就是娜妮，我叫她娜——

但是他们都不能看见宾克。

宾克总是在说话，因为我在教他说话，

有时他喜欢用一种好玩的尖尖的声音说，

有时他又喜欢大声嚷嚷……

我不得不替他叫出声，因为他的嗓子好痛。

噢，爹地是聪明的，他是一个聪明的男人，

妈咪知道天下所有的事情，

娜妮就是娜妮，我叫她娜——

但是他们都不知道宾克。

当我们在公园追逐时，宾克像狮子一样勇敢；

当我们在黑暗里躺着时，宾克像老虎一样勇敢；

他从不哭，从不喊，宾克像大象一样勇敢……

除非肥皂水进了他的眼睛（像其他人那样）。

噢，爹地就是爹地，他是爹地那样的男人，

妈咪就像所有的妈咪，

娜妮就是娜妮，我叫她娜……

但是他们都不像宾克。

宾克不贪吃，但他喜欢吃东西，

所以，当别人给我糖果时，我不得不说，

"噢，宾克要一块巧克力，你能给我两块吗？"

然后我就替他吃掉，因为他的牙刚刚长出来。

当然，我非常喜欢爹地，但他没时间陪我玩，

---

① Nanny/Nan 小孩对保姆的称呼——译者注

我也非常喜欢妈咪，但她有时候会走开，

我经常会对娜妮发脾气，当她要来给我梳头时……

但宾克总是宾克，他一定会在那儿。

米尔恩（A. A. Milne）[1]，《现在我们 6 岁》[2]

想象中的朋友现象是一种更高级的幻想，与童年常见的过家家游戏中的那种假装有所不同吗？在此我自己的经历帮不上太多的忙。就像许多父母一样，我的母亲保存着一本记载我儿时言行的笔记本，除了简单的假装（现在我是个月亮上的人……一个加速器……一个巴比伦人），我还明显热衷于第二级的假装（现在我是一只猫头鹰，正假装是一个水轮车），而这种假装可以是反回自身的（现在我是一个小男孩，正假装是理查德）。我从未相信过我真的就是那些事物，我认为那是儿童时期的假装游戏的通常情况。但是我没有宾克。如果他们成年后自己的证言足以置信的话，那么，至少那些有过想象中的朋友的正常儿童中的一些人确实相信它们的存在，在某些例子中，甚至还能看到它们清晰生动的幻象。我猜测，儿童时期的宾克现象也许是理解成年人关于神的信念的一种很好的模型。我不知道心理学家是否已从这一角度进行过研究，但它会是一个值得研究的课题。同伴和知己，一生中的宾克：那绝对是上帝扮演的一个角色，一个上帝离去后可能会留下的空白。

另外一个孩子，一个女孩，拥有一个"小紫人"（little purple man），对她来说，他是一个真实可见的存在。他现身时是在空中闪着光出现的，还伴着悦耳的叮当声。他常常来看她，尤其当她感到孤独时，不过随着她渐渐长大，来访的次数也越来越少。就在她上幼儿园之前的那一天，小紫人来找她，伴着与往常一样的叮当声出现，宣布他不会再来看她了。这让她感到悲哀，但小紫人告诉她，现在她长大了，将来也许不再需要他了。他现在必须离开她，以便他可以去照看其他孩子。他承诺，一旦

---

① 上述小熊维尼故事的作者——译者注

② 经 A. A. Milne Estate 许可而引用。

她真的需要他，他会回到她身边。在许多年后的一个梦里，他真的回来了，当时她的人生正经历一场个人危机，正踟蹰下一步该做什么。她的卧室门被打开了，出现了一大堆书，而把书推进来的……正是那个小紫人。她把这个梦境理解为一个建议，建议她应当去上大学。她采纳了这个建议，后来证明这是一个明智的决定。这个故事几乎让我落泪，从中我大概尽可能地接近于开始理解在人们的生活中，一个想象中的上帝所扮演的提供抚慰和忠告的角色。一个也许仅仅在想象中才存在的对象，但在儿童看来仍然完全是真实的，并且还带来了真实的安慰和很好的建议。甚至更好的是：想象中的朋友——以及想象中的上帝——可以全身心地奉献时间和耐心给困苦中的人。而且它们要比心理医生或职业咨询师经济得多。

作为安抚者和咨询师的上帝，是不是通过一种心理学意义上的"幼态延续（paedomorphosis）"从宾克演化而来的呢？幼态延续是指把幼年期的特征保留至成年期。哈巴狗就有一张幼态延续的脸：成年哈巴狗看上去像是幼年狗。它是进化理论中的一个著名模型，已被普遍接受，对于解释人类的某些特征的发育来说极为重要，比如我们突出的前额以及较短的下颌。进化论者将我们描述为幼年期的猿，确实是这样，幼年黑猩猩和大猩猩要比它们的成年个体看上去更像人类。宗教是不是由逐渐推迟儿童放弃他们的宾克的时间，通过一代又一代的演化而产生的，正像是在进化期间，我们延缓了前额的变平，下颌的突出呢？

我想，出于完整性，我们还应当考虑相反的可能性。不是上帝从祖先的宾克演化而来，而是宾克从祖先的上帝演化而来？在我看来，这似乎更不可能。当我读到美国心理学家朱利安·杰恩斯（Julian Jaynes）的《二分心智崩溃中的意识的起源》（*The Origin of Consciousness in the Breakdown of the Bicameral Mind*）一书时，我想到了这个问题。该书内容就如同它的标题那样奇怪。它属于这种类型的书：要么是彻头彻尾的垃圾，要么是绝顶的天才之作，绝不可能在两者之间！也许是前者，但我打算两面下注。

杰恩斯注意到，许多人把自己的思维过程看作是"自我"和头脑中另一个内在的主角之间的一种对话。如今我们明白这两种"声音"都是我们自己的——如果不是这样看的话，我们就会被认为有精神障碍。简短说来，伊夫林·沃恰巧就是这种情况。沃直言不讳地对一个朋友说："我好久没看见你了，但是，我几乎没见过什么人，因为——你可知道？——我疯了。"在康复之后，沃写了一部小说《吉尔伯特·平弗德的痛苦体验》（*The Ordeal of Gilbert Pinfold*），其中描述了他在幻觉期间的体验，以及听见的说话声。

杰恩斯的看法是，大约在公元前 1000 年之前，人们通常还不知道第二种声音——吉尔伯特·平弗德的声音——就来自他们自身。他们认为平弗德声音来自一个神：比方说阿波罗，或者阿斯塔尔塔（Astarte），或者耶和华，或更有可能是一个次要的家族中的神，向他们提出建议或命令。杰恩斯甚至把上帝的声音定位于大脑中与控制语言听觉的部分相对的另一侧大脑半球上。在杰恩斯看来，"二分心智崩溃"了的心灵就是一个历史性的转折。正是从历史上的这一时刻起，人们开始意识到，他们貌似听见的外部声音其实来自内部。杰恩斯甚至大胆地把这一历史性转折定义为人类意识的开端。

古埃及有一个关于创世神卜塔①的铭文，其中把许多其他的神说成是卜塔的"声音"或"舌头"的变化。现代翻译者拒绝从字面意义上理解"声音"，从而把其他的神解释为"卜塔心灵的客观化的概念"。杰恩斯不认可这种书本化的解读，宁可严肃地采用其字面意义。那些神就是幻觉化的声音，在人们头脑中讲话。杰恩斯还进一步认为，这些神是从对已故国王们的记忆中演化而来，他们通过臣民们头脑中想象出来的声音，保持着对臣民的控制。无论你是否认为他的理论可信，杰恩斯的书足够有趣，使得它能够在一本关于宗教的书中被提及。

现在我要借用杰恩斯的观点，提出一个关于神和宾克存在演化上的相关性的理论，但是从幼态延续的角度来看，恰好是沿着相反的路径。这就是说，二分心智的崩溃在历史上并不是突然发生的，而是人们识破

---

① 卜塔（Ptah），古埃及人尊奉的孟斐斯城主神，被认为是人类和众神之神、万物之主——译者注

幻觉化的声音和幽灵幻影并非真实的那个时刻,向儿童时期的一种渐渐的前推。于是,沿着一种与幼态延续假说相反的路径,作为幻觉的上帝最初是从成人的头脑里消失,随后这种消失又逐渐出现在越来越早的儿童期,直至今天,它们仅存在于宾克或小紫人这类现象中。这一理论面临的问题就是它不能解释上帝依然存在于今天的成年人中这一现象。

也许最好不要把神看作是祖先期的宾克,或者相反,而是把两者都看作同一心理倾向的副产品。神和宾克都具有抚慰的力量,都可以成为尝试想法的生动的参谋。我们并没有从第 5 章中关于宗教演化的心理学副产品理论上走出去太远。

抚慰

是时候来面对上帝在抚慰我们中扮演的重要角色,以及人道主义上的这一挑战了:如果上帝不存在,用什么来填补上帝的位置。许多人,他们勉强承认,上帝可能不存在,并且对于道德来说,他也并不是必需的,但他们依然愿意亮出这张王牌:对上帝的所谓心理或情感上的需要。如果你拿走了宗教,就会有人如此质问:你打算用什么来替代它的位置?你能为垂死的病人、因失去亲人而悲痛欲绝的生者、孤独的 Eleanor Rigby① 们提供什么呢?而上帝本来正是他们唯一的朋友。

对此,首先要说的是一些本该无须多言的事。宗教所具有的抚慰力量并不能令其为真。即便我们作出巨大的让步;即便最后证明,上帝存在的信念对于人类心理和情感平衡的健康至关重要;即便所有的无神论者都是绝望的神经病,被冷酷无情的无限恐惧推向自杀——但对于宗教信仰的真理性,所有这些却都无法提供哪怕一丁点的证据。也许有证据会支持:即便上帝不存在,如果你还是说服自己相信上帝存在,那么会带来一些好处。正如我已提及的,丹尼特在其《破除魔咒》(*Breaking the*

---

① 20 世纪 60 年代英国披头士乐队的一首著名歌曲,表达的是对那些孤独的人们的哀叹——译者注

Spell）一书中，对相信上帝（belief in God）和相信信仰（belief in belief）作出了区分：相信信仰就是认为信仰是可取的，即便信仰本身是假的："我信！但我信不足，求主帮助！"（《新约·马可福音》9：24）而忠实于信仰则是受到激励去表明信仰，无论他们是否确已信服。也许如果你一再地重复某事，你就能成功地说服自己确信它为真。我认为我们都知道某些人，他们欣赏宗教信仰，反对攻击宗教信仰，但同时又不情愿地承认自己没有这种信仰。

自从读过丹尼特的区分，我发现它可用于许多场合。几乎可以毫不夸张地说，我认识的大多数无神论者，都将自己的无神论主张掩藏在虔诚的面具之后。他们自己并不相信任何超自然的东西，但为非理性的信仰保留了一个模糊柔和的位置。他们相信信仰。令人吃惊的是，有那么多人看上去不能区分"X 是真的"和"人们相信 X 是真的，这是可取的"这两者之间的不同。或者也许他们其实并非真的陷入了这一逻辑误区，只是认为与人类的情感相比，真实与否并不重要。我并不是要贬损人类的情感。但是让我们弄清楚，在任何一个特定的谈话中，我们正在谈论的是情感还是真理。两者也许都重要，但它们不能混为一谈。

无论如何，我那假设性的让步是过分和错误的。我知道并没有证据表明，无神论者会有任何普遍的不快乐、焦虑缠身、沮丧失望的倾向。一些无神论者是快乐的，也有一些无神论者是痛苦的。相似的，一些基督徒、犹太教徒、印度教徒、佛教徒是痛苦的，而另一些则是快乐的。关于幸福与信仰（或无信仰）之间的关系，也许存在某些统计学上的证据，但不管怎样，我怀疑那是否是一种很强的关联。我发现更有趣的是这样来提问：如果我们的生活中没有上帝，是否会有恰当的理由感到沮丧？我将以这样的主张来结束本书：恰恰相反，可以保守地说，在没有超自然的宗教的情况下，人们能够过上一种快乐而充实的生活。不过，首先我必须考察一下关于宗教提供抚慰的说法。

抚慰（consolation），根据《简明牛津词典》，是对悲伤或精神上的苦闷的缓解。我把抚慰分成两种类型。

1．直接的身体上的抚慰。一个深夜被困在一座荒山上的男人，也许能从身边一头硕大温暖的圣伯纳犬身上找到抚慰，当然，别忘了，还有它脖子上挂着的那桶白兰地。一个哭泣的小孩可以从拥抱她的强有力的手臂以及她耳边轻声的安慰话语中得到抚慰。

2．通过发现一个先前未受重视的事实，或发现一种先前未发觉的看待现有事实的方式，而得到的抚慰。一名丈夫在战争中遇害的妇女，可以由于发现已怀上丈夫的孩子或他是作为一名英雄而死的而受到抚慰。我们还能通过发现一种新的方式去思考某种情形而受到抚慰。一位哲学家指出，一位老人的临终时刻其实并不具有特殊意义。他曾所是的那个小孩，很久以前就"死了"，不是死于生命的突然结束，而是死于逐渐成长。莎士比亚所说的人生 7 个阶段中的每一个阶段都是在缓慢地演变到下一个阶段的过程中"死去"的。由此来看，老人咽下最后一口气的时刻与整个生命期间的那些缓慢的"死亡"并无不同。① 一个不愿意正视自己未来死亡的人也许能从这一改变了的看法中得到抚慰。或者也许不会，但它却是通过反思而得到抚慰的一个例子。马克·吐温对死亡恐惧的消解是另外一个例子，他说："我不害怕死亡。在我出生之前，我已经死了数十亿年，但它没有带来任何麻烦不便。"这种见识改变不了死亡不可避免的事实。但我们却得到了一种看待那种必然性的不同方式，我们可以从中得到抚慰。托马斯·杰斐逊也不恐惧死亡，他看起来不相信有任何形式的来世。根据克里斯托弗·希钦斯的叙述，"随着他日渐衰弱，杰斐逊不止一次地在给朋友的信中说，面对渐渐接近的终结，他没有希望，也没有恐惧。这就等于是说，用最明白无误的语言来讲，他不是一个基督徒"。

强健的头脑也许已经准备好消化伯特兰·罗素的深刻宣言了。在 1925 年的短篇《我的信仰》中他说道：

---

① 根据记忆，我将这一论证归于牛津哲学家德里克·帕菲特（Derek Parfitt）。我没有详细研究其原始出处，因为我仅仅是将它用作哲学上的抚慰的一个附带的例子而已。

我相信在我死后我将腐烂，我的自我中的一切也不会再幸存。我不再年轻，而我又热爱生活。但我鄙视因想到死亡便恐惧战栗。幸福并不因其总有尽头，便不是真正的幸福，思想与爱也并不因其无法永续便失去了价值。许多人在绞刑台上意气高昂；同样的勇气必能教我们真正地思考人在世界中的位置。在习惯了那些传统的人格化的神话带给我们的舒适的屋内温暖之后，即使敞开的科学之窗最初会令我们打起冷战，终究新鲜的空气将带来活力，而广大的空间自有其壮美。

当我在学校图书馆读到罗素的这一短篇著作时，立刻被它打动，那年我大约 16 岁，不过后来忘记了它。2003 年，当我在《魔鬼的牧师》中写下以下文字时，可能无意之中我是在向它致敬：

在这种对生命的看法中并非只有崇高，躲在无知这张安全毯下的人会觉得那看来寒冷刺骨。站起身来直面认识的凛冽疾风——叶芝诗中那"刮过星空的狂风"，方能享有那心旷神怡的爽快。

就提供这两种类型的抚慰而言，宗教，比方说，与科学相比，做得如何呢？先看第一类抚慰，似乎完全可以相信，上帝那强壮的手臂，即便纯粹是一种幻想，也能起到抚慰作用，就像一个朋友真正的手臂，或脖子上挂着白兰地酒桶的圣伯纳犬。不过当然，科学的药物也能提供安慰——通常要比白兰地更有效。

现在再看看第二类抚慰，很容易相信宗教可能是极其有效的。当人们遭遇一场可怕的灾难，比如地震时，经常见诸报道的是，人们从这样的反思中得到抚慰，即那是上帝高深莫测的计划的一部分：毫无疑问，此中的善总有一天会体现出来。如果有人害怕死亡，那么真诚地相信他有一个永恒的灵魂，将能够起到抚慰作用——当然，除非他认为自己将要去的是地狱或炼狱。错误的信念同真实的信念起到的抚慰作用可以完全一样——直至真相大白的那一刻。这也适用于非宗教的信念。一个癌症晚期的病人，当医生骗他说他已被治愈时，他会得到抚慰，这与另外一个确已治愈并被告知的病人所得到的抚慰同样有效。虔诚、一味地相信来世，甚至要比相信一个撒谎的医生更难醒悟。医生的谎言直至病情恶化之前都会有效，但一个来世的信仰者却绝无可能最终醒悟过来。

民意调查显示，美国人口中有约 95% 的人相信，他们将幸免于自己的死亡。我不由得疑惑，声称有这一信念的人中，有多少人在他们的心底深处是真心相信的。如果他们确实是虔诚的，他们难道不应该都表现得像安普尔福思（Ampleforth）修道院院长那样？当红衣主教巴兹尔·休姆（Basil Hume）告诉他，自己快要死了时，院长为他感到高兴："祝贺你！这真是个天大的好消息。我希望自己能与你结伴而行。"① 这位修道院院长，看来真是一位虔诚的相信者。但显然恰恰因为这种情况是如此的稀罕和难得，他的故事才吸引了我们的注意，还几乎让我们感到好笑——这种风格令我联想到一幅漫画：一个年轻女子拿着"要做爱不要作战（Make Love Not War）"的标语，一丝不挂，一个旁观者大叫，"那才是我所说的真诚！"为什么所有的基督徒，当他们听到一个朋友快死的消息时，不说些与这位院长类似的话呢？当一位虔诚的妇女被医生告知只剩下几个月的生命时，为什么她不露出兴奋期待的微笑，就好像刚刚赢得了一个在塞舌尔群岛的假期那样："我等不及了！"为何那些虔诚的探望者在她的床边不纷纷让她带信儿给那些已故的亲人："当你遇见罗伯特叔叔时，请一定把我的爱转告给他……"

为何宗教徒们在面对死亡时不像这样说话呢？是不是他们并不真正相信他们假装相信的那些事情呢？或者也许他们的确相信，但是又害怕死亡的过程。考虑到我们是唯一不被允许在兽医医院没有痛苦地结束我们受到的折磨的物种，这种害怕确有充分的理由。但既然如此，为何对安乐死和协助自杀的大部分反对声恰恰来自宗教界？以安普尔福思修道院院长或"塞舌尔群岛的假期"这样的死亡观来看，难道你不应该期待那些宗教徒是最不可能依恋尘世生活的人吗？然而惊人的事实却是，如果你遇见某人，他激烈地反对安乐死，或激烈地反对协助自杀，你可以

① 见 BBC 新闻 http://news.bbc.co.uk/1/hi/special_report/1999/06/99/cardinal_hume_funeral/376263.stm

很有把握地推断，他是宗教信徒。正式的理由也许是，所有的谋杀都是罪孽。但如果你真诚地相信你是在加速一趟通往天堂的旅程，那么为何又要视之为一种罪孽呢？

相反，我对协助自杀的态度，源于马克·吐温的见解，前文已引用过。已死与未生没有什么不同——死后的我与征服者威廉时代或恐龙或三叶虫时代的我是一样的，对此没有什么好怕的。但死亡的过程，取决于我们的运气，可能会是痛苦和不适的，不过对于这种体验，我们已经习惯于借助全身麻醉的保护来避免，就像做阑尾手术时那样。如果你的宠物在痛苦中等待死亡，而你没有请兽医给它用麻醉剂，让它长眠不醒，你就会被谴责为冷酷。但是，当你本人在痛苦中等待死亡时，你的医生如果为你做同样仁慈的事情，他却要冒着被指控谋杀的风险。当我临死时，我愿意我的生命在麻醉剂的作用下结束，就如同一段患病的阑尾那样被取走。但是，我却不被允许有此特权，因为我不幸生而为智人中的一员，而不是狗或家猫中的一员。情况就是这样，除非我移居到一个更为开明的地方，比如瑞士、荷兰或俄勒冈州（美国）。为什么像这样的开明的地方如此之少？主要就是因为宗教的影响。

但是，有人也许会说，切除阑尾和结束生命之间难道不是有着重要的区别吗？不见得。对一个无论如何都即将死去的人而言就没什么区别。而如果你对来世有一种真诚的信念的话，也没有什么区别。如果你有这种宗教信念，死亡就只不过是从一种生活向另一种生活的过渡，如果这种过渡是痛苦的，那么，相比于在没有麻醉的情况下被切除阑尾，你本应更不愿意在没有麻醉的情况下经历死亡的过程。正是我们这些把死亡看作是终结而不是过渡的人，本该反对安乐死或协助自杀才对，相反我们倒正是支持它的人。[1]

同样地，我们又该如何理解我的一位熟人、一位资深护士的观察？

---

[1] 在美国无神论者中关于对死亡的态度的一项研究发现：50% 的人希望死后人们对于他们的一生能有一种纪念性的仪式。当别人确有此需要时，99% 的人支持在医生协助下的自杀，而75% 的人自己有此需要。100% 的人不愿意与宣传宗教的医务人员打交道。参见网址 http://nursestoner.com/myresearh.html。

她的整个职业生涯都在管理一个老人之家，在那里，死亡是一件稀松平常的事。她多年来注意到，最害怕死亡的人正是那些信教的人。她的这一观察也许需要统计学上的证据，但若假设她是对的，这又是怎么回事呢？不管怎么说，就表面来看，它恰恰强烈地否定了宗教对于死亡的安抚力量。[①] 以天主教的情况而言，他们也许是害怕炼狱？圣徒般的红衣主教休姆如此向一位朋友道别："好吧，再见了。炼狱里见，我猜。"我猜想的却是在那双慈祥苍老的眼睛里，有一丝怀疑闪过。

炼狱这一教义揭露了神学头脑的荒谬运作方式。炼狱是一种神的埃利斯岛，[②] 一个冥府的等待室，死者的灵魂要先去那里，如果他们的罪孽还未坏到足够去地狱的程度的话，但在尚未被允许升入天堂这个无罪区之前，还需在这里进行若干补救性的检查和净化。在中世纪，教会曾通过出售"赎罪券"来敛财。这相当于为若干天的炼狱中的减刑而支付金钱，教会也真的（而且带着惊人的厚颜无耻）发行了签署过的证明书，标明已购买的减刑天数。"不义之财"（ill-gotten）这个词也许正是专门为罗马天主教会而发明的。在其所有的敛财诈骗手段中，出售赎罪券当然必定可以列为历史上最大的骗局之一，那是尼日利亚网络骗局（Nigerian Internet scam）的中世纪版，只不过要成功得多。

直到 1903 年，教皇庇护十世（Pope Pius X）还能给教阶体系中每个级别有权获得的炼狱减刑天数制订表格：红衣主教 200 天，总主教 100 天，主教仅有 50 天。不过，从他那时起，赎罪券不再直接为金钱而出售。即便在中世纪，对于购买炼狱的假释而言，金钱也不是唯一的流通物。你还能用祷告来支付，无论是你自己在死前的祷告还是他人在你死后为你做的祷告。而金钱可以购买祷告。如果你有钱，你就能为自己灵魂的不朽做足准备。我所在的牛津大学新学院，始建于 1379 年（在当时

---

① 一位澳大利亚朋友创造了一个极妙的短语来形容老年人中对宗教的虔诚趋于增加的倾向。用一种澳大利亚的语调来说，在句末升调，就好像一个问句："Cramming for the final？"（大致相当于"临死抱佛脚"——译者注）

② 埃利斯岛（Ellis Island），是纽约市曼哈顿岛西南的一个小岛，1892 年至 1943 年间曾用作移民进入美国的检查站——译者注

它是新的），创建者是那个世纪伟大的慈善家威廉·威克姆（William of Wykeham），温切斯特主教。一个中世纪的主教可以成为那个年头的比尔·盖茨，控制（通往上帝的）信息高速公路，并积聚巨额财富。他管辖的教区罕见地大，因此威克姆用他的财富和影响力建立了两个伟大的教育机构，一个位于温切斯特，另一个位于牛津。教育对于威克姆来说是重要的，但是，用出版于 1979 年的作为第 6 个百年纪念的新学院官方历史中的话说，学院的根本目的却是："作为一个伟大的礼拜堂，用来为他的灵魂的安息做代祷。为此他还专门配备了 10 位牧师、3 个办事员、16 名唱诗班歌手。他吩咐如果学院的收益入不敷出，只有他们这些人仍要保留。"威克姆将新学院留给了学校委员会，一个自我选举的团体，已像一个有机体那样持续存在了超过 600 年。也许他相信历经数个世纪，我们会继续为他的灵魂祷告。

今天这个学院仅有一位牧师，[①] 没有办事员，而为在炼狱中的威克姆进行的一个世纪又一个世纪的祷告，已从洪流减弱到了现在的每年 2 次的滴流。唯有唱诗班不断壮大，而他们的音乐，确实有一种魔力。作为学校委员会成员，我甚至因背叛这份信任而有一些内疚。以他自己那个时代的理解而言，威克姆所做的事就相当于今天的一个富人，付出一大笔定金给一家低温技术公司，而他们保证冷冻他的躯体，并使之免于地震、动乱、核战争以及其他灾难的破坏，直至将来的某一时刻，医学已经知道如何解冻它，并且能够治愈当初置他于死地的那种疾病。我们这些后世的新学院委员会成员是否背弃了与创始人之间的契约？如果是的话，我们倒是有很多同道。数以百计的中世纪捐助者死的时候都相信他们那些报酬优厚的继承人会为炼狱中的自己祷告。我不由得想知道欧洲中世纪的艺术和建筑瑰宝中有多少最初是为其捐助者灵魂的永恒而创造的，不过现在这些信任也都被辜负了。

但关于炼狱的教义真正吸引我的是神学家们所提出的证据：它是如此薄弱，以至于使得主张它的人带有的那种装腔作势的信心显得更加滑

---

① 而且还是一位女性——威廉主教对此会作何感想？

稽。在《天主教百科全书》中，炼狱的条目下有一节叫"证据"。炼狱存在的关键证据是这样的。如果只是根据死者在尘世的罪孽，简单地决定他们上天堂或下地狱，为他们祷告就没有意义了。"为何还要为死者祷告，如果不相信祷告的力量可以为那些到目前为止被排除在上帝视线之外的人提供安慰的话？"而我们确实为死者祷告，不是吗？因此炼狱必定存在，否则我们的祷告就毫无意义了！证明完毕。这可真正是神学头脑把什么当成了推理论证的一个例子。

在一个更大的规模上，这种显然不合逻辑的推理还反映在另外一种常见的诉诸抚慰的展开论证中：必定有上帝，因为如果没有上帝，生活就将是空洞的、无意义的、徒劳的，就成了一片没有意义的、无足轻重的沙漠。还有必要指出这样的逻辑在第一步就无法立足吗？或许生活就是空洞的，或许我们为死者的祷告确实是毫无意义的。假设相反的情况就是假设我们所要寻求证明的那个结论的正确性。这种所谓的三段论显然是一种循环论证。没有你的妻子的生活也许确实是难挨的、沉闷的、空虚的，但不幸的是，这并不能阻止她的死亡。在这一假定中有着某种孩子气，也即，其他人（对儿童来说是父母，对成人而言是上帝）有一种责任来给你的生活提供意义和目标。这和那种扭到了脚踝就立即四下寻找控诉对象的人的幼稚症如出一辙。其他人必须为我的健康负责；如果我受到了伤害，其他人必须受到责备。对上帝的"需要"的背后是否正是一种与之类似的幼稚症呢？我们是不是又一次回到了宾克？

与此相反，真正的成年人的观点是，我们的生活是富有意义的、充实的、美妙精彩的，只要我们选择去令它变得如此。而且我们的确能够让它变得非常美好。如果科学能够提供一种非物质的抚慰，它就融入了我最后的话题：激励。

激励

这是一个品味或个人判断的问题，有个稍微不幸的影响就是，我必须采用的论证方法是修辞而非逻辑。过去我这么做过，而且很多其他人也这么做过，仅仅晚近的例子就有卡尔·萨根的《暗淡蓝点》、E. O. 威尔逊的《热爱生命的天性》（*Biophilia*）、迈克尔·舍默的《科学的灵魂》（*The Soul of Science*）以及保罗·库尔茨（Paul Kurtz）的《肯定》（*Affirmations*）。在《解析彩虹》中，我试图表达我们活着是多么幸运的一件事，考虑到绝大多数人原本有可能在 DNA 的组合式抽奖中被抛弃，而在事实上从未能够来到这个世界上。对于我们这些足够幸运的个体来说，为了描述生命的相对短暂，我们可以想象这样一幅画面：沿着时间的巨尺，一个像由激光打出的那样微小的光点在缓缓爬行。光点之前或之后的一切都被死亡的过去的黑暗或者未知的将来的黑暗所遮蔽。我们是如此惊人地幸运，发现我们自己恰在光点之中。无论我们在阳光下的时间是多么短暂，如果我们浪费哪怕 1 秒，或者抱怨生活的无趣、乏味或无聊（就像一个小孩那样），这难道不能被看作是对未能出生的无数根本永无机会得到一次生命的个体的无情侮辱？正如许多无神论者已说过并比我说得更好的那样，我们仅有一次生命这一认识，将使生命显得更为珍贵。无神论者的观点意味着肯定生命、抬高生命的价值，同时绝不像某些人那样，用自我欺骗、痴心妄想或是自我怜悯的哀怨来玷污生命，好像生活欠了他们什么似的。埃米莉·迪金森（Emily Dickinson）写道：

它绝不会再来一次，
生命正因此而美好甜蜜。

如果上帝的退位将留下空白，不同的人们会用不同的方式来填补。我的方式包括一剂科学的良药，是探寻关于真实世界的真理的诚实可靠的有系统的努力。我把人类理解宇宙的努力看作是一种建模（model-building）的事业。我们每一个人都会在自己的头脑里构造一个有关我们身处于其中的世界的模型。这个世界最小的模型就是我们的祖先为了生存于其中所需要的模型。模拟软件由自然选择编写并调试，它最适用于非洲大草原上我们的祖先所熟悉的世界：一个三维的世界，具有尺寸适中的物质实体，以适中的相对速度运动。作为一种意料之外的收获，我们的大脑原来强大到足以适应一个更加复杂的世界模型，远远超过了我们的祖先为了生存所需要的那个平庸的功利主义的模型。艺术和科学都是这一收获的压倒性的明证。让我再添上最后一笔，描绘一下科学开启心智和满足心灵的力量。

长袍之母

行走在今天的马路上，所能看见的最悲哀的景象之一就是一个妇女从头到脚被一块黑布包裹起来，仅通过一条细小狭长的缝隙来看这个世界。这种长袍不只是一种压迫女性、压迫她们的自由和美丽的工具；不只是一种男性惊人的残酷和女性在恐吓下悲惨地屈从的象征。我要用长袍上这一狭窄的缝隙作为某种其他东西的象征。

我们的眼睛是通过电磁波谱中一个狭窄的缝隙看见这个世界的。可见光是巨大的不可见波谱中的一道明亮的窄缝，整个波谱的长波端是无线电波，短波端是 γ 射线。处于其中的可见光谱是那么狭窄，以至难以认清，对表达也是一项挑战。想象一件巨大的黑色长袍，上面有一道可视的缝隙，按标准的宽度，比如说大约是 1 英寸（约 2.54 厘米）。如果缝隙上方的黑布的长度代表不可见波谱的短波端，其下方黑布的长度代表不可见波谱的长波部分，按可见光的频率范围相当于 1 英寸的缝隙这样的比例，这件长袍必须有多长呢？我们面对的长度是如此之大，以至于若是不借助于对数尺度 ① 就难以确切地表达。像这样的书的最后一章，我们没法再来讨论对数问题了，但我可以向你保证，这样一件巨大的长袍将会是所有长袍之母。可见光那 1 英寸的窗口与绵延数英里的黑布相比，微小到了可笑的程度，后者代表的是波谱中不可见的部分，从袍子

---

① 对数尺度（logarithmic scale），是一个非线性的测量尺度，以数量级为基础，用在数量有较大范围的差异时。里氏地震震级、声学中的音量、溶液的 pH 值等应用的就是对数尺度——译者注

底边的无线电波到头顶部分的 γ 射线。科学为我们所做的就是加宽这一窗口。它已打开的窗口是如此宽阔，以至于束缚我们的黑色长袍几乎完全被脱去了，令我们的感官暴露于轻快的、令人兴奋的自由之中。

光学望远镜使用玻璃镜片和反射镜扫描天空，所见的是那些恰巧以我们称之为可见光的狭窄波段发光的星星。但是其他的望远镜用 X 射线或射电波段来"看"，呈现给我们的则是另外一番丰富的夜空景色。在更小的尺度上，带有特定滤镜的照相机能够用紫外线来"看"，用它拍摄的花朵的相片，显示出一系列异常的条纹和斑点，那似乎是专为昆虫的眼睛而"设计"的，对它们可见，我们用肉眼则完全看不见。昆虫眼睛的光谱窗口与我们有相似的宽度，但稍稍往长袍的上方偏移：它们看不见红光，但能看见我们看不见的紫外线，从而进入了"紫外花园"。[①]

光的狭窄窗口被扩展成一个壮观的频谱这一比喻，也适用于科学的其他领域。我们生活在一个凹状的尺度博物馆的近中心处，用感觉器官和神经系统来看这个世界，但事实上我们配备的感官和神经系统仅适用于感知和理解尺寸的一个较小的中间范围，并以一种中间范围的速度运动。我们所熟悉的对象的大小范围从数千米（山顶上的视野）到约 1/10 毫米（针尖的大小）。超出这个范围，甚至我们的想象都会遇到困难，这时我们就需要仪器和数学的帮助——幸运的是，我们能够学会运用它们。我们的想象力自由驰骋的大小、距离或者速度的范围是一个很小的区段，嵌在一个巨大的可能范围之中：从微观一端的奇异的量子尺度到宏观的爱因斯坦的宇宙学尺度。

我们可怜的简单想象力不足以用来对付我们祖先所熟悉的那个狭窄的中间范围之外的尺度。我们试图将一个电子形象化为一个极小的球，在轨道上围绕一个更大的、代表质子和中子的球堆。但根本就不是那么回事。电子并不像小球，它不像任何我们所知道的东西。当我们试图过

---

① "紫外花园"（The Ultraviolet Garden）是我为皇家科学研究所圣诞讲座所开设的 5 个系列讲座中的一个所用的标题。最初在 BBC 的电视节目中播出时的总标题为"在宇宙中成长"（Growing Up in the Universe）。全部的 5 个系列讲座将可在 www. richarddawkins net，理查德·道金斯基金网站上看到。

于贴近实在的更远的边界时，甚至都难以说清"像"这个词还有没有意义。我们的想象力对于洞悉量子领域来说目前还有些勉为其难。在量子尺度上，没有任何东西是以我们得自进化的理解力所理解的物质应当的行为方式运动变化的。我们也无法应付某种以接近光速运动的物体的行为。常识让我们失望，因为常识是在一个没有东西运动得很快，也没有东西非常小或非常大的世界中进化出来的。

在关于"可能世界"的一篇著名文章的末尾，伟大的生物学家霍尔丹写道，"现在，我自己的猜测是，宇宙不仅比我们猜想的更奇特，而且比我们能够猜想的更奇特……我怀疑在天地之间有着比我们所梦想到的更多的东西，或者有着比我们能梦想到的更多的东西，无论在什么哲学里"。顺便要说的是，我对霍尔丹所引用的这段哈姆雷特的著名台词被指经常被念错这件事很感兴趣。标准的重音应该落在"你们的"上面：

霍拉旭（Horatio），天地之间有许多事情，
是你们的哲学里所没有梦想到的呢。（此句用的是朱生豪译文）

确实，这一台词经常被笨拙地引用，暗指霍拉旭代表了无处不在的肤浅的理性主义者和怀疑论者。但有些学者把重音放在"哲学"上，而"你们的"几乎听不见了："……是你们的哲学里所没有梦想到的呢。"这种不同其实对于当前的目的并不重要，只是第二种解读已经包含了霍尔丹的"无论什么"哲学。

本书的被题献者道格拉斯·亚当斯就是以科学的奇妙性谋生的，并把它推到了喜剧的程度。下述内容来自我曾引用过的 1998 年他在剑桥所做的即兴演讲："我们生活在一个重力深井的底部，在一个围绕着距其 9000万英里远的一个核能火球旋转的覆盖着气体的行星表面，并把这看作是正常的，这一事实显然显示了我们的看法可以是多么地扭曲。"其他科幻作家利用科学的奇异性来唤起我们的神秘感，而道格拉斯·亚当斯则利用它来使我们开怀大笑。例如，那些读过《银河系漫游指南》的人也许就会想到"无限不可能性引擎"。笑声可以认为是对现代物理学中一些不可

思议的悖论作出的最好反应。另外一种反应，有时我觉得，是哭泣。

量子力学，20世纪科学成就的巅峰，能够对真实世界作出出色的成功预测。理查德·费曼（Richard Feynman）把它所达到的精确度比作是以相当于一个人的头发丝那样细的精确度来预测北美洲那样大的宽度。这种预测上的成功似乎意味着量子理论在某种意义上必定是真实的，与我们所知的任何东西一样真实，甚至包括最朴实的常识层面的事实。然而，为了实现那些预测，量子理论所需要作出的假设是如此令人费解，以至连伟大的费曼本人也为此评论道（这一引语有许多不同的说法，下面的这种在我看来是最简洁的："如果你认为自己理解了量子理论……你就没有理解量子理论。"①

量子理论是如此古怪，以至物理学家们不得不求助于种种违背常理的"诠释"。在这里"求助"是一个恰当的词。在《真实世界的脉络》（*The Fabric of Reality*）一书中，戴维·多伊奇（David Deutsch）接受了量子论的"多世界"诠释，也许你能对这种诠释作出的最糟评价就是，它是一种不合理的浪费。它假设存在着数目巨大并且数量在急剧增长的许多宇宙，除非通过量子力学实验的狭窄舷窗，否则这些宇宙就以平行和彼此不可探测的方式存在。在其中的某些宇宙中，我已经死了。在其中的少数宇宙中，你有着绿色的胡须，等等。

另一种诠释，"哥本哈根诠释"则同样地违背常识——并不浪费，而只是惊人地自相矛盾。薛定谔用他的"薛定谔的猫"的比喻来对其加以讽刺。薛定谔的猫被关在一个盒子里，盒子中有一个由量子事件触发的用以毒杀猫的机关。在打开盒子的盖子之前，我们不知道猫是否还活着。但常识告诉我们，盒子里的猫不是死了就是活着。哥本哈根诠释却与这种常识相违背：在我们打开盒子之前，一切都只是一种概率。一旦打开盒子，波函数就坍缩了，留下的就是单一事件：猫死了，或猫还活着。而在打开盒子之前，猫既不是死的，也不是活的。

---

① 另一个相似的说法被认为源自玻尔（Niels Bohr）："任何没有被量子理论震惊的人就还没有理解它。"

这一思想实验在"多世界"的诠释中就是，在某些宇宙中，猫死了，在其他宇宙中猫是活的。这两种诠释都不符合人类的常识和直觉。不过比我们更有胆量的物理学家并不在乎。重要的是它在数学上有效，并且预测在实验中得到了验证。我们大多数人太懦弱，跟不上他们。看起来对于"真正"发生的事情，我们需要某种形象化的描述。附带提一下，我理解薛定谔原本提出他的猫的思想实验就是为了揭露他所看到的哥本哈根诠释的荒谬性。

生物学家刘易斯·沃尔珀特相信，现代物理学的奇异性只是冰山一角。科学，与技术相对照，总是有悖于常识的。[①] 举一个有趣的例子：每当你喝下一杯水，有很大的概率至少喝下了一个曾经通过奥利弗·克伦威尔 [②]（Oliver Cromwell）膀胱的水分子。这只是基本的概率论。每杯水中的分子数量要远远超出世界上所有杯子的数量。所以，每当我们喝上一杯，我们就是与世界上存在的水分子中的很高的一个比例在打交道。至于克伦威尔或者膀胱，则无关紧要。你或许刚刚吸进一个氮原子，它曾被一棵高大的苏铁树左边的第三条禽龙呼出。你难道会不为生活在这样一个世界上而感到高兴吗？其中不仅这样一种猜想是可能的，而且你还有特权去理解事情为何这样。你还能公开向别人解释，不是把它当作你的见解或是信仰，而是作为一种当他们理解了你的论证，便会感到不得不接受的东西。也许这就是卡尔·萨根所要表达的意思，他在解释他写作《魔鬼出没的世界：科学，照亮黑暗的蜡烛》（*The Demon-Haunted World: Science as a Candle in the Dark*）的动机时说："对我而言，不解释科学是有悖常情的。当你恋爱时，你就会想要告诉全世界。本书就是我个人的爱情宣言，表达我对科学一生的钟爱。"

复杂生命的进化——实际上它存在于一个服从物理学定律的宇宙中——不可思议地令人惊讶。又或者说，由于惊讶是一种只能存在于作为这一令人惊讶的过程本身的产物的大脑之中的情绪——这一事实使得这一过

---

① Wolpert，1992。

② 克伦威尔，1599～1658，17 世纪英国资产阶级革命中的代表人物，1649 年宣布英国成立共和国，1653 年自任"护国公"——译者注

程又变得并不令人惊讶了。于是，这里就有一种人存原理的理解，在这个意义上我们的存在不应该令人惊讶。即便如此，我宁可认为，代表我的人类同胞，我要坚持说，这依然是极其令人惊讶的。

想想看。在一个行星上，整个宇宙中可能仅有一个这样的行星，那些在通常情况下不会构造任何比一块大石头更复杂的东西的分子，聚集起来形成一块块岩石大小的东西，它们具有难以置信的复杂性，以至于能够跑动、跳跃、游泳、飞行、看、听、捕捉并吃掉其他类似富有生气的复杂的东西；其中的一些还会思考和感受，并与其他复杂的东西坠入爱河。现在我们已在本质上明白了这一切是怎样实现的，但仅仅是自 1859 年以来。在 1859 年之前，这一切还看起来实在非常非常奇怪。现在，多亏了达尔文，这一切仅仅是非常奇怪而已。达尔文抓住了长袍上的窗口并扯开了它，理解的闸门就此打开。其令人眼花缭乱的新奇以及振奋人类精神的力量，也许史无前例——只有哥白尼的革命才能与之媲美，后者认识到地球并不是宇宙的中心。

"告诉我，" 20 世纪伟大的哲学家维特根斯坦曾经如此问一个朋友，"为什么人们总是说，对于人类来说，假设太阳围绕地球转动而非地球在自转，是更自然的？"他的朋友回答："呃，显然这是因为看起来本来就像是太阳在绕着地球转动。"维特根斯坦回答说："好吧，如果看起来本来就像是地球在自转，那么看起来又会是什么样子呢？"有时我会在讲座中引用维特根斯坦的这一说法，期待听众大笑。不过他们似乎因为转不过弯来而陷入沉默。

在我们的大脑进化于其中的有限世界里，小的物体倾向于比大的物体运动得更快，后者就被看作是运动的背景（参考系）。随着地球的转动，那些因为与我们邻近而显得似乎较大的物体——山，树，建筑，大地本身，相对于太阳和星星这样的天体，都在精确地和观察者一起同步运动。但我们那由进化而来的大脑反映出的却是天体在运动而非前景中的山和树在运动的错觉。

现在我要继续讨论上面提及的观点，也即我们看世界的方式，以及我们发现某些事情在直觉上容易把握而其他事情则难以把握的原因，就在于我们的大脑本身是进化而来的器官:好比是机载计算机,被进化成有助于我们在这样的一个世界上生存——我将用中观世界(Middle World)这一术语来命名它——这个世界中与我们生存有关的物体既不是非常大,也不是非常小;这个世界中的东西要么静止,要么与光速相比是在缓慢地运动;这个世界中可能性非常小的事情可以被安全地当作不可能的事情。我们的心智长袍上的窗口是狭窄的,因为对于帮助我们的祖先生存来说,它没必要更宽。

与所有进化而来的直觉相反,科学已经告诉我们,像水晶和岩石这样的明显实心的东西,事实上它们的内部几乎完全是空的。描绘一个原子中的原子核的常见比喻就是一个体育场中心的一只苍蝇,而邻近的原子就是另一个体育场。于是,最硬、最实、最密的岩石,"真的"几乎完全是无物的空间,彼此距离遥远的一些极小的粒子分布其中,可以忽略不计。那么为何岩石看上去和感觉起来却是实心、坚硬和不可穿透的呢?

我不去想象维特根斯坦会如何回答这个问题。但是,作为一个进化生物学家,我会这样回答:我们大脑的进化是用于帮助我们的躯体去寻找在这个世界上的生存之道的,而这个世界的尺度是我们的躯体运作的尺度。我们不是为了在原子世界中驰骋而进化的。如果是这样的话,我们的大脑也许就会将岩石感知成空空如也的。岩石对于我们的手来说感觉是坚硬不可穿透的,正是因为我们的手不能穿透它们。不能穿透的原因与组成岩石成分的粒子的大小与间距并无关联,而是与和"固体"物质中那些稀疏分布的粒子相关的力场有关。对我们的大脑来说,构造出像坚硬和不可穿透这样的概念是有用的,因为这样的概念有助于我们在一个其中的物体——我们称之为固体——不能同时占据同一个空间的世界中为我们的躯体导航。

说到这儿,我们来轻松一下——摘自乔恩·龙森(Jon Ronson)的《瞪山羊的男人们》(*The Men who Stare at Goats*):

这是一个真实的故事。那是 1983 年的夏天。在弗吉尼亚的阿灵顿,少将阿尔伯特·斯塔布尔宾三世(Albert Stubblebine Ⅲ)正坐在他的桌子后面，凝视着面前的一堵墙，墙上挂着他的许多军功章。它们记载了一段漫长而杰出的军旅生涯。他是美军情报与安全司令部的首长，在他的手下有 16 000 名士兵……他越过他的奖章看着墙壁本身。他感到必须去做一件事情，即便这个想法让他感到害怕。他在思考不得不做的一个选择。他可以选择待在自己的办公室或是进入隔壁的办公室。现在他已作出选择，那就是进入隔壁办公室……他起立，从桌子后面走出来，开始踱步。我的意思是，他在想，究竟原子主要是由什么构成的？空间！他加快步伐。我主要是由什么构成的？他想。原子！现在他几乎在小跑了。墙主要是由什么构成的？他想。原子！我需要做的只是合并空间……随后将军的鼻子就重重地撞上了办公室的墙。该死！他想。斯塔布尔宾将军被他连续的穿墙失败搞得心灰意冷。他做不到，他出了什么问题？也许只是因为公务繁忙，令他无法将精神集中到必要的高度。他心中毫无怀疑，终有一天这种穿越物体的能力会成为情报搜集的常用工具。当那一天来临之时，相信它宣告了一个没有战争的世界的到来，难道太幼稚吗？谁还敢招惹有这种能力的军队呢？

在这一机构的网站上，斯塔布尔宾将军被贴切地描述为一位"创新思想家"，他退休后与他的妻子一起管理该网站。

由中观世界进化而来，我们发现在直觉上很容易把握这样的概念："当少将以一种中等速度运动，此速度也的确是少将们以及中观世界中其他物体的运动速度，当他撞上中观世界中的另一个固体，比如一面墙时，他的前进就被痛苦地阻止了。"我们的大脑没有能力想象作为一粒中微子从巨大的空隙中穿过"实际上"就是由巨大的空隙所组成的一堵墙的情形。当物体的运动速度接近光速时，我们的理解力同样难以处理所发生的事情。

纯粹的人类直觉，是在中观世界中进化和受到培养的，甚至都难以去相信伽利略的说法：一个加农炮弹与一片羽毛，如果没有空气阻力的话，当它们从一座斜塔上同时落下时，会在同一时刻撞击地面。这是因为在中观世界，空气阻力总是存在。如果我们是在真空中进化而来，我们就会预期一片羽毛和一个加农炮弹同时撞击地面。我们是中观世界的由进化而来的居民，这限制了我们能够想象的东西。我们的长袍上那狭窄的窗口只允许我们看见中观世界，除非我们特别有天赋，或受过特别的良好教育。

有一种感官，有了它，我们才得以在中观世界中生存，也得以在原子和电子的微观世界中生存。那就是有赖微观世界中的行为的神经冲动，我们靠它来思考和想象。但对我们的祖先来说，绝不需要通过对微观世界的理解来帮助他们完成行动或是作出决策。如果我们是细菌，就会不断受到分子热运动的撞击，那样的话情况就会有所不同。但我们这些中观世界的居民质量大到过于笨重，无法注意到布朗运动。同样地，我们的生活主要受重力影响，微弱的表面张力几乎可以忽略不计。但对一只小小的昆虫而言情况恰好颠倒过来，它会发现表面张力绝非微不足道。

史蒂夫·格兰德（Steve Grand）在其《创生：生命及其创造》（*Creation: Life and How to Make It*）中对我们关于物质本身的先入为主之见的批评几乎是尖刻的。我们倾向于认为，只有有形的、具象的"东西"，才是"真正的"东西。真空中的电磁振荡"波"似乎不是"真实的"。维多利亚时代的人们认为，波必定是在某种物质媒介"中"的波。由于没有发现这种介质，他们就发明了一个，并称之为以太。但我们发现"真实的"物质方便我们理解，仅仅是因为我们的祖先是为了生存于中观世界中而进化的，在这个世界里"物质"是一个有用的概念。

另一方面，甚至我们中观世界的居民也会发现旋涡是一种有着某种岩石那样的实在性的"东西"，尽管旋涡中的物质在不断变化。在坦桑尼亚的一处沙漠平原，在马赛人[①]的神圣火山伦盖火山（Ol Donyo Lengai）的阴影下，有一个大型沙丘，由 1969 年的一次火山喷发喷出的火山灰形成。它被风刻出形状，美妙的是它还会整体移动。在技术上它被称作新月形沙丘（barchan）。整个沙丘以每年约 17 米的速度在沙漠中向西移动。在此过程中，它保持新月形状并且沿着新月形的勾尖移动。风将缓

---

① 马赛人（Masai），肯尼亚和坦桑尼亚的游牧狩猎民族——译者注

坡一侧的沙吹起，随着每一粒沙子到达沙丘脊部顶端，沙粒便又像瀑布般地落到新月形向内凹陷的陡坡一侧。

实际上，新月形沙丘甚至比一个海浪更像是一样"东西"。一个海浪在开阔的海面上看起来是水平移动的，但水分子却是垂直地运动的。类似的，声波从说话者传到聆听者，但空气中的分子却并没移动：否则那就是一阵风，而不是声音了。格兰德指出，你和我都更像是波而不是永久不变的"东西"。他请读者去回想……

……童年的一段经历。你清楚地记得某些事情，你能看见、感觉到甚至是闻到某些事物，仿佛实际上你已身临其境。毕竟，那时候你曾真的在那儿，不是吗？否则你怎么会记得呢？但令人震惊的正是：你不曾在那里。组成你今天的身体的原子，没有任何一个在事情发生的当时就曾在那里……物质到处在流动，只是短暂地聚在一起组成了你。因此，无论你是什么，你都不是构成你的那些东西。如果这还没能让你脖子后面的汗毛倒竖，那就再读一遍，因为这很重要。

"确实"（really）不是一个我们应当带着简单的自信来使用的词。如果中微子有一个大脑，从它中微子大小的祖先进化而来，它就会说，岩石"确实"几乎是由空洞的空间组成的。我们的大脑进化自中等大小的祖先，他们不能穿透岩石，所以我们的"确实"是一种岩石坚硬世界中的"确实"。对于动物来说，"确实"就是它的大脑需要得到的样子，以便帮助它生存。因为不同的物种生活在如此不同的世界里，所以就会有各种各样的伤脑筋的不同的"确实"。

我们所看到的真实世界，并不是未经修饰的真实世界，而是真实世界的一个模型，它由感官数据调节校正——模型的构建是为了在与真实世界打交道时有用。模型的性质取决于我们是什么类型的动物。一种飞行的动物所需要的关于世界的模型就不同于行走、攀爬或游泳的动物。捕猎者所需要的模型也不同于被猎者，尽管它们的世界必然会有重叠。一个猴子的大脑必须要有能够模拟一个由树枝和树干组成的三维迷宫的软件。一个生活在水面上的划蝽（water boatman）的大脑则不需要这样的三维软件，因为它生活在池塘表面，一个埃德温·阿博特笔下的平面国 ①。一只鼹鼠构造世界模型的软件就需要为地下的用途而进行定制。一只裸鼹鼠描绘世界的软件可能与鼹鼠的相似。但是一只松鼠，虽然它像裸鼹鼠一样是啮齿动物，却可能拥有的是更类似于猴子的渲染世界的软件。

在《盲眼钟表匠》中以及其他地方我曾推测，蝙蝠也许可以用它们的耳朵"看见"颜色，为了在三维空间中导航捕捉昆虫，蝙蝠所需要的世界模型，必定与燕子所需要的模型相似，因为它们所要完成的任务相同。蝙蝠用回声来修正其模型中的变量，而燕子则用光，这一差别只是出于偶然。我想，蝙蝠也许会以诸如"红"和"蓝"这样的感知色调（perceived hues）作为某种回声的有用特征的内在标签，也许是物体表面的声学纹理，正像燕子也通过同样的感知色调来标记长波光和短波光那样。重点在于，模型的性质取决于它如何被使用，而不是取决于感觉形态。蝙蝠的例子就说明了这一点。心智模型的一般形式——相对于感觉神经不断输入的变量而言——是对动物生活方式的一种适应，正如同翅膀、腿和尾巴一样。

霍尔丹，在我前面已引用过的讨论"可能世界"的文章中，对于嗅觉占主导地位的动物也有相似的说法。他提到，狗能够区别两种非常相似的挥发性脂肪酸——辛酸和己酸，它们的浓度都被稀释至一百万分之一。唯一的区别是辛酸的分子主链要比己酸多出两个碳原子。霍尔丹推测，狗也许能够"通过气味按其分子量给这些酸排序，正像人能够通过音调按钢琴琴丝的长度给它们排序一样"。

还有另外一种脂肪酸，癸酸，除了在其分子主链上又多出两个碳原子之外，它与上述这两种酸完全一样。一条从未接触过癸酸的狗想象它的气味也许完全没有困难，正像我们想象一支喇叭吹奏出某个要比我们曾听见过的音符更高的音符时没什么困难一样。在我看来，推测一条狗

---

① 指 Edwin A. Abbott 的科幻小说 Flatland，书中的人物都生活在二维世界中——译者注

或一头犀牛可能会把混合的气味当作和谐的和弦来对待是完全合理的。也许其中也会有噪声。也许并不是旋律，因为旋律是由精准计时起止突然的音符构成的，与气味不同。或者也许狗和犀牛的嗅觉是有色彩的，与蝙蝠的论证相同。

再次强调，我们称作颜色的感觉只是被大脑用来标记外部世界重要特征的一种工具。感知色调——哲学家管它叫感质（qualia）——与光的特定波长没有内在的联系。它们是内在的标签，为大脑所用，大脑借助它来构造外部实在的模型，以便制造出对相关动物来说特别突出的差异。在我们人类的情况中，或者在鸟类的情况中，那意味着不同波长的光。在蝙蝠的情况中，我已经作出推测，那也许是具有不同回声特性或纹理的物体表面，也许红色代表光滑，蓝色代表柔滑，绿色代表粗糙。而在狗或犀牛的情况中，为何它就不能是嗅觉呢？能够去想象蝙蝠或犀牛，黾蝽或鼹鼠，细菌或是蠹虫的异类世界，这正是科学赋予我们的特权之一，科学拉扯我们长袍的黑布，向我们展示了一个更宽阔的外部世界，令我们感到愉悦。

中观世界这一比喻，即我们长袍上的狭窄缝隙允许我们看见的中等范围的现象世界的比喻，还可应用于其他的标度或“光谱”上。我们可以构想一个不可能性的标尺，上面也有个相似的狭窄窗口，通过它，我们的直觉和想象能够发挥作用。在这个不可能性的光谱的一个极端，是那些我们称之为不可能的潜在事件。奇迹就是极其不可能的事件。一座圣母马利亚雕像可能向我们挥手。组成雕像的晶体结构的原子都在来回振动。因为它们是如此之多，又因为它们在运动的方向上并无默契，于是这只手，如我们在中观世界中所看到的那样，岿然不动。但是，构成这只手的振动着的原子可能刚好全部同时向同一个方向运动。然后重复一次，再重复一次……假使这样的话，手就动了，并且我们会看见它正向我们挥动。这可能发生，但不可能性是如此之大，如果你从宇宙起始那一刻开始写这个数字，直到今天你都还没有能写完足够的零。计算这种概率的能力，也即量化这种几乎不可能性，而不是绝望地举手投降，是科学施惠于人类心灵的解放的另一个例子。

由于进化于中观世界，我们处理非常不可能的事件的能力不足。但是在宇宙空间的广度上，或地质时间的长度上，在中观世界中看起来不可能的事件，结果却变得不可避免了。科学冲开了狭窄的窗口，我们原本习惯于通过它去观看可能性的光谱。现在我们通过计算和推理冲破了束缚，得以访问那些曾经看起来是禁区或是被龙占据的区域。在第 4 章中，我们已经利用过这一加宽的窗口，我们仔细考虑了生命起源的不可能性，以及给予足够的宇宙时间的话，一个几乎不可能的化学事件如何变得甚至必然发生；我们还考虑了可能的宇宙的系列，其中的每一个宇宙都有它自己的一套定律和常数，以及发现我们自己身处于少数友好的地方中的一个，在人存原理上的必然性。

我们应当如何理解霍尔丹的"比我们能够猜想的更奇特"？比原则上能够猜想的更奇特？或者只不过是比我们能猜想的更奇特，考虑到我们大脑作为中观世界里的进化上的学徒的局限性？通过训练和实践，我们是否能够将自己从中观世界中解放出来，撕掉我们的黑色长袍，对非常小、非常大以及非常快的事物达成某种直觉上的——也包括纯粹数学上的——理解？坦率地说，我不知道答案，但是，我为能够生活在一个人类正努力突破理解的极限的时代而感到激动。甚至更好一点，我们也许最终会发现，极限并不存在。

译 后 记

　　道金斯是英国生物学家。因其《自私的基因》（有中译本）一书的畅销，道金斯在读者中获得广泛声誉。2006 年 10 月，道金斯推出新著《上帝的错觉》，该书在出版后的一年间，发行量已达 100 万本之多。其中精装本 50 万本（据《华尔街日报》2007 年 7 月 16 日），雄踞《纽约时报书评》非小说类畅销书排行榜几达一年。这样的发行量，堪称出版史上的奇迹。相比之下，霍金的《时间简史》1988 年初版仅发行 20 万本，至 2007 年才达 1200 万本（包括不同语言版本）；而《自私的基因》在近 10 年间发行量才达到 100 万本。由此可见，《上帝的错觉》一书在读者中引起了巨大的反响。

　　作为科学家，道金斯是一位坚定的无神论者。他对于宗教的批驳主要是站在科学的角度而言。为何欧美读者如此感兴趣于道金斯所论述的话题？它对中国读者而言又有什么样的意义？本文就从译者的一段亲身经历说起。

　　曾有一位德国学者（他是天主教机构的工作人员）来国内作一个学术报告，内容有关德国天主教的现状。报告完毕后，一名中国学者提问，大意是，中国如今道德滑坡情况比较严重，这是否与中国缺少宗教有关？这位德国学者严肃地回答，在西方达成的共识是，道德的维系有赖法律和宗教的共同承担。尽管这位学者的主要使命与天主教有关，但他依然强调法律在道德维系过程中的关键作用。而这位中国学者的提问思路倒是令人看到这样一种现状，即学术界中不时听到这么一种声音：由于中国缺少宗教关怀，公众（包括官员）缺乏对某种信仰的敬畏之情，致使道德滑坡现象一发而不可收。这就涉及一个不可回避的问题：道德乃至人生的终极意义究竟以什么作为支柱？想当初，启蒙时代的欧洲人文学者对中国的情况赞誉有加。他们说，中国人的生活中没有如欧洲那样的基督教信仰，但中国却并未出现遍地盗匪的状况，可见道德的维系并非仅由宗教独家承担。欧洲近代以来人文主义深入人心，世俗化倾向得到张扬，显然时代风尚的这一转变与启蒙时代思想家们的努力密不可分。

然而，欧洲毕竟受过中世纪基督教的浓厚熏陶，以至一个彻底的无神论者在如今的欧美依然不见得是占据主流地位的多数派。这就是道金斯的新著的背景所在。作者的主旨就是要为无神论者进行有力的辩护，竭力提升无神论者的自觉意识，同时把"上帝"当作是一种有害的错觉，不仅揭露其虚幻，更要把它清除干净。但对于中国的读者来说，因为没有西方那种特有的语境，也许就难以体会道金斯的用心良苦。对于大多数中国人来说，也许我们生来就是一个无神论者（当然也有可能是不可知论者），对此，难道还需要像道金斯那样来为自己的无神论者身份刻意辩护吗？但即便我们大多数人是天然的无神论者或不可知论者，道金斯的书依然能让我们有所思有所得，因为从中我们可以体会到一个无神论者的不易及其可贵。这就得说到宗教产生的根源。

人是这样一种动物，他知道自己必死，这就是人固有的局限性，但人又渴望永生，以便达到无限。正是这一无法克服的悲剧，导致人类需要某种信仰，以求达到某种形式的永生（彼岸、天堂、来世等）。情形正如费尔巴哈所说，人若没有死亡，就不会有宗教。此外，即便在人有限的生涯中，种种不测风云也随时会有降临的可能。这就是人生无法回避的生之无常，死之迫切，它们成为宗教永恒的话题。无助的人需要某种精神上的支柱。正是在此意义上，成为一名无神论者不易，因为他无所谓神佑可以依靠或庇护，他唯能依靠的仅是自己的信心及其理性的判断能力，就此而言，一个无神论者更需要足够坚强的意志。说其可贵，也正是由此而来。但还有另外一层意思，道金斯说道，对于无神论者来说，生前和死后无所谓天堂和地狱，生命只有一次，此前和此后都被虚无所笼罩。根据科学的说法，我们来到这个世界，是一次罕见的小概率事件，生命对于我们来说是如此幸运，难道我们不该好好珍惜这仅有一次的生命？难道我们还有任何理由或哪怕用一丁点的时间来自怨自艾？在我看来，这就是一个无神论者对于命运的感恩方式。

道金斯的书虽然主要为欧美读者所写，但它对中国的读者来说依然有其现实意义。这就是本文开头提到的那位中国学者的提问。由于世风日下，以至我们不时能够听到这样的说法，中国需要依托宗教资源来重建道德，重建关于生命的终极关怀。于是，有儒家学派的提倡者鼓吹要以儒教来感化民心；当然还有其他宗教的传教士各自倡导自己的宗派。本着宪法赋予的宗教自由的原则，我们当然不能干涉别人的信教自由。但问题在于，汉民族本是一个宗教情感相对淡漠的民族，怎么可能立竿见影地让每一个人都建立起某种神圣的宗教情感，以便抵御道德滑坡现象？这就又涉及一个关键性的问题，道德的根基是否必须立足于宗教信仰之上？本书有一章专门讨论这一问题，相信能给读者带来诸多启迪。如果我们承认，对于道德的根基来说，宗教不是一个必要前提，那么，把如今的道德滑坡现象归之于宗教信仰的缺乏，就有失偏颇了。

如前所述，作为一名科学家，道金斯完全站在科学的角度来审视宗教，在他看来，上帝的存在与否，就是一个严格意义上的科学命题，可用科学事实加以验证。比如，若上帝现身于人间，他总该有某种信息能够被科学仪器加以捕捉。上帝若是完全逃逸于科学视野之外，这就表明，上帝不是一种"真实"的存在。只有当科学弄清并告诉我们关于这个世界的所有知识以后，上帝存在与否的真相才会水落石出，当然他坚信，谜底就是上帝的存在是一种错觉。

然而，对于宗教徒来说，即便科学能够弄清自然界的所有真相（但实际上，这或许是一个难以实现的命题），但它对于证明或反驳上帝的存在却是鞭长莫及。在某种意义上，上帝存在于自然界之外，或者它就存在于信徒的心中。如前所述，上帝对于人类来说，具有一种必不可少的心灵抚慰作用，人类需要相信上帝的存在。由于"信则灵"，在这种情况下，"信以为真"又有何不可呢？这就是宗教徒的立场。当然，道金斯也承认，上帝确实具有心灵抚慰的作用，但即便在这种情况之下，在道金斯看来，"信"与"真"也不能混为一谈，即相信上帝的存在，与上帝真实的存在，不能画等号。

也正是在此意义上，道金斯始终坚持上帝的存在是一种虚幻的错觉。那么，上帝究竟是存在于自然界之中，还是处于自然界之外，或者干脆就是在人的内心？要回答这一问题，最好是稍稍知道宗教哲学的某些观点。就基督教而言，论证上帝的存在主要有两条进路：天启神学和自然神学。一言以蔽之，在天启神学看来，只要内心充满真诚的信仰，上帝自然就会走进你的心间，所谓信则灵，就此而言，天启神学带有那么一点神秘主义色彩，它与严格意义上的所谓客观事实毫无关系，只与个人的内心体验有关。自然神学则有所不同，在它看来，上帝的存在可通过自然界中的事实加以验证，托马斯·阿奎那的神学论证就是典型一例。比如，万物看上去都是如此地精致和谐，它的背后当然有一个设计者，而这个具有最高智慧的设计者就是上帝。于是，上帝的存在绝不只是神秘主义意义上的那种个人体验，而是从天地之间自然引出的理性结论。

然而，自然神学是一把双刃剑。一方面，正是在自然神学的召唤之下，不少近代科学家献身于日月星辰、花草鸟兽等自然现象的研究，因为天地间的万物无不昭示上帝存在的线索，用 17 世纪一位神学家兼博物学家的话来说，哪怕在一只虱子身上也凝聚着上帝的智慧。但另一方面，随着自然科学的不断深入，作为智慧设计者而存在的上帝形象却不断受到挑战。比如，达尔文的成功就在于，他用自然选择理论解释了"和谐有序"的生命现象得以生成的机制。自达尔文以后，上帝作为设计者不仅多余，而且它的解释能力还赶不上自然选择。作为一个生物学家，道金斯对此当然是心领神会，因而他用来反驳上帝存在的最强有力的证据就是自然选择理论。这就是说，当科学解释越来越深入地揭示了自然现象的内在机制之后，上帝在自然界中的地位只能日趋边缘化。当我们的眼界深入茫茫宇宙，知道了黑洞的存在，还弄清楚了生育的奥秘之后，对天堂的存在或是处女怀孕之类的传说当然就更难相信。再举一例，盛夏之际的台风，给陆地带来充沛的雨水和降温等利好，但对沿海居民来说，则更多是船毁人亡的灾难。此时的上帝，又是站在哪一方呢？

这就是当代自然神学面临的困境。要走出这一困境，或许不得不放弃自然神学的论证思路。借用圣经中的一种说法：该给自然界的给自然界，该给上帝的给上帝。如今的自然科学牢牢守住的是这一底线：绝不能引入任何超自然的因素来解释自然现象。比如，近年来在美国兴起的"智能设计论"就引入某种"智能存在"来解释进化，理由是自然选择机制不足以解释全部的进化现象。作为一种科学理论，自然选择机制当然不可能已尽善尽美，但并不表明其对立观点"设计论"就是一种必然成立的说法。更何况，引入"智能存在"这一超自然因素已突破自然科学的底线。

那么，该给上帝的又是什么呢？这就是信仰。信并不必然要求为真。举一个例子，弗雷泽在《金枝》里写到这样一个风俗：在某个古老的部落中，部落的祭司王必须在壮年的时候被杀死。对此，弗雷泽说，这是因为野蛮人相信，只有这样，祭司王的灵魂才能够保持鲜活，才能在另一个世界中保佑他们的部族。但维特根斯坦却说，即便野蛮人这样解释自己的行为，这种解释也毫无意义。因为根据这样的解释，一旦"科学事实"证明这种信念是错误的，野蛮人似乎就该放弃他们的这一行为。这正是道金斯坚持的观点。在道金斯看来，宗教很容易驳倒，只要告诉信徒太阳是一团火热的气体，对于太阳的崇拜就会轻而易举地消失。而那些在知道了科学事实之后依然固执己见的人，在道金斯看来就是愚昧不堪。但事实上，宗教徒绝不会轻易放弃自己的信仰，即便有科学事实为证。为什么？维特根斯坦对此的解释是，对于野蛮人来说，共同观看这一流血场面，是为了寻找一种维系部落的纽带，同时，一个鲜活的生命的死亡，唤起人们对生命的珍爱，对彼此命运的关切。就此而言，巫术的意义就在于仪式的过程，这当中无所谓对与错。正如同生活本身，生活就在于一种过程和体验，本身无所谓对错。"在这里，人们只能进行描述并且说，这就是人类的生命。"以维特根斯坦的观点来审视宗教，或许我们可以这样来说，宗教就是为人类的生活构建某种意义，而意义本身是不能用科学事实来检验的。

这就说到人类的生活世界。不同于动物，人绝不仅仅生活于一个事实的世界之中，人还生活于一个意义的世界之中。比如，我们总是这样问道，生活的终极意义是什么？我们为什么要活着？也许我们完全可以像动物那样自然地生活，从不过问这些问题，而这种活法，似乎并不妨碍我们去品尝"活着"本身的乐趣，比如食之甘美，性之刺激。但大多数的人却不满足于这种纯自然的生活方式，人要为自己的"活着"编织意义，于是，人不是活着，而是生活。意义的编织需要通过想象力，这就是说，人还生活在想象或希望的世界之中，这就是所谓的精神世界。想象在某种程度上当然可以超脱于事实，宗教就是这种想象力的产物。因而宗教无所谓对错。当道金斯执着地要把宗教放到事实尤其是科学事实的天平上去称量时，他等于是剥夺了人的想象力。"不能被发现的东西是赋予世界以意义的东西。"一位哲人曾如此说道。也正是卡夫卡笔下的主人公，说出了巫术和宗教世界的真相："这个世界必须建立在一个谎言之上。"

这就引出一个问题。难道一个无神论者就生活在一个无意义的世界当中？确实，在不少宗教徒的心目之中，他们差不多就是这样认为的。比如有人这样说，一个无神论者，他的出生是一场机遇，生活是一场竞争，死后化为泥土。这样的描述当然是一种偏见，它也许只适合于动物。一个无神论者也可以为人生编织意义。这是因为，意义的编织可以有多种方式，比如艺术、哲学等许多种，而宗教只是其中的一种。对于大多数传统的中国人来说，或许天伦之乐就是人生的意义所在，传宗接代也正是"永生"的方式。就道金斯本人而言，他的生活也足够充实且富有意义。道金斯曾有这样一段话令人过目难忘："在阳光下度过我们短暂的一生，在工作中了解宇宙的奥秘，知道我们为什么睁开眼睛，难道不是一种高贵的、令人陶醉的享受吗？"或许我们可以说，道金斯是以一种科学的人生观来充实自己，不少科学家都持有这样的人生观。但科学人生观并不适用于每一个人。就此而言，道金斯也不能要求所有人都像他那样从科学知识及认知过程中寻得生活的意义。物理学家费曼的一位同事的母亲，曾向费曼如此倾诉，她的儿子抱怨她不能懂得物理定律的意义，但费曼却向这位母亲说道，没关系，你只要懂得爱就行了。费曼的回答耐人寻味。

正因为意义的编织有多种方式，永生的形式也多种多样（尽管"人生自古谁无死，留取丹心照汗青"也是一种永生方式），宗教就没有权利让自己成为人们精神世界中唯一的主宰。重申本文开头提到的观点，即便面对眼下的道德滑坡现象，我们也不能把原因归之于宗教信仰的缺失。放在这一语境之下来解读道金斯的著作，我们自然就能获得诸多启示。尤其是，道金斯对于宗教专制做法带来的巨大伤害的揭露，比如宗教与恐怖主义、种族屠杀等的复杂关系，不仅有益于我们看清世界政治格局的扑朔迷离，而且对于宗教的过度滥用也是一种有效的解毒剂。毕竟，在人类的文明史上，人文主义及世俗化的崛起是大势所趋。在此过程中，宗教也许永远都不会退出文明舞台，但它必须学会与其他价值体系共存。就此而言，本书对于宗教徒也不失为一种有益的读物。

还须指出一点，如今我们更多是从象征的意义上解读宗教。比如，道金斯在本书说到这一例子：美国的新奥尔良市在卡特里娜飓风登陆之后，受到水灾的沉重打击。据报道，帕特·罗伯逊牧师，美国著名的电视传道者之一，前任总统候选人，就把这次飓风归因于一个女同性恋喜剧演员，她恰好住在新奥尔良。对此，道金斯以一种讽刺性的笔调写道，你最好是认为一个全能的神也许会采用命中率稍高些的方式一下子就击中那个罪人，比如心脏病发作，而不是一个城镇的全体毁灭就因为一个女同性恋喜剧演员正好住在那里。就表面来看，道金斯的说法极有说服力。但若是从象征的角度去解读，我们从中体会到的却分明是，当罪恶就发生在我们周围时，只要我们中没有人敢于挺身而出制止罪恶，那么，在某种意义上，我们就都是共谋，并且不得不吞下或承担由此而生的恶果。这种解读带来的警醒意义其力度显然要超过道金斯的反驳。

曾有人这样评价道金斯，说他依然是基督教的产物，他充满激情地投入"传教"事业，当然，传的是无神论这一教义。本书的字里行间，无不充溢着这样的传教士般的激情和冲动。在某种意义上，这些正是西方文化的体现。这就是说，对于一种学说或教义，不仅要在学理上作出严格的辩护，把它说得是非分明，而且还要让它成为更多人的信仰。这就是一种神圣的使命感。它的正面意义在于，当它融入日常事业或工作之中时，就体现为一种敬业精神。但负面意义却在于，当它向外扩张时，常常表现为一种霸道。

本书的前言、第 1 章和第 2 章由陈志夏译出初稿。我译完其余部分且对全书进行统校。本书引经据典，文采飞扬，也为翻译增加了一定的难度。若发现译稿中有错误之处，万望读者见谅。

最后还须特别指出的是，若是没有禹宽平博士的无私相助，本书是不可能与读者见面的。不仅因为正是他推荐了本书，而且在翻译的过程中，每当碰到疑难之处，他总是不厌其烦、认真及时地寻找相关资料，从而使得翻译工作能够顺利进行。本书的不少译者注释就是出自他寻找的资料。译文对原书的圣经短语作了大量的注释，这不仅方便了中国读者的阅读，同时也有益于增进中国读者的西方文学知识。这些注释基本上也是出自禹宽平的工作，他还利用正在美国学习这一有利条件，向周围的人士咨询这些短语的确切含义，从而保证了译文的质量。

期待本书能够得到读者的认可，这是对我们所有参与人员的辛勤工作的最好回报。

陈蓉霞

2007 年 9 月 9 日于上海

参考文献

Adams, D.(2003). *The Salmon of Doubt*. London: Pan.

Alexander, R. D. and Tinkle, D.W., eds(1981). *Natural Selection and Socia, Behavior*.New York: Chiron Press.

Anon.(1985). *Life—How Did It Get Here? By Evolution or by Creation?* New York: Watchtower Bible and Tract Society.

Ashton, J.E., ed.(1999). *In Six Days: Why 50 Scientists Choose to Believe in Creation*. Sydney: New Holland.

Atkins, P.W.(1992). *Creation Revisited*. Oxford: W.H.Freeman.

Atran, S.(2002). *In Gods We Trust*. Oxford: Oxford University Press.

Attenborough, D.(1960). *Quest in Paradise*. London: Lutterworth.

Aunger, R.(2002). *The Electric Meme: A New Theory of How We Think*. New York: Free Press.

Baggini, J.(2003). *Atheism: A Very Short Introduction*. Oxford: Oxford University Press.

Barber, N.(1988). *Lords of the Golden Horn*. London: Arrow.

Barker, D.(1992). *Losing Faith in Faith. Madison, WI: Freedom From Religion Fondation*.

Barker, E.(1984).*The Making of a Moonie: Brainwashing or Choice?* Oxford: Blackwell.

Barrow, J. D. and Tipler, E. J.(1988). *The Anthropic Cosmological Principle*. New York: Oxford University Press.

Baynes, N. H., ed.(1942).*The Speeches of Adolf Hitler*, vol.1. Oxford: Oxford University

Press.

Behe, M. I. (1996). *Darwin's Black Box.* New York: Simon & Schuster.

Beit—Hallahmi, B.and Argyle, M.(1997). *The Psychology of ReligiOUs Behaviour, Belief and Experience.* London: Routledge.

Berlinerblau, T.(2005). *The Secular, Bible: Why Nonbelievers Must Take Religion Seriously.* Cambridge: Cambridge University Press.

Blackmore, S.(1999). *The Meme Machine.* Oxford: Oxford University Press.

Blaker, K., ed. (2003). *The Fundamentals of Extremism: "The Christian Right in America.* Plymouth, MI: New Boston.

Bouquet, A. C. (1956). *Comparative Religion.* Harmondsworth: Penguin.

Boyd, R. and Richerson, P. J. (1985). *Culture and the Evolutionary Process.* Chicago: University of Chicago Press.

Boyer, P. (2001). *Religion Explained.* London: Heinemann.

Brodie, R. (1996). *Virus of the Mind: The New Science of the Meme.* Seattle: Integral Press.

Buckman, R. (2000). *Can We Be Good without God?* Toronto: Viking.

Bullock, A. (1991). *Hitler and Stalin.* London: HarperCollins.

Bullock, A. (2005). *Hitler: A Study in Tyranny.* London: Penguin.

Buss, D. M., ed. (2005). *The Handbook of Evolutionary Psychology.* Hoboken, NJ: Wiley.

Cairns—Smith, A. G. (1985). *Seven Clues to the Origin of Life.* Cambridge: Cambridge University Press.

Comins, N. E (1993). *What if the Moon Didn't Exist?* New York: HarperCollins.

Coulter, A. (2006). *Godless. The Church of Liberation.* New York: Crown Forum.

Darwin, C. (1859). *On the Origin of Species by Means of Natural Selection.* London: John Murray.

Dawkins, M. Stamp (1980). *Animal Suffering.* London: Chapman & Hall.

Dawkins, R. (1976). *The Selfish Gene.* Oxford: Oxford University Press.

Dawkins, R. (1982). *The Extended Phenotype.* Oxford: W. H. Freeman.

Dawkins, R. (1986). *The Blind Watchmaker.* Harlow: Longman.

Dawkins, R. (1995). *River Out of Eden*. London: Weidenfeld & Nicolson.

Dawkins, R. (1996). *Climbing Mount Improbable*. New York: Norton.

Dawkins, R. (1998). *Unweaving the Rainbow*. London: Penguin.

Dawkins, R. (2003). *A Devil's Chaplain: Selected Essays*. London: Weidenfeld & Nicolson.

Dennett, D. (1995). *Darwin's Dangerous Idea*. New York: Simon & Schuster.

Dennett, D. C. (1987). *The Intentional Stance*. Cambridge, MA: MIT Press.

Dennett, D. C. (2003). *Freedom Evolves*. London: Viking.

Dennett, D. C. (2006). *Breaking the Spell: Religion as a Natural Phenomenon*. London: Viking.

Deutsch, D. (1997). *The Fabric of Reality*. London: Allen Lane.

Distin, K. (2005). *The Selfish Meme: A Critical Reassessment*. Cambridge: Cambridge University Press.

Dostoevsky, E (1994). *The Karamazov Brothers*. Oxford: Oxford University Press.

Ehrman, B. D. (2003a). *Lost Christianities: The Battles for Scripture and the Faiths We Never Knew*. Oxford: Oxford University Press.

Ehrman, B. D. (2003b). *Lost Scriptures: Books that Did Not Make It into the New Testament*. Oxford: Oxford University Press.

Ehrman, B. D. (2006). *Whose Word Is It*? London: Continuum.

Fisher, H. (2004). *Why We Love: The Nature and Chemistry of Romantic Love*. New York: Holt.

Forrest, B. and Gross, P. R. (2004). *Creationism's Trojan Horse: The Wedge of Intelligent Design*. Oxford: Oxford University Press.

Frazer, J. G. (1994). *The Golden Bough*. London: Chancellor Press.

Freeman, C. (2002). *The Closing of the Western Mind*. London: Heinemann.

Galouye, D. E (1964). *Counterfeit World*. London: Gollancz.

Glover, J. (2006). Choosing Children. Oxford: Oxford University Press.

Goodenough, U. (1998). *The Sacred Depths of Nature*. New York: Oxford University Press.

Goodwin, J. (1994). *Price of Honour: Muslim Women Lift the Veil of Silence on the*

Islamic World. London: Little, Brown.

Gould, S. J. (1999). *Rocks of Ages: Science and Religion in the Fullness of Life*. New York: Ballantine.

Grafen, A. and Ridley, M., eds (2006). *Richard Dawkins: How a Scientist Changed the Way We Think*. Oxford: Oxford University Press.

Grand, S. (2000). *Creation: Life and How to Make It*. London: Weidenfeld & Nicolson.

Grayling, A. C. (2003). *What Is Good? The Search for the Best Way to Live*. London: Weidenfeld & Nicolson.

Gregory, R. L. (1997). *Eye and Brain*. Princeton: Princeton University Press.

Halbertal, M. and Margalit, A. (1992). *Idolatry*. Cambridge, MA: Harvard University Press.

Harris, S. (2004). *The End of Faith: Religion, Terror and the Future of Reason*. New York: Norton.

Harris, S. (2006). *Letter to a Christian Nation*. New York: Knopf.

Haught, J. A. (1996). 2000 *Years of Disbelief: Famous People with the Courage to Doubt*. Buffalo, NY: Prometheus.

Hauser, M. (2006). *Moral Minds: How Nature Designed our Universal Sense of Right and Wrong*. New York: Ecco.

Hawking, S. (1988). *A Brief History of Time*. London: Bantam.

Henderson, B. (2006). *The Gospel of the Flying Spaghetti Monster*. New York: Villard.

Hinde, R. A. (1999). *Why Gods Persist: A Scientific Approach to Religion*. London: Routledge.

Hinde, R. A. (2002). *Why Good Is Good: The Sources of Morality*. London: Routledge.

Hitchens, C. (1995). *The Missionary Position: Mother Teresa in Theory and Practice*. London: Verso.

Hitchens, C. (2005). *Thomas Jefferson: Author of America*. New York: Harper Collins.

Hodges, A. (1983). *Alan Turing: The Enigma*. New York: Simon & Schuster.

Holloway, R. (1999). *Godless Morality: Keeping Religion out of Ethics*. Edinburgh: Canongate.

Holloway, R. (2001). *Doubts and Loves: What is Left of Christianity*. Edinburgh:

Canongate.

Humphrey, N. (2002). *The Mind Made Flesh: Frontiers of Psychology and Evolution*. Oxford: Oxford University Press.

Huxley, A. (2003). *The Perennial Philosophy*. New York: Harper.

Huxley, A. (2004). *Point Counter Point*. London: Vintage.

Huxley, T. H. (1871). *Lay Sermons, Addresses and Reviews*. New York: Appleton.

Huxley, T. H. (1931). *Lectures and Essays*. London: Watts.

Jacoby, S. (2004). *Freethinkers: A History of American Secularism*. New York: Holt.

Jammer, M. (2002). *Einstein and Religion*. Princeton: Princeton University Press.

Jaynes, J. (1976). *The Origin of Consciousness in the Breakdown of the Bicameral Mind*. Boston: Houghton Mifflin.

Juergensmeyer, M. (2000). *Terror in the Mind of God: The Global Rise of Religious Violence. Berkeley: University of California*

Kennedy, L. (1999). *All in the Mind: A Farewell to God*. London: Hodder & Stoughton.

Kertzer, D. I. (1998). *The Kidnapping of Edgardo Mortara*. New York: Vintage.

Kilduff, M. and Javers, R. (1978). *The Suicide Cult*. New York: Bantam.

Kurtz, P., ed. (2003). *Science and Religion: Are They Compatible?* Amherst, NY: Prometheus.

Kurtz, P. (2004). *Affirmations: Joyful and Creative Exuberance*. Amherst, NY: Prometheus.

Kurtz, P. and Madigan, T. J., eds (1994). *Challenges to the Enlighten-ment: In Defense of Reason and Science*. Amherst, NY: Prometheus.

Lane, B. (1996). *Killer Cults*. London: Headline.

Lane Fox, R. (1992). *The Unauthorized Version*. London: Penguin.

Levitt, N. (1999) *Prometheus Bedeviled*. New Brunswick, NJ: Rutgers University Press.

Loftus, E. and Ketcham, K. (1994). *The Myth of Repressed Memory: False Memories and Allegations of Sexual Abuse*. New York: St Martin's.

McGrath, A. (2004). *Dawkins' God: Genes, Memes and the Meaning of Life*. Oxford: Blackwell.

Mackie, J. L. (1985). *The Miracle of Theism*. Oxford: Clarendon Press.

Medawar, P. B. (1982). *Pluto's Republic*. Oxford: Oxford University Press.

Medawar, P. B. and Medawar, J. S. (1977). *The Life Science: Current Ideas of Biology*. London: Wildwood House.

Miller, Kenneth (1999). *Finding Darwin's God*. New York: HarperCollins.

Mills, D. (2006). *Atheist Universe: The Thinking Person's Answer to Christian Fundamentalism*. Berkeley: Ulysses Books.

Mitford, N. and Waugh, E. (2001). *The Letters of Nancy Mitford and Evelyn Waugh*. New York: Houghton Mifflin.

Mooney, C. (2005). *The Republican War on Science*. Cambridge, MA: Basic Books.

Perica, V. (2002). *Balkan Idols: Religion and Nationalism in Yugoslav States*. New York: Oxford University Press.

Phillips, K. (2006). *American Theocracy*. New York: Viking.

Pinker, S. (1997). *How the Mind Works*. London: Allen Lane.

Pinker, S. (2002). *The Blank Slate: The Modern Denial of Human Nature*. London: Allen Lane.

Plimer, I. (1994). *Telling Lies for God: Reason vs Creationism*. Milsons Point, NSW: Random House.

Polkinghorne, J. (1994). *Science and Christian Belief: Theological Reflections of a Bottom-Up Thinker*. London: SPCK.

Rees, M. (1999). *Just Six Numbers*. London: Weidenfeld & Nicolson.

Rees, M. (2001). *Our Cosmic Habitat*. London: Weidenfeld & Nicolson.

Reeves, T. C. (1996). *The Empty Church: The Suicide of Liberal Christianity*. New York: Simon & Schuster.

Richerson, P. J. and Boyd, R. (2005). *Not by Genes Alone: How Culture Transformed Human Evolution*. Chicago: University of Chicago Press.

Ridley, Mark (2000). *Mendel's Demon: Gene Justice and the Complexity of Life*. London: Weidenfeld & Nicolson.

Ridley, Matt (1997). *The Origins of Virtue*. London: Penguin.

Ronson, J. (2005). *The Men Who Stare at Goats*. New York: Simon & Schuster.

Ruse, M. (1982). *Darwinism Defended: A Guide to the Evolution Controversies*. Reading, MA: Addison–Wesley.

Russell, B. (1957). *Why I Am Not a Christian*. London: Routledge.

Russell, B. (1993). *The Quotable Bertrand Russell*. Amherst, NY: Prometheus.

Russell, B. (1997a). *The Collected Papers of Bertrand Russell, vol. 2: Last Philosophical Testament*, 1943–1968. London: Routledge.

Russell, B. (1997b). *Collected Papers*, vol. 11, ed. J. C. Slater and P. Ko11ner. London: Routledge.

Russell, B. (1997c). *Religion and Science*. Oxford: Oxford University Press.

Ruthven, M. (1989). *The Divine Supermarket: Travels in Search of the Soul of America*. London: Chatto & Windus.

Sagan, C. (1995). *Pale Blue Dot*. London: Headline.

Sagan, C. (1996). *The Demon–Haunted World: Science as a Candle in the Dark*. London: Headline.

Scott, E. C. (2004). *Evolution vs. Creationism: An Introduction*. Westport, CT: Greenwood.

Shennan, S. (2002). *Genes, Memes and Human History*. London: Thames & Hudson.

Shermer, M. (1997). *Why People Believe Weird Things: Pseudoscience, Superstition and Other Confusions of Our Time*. New York: W. H. Freeman.

Shermer, M. (1999). *How We Believe: The Search for God in an Age of Science*. New York: W. H. Freeman.

Shermer, M. (2004). *The Science of Good and Evil: Why People Cheat, Gossip, Care, Share, and Follow the Golden Rule*. New York: Holt.

Shermer, M. (2005). *Science Friction: Where the Known Meets the Unknown*. New York: Holt.

Shermer, M. (2006). *The Soul of Science*. Los Angeles: Skeptics Society.

Silver, L. M. (2006). *Challenging Nature: The Clash of Science and Spirituality at the New Frontiers of Life*. New York: HarperCollins.

Singer, P. (1990). *Animal Liberation*. London: Jonathan Cape.

Singer, P. (1994). *Ethics*. Oxford: Oxford University Press.

Smith, K. (1995). *Ken's Guide to the Bible*. New York: Blast Books.

Smolin, L. (1997). *The Life of the Cosmos*. London: Weidenfeld & Nicolson.

Smythies, J. (2006). *Bitter Fruit*. Charleston, SC: Booksurge.

Spong, J. S. (2005). *The Sins of Scripture*. San Francisco: Harper.

Stannard, R. (1993). *Doing Away with God? Creation and the Big Bang*. London: Pickering.

Steer, R. (2003). *Letter to an Influential Atheist*. Carlisle: Authentic Lifestyle Press.

Stenger, V. J. (2003). *Has Science Found God? The Latest Results in the Search for Purpose in the Universe*. New York: Prometheus.

Susskind, L. (2006). *The Cosmic Landscape: String Theory and the Illusion of Intelligent Design*. New York: Little, Brown.

Swinburne, R. (1996). *Is There a God?* Oxford: Oxford University Press.

Swinburne, R. (2004). *The Existence of God*. Oxford: Oxford University Press.

Taverne, R. (2005). *The March of Unreason: Science, Democracy and the New Fundamentalism*. Oxford: Oxford University Press.

Tiger, L. (1979). *Optimism: The Biology of Hope*. New York: Simon & Schuster.

Toland, J. (1991). *Adolf Hitler: The Definitive Biography*. New York: Anchor.

Trivers, R. L. (1985). *Social Evolution*. Menlo Park, CA: Benjamin/Cummings.

Unwin, S. (2003). *The Probability of God: A Simple Calculation that Proves the Ultimate Truth*. New York: Crown Forum.

Vermes, G. (2000). *The Changing Faces of Jesus*. London: Allen Lane.

Ward, K. (1996). *God, Chance and Necessity*. Oxford: Oneworld.

Warraq, I. (1995). *Why I Am Not a Muslim*. New York: Prometheus.

Weinberg, S. (1993). *Dreams of a Final Theory*. London: Vintage.

Wells, G. A. (1986). *Did Jesus Exist?* London: Pemberton.

Wheen, F. (2004). *How Mumbo-Jumbo Conquered the World: A Short History of Modern Delusions*. London: Fourth Estate.

Williams, W., ed. (1998). *The Values of Science: Oxford Amnesty Lectures* 1997. Boulder,

CO: Westview.

Wilson, A. N. (1993). *Jesus*. London: Flamingo.

Wilson, A. N. (1999). *God's Funeral*. London: John Murray.

Wilson, D. S. (2002). *Darwin's Cathedral: Evolution, Religion and the Nature of Society*. Chicago: University of Chicago Press.

Wilson, E. O. (1984). *Biophilia. Cambridge, MA: Harvard University Press*.

Winston, R. (2005). The Story of God. *London: Transworld/BBC*.

Wolpert, L. (1992). The Unnatural Nature of Science. *London: Faber & Faber*.

Wolpert, L. (2006). Six Impossible Things Before Breakfast: The Evolutionary Origins of Belief. *London: Faber & Faber*.

Young, M. and Edis, T., eds (2006). Why Intelligent Design Fails: A Scientific Critique of the New Creationism. *New Brunswick: Rutgers University Press*.